te-ai născut ca să câştigi.

Dar pentru a câştiga ţine minte că:
„Dorinţa de câştig nu înseamnă nimic fără dorinţa de pregătire."

Descrierea CIP a Bibliotecii Naţionale a României
ZIGLAR, ZIG
Arta vânzării / Zig Ziglar;
trad.: Nicoleta Dascălu. - Bucureşti: Amaltea

ISBN 973-9397-32-8

I. Ziglar, Zig
II. Dascălu, Nicoleta (trad.)

339.138

ZIGLAR ON SELLING
ZIG ZIGLAR

ARTA VÂNZĂRII
ZIG ZIGLAR

ISBN 973-9397-32-8

Zig Ziglar

Arta vânzării

Editori:
Dr. M.C. Popescu-Drânda
Dr. Cristian Cârstoiu

Director executiv: George Stanca
Redactor: Ana-Maria Murariu
Traducere: Nicoleta Dascălu
Prepress: AMALTEA TehnoPlus
Tehnoredactare: Tatiana Militaru
Copertă: Petronella Andrei
Producţie: Raluca Alexe
Distribuţie: Mihaela Stanca, Alexandru Radu

Web-Site: **www.amaltea.ro**
E-mail: info@amaltea.ro

Tipărit la ***Tipografia Shik&Stefan SRL***
Telefon: 021.450.25.32 / 0756.196.191
email: editurashik@yahoo.com

Dedicată

tuturor profesioniştilor din vânzări

care, plini de entuziasm şi demni de respect,
vând produse sau servicii
de pe urma cărora beneficiază ceilalţi

CUPRINS

Mulţumiri 11

INTRODUCERE 13

Înapoi la „noile" lucruri fundamentale - adevărurile simple ale campionilor, care iau idei vechi de când lumea şi le fac relevante pentru începutul de secol; tehnici şi proceduri de vânzare care aduc ceva în plus la venitul tangibil (resurse financiare) şi intangibil (calitatea vieţii); un agent de vânzări „verde" este întotdeauna mai bun decât unul „albastru" - cum să „rămâi verde şi să creşti" în loc să „devii albastru şi să putrezeşti"; trei motive pentru o nouă carte despre vânzări scrisă de Zig Ziglar: o profesie în continuă schimbare, nevoia de abordare „holistică" a carierei în vânzări, noile principii de vânzare învăţate de la gulerele „albastre", de la gulerele „albe" şi de cei fără gulere; cum să folosiţi această carte pentru a avea succes.

CAPITOLUL UNU: AŢI FĂCUT ALEGEREA POTRIVITĂ 21

O carieră în cea mai veche profesie din lume

„Cea mai veche profesie" este şi cea mai nouă profesie; importanţa angajării personale pentru a deveni un „profesionist deplin în vânzări"; beneficiile de pe urma alegerii unei meserii în vânzări: independenţă - eşti în afaceri pentru tine şi nu de unul singur, şansă - născută din independenţa asumată în mod responsabil, rezolvare problemelor - agentul de vânzări ca „erou" care îi ajută pe ceilalţi, siguranţă - întotdeauna o slujbă de interior, familie - construirea unor relaţii mai puternice, comunicare - cum te pui în locul celorlalţi; vânzările sunt o meserie cu care te poţi mândri!

CAPITOLUL DOI: VÂNZĂRILE PE PIAŢA MODERNĂ 32

Deceniul tehnologiei

High tech înseamnă de fapt o abordare de calitate; cinste şi integritate în vânzări; noua ordine a profesionistului din vânzări; educaţie formală vs. „şcoala experienţei"; cum facem faţă schimbărilor şi tehnologiei; viaţa într-o societate „fără hârtii"; ascultarea şi cei cinci paşi către o comunicare mai bună; impactul femeilor în vânzări şi pe piaţa consumatorilor; cercul pentru succesul în vânzări: încredere, eu, integritate, nădejde, succes.

CAPITOLUL TREI: CUM SĂ GĂSEŞTI PE CINEVA DISPUS SĂ CUMPERE 45

Cum să-ţi păstrezi locul în vânzări

Importanţa căutării clienţilor; dezvoltarea atitudinii de prospectare; „ce, când, cum şi cine" pentru căutătorii de clienţi; clienţii vin COD; *C*omunicare: centre de influenţă, rezultate, valoarea serviciilor;

*O*bservare: prospectare cu ochi de vultur, surse de recomandări, implicarea comunităţii; *D*ăruire: „păcatul deşertului", clienţii sunt o marfă perisabilă, faceţi lucrurile să se întâmple.

CAPITOLUL PATRU: VÂNZARE ÎN LUMEA REALĂ 57
Cum scăpaţi de frica de a vizita clienţii
Frica de prima vizită este un fenomen natural; neliniştea duce la mai mulţi bani; şapte paşi către evitarea fricii – sau „cum să-ţi faci fluturii să zboare în formaţie": asumarea responsabilităţii pentru propria persoană, transferarea sentimentului potrivit, obţineţi ce doriţi ajutându-i pe ceilalţi să obţină ce doresc, îmblânzirea telefonului, planuri/pregătiri/aşteptări ale câştigului, respectarea programului corect; cum învăţăm să iubim vânzările sub presiune; cum facem cea mai bună impresie profesionistă; să fim faţă în faţă cu un client în fiecare zi la aceeaşi oră.

CAPITOLUL CINCI: VINDEŢI DATORITĂ PLANULUI ŞI NU DATORITĂ NOROCULUI 73
Formula abilităţilor necesare vânzării de succes
Faceţi un plan pentru abilităţile necesare vânzării de succes; prezentări „la conservă" vs. prezentări planificate; cei patru paşi pe care *trebuie* să îi respecte orice agent de vânzări de succes; Analiza Nevoii: radiografierea clientului – „interiorul (clientului) contează"; verificarea prin trei tipuri de întrebări – „Unde se duce albul când zăpada se topeşte?"; Conştientizarea Nevoii: pentru agentul de vânzări şi pentru client – cum îi ajutăm pe clienţi să înţeleagă unde şi când sunt „dezechilibraţi"; Soluţionarea Nevoii: lăsaţi-vă conduşi de nevoie – toată lumea ascultă postul de radio CIMA (Ce îmi iese mie din asta?); Satisfacerea Nevoii: CIC – Cereţi întotdeauna comanda!

CAPITOLUL ŞASE: ÎNTREBĂRILE SUNT RĂSPUNSURI 88
Începeţi cu Analiza Nevoii
Construiţi încrederea prin întrebări; motivare vs. manipulare; întrebări pentru minte şi întrebări pentru suflet; combinarea sentimentelor cu logica; pictarea imaginilor vii din cuvinte; întrebări deschise – „deschideţi poarta şi lăsaţi clientul să zburde liber"; întrebări închise – „închideţi poarta şi ţineţi clientul într-o zonă bine definită"; instrumentul de vânzări cel mai neglijat – vocea în vânzările profesioniste; întrebările „da sau nu" – „fixaţi lucrurile prin întrebări da sau nu".

CAPITOLUL ŞAPTE: „INTEROGAREA" CONVERSAŢIONALĂ .. 102
Desfăşurarea unui interviu confortabil
„Imaginea din interior" – cum privim în interiorul clientului; formula P.O.O.O. pentru un interviu confortabil: descoperiţi cum este clientul ca *P*ersoană, aflaţi despre *O*rganizaţie, descoperiţi *O*biectivele clientului, înţelegeţi *O*bstacolele pe care trebuie să le depăşească acesta pentru a-şi atinge obiectivele personale şi profesionale; patru stiluri de personalitate: determinaţi-vă stilul şi apoi citiţi şi stilul clientului.

CAPITOLUL OPT: APRINDEŢI BECULEŢELE! 119
Conştientizarea Nevoii pentru profesionistul din vânzări şi clientul acestuia
Profesionistul din vânzări trebuie să vadă nevoia; cum ne asigurăm că un client ştie şi înţelege nevoia; nevoi vs. simptomele nevoilor; legea homeostaziei; domenii de cunoaştere importante: produsul, domeniul, stabilirea preţului, aplicaţii, concurenţă; descoperirea dezechilibrului; crearea echilibrului.

CAPITOLUL NOUĂ: VÂNZAREA DE SOLUŢII LA PROBLEMELE OAMENILOR 133
Lăsaţi-vă conduşi de nevoie
Produsul vostru vs. nevoia clientului; prezentarea de vânzări de succes; mărturisiri care bat în cuie vânzarea; ce vindeţi? ce cumpără clientul? caracteristică: să înţelegem ce este produsul; funcţie: să înţelegem ce face produsul; beneficiu: să înţelegem de ce clientul vrea produsul; învingătorii vând beneficii.

CAPITOLUL ZECE: LUCRURILE DE BAZĂ ÎN ÎNCHEIEREA UNEI VÂNZĂRI 146
CIC = Cereţi Întotdeauna Comanda
Cei care nu cer nu mănâncă; o persoană apropiată chiar ţine la client; 4% din agenţii de vânzări câştigă 60% din comisioane – şi cum puteţi intra în grupul lor; diferenţa între respingerea personală şi refuzarea produsului; încheieri standard pentru produse şi servicii; trei încheieri specifice (garantate) pentru voi!

CAPITOLUL UNSPREZECE: VÂNZĂRI MAI MULTE ŞI MAI DESE 161
Metodă pentru depăşirea obiecţiilor
Obiecţiile sunt cei mai buni prieteni ai profesioniştilor din vânzări; schimbarea negaţiei în cunoaştere aduce după sine schimbarea lui „nu" în „da"; metoda potrivită pentru depăşirea obiecţiilor; chestionarea obiecţiei; verificarea faptului că înţelegem obiecţia; identificarea adevăratei obiecţii; empatie vs. simpatie în depăşirea obiecţiilor; testarea obiecţiilor pentru a fi siguri că avem de a face cu „realităţi"; depăşirea obiecţiilor „praf de gorile"; testul lui „să zicem că" care ne ajută să depăşim răspunsurile negative; izolarea şi validarea obiecţiilor specifice şi încheierea vânzării; depăşirea obiecţiilor când suntem la telefon; obiecţii obişnuite şi cum le rezolvăm; rezolvarea obiecţiilor „de preţ".

CAPITOLUL DOISPREZECE: DINCOLO DE „SERVIREA" CLIENŢILOR, CĂTRE „SATISFACEREA" LOR 173
Renunţaţi sau mergeţi mai departe?
Înlocuirea servirii clientului cu satisfacerea acestuia; tratament preventiv pentru evitarea nemulţumirii clientului; vânzarea *începe* când aţi încheiat

vânzarea; „vânzare la nivel înalt" şi service; treceţi dincolo de kilometrul în plus în satisfacerea clientului; service-ul este cel mai bun produs al nostru; vă puteţi „permite" clienţi nefericiţi?; vă lăsaţi controlaţi de clienţi prost crescuţi?; controlaţi-vă sentimentele; scăpaţi de vulcanul de mânie înainte de erupţie; paşi clari în cum să vă purtaţi cu clienţii nervoşi; „şi dacă mă înjură?"; singura politică de service în vânzări.

CAPITOLUL TREISPREZECE: STRĂLUCIREA DRUMULUI 186
Un mit al meseriei noastre
Perspectiva corectă pentru călătorul care vine; adevărul despre călătorii: varietate, competitivitate, şanse educaţionale, îmbogăţire culturală, abilităţi sociale, formă fizică, singurătate, timp creativ; pericolele călătoriilor: dr. Jekyll vs. dl. Hyde, sindromul canapelei, când muşti mai mult decât poţi mesteca, comunicare; „retragerea": cum îi laşi în urmă pe cei dragi; „depresurizarea": întoarcerea la cei dragi; plăcerea de a călători.

CAPITOLUL PAISPREZECE: SISTEMUL DE SPRIJIN PENTRU VÂNZĂRI DE SUCCES 199
Cum pot biroul şi familia să vă ajute în carieră
Lucraţi cu clienţii „interni" - colegii de la birou, învăţaţi să ţineţi la cei pe care nu-i iubeşte nimeni; este integritatea o opţiune?; implicaţi-i şi pe ceilalţi în succesul vostru; patru paşi către libertatea financiară; familia şi succesul în vânzări; copiii trebuie să fie implicaţi.

CAPITOLUL CINCISPREZECE: ORGANIZARE ŞI DISCIPLINĂ .. 213
Controlaţi-vă timpul şi viaţa
Deveniţi un profesionist care „nu poate rata nimic"; distraţi-vă de minune; carneţelul cu analiza personală - antrenaţi-vă singuri pentru succes; ce faceţi când firma aşteaptă prea mult; monitorizarea activităţilor şi a rezultatelor; „secretul" fiecărui profesionist de succes - „conducta" voastră.

CAPITOLUL ŞAISPREZECE – GĂSIŢI PERSOANA POTRIVITĂ ... 226
Găsiţi persoana potrivită şi abia apoi găsiţi agentul de vânzări potrivit
Deveniţi persoana potrivită cu atitudinea potrivită; găsiţi persoana potrivită şi abia pe urmă găsiţi agentul de vânzări potrivit; dezvoltarea sănătăţii emoţionale; trei paşi pentru menţinerea sănătăţii emoţionale; dezvoltarea sănătăţii spirituale; trei paşi pentru menţinerea sănătăţii spirituale; sănătate fizică şi „cum să..."; cum facem faţă „tiraniei urgenţei" în lumea noastră atât de grăbită; eliminarea otrăvurilor care vă pot distruge cariera în vânzări; găsirea şi păstrarea atitudinii potrivite; motivele pentru care oamenii vă spun nu; de ce veţi vinde şi în viitor; cel mai important factor în vânzări – încrederea; totul este vânzare.

ANEXĂ 246

EPILOG 250

MULŢUMIRI

De câte ori se publică o astfel de carte, puteţi fi siguri că, pe lângă autor, la scrierea ei au contribuit multe alte persoane. Iar această carte a implicat mult mai mulţi oameni decât oricare din cărţile mele de până acum.

Pentru început, după cum veţi vedea citind cartea, un număr mare de profesionişti din vânzări mi-au adus chiar din „linia întâi" exemple frumoase, practice, pline de imaginaţie. Fiecare dintre ei a mărit valoarea acestei cărţi şi le sunt profund îndatorat. Numele lor apare pe pagina experţilor.

Cum această carte se bazează pe o abordare holistică, familia mea a jucat şi ea un rol important în scrierea ei. Fiicele mele, Susan Witmeyer, Cindy Oates şi Julie Norman, şi-au combinat eforturile pentru a „aranja" întreaga carte, dar mai ales perspectiva familială. Fiecare a povestit despre sentimentele şi frica prin care a trecut crescând în casa unui agent de vânzări profesionist. Fiecare din ele este extrem de importantă pentru mine, atât personal, cât şi profesional. Fiul meu Tom mi-a împărtăşit din părerile lui şi a scris o parte importantă din capitolul despre telefon, făcând şi alte sugestii. Sigur că şi el are un rol vital atât personal cât şi profesional. Nu mai e nevoie să spun că Roşcata s-a implicat total, fiind în acelaşi timp profesor de gramatică, redactor şi consultant general pentru proiect. În tot ce fac sunt influenţat pozitiv de ea şi îi voi fi etern recunoscător pentru iubirea şi sprijinul pe care mi le arată.

În mod special pentru această carte, editorul meu Victor Oliver a colaborat cu specialiştii în vânzări de la Thomas Nelson, care au venit cu părerile şi comentariile din propria experienţă ca şi din experienţa multor proprietari de librării, care ştiau exact nevoile şi dorinţele publicului larg. Tot ce au spus a fost revelator şi extrem de încurajator, iar eforturile lor, combinate cu chestionarele şi conversaţiile avute cu nenumăraţi agenţi de vânzări – oameni cu experienţă sau începători – ne-au ajutat să identificăm nevoile şi dorinţele acestora din urmă. Pe scurt, am petrecut multe ore făcând muncă de cercetare pentru a afla ce doriţi, apoi am făcut tot ce se putea pentru a vă oferi aceste informaţii.

Prietenul şi colaboratorul meu Bryan Flanagan nu doar că a testat principiile acestei cărţi prin experienţe de viaţă, dar a făcut şi muncă de cercetare punând umărul („muncind din greu", pentru cei neiniţiaţi) la demonstrarea principiilor. Îţi mulţumesc, Bryan, pentru spiritul tău de echipă lipsit de egoism şi pentru contribuţia ta la scrierea acestei cărţi.

Ca la fiecare proiect de carte, e nevoie de sute de ore de scriere la maşină şi de procesare a textului – îi mulţumesc lui Laurie Magers, care îmi este asistentă de peste paisprezece ani, care a făcut o muncă de Sisif. Laurie a lucrat până târziu, chiar şi sâmbătă, pentru a-şi rezolva toate problemele şi a mă ajuta şi la manuscris. De asemenea, Debbie Shankle a făcut o treabă extraordinară menţinând ritmul şi având grijă să respectăm termenele.

Dar persoana care a făcut ca toate acestea să existe este Jim Savage, vicepreşedintele nostru. Jim a petrecut mult timp făcând cercetare, venind cu păreri şi idei nepreţuite. Discernământul şi tenacitatea lui stau la baza apariţiei acestei cărţi pe piaţă cu un an mai devreme decât aş fi sperat. Cum amândoi suntem, virtual, pe „aceeaşi pagină" în filozofie şi gândire, am avut avantajul dublu de a lucra cu un colaborator inteligent, implicat, cu experienţă, care a avut o contribuţie extraordinară.

Aş vrea, de asemenea, să le mulţumesc celorlalţi autori şi vorbitori care mi-au dat voie să folosesc câteva din eforturile lor creatoare. În mod special îi mulţumesc lui Gerhard Geschwandtner, editorul revistei *Personal Selling Power* (Puterea vânzării directe). Gerhard este un prieten bun şi un profesionist în vânzări, iar contribuţia lui a fost remarcabilă.

Vreau să le spun celor pe care i-am citat fără să ştiu sau ale căror exemple le-am folosit fără a menţiona sursa că am făcut tot posibilul pentru a găsi sursa originală. Deşi nu sunteţi menţionaţi aici, să ştiţi că vă apreciez şi, ca un coleg de profesie, apreciez pe deplin contribuţia voastră, nu doar la această carte, ci la profesia însăşi.

INTRODUCERE

O grămadă de oameni s-a chinuit o noapte întreagă să salveze un urs negru aflat la 15 metri înălţime, într-un pin din Keithville, Louisiana, şi să-l ducă într-o zonă sălbatică. În mulţimea care a muncit vreo opt ore erau ajutoare de şerif, pădurari, biologi, ba chiar şi un medic veterinar care a tras săgeţi cu tranchilizante în urs. Când substanţele îşi făceau efectul, ursul trebuia să cadă într-o plasă întinsă ceva mai jos. Însă dimineaţa, când voluntarii au tăiat copacul, au descoperit că ursul era de fapt un sac de gunoi împuns de săgeţi.

Multe persoane care lucrează în vânzări cred că au un „urs" în copac, iar ei au de fapt un sac de gunoi. Îi auzi spunând:

> În regiunea asta competiţia este foarte dură la acest produs... Suntem în plină recesiune... Pe oameni îi interesează doar preţul şi nimic altceva – «cine are cel mai mic preţ?»... Lumea nu mai cumpără produse autohtone (străine)... Nu e bine să reducem preţurile; trebuie plătit creditul, altfel finanţatorii ne omoară... În oraşul ăsta nu mai există economie... Cu şomajul ăsta, nu ştiu cum cred ei că o să-mi fac planul...!

Întrebarea este cum să faci faţă tuturor acestor situaţii, să reuşeşti în profesia pe care ţi-ai ales-o, să nu-ţi pierzi minţile, să nu faci ulcer sau infarct, să ai în continuare o relaţie bună cu partenerul/partenera de viaţă, să îţi îndeplineşti obligaţiile financiare, să te pregăteşti pentru pensie şi să mai ai şi timp pentru tine. Din fericire, cartea pe care o ţii în mână se străduieşte să răspundă tuturor acestor întrebări aducându-ţi informaţii, surse de inspiraţie, zâmbete, lacrimi şi direcţii de urmat, astfel încât tu să poţi face alegerile necesare pentru a avea o viaţă „echilibrată" care duce la succesul personal şi profesional.

LUCRURILE DE BAZĂ ŞI ADEVĂRURILE NEPIERITOARE ALE CAMPIONILOR

Echipa Green Bay Packers a câştigat primele două campionate mondiale de fotbal profesionist învingându-şi adversarii în Super Cupa I şi II. Packers erau antrenaţi de marele Vince Lombardi. Când echipa lui Lombardi nu juca bine (ceea ce nu se întâmpla foarte des), el începea primul antrenament de după meci cu acelaşi comentariu:

– Domnilor, am jucat sub standardele pe care ni le-am fixat ca o echipă campioană ce suntem. Săptămâna aceasta ne vom întoarce la lucrurile de bază.

Şi Lombardi ridica deasupra capului mingea, astfel încât toată lumea să o vadă bine, şi spunea cu o voce profundă, uşor enervantă, încercând să nu ţipe:

– Dragii mei, aceasta este o minge de fotbal.

Şi de fiecare dată Max McGee, glumeţul echipei, replica din fundul încăperii:

– Mai rar, mai rar.

Adevărurile fundamentale rămân aceleaşi. Lombardi i-a învăţat pe cei de la Green Bay Packers cam aceleaşi lucruri pe care Bill Walsh le explica celor de la San Francisco 49, ajutându-i să ajungă „echipa deceniului" în anii '80. Cea mai bună echipă de fotbal a acestui început de secol şi cei mai de succes agenţi de vânzări ai deceniului învaţă şi reînvaţă AZI lucrurile de bază fundamentale.

LUCRURILE DE BAZĂ ÎN VÂNZĂRI

A vinde este mai mult decât o profesie, este un mod de viaţă. Iar prima grijă a profesionistului din vânzări la acest început de mileniu este să aibă o bază solidă. Pe lângă lucrurile de bază, orice altă sursă de informaţii numită „Ghidul complet al agentului de vânzări profesionist" trebuie să vorbească despre acele zone din afara timpului petrecut în vânzarea faţă în faţă (sau la telefon). Exact acesta este scopul acestei cărţi.

Am inclus aici nu doar tehnici şi procedee de vânzare care vă vor creşte venitul, ci şi idei şi principii care vă vor creşte venitul „intangibil" (calitatea vieţii). Cum să intrăm în era vânzărilor prin computer, cum să facem faţă rigorilor şi tentaţiilor călătoriilor – pornind de la plecarea de lângă familie (retragerea) şi întoarcerea la aceasta după absenţe lungi (decompresia) până la petrecerea timpului în care nu vindem într-un mod productiv, cum facem faţă cerinţelor fizice ale acestei profesii minunate: mâncarea de tip fast-food şi lipsa timpului pentru exerciţii fizice conduc la stres şi la apariţia burţii, cum lucrăm cu departamentul financiar al companiei astfel încât să ne completăm eforturile şi nu să le dublăm? Veţi găsi aici răspunsuri la aceste întrebări şi la multe altele.

VERZI ŞI ÎN CREŞTERE VS. COPŢI ŞI ÎN PUTREFACŢIE

Dacă mă uit în urmă, la cariera mea de agent de vânzări, director de vânzări şi formator în vânzări, nu am nici o îndoială că profesionistul cel mai de succes continuă să aibă atitudinea unui începător. Profesionistul din vânzări care ajunge şi stă în vârful profesiei este un „boboc cu experienţă". Ceea ce înseamnă că, dacă privim vânzările ca pe un proces continuu de învăţare, vom învăţa fără încetare „micile lucruri" care produc „marile diferenţe" în cariera noastră de profesionişti în vânzări. (Nu avem profit de pe urma vânzării pe care APROAPE am făcut-o!)

A vinde este mai mult decât o profesie, este un mod de viaţă.

În *Arta vânzării*, am încercat să reiau experienţele de vânzări pe care le-am avut pornind din 1940 şi să arăt cum lucrurile de bază rămân la fel, dar noi ne schimbăm! Noi (voi şi cu mine) trebuie să ne continuăm călătoria ÎNVĂŢÂND, TRĂIND şi PRIVIND: învăţând din trecut fără să trăim acolo, trăind în prezent şi bucurându-ne de orice moment vital al fiecărei zile, privind spre viitor cu speranţă, optimism *şi* pregătire.

Profesioniştii de succes petrec ore în şir exersând lucrurile de bază. De la Andrés Segovia la Eric Clapton, de la Enrico Caruso la Luciano Pavarotti, de la Marz Pickford la Meryl Streep, de la Jack Dempsey la Mike Tyson, de la Sammy Baugh la Joe Montana, programul zilnic de patru – şase ore de exerciţiu înainte de spectacol ni se par incredibile şi oarecum excesive. Şi cu toate acestea, ei au fost şi sunt campioni mondiali în profesia lor!

CEVA NOU

În 1984, când a fost publicată cartea *Secrets of Closing the Sale* (Secretele vânzării), mulţi au fost foarte amabili şi au numit-o cartea de bază în vânzări pentru deceniul opt. Sunt sub tipar peste 450 000 de exemplare şi primesc regulat mărturii din partea celor care au pus în practică tehnicile, conceptele şi principiile incluse în această carte. Şi atunci de ce mai e nevoie de o altă carte despre vânzări scrisă de Zig Ziglar? Sunt trei motive de bază. În primul rând, profesiile şi metodele din vânzări se schimbă într-un ritm din ce în ce mai rapid. Acesta este unul din aspectele care fac ca profesia noastră să fie atât de captivantă! S-au schimbat multe din 1984 şi până acum. Cei care au călătorit cu avionul în ultimele şase luni au observat cel puţin şase laptop-uri şi de două ori mai multe telefoane mobile.

Am călătorit de curând cu avionul şi chiar înainte de decolare pilotul a anunţat că vom avea întârziere. În acel moment toată lumea s-a aruncat spre serviete. Eu eram singurul pasager de la clasa întâi care nu aveam telefon mobil şi, prin urmare, nu-mi puteam anunţa clientul că urma să întârzii. Pentru cei „defavorizaţi" ca mine s-a inventat Telefonul Public, pe care îl poţi găsi acum în majoritatea avioanelor. În societatea în care vindem, în care informaţia se transmite rapid şi totul este orientat către client, trebuie să avem de-a face cu schimbări, căci altfel clienţii noştrii vor avea de-a face cu competiţia.

VIAŢA ECHILIBRATĂ

Al doilea motiv pentru care am scris această carte este că încă nu am găsit o carte care să se refere la TOATE aspectele carierei unui profesionisit din vânzări. Există atât de multe provocări cărora oamenii din vânzări trebuie să le facă faţă încât fără informaţii vitale va fi foarte greu să rămâi în această profesie. Profesionistul din vânzări are de înfruntat probleme referitoare la călătorii, relaţii de familie, sănătate, toate fiind din ce în ce mai acute. Pe lângă abilităţile de vânzare de bază, vreau să vă mai spun câteva lucruri despre „viaţa echilibrată" care înseamnă adevăratul succes.

PROFESORUL - ÎNVĂŢĂCEL

Al treilea motiv pentru care am scris această carte este că învăţăm cele mai multe lucruri atunci când le predăm altora. Tot ce am învăţat din 1984 încoace citind şi studiind, dar şi ascultând oameni de succes din toate domeniile m-a îmbogăţit personal, profesional, dar şi la nivelul familiei. În schimb, i-am învăţat pe ceilalţi aceste lecţii, ajutându-i să aibă şi mai mult succes. Sunt ferm convins, pe baza rezultatelor obţinute până acum, că aceste idei şi tehnici a căror utilitate a fost dovedită vor fi extrem de folositoare şi pentru voi.

DAR VOI?

Există mulţi oameni care au eşuat în minunata profesie de agent de vânzări pentru că cei care i-au recrutat erau nişte indivizi împietriţi, care jucau „jocul numerelor" cu viaţa lor. Directorii de vânzări primiseră ordinul să „îi angajeze în masă şi să-i formeze în clasă", şi dacă nu reuşeau, să recruteze alt grup. Nu e de mirare că atâţia oameni foarte buni şi inteligenţi au evitat domeniul vânzărilor sau s-au descurajat şi au renunţat înainte de a încerca măcar.

Azi, organizaţiile de vânzări din întreaga lume recunosc nevoia unei abordări mai largi a formării, pentru a maximiza forţa de muncă. Chiar companiile cu programe de formare sofisticate încep să înţeleagă că este nevoie de o formare experienţială şi de o abordare a „întregii persoane" în sensul dezvoltării acesteia către nevoile specifice profesiei noastre.

Scopul acestei cărţi este să vă ofere experienţe de viaţă reale, într-un mediu sigur şi controlat şi să vă pregătiţi mai bine pentru a face faţă schimbărilor subtile pe care le întâlniţi în lumea vânzărilor.

VÂNZĂRILE PENTRU *VOI*!

Câteva din lucrurile ce urmează vor necesita schimbări în modul de gândire al multor persoane, şi aici mă gândesc chiar la VOI! Aşa că daţi-mi voie să subliniez faptul că această carte a fost scrisă mai ales pentru patru categorii de persoane. În primul grup intră cei care abia pătrund în lumea vânzărilor şi care înţeleg faptul că un început corect poate face ca restul drumului să fie mai uşor. Seamănă puţin cu jocul pe care îl iubesc atât de mult – golful. Când aud pe cineva că vrea să se apuce de golf, îi spun să înceapă cu lecţii luate de la un profesionist şi abia pe urmă să meargă pe teren sau la un curs de golf. Dacă încep corect şi învaţă lucrurile de bază, vor progresa mult mai repede şi în final vor juca mult mai bine. De ce? Pentru că nu vor căpăta acele obiceiuri proaste care îi fac pe mulţi jucători de golf să nu puncteze niciodată. Acelaşi lucru e valabil şi pentru vânzări, aşa că, dacă abia aţi intrat în domeniu, vă recomand cu căldură această carte.

Cum sunteţi de-abia la începutul călătoriei, vă rog să ţineţi minte că un agent de vânzări „verde" va vinde mai mult decât un agent de vânzări „albastru".

REVENIND LA LUCRURILE DE BAZĂ

Această carte este scrisă şi pentru acei profesionişti care înţeleg clar că „poate nu ai nevoie să ţi se spună, dar pe un profesionist adevărat nu-l deranjează să i se reamintească". Jack Nicklaus, care a fost votat cel mai bun jucător de golf al secolului, se ducea regulat la cel care îl învăţase golf – profesorul de golf care lucrase cu Jack câteva din subtilităţile fundamentale şi minuţioase ale jocului, lucruri pe care Jack le utiliza atunci când juca, chiar fără să-şi dea seama. La fel se întâmplă şi în vânzări. Chiar profesioniştii din vârf pot să capete obiceiuri distructive, care aduc după ele scăderea vânzărilor. Aici vom reaminti învăţăturile de bază, care, combinate cu cele mai recente informaţii şi tehnici, îl vor ajuta pe „bătrânul profesionist" să treacă la un nou nivel de vânzări.

HOINARI ŞI NEHOTĂRÂŢI

Al treilea grup este format din persoane care au în urmă mai multe experienţe de câte un an în vânzări. Mulţi dintre ei sunt hoinari nehotărâţi, care se întreabă de ce nu au mers mai departe. Nu sunteţi mulţi în această situaţie, pentru că aceste persoane nu vor citi cartea. Dacă însă vă recunoaşteţi ca făcând parte din acest grup, mă bucur să vă salut. O dată ce focul s-a aprins cu noi procedee şi tehnici, puţină încredere şi interes vă vor deschide atât de multe uşi încât întregul vostru univers – personal, familial, de afaceri – se va schimba uluitor de mult.

Un agent de vânzări „verde" va vinde mai mult decât un agent de vânzări „albastru".

TOATĂ LUMEA LUCREAZĂ ÎN VÂNZĂRI

Din nefericire, nu toată lumea înţelege că TOŢI LUCRĂM ÎN DOMENIUL VÂNZĂRILOR. Al patrulea grup pentru care am scris această carte este cel format din oameni care înţeleg că toţi, indiferent de profesie (avocat, medic, contabil, inginer, profesor, şofer de taxi sau de autobuz, consilier, recepţioner, director de companie, actor, administrator, bucătar, antrenor etc.) suntem agenţi de vânzări. Dacă abia începeţi să înţelegeţi acest concept, atunci, indiferent de cât de lungă este perioada de când lucraţi în domeniul vostru, abia acum pătrundeţi în domeniul vânzărilor. Această carte vă va ajuta chiar mai mult decât pe cei care se identifică drept agenţi de vânzări deoarece majoritatea colegilor nu au recunoscut faptul că fac parte din domeniul vânzărilor şi chiar mai puţini şi-au început „oficial" formarea în vânzări. Din punct de vedere al competiţiei, această carte vă va aduce avantaje enorme.

ÎNCEPUTUL SFÂRŞITULUI

Sunt mai multe motive pentru care citiţi acum aceste rânduri. Pentru că sunteţi la începutul unei cariere în cea mai veche (totul începe cu marketing), cea mai captivantă (cât de repede îţi bate inima când trebuie să începi discuţia cu un client?) şi cea mai profitabilă (numai dacă eşti bun) afacere concepută vreodată de om. Poate citiţi această carte pentru că înţelegeţi importanţa întoarcerii la lucrurile de bază; sau poate pentru că, fiind profesionişti din vânzări, înţelegeţi că dacă vreţi maximum de beneficii din carieră, trebuie să o abordaţi holistic şi să lucraţi pentru a reuşi în viaţa personală, de familie şi profesională. Cu cât săpaţi mai mult şi avansaţi în carte, cu atât veţi înţelege mai bine conceptul conform căruia TREBUIE SĂ *FII* ÎNAINTE DE A PUTEA *FACE* ŞI TREBUIE SĂ *FACI* ÎNAINTE DE A PUTEA *AVEA* !

În acest punct, daţi-mi voie să vă felicit. Cu acest angajament faţă de voi înşivă, aţi făcut cel mai important pas către succes: aţi început! Sunteţi cu mult înaintea majorităţii celor care intră azi în profesia noastră. Aceasta este cu adevărat începutul sfârşitului mediocrităţii – sau a crizei de vânzări care vă trăgea în jos.

O ÎNTÂMPLARE DIN VIAŢĂ

Unul din truismele din vânzări este că vor apărea şi perioade de criză. Veţi ajunge în acel moment în care totul pare să meargă pe dos personal şi profesional. Această afirmaţie poate să vi se pară negativistă, dar o să fiu acum ca băieţelul care trebuia să-i spună tatălui că a picat testul la matematică. Profesoara îi spusese să aibă o atitudine pozitivă, aşa că el a găsit varianta următoare:

– Tată, o să-ţi dau un exemplu de propoziţie pozitivă: am picat testul la matematică.

Iar eu vă dau următorul exemplu: şi cei mai buni agenţi de vânzări trec prin perioade de criză.

În mod inevitabil, cei care sunt într-o criză s-au îndepărtat de baze. În peste patruzeci de ani de vânzări – pornind de la lucruri foarte palpabile, ca veselă şi feţe de masă, şi ajungând la lucruri intangibile, ca asigurări şi cursuri – şi de formare a unor oameni care au vândut efectiv orice vă poate trece prin cap (şi tot ce nici nu vreţi să vă treacă prin cap!), am descoperit modul cel mai sigur pentru a ieşi din crize: ÎNTOARCEREA CORECTĂ LA LUCRURILE FUNDAMENTALE.

Motivul de bază pentru care suntem în criză este lipsa voinţei de a ne întoarce la lucrurile fundamentale. Mai simplu spus, suntem prinşi într-un şanţ, iar un şanţ nu e nimic altceva decât un mormânt fără capete! Una e să cazi într-un şanţ şi cu totul altceva este să STAI într-un şanţ. Cum ieşi de aici? Întorcându-te la lucrurile fundamentale. Cartea pe care o citiţi vă va ajuta în această direcţie.

INSTRUCŢIUNI DE UTILIZARE A GHIDULUI

Pentru a fi siguri că puteţi prinde şi folosi ideile prezentate în această carte, permiteţi-mi să vă dau un sfat: luaţi-vă pixul şi notaţi chiar pe carte ideile. Mie îmi place să notez pe coperta interioară numărul paginilor interesante, pentru a le regăsi cu uşurinţă. Unii preferă să noteze pe un carneţel. Dar, din moment ce această carte se doreşte a fi un ghid şi o carte de referinţă, şi este scrisă ca o conversaţie, vă promit că ceea ce cartea va scoate din voi va fi mult mai preţios decât ce scoateţi voi din carte.

TREBUIE SĂ *FII* ÎNAINTE DE A PUTEA *FACE* ŞI TREBUIE SĂ *FACI* ÎNAINTE DE A PUTEA *AVEA* !

Vă sfătuiesc să ţineţi cartea la îndemână în prima lună după ce aţi citit-o. Răsfoiţi-o din când în când şi uitaţi-vă la pasajele subliniate şi veţi fi uimit de câte idei noi vă vor veni. Şi vă mai arunc o provocare: aşteptaţi două luni şi citiţi din nou cartea, folosind un pix de o altă culoare. Vă asigur că veţi face mai multe sublinieri şi notiţe şi vă vor veni chiar mai multe idei la a doua lectură. Repet, scopul vostru nu este să terminaţi cartea cât de repede posibil, ci să luaţi din carte tot ce este interesant şi să lăsaţi cartea să scoată la iveală agentul de vânzări profesionist din voi!

PĂREREA VOASTRĂ

Sunteţi judecătorul şi juriul care vor hotărî cât de utilă vă este această carte, aşa că daţi-mi voie să fac de la început câteva comentarii în apărarea ei. De ani de zile, ideea a fost să-i faci pe oamenii care au avut succes să vorbească despre „secretele" lor. Acesta este motivul pentru care veţi vedea pe parcursul întregii cărţi o ţesătură de exemple reale – povestiri de succes ale unor agenţi de vânzări remarcabili din întreaga lume, din New England până în Noua Zeelandă. Poveştile lor vin de asemenea din profesii diferite: funcţionari, intelectuali, liber profesionişti. Aceşti agenţi de vânzări din linia întâi, care lucrează zi de zi, ne pot da informaţii reale şi actuale!

ATENŢIE: Există pericolul să judecaţi principiile înainte de a studia cu atenţie. Doar pentru că un exemplu vine din lumea informaticii sau a comerţului internaţional nu înseamnă că NU se va aplica în domeniul vânzărilor directe – şi vice versa. Persoana care vinde acţiuni sau obiecte de uz curent aplică aceleaşi principii de convingere ca părinţii cu copiii lor. După cum am spus deja, toţi încercăm să-i convingem pe ceilalţi. Scopul principal al acestei cărţi este să vă ajute să convingeţi cât mai mulţi oameni, cât mai eficient, cât mai corect, cât mai des! Şi aceasta înseamnă că NE VOM VEDEA ÎN VÂRFUL PIRAMIDEI VÂNZĂRILOR!

Zig Ziglar

P.S. La sfârşitul cărţii am pus un REZUMAT AL ABILITĂŢILOR NECESARE PENTRU A AVEA SUCCES ÎN VÂNZĂRI, care vă va permite să evaluaţi poziţia în care sunteţi azi. Vă propun să vă faceţi testul înainte de a citi *Arta vânzării*. Această analiză vă va permite să vă axaţi pe punctele pe care doriţi să le întăriţi. Dacă veţi face din nou testul după capitolele 5 şi 11, veţi observa un progres semnificativ, iar dacă vă faceţi un test după capitolul 16 cred că veţi vedea cât de multe aţi învăţat din această carte. Sau, lucrul cel mai important, veţi ŞTI că AŢI OBŢINUT FOARTE MULTE DIN VOI ÎNŞIVĂ!

CAPITOLUL UNU

AŢI FĂCUT ALEGEREA POTRIVITĂ

O carieră în cea mai veche profesie din lume

Când un client i-a răspuns comisvoiajorului care vindea Biblii:

– „Nu am nici un ban", acesta din urmă a avut replica potrivită. Întinzându-i Biblia, l-a întrebat:

– Poţi să pui mâna aici şi să repeţi, te rog?

Vânzările pot şi trebuie să fie amuzante, aşa că să lămurim de la bun început faptul că sensul umorului combinat cu o părere bună despre propria persoană vor juca un rol important în succesul pe care îl veţi avea în profesia aleasă. Ce mult mi-aş fi dorit ca cineva să-mi fi spus asta la începutul carierei. Dacă aş fi râs mai mult şi m-aş fi simţit mai bine în propria piele, aş fi evitat suferinţele pe care le-am îndurat în primii ani, când încercam din răsputeri să supravieţuiesc.

LA ÎNCEPUT

Am făcut prima vizită de vânzări în 1947. După ce împrumutasem 50 de dolari (o sumă importantă în vremea aceea) pentru a-mi cumpăra un costum nou de 22 de dolari, o cămaşă nouă, o servietă şi o pălărie (toţi agenţii de vânzări profesionişti purtau pălării la sfârşitul anilor '40), eram pregătit să intru în minunata lume a vânzărilor!

Misiunea mea era să caut utilizatori ai produselor mele care să acţioneze ca „centre de influenţă" pentru „referinţe". Nu prea ştiam ce înseamnă asta, dar înţelegeam că dacă oamenii foloseau produsele mele în mod curent, ei ar putea să mă îndrume spre alte persoane care ar dori să le folosească. Spre plăcerea şi recunoştinţa mea eternă, Roşcata (soţia mea, Jean) a fost de acord să mă însoţească.

După ce am condus destul de mult până am găsit cartierul „potrivit", cu inima cât un purice şi tremurând, am bătut la prima uşă. În acea zi de iulie, vremea era teribil de caldă în Columbia, Carolina de Sud, dar aş fi transpirat şi fără ajutorul mamei natură. Mi-a deschis o doamnă cu înfăţişare de bunicuţă, una dintre cele mai puţin înfricoşătoare fǎpturi de pe pământ. Mi-a zâmbit cald şi m-a salutat. Mi-am început prezentarea „la conservă" şi aproape terminasem prima frază când am îngheţat. Nu mai puteam scoate nici un sunet. După vreo trei ore (trei secunde pot să pară trei ore în astfel de situaţii), amabila doamnă m-a întrebat dacă nu vreau puţină apă. Am reuşit să dau din cap recunoscător şi ea m-a invitat înăuntru.

În cele din urmă am aflat că nu utiliza produsul nostru, aşa că, în loc să o încurajez să-l încerce sau să o întreb dacă nu ştie pe cineva interesat, am făcut singurul lucru de bun simţ într-un asemenea moment: am zbughit-o înapoi în maşină, la soţia mea, care mă aştepta nerăbdătoare. Eram cu siguranţă în cartierul nepotrivit!

Au urmat zece zile în care părerea proastă despre propria-mi persoană, frica de a nu fi respins, lipsa de încredere şi modul de lucru mediocru m-au condus la experienţe nu cu mult mai strălucitoare.

DEMISIONEZ

Nu peste mult timp am ajuns la capătul rezervelor de bani şi de curaj. Într-o zi caldă de august, pe când băteam la uşi pe Adelia Drive, mi-au căzut ochii pe un bloc din capătul străzii şi mi-am spus:

– „Uite ce, dacă nu reuşesc să intru într-o casă şi cel puţin să fac o prezentare până ajung la blocul acela, atunci demisionez!"

Trecuseră prea multe zile în care nu reuşisem nici măcar să-mi spun povestea, ca să mă mai gândesc că aş putea vinde.

VIITORUL MEU – ÎN MÂINILE ALTORA

În 1947, majoritatea femeilor erau casnice, aşa că aveam şanse să fac o prezentare într-un bloc atât de lung ca acesta. În mod logic, ştiam că nu e o hotărâre extrem de deşteaptă să-mi pun viitorul în mâinile altora, să-i las pe ei să hotărască dacă urma să mai lucrez sau să demisionez. Dar din punct de vedere personal, ştiam că nu mai pot suporta să văd cum mi se închide uşa în nas. Indiferent de cine suntem sau ce facem, avem TOŢI nevoie de ceea ce psihologii numesc „feedback-ul realizării" – adică de un succes, oricât de mic ar fi el – iar eu mai aveam până să simt că mă apropiam de vreo formă de succes. Am continuat la fel până când nu-mi mai rămăseseră decât două case.

În penultima casă locuia o văduvă, dna. B. C. Dickert. Am făcut prezentarea la uşă şi ea mi-a spus să merg la următoarea casă, unde locuiau fratele ei şi soţia acestuia, dl. şi dna. J. O. Freeman. Erau primele cuvinte de speranţă pe care le auzeam după atâtea zile. Pur şi simplu am fugit la următoarea uşă şi i-am spus plin de entuziasm dnei Freeman ce spusese cumnata ei şi că dna. Dickert ar dori să participe şi ea în cazul în care puteam reveni pentru o prezentare. Am primit acordul pentru a face prezentarea după cină, când urma să fie acasă şi dl. Freeman.

FEEDBACK-UL REALIZĂRII

Puţin mai târziu, cu prune în gură şi îngrozit, am făcut prima mea vânzare: produsul #541 la preţul de 61,45 dolari! Am terminat de scris comanda, uitând complet că dna. Dickert era şi ea acolo. Într-un final, dl. Freeman a spus:

– Domnule Ziglar, cred că şi dna. Dickert este interesată.

Cu aplombul unui profesionist adevărat, am trântit:

– Ei, care-i treaba, doamnă Dickert? (eram tare, nu-i aşa?). Mi-a răspuns că nu are bani la ea, la care, la fel de plin de tact şi de diplomaţie, am spus:

– Păi, doar locuiţi alături. Fuga după bani!

Dna. Dickert a zâmbit şi a spus:

– Mă duc.

Două vânzări – nu-mi venea să cred ce norocos eram!

Roşcata şi cu mine ne-am luat o cutie de îngheţată să sărbătorim şi, din câte îmi amintesc, până a doua zi nu mai rămăsese nimic din ea.

Am hotărât să rămân în vânzări.

DAR VOI?

Pe măsură ce intrăm în călătoria prin *Arta vânzării*, aş dori să încep într-un mod mai puţin obişnuit. Să vă încurajez să renunţaţi la meseria de vânzări, dacă puteţi. Dacă, aţi citit corect, Zig Ziglar vă încurajează să renunţaţi la vânzări, dacă puteţi. Aceste două cuvinte sunt cele mai importante pentru voi în cariera pe care o aveţi în vânzări: DACĂ PUTEŢI. Cei care se apucă de vânzări ca să mai facă un ban sau ca să-i ajute pe alţii sunt „de distanţă scurtă". Trebuie să intraţi în vânzări pentru că inima şi mintea nu vă lasă să faceţi nimic altceva!

NU PUTEŢI IEŞI DIN CEVA ÎN CARE NU AŢI INTRAT NICIODATĂ.

În vânzări veţi fi tratat dur, uneori oamenii vă vor trânti uşa în nas. Se vor lega de voi fără vreun motiv anume. Vă vor evita la reuniunile mondene. Membrii familiei (şi chiar voi) se vor întreba dacă sunteţi sănătoşi la cap. Veţi vedea oamenii vorbind în şoaptă şi veţi ŞTI că vorbesc despre voi şi profesia pe care v-aţi ales-o. La restaurant veţi vedea oameni râzând şi veţi fi siguri că râd de ultima prezentare pe care aţi făcut-o.

Dr. Charles Jarvis, comic şi prezentator, spune că „Doar pentru că eşti paranoic nu înseamnă că nu o să-ţi vină de hac!" Da, paranoia poate fi un efect secundar al acestei meserii.

INTRĂ SAU IEŞI

Bunul meu prieten Walter Hailey este unul dintre oamenii cei mai de succes din lume. Am povestit despre capacitatea lui de a găsi partea bună a fiecărui om şi a fiecărei situaţii în cartea mea *See You at the Top*. Pe lângă faptul că e un „căutător de bine", Walter este şi un agent de vânzări prin excelenţă (adică e taaaare bun!) şi un învingător care toată viaţa i-a ajutat pe alţii să învingă.

În ciuda succesului, Walter şi-a început cu greu cariera în vânzări. A luptat cu frustrările, neliniştea, uşile închise, vânzările proaste, durerile de stomac şi orice alt simptom asociat cu o persoană care nu ştie exact ce îi rezervă viitorul şi cum va supravieţui în lumea vânzărilor. Walter era atât de disperat, încât s-a dus la director şi i-a spus că demisionează. Iar acesta i-a răspuns:

– Nu se poate.

Walter a spus din nou categoric că demisionează. Iar şeful i-a spus din nou:

– Nu poţi să demisionezi.

Dar Walter deja transpirase şi a repetat ferm:

– Ei bine, o să demisionez!

Replica a fost:

– Walter, nu poţi să pleci din lumea asigurărilor pentru că nu ai intrat niciodată cu adevărat în lumea asigurărilor.

Walter a spus că aceste cuvinte l-au lovit ca o măciucă în moalele capului. În timp ce se gândea la adevărul spuselor directorului, a înţeles poate pentru prima oară în viaţă că NU POŢI IEŞI DIN CEVA ÎN CARE NU AI INTRAT NICIODATĂ. Sunt mulţi oameni care „ajung" într-o organizaţie de vânzări, fără a intra niciodată cu adevărat în afacerea propriu-zisă.

DE CE SĂ NU INTRI ÎN AFACERE?

Unul din motivele pentru care oamenii nou sosiţi în vânzări nu intră niciodată „în afacere" este legat de informaţiile pe care le primesc. Li se spune adevărul despre serviciul lor? Conform unui articol intitulat „Şocuri puternice pe câmpul vânzărilor", în care editorul şef Arthur Brigg a intervievat un număr important de agenţi de vânzări aflaţi în primul an de activitate (în numărul din iulie 1990 al revistei *Sales and Marketing Management*), răspunsul este un NU categoric.

Aceştia spuneau că primele zile pe teren au fost mai dure decât s-ar fi aşteptat şi cu mult mai multe surprize decât puteau duce. Dacă îmi permiteţi o observaţie din partea cuiva care a fost în situaţia lor şi care a angajat şi format sute de agenţi de vânzări, oamenii prost informaţi şi nepregătiţi sunt mai degrabă regula decât excepţia în domeniul vânzărilor.

Poate că informarea şi pregătirea au fost întodeauna la fel de slabe şi situaţia nu se va schimba. Dar VOI puteţi face câteva lucruri care să mai atenueze şocul.

NIMIC NU VINE PE GRATIS

Unu: Înţelegeţi că majoritatea veteranilor bine plătiţi din vânzări (sau din orice alt domeniu) sunt oameni care muncesc foarte mult. Priviţi în jur şi întrebaţi-i pe cei care sunt în vârf care este modul lor de lucru. Am văzut situaţii în care, cu cât directorul sublinia mai mult cerinţele extrem de riguroase, cu atât candidaţii erau mai neatenţi şi îl asigurau că vor face faţă. Ei nu făceau decât să asculte şi să „audă" doar ce doreau să audă. Mai târziu, când clienţii lor făceau la fel şi se plângeau că agenţii de vânzări „nu le-au spus", aceştia din urmă erau uimiţi şi chiar supăraţi.

Soluţia: Ascultaţi cu atenţie tot mesajul şi nu doar partea cu „beneficiile".

Cea mai grea şi cea mai bine plătită muncă din lume este în vânzări, şi cea mai uşoară şi mai prost plătită muncă din lume este tot în vânzări!

Doi: Amintiţi-vă că dacă vă implicaţi în muncă şi vă însuşiţi toate învăţămintele oferite, productivitatea va creşte, iar stresul şi oboseala vor scădea. Poate că la început sunteţi copleşiţi de numărul mare de ore pe care îl petreceţi lucrând şi de detaliile prea multe de care trebuie să ţineţi cont. Vă recomand să adoptaţi un sistem de management şi productivitate ale timpului în acelaşi timp cu formarea de care aveţi nevoie pentru a înţelege şi folosi sistemul (sistem prezentat în cap. 15, „Organizare şi disciplină").

Trei: Încercaţi să fiţi la curent cu toate informaţiile legate de produs şi cu modalităţile de comunicare. Dacă înţelegeţi produsul şi ştiţi cum să comunicaţi ceea ce înţelegeţi, vă veţi simţi siguri în orice situaţie. Veţi dori să studiaţi în continuu produsul şi modificările care pot să apară. Anumite produse sunt atât de complexe încât va trebui să studiaţi zilnic pentru a fi la curent. Suntem în epoca informaţiei, aşa că folosiţi la maxim tehnologia de comunicare ca să o luaţi înaintea concurenţei.

Important: Când sunteţi depăşit de o problemă, spuneţi fără nici o grijă „Nu ştiu." Compania pentru care lucraţi vă poate oferi sprijinul tehnic şi puteţi deveni o autoritate în materie până la următoarea întâlnire.

IMPLICARE TOTALĂ

Vă rog să înţelegeţi că e posibil să prezentaţi de ani de zile un produs sau un set de servicii fără să fi intrat cu adevărat „în domeniul" vânzărilor. Mă veţi întreba când ştii dacă ai intrat *în* domeniu?

Răspuns: Când domeniul a intrat atât de mult *în* tine încât nu mai poţi ieşi *din* vânzări.

Cea mai grea şi cea mai bine plătită muncă din lume este în vânzări, şi cea mai uşoară şi mai prost plătită muncă din lume este tot în vânzări!

Lipsa de implicare este motivul principal pentru care vânzările au căpătat reputaţia de domeniu cu ritm mare de schimbare a oamenilor. Din fericire, aceasta se schimbă şi publicul începe să capete respect pentru adevăraţii profesionişti din vânzări. Metodele de formare se îmbunătăţesc, iar vânzările încep să atragă oameni de factură mai bună decât înainte. Beneficiile intrării în cea mai importantă profesie din lume cresc aproape de la o zi la alta.

Ştiu că vedeţi ultima frază ca pe o afirmaţie nefondată a unui tip care e mândru să spună că a fost agent de vânzări toată viaţa. Iubesc sincer această profesie şi pe cei care o fac, cred cu adevărat în valoarea ei şi sunt însetat să învăţ cât mai multe pentru a deveni şi mai profesionist.

CĂLĂTORIE SPRE SUCCESUL ÎN VÂNZĂRI

Cariera mea în vânzări nu a început în 1947, atunci nu a fost decât prima vizită „oficială" de vânzări. Eu am început în copilărie, când vindeam legume pe străzile din Yazoo City, Mississippi. Am avut de asemenea norocul să lucrez mai mulţi ani într-un magazin alimentar.

La University of South Carolina, am vândut sandivşuri în cămin pentru a-mi finanţa familia şi studiile. Mai târziu am trecut în domeniul vânzărilor directe, lucrând în asigurări de bunuri şi de viaţă şi mai apoi în produse de uz casnic. În 1964 am pătruns în lumea dezvoltării resurselor umane şi a companiilor şi de atunci „vând" formare şi motivaţie.

ŞANSA SE NAŞTE DIN INDEPENDENŢA FOLOSITĂ ÎNTR-UN MOD RESPONSABIL

Este evident că nu veţi trăi exact aceleaşi experienţe ca mine. Îndrăznesc să afirm că nu sunteţi mulţi cei care vă veţi lua soţia în vizitele de vânzare. Probabil că nu veţi vinde sandivşuri în cămine şi că veţi merge cu liftul mai mult decât veţi bate la uşi. Dar înainte de a trece de aceste experienţe, permiteţi-mi să vă amintesc că suntem toţi într-o călătorie lungă. Lucrăm împreună şi, repet ceea ce am spus în Introducere, suntem provocaţi să învăţăm din trecut fără a trăi acolo, să trăim şi să ne dezvoltăm în prezent, şi să privim spre viitor cu speranţă şi optimism. Rar trece o zi fără să învăţ ceva care să mă ajute să devin şi mai profesionist pentru secolul XXI. Veniţi cu mine şi să învăţăm împreună din această călătorie.

BENEFICIILE SUNT PENTRU VOI!

Când deveniţi agenţi de vânzări (indiferent dacă este prima experienţă sau aţi trecut la un alt nivel profesional), trebuie să vă opriţi şi să înţelegeţi că alegerea meseriei de agent de vânzări este un lucru pe care îl faci în fiecare zi. De fapt, haideţi să scriem primul lucru pe lista cu ce aveţi de făcut: „Azi voi fi un agent de vânzări foarte bun şi voi învăţa ceva care mă va face să fiu şi mai bun mâine." Dacă veţi începe fiecare zi cu această declaraţie faţă de profesia noastră atât de frumoasă, veţi avea MULTE beneficii numai pentru VOI – agenţii de vânzări profesionişti! Cel mai bun lucru este că acest procedeu vă ajută să fiţi siguri că ziua de mâine este mai bună decât cea de ieri.

INDEPENDENŢĂ

Unul din NENUMĂRATELE lucruri extraordinare din această profesie este că sunteţi propriii voştri şefi. După cum se spune, în această afacere „sunteţi pentru voi, dar nu sunteţi singuri." Când vă uitaţi în oglindă dimineaţa vă puteţi privi în ochi şi puteţi spune „Oh, Doamne, eşti o persoană atât de drăguţă, de eficientă, de muncitoare şi eşti un profesionist extraordinar – meriţi o mărire de salariu!". Adică tocmai a avut loc o reuniune a consiliului director. Iar mărirea de salariu devine realitate în momentul în care vă puneţi în mişcare.

ŞANSA

Adevărul este că, fiind agent de vânzări, sunteţi preşedintele executiv, şi, evident, şi femeia de serviciu, bucătarul, gunoierul. Pe scurt, o dată cu independenţa pe care o capeţi când eşti propriul tău şef vine şi o responsabilitate uriaşă, iar asta este exact partea cea mai provocatoare a profesiei!

ŞANSA SE NAŞTE DIN INDEPENDENŢA FOLOSITĂ ÎNTR-UN MOD RESPONSABIL, iar în profesia de agent de vânzări şansele sunt incomparabile cu orice altceva.

E adevărat că trebuie să fii flexibil, să ai o voinţă de fier, să fii organizat, disciplinat, entuziast şi motivat, să ai o ţinută impresionantă – dar toate acestea pălesc în faţa acelui profesionist care are cele mai importante caracteristici de caracter – este gata să se pună în slujba celorlalţi, are umilinţă şi voinţa de a evolua.

REZOLVAREA PROBLEMEI

Poate cu excepţia medicului şi a preotului, nimeni nu e mai potrivit să rezolve problemele aşa cum sunteţi voi, convingătorii de profesie. Nu există teoretic nimic pe pământ care să aducă mai multă satisfacţie şi mulţumire personală decât să-l poţi convinge pe un alt om să devină mai eficient şi să aibă mai mult succes datorită produselor, bunurilor sau serviciilor pe care i le poţi oferi voi. Cât e de important să ajuţi pe cineva să economisească timp şi bani, să nu fie frustrat şi/sau neliniştit? Nimic nu oferă mai multă satisfacţie decât acele scrisori pe care le primiţi de la clienţi care vă spun cum le-aţi schimbat viaţa.

SIGURANŢA

Sigur că aş fi un mincinos dacă nu aş recunoaşte că venitul potenţial destul de ridicat în domeniul vânzărilor este cel care îi atrage pe oamenii nemulţumiţi de nivelul scăzut al valorii şi activităţilor lor. Plus siguranţa oferită de acest domeniu. Conform Generalului Douglas MacArthur, siguranţa vine din capacitatea voastră de a produce; cu alte cuvinte, este o slujbă „internă". În vânzări nu trebuie să aştepţi ca lucrurile să se întâmple, voi sunteţi cei care faceţi ca ele să se întâmple. Când afacerile merg prost, puteţi agita piaţa şi produce reactivarea ei.

Atitudinea, disciplina, dorinţa de a lucra, calităţile de organizator, toate acestea vă aduc o siguranţă pe care nu o aveţi când depindeţi de capriciile altor persoane, care de multe ori nu sunt capabile să să evalueze obiectiv valoarea. Ca agenţi de vânzări puteţi înclina balanţa în favoarea voastră dacă vă treziţi mai devreme, lucraţi până mai târziu, deveniţi mai profesionişti, învăţaţi cum să ajutaţi şi să convingeţi mai bine. Toate aceste lucruri înseamnă că vă controlaţi mai bine viaţa şi viitorul, şi ACESTA este un sentiment de siguranţă!

FAMILIA

Beneficiile pe care le are familia sunt şi ele uriaşe. După cum poate ştiţi deja, soţia mea este o roşcată foarte hotărâtă, adică într-o zi s-a „hotărât" pur şi simplu să devină roşcată, aşa că de câte ori vorbesc despre ea o numesc „Roşcata" (iar ea mă încurajează să îi spun aşa). Când vorbesc cu ea, îi spun „iubita mea". Se numeşte Jean.

De la începutul căsniciei mele cu Roşcata, trecând prin creşterea copiilor noştri - Suzy, Cindy, Julie şi Tom –, toţi membrii familiei au fost implicaţi profund în toate aspectele carierei mele în vânzări. Au împărţit cu mine bucuria, gloria, beneficiile, distracţia, dar şi frustrările şi neliniştea care vin o dată cu profesia. Familia mea a avut şansa de a merge în excursii minunate cu ocazia şedinţelor, a împărţit cu mine recompensele când aveam rezultate extraordinare şi a cules beneficiile de a fi în centrul atenţiei când câştigam trofee şi premii. Erau acolo când treceam printr-o perioadă proastă şi aveam nevoie de sprijinul şi încurajările lor. De fapt, aceste momente ne-au unit la fel de mult (dacă nu chiar mai mult) ca momentele în care treaba mergea de minune.

Mesaj: Fiţi cinstiţi cu propriile familii. Membrii familiei vor să se „simtă" şi să „fie" o parte din necazuri şi din triumfuri. Ei pot fi o sursă de putere şi de încurajare, şi în acest proces vor deveni ei înşişi mai maturi. Această profesie ne-a permis nouă, ca familie, să avem mai multe interese comune, să ne facem mai mulţi prieteni comuni şi să ne lărgim orizontul prin apropierea de alţi oameni care erau pasionaţi de vânzări, de produsele şi serviciile pe care le ofereau.

Este extrem de satisfăcător să ai o meserie în care succesul se măsoară cu indici clari, iar performanţele sunt recunoscute pe baza rezultatelor. Şi înseamnă foarte mult pentru întreaga familie să audă de la director ce treabă minunată face mama sau tata.

Creşterea, formarea şi dezvoltarea pe care le primiţi în domeniul vânzărilor, combinate cu independenţa, încrederea, disciplina, insistenţa şi grija pentru ceilalţi fac din acel agent de vânzări profesionist o soţie/un soţ şi un părinte mai bun.

COMUNICAREA

Profesia de agent de vânzări te învaţă curând că oamenii fac anumite lucruri pentru propriile lor motive şi nu pentru motivele tale. Acest principiu te ajută să fii mai eficient în comunicarea cu membrii propriei familii, dar şi cu membrii comunităţii. Profesioniştii din vânzări învaţă să se pună în pielea celorlalţi şi să se simtă bine, indiferent de cât de mare sau mică este ea!

De abilităţile de comunicare şi convingere pe care le învăţaţi de-a lungul carierei vor beneficia atât familia cât şi comunitatea, căci îi veţi ajuta pe ceilalţi să devină ce îşi doresc.

AVANSAREA

Oamenii din vânzări avansează în număr mare spre posturile de conducere. Cred că acest lucru se va întâmpla din ce în ce mai des în viitor, datorită calificărilor din ce în ce mai înalte pe care un agent de vânzări de succes trebuie să le capete în secolul XXI. Ca grup, trebuie să fim creativi, deschişi şi flexibili în gândire. Tradiţia spune că agentul de vânzări trebuie să aibă o soluţie la orice problemă de îndată ce a făcut prezentarea şi trebuie să se adapteze pentru a răspunde cerinţelor şi dorinţelor clientului. Această formare este perfectă pentru un director executiv.

Ca agenţi de vânzări, întâlnim oamenii în tot felul de stări psihice – veseli, entuziaşti şi emoţionaţi, sau supăraţi şi trişti. Învăţăm să lucrăm cu extrovertiţi, introvertiţi, nehotărâţi, optimişti, pesimişti, minuţioşi, impetuoşi, gălăgioşi, importanţi, egocentrici, şi mulţi alţii. Această experienţă este nemaipomenită pentru un director şi, cu cât ne pricepem mai bine la aceste „caracteristici de caracter", cu atât avem mai multe şanse de a urca pe o poziţie de conducere.

În vânzări învăţăm mai degrabă să convingem oamenii de modul nostru de gândire decât să le ordonăm ce să facă. Persoanele cu putere de convingere vor fi foarte căutate în mileniul trei pentru a ocupa funcţii de conducere! După ceva timp, puterea de convingere şi creativitatea devin a doua natură.

Trebuie să ştim să-i convingem pe ceilalţi dacă vrem să-i facem să cumpere, iar această pricepere ne trimite în poziţii de conducere. Este nevoie de abilităţi extraordinare pentru a-i convinge pe oameni să coopereze, să lucreze cu ceilalţi, să înţeleagă că, indiferent cât de bună e ideea lor, dacă ea a fost respinsă şi înlocuită de ideea altcuiva, un angajat bun şi ambiţios îşi va lăsa mândria deoparte şi va coopera spre binele echipei. Şi credeţi-mă cînd vă spun că această sarcină cere o putere de convingere uriaşă!

MANAGEMENTUL

Agenţii de vânzări de succes din secolul în care tocmai am intrat sunt şi foarte buni manageri. Ei trebuie să se organizeze ţinând cont de timp, zonă, obiceiuri personale şi viaţă, în general. Cu cât îşi organizează mai bine viaţa, cu atât vor conduce mai bine o afacere.

Agenţii de vânzări de succes ştiu să păstreze echilibrul. Aici mulţi pierd pentru că se gândesc că echilibru înseamnă să acorzi aceeaşi prioritate şi acelaşi timp tuturor problemelor. Fals. Ştiţi că trebuie să aveţi o alimentaţie echilibrată, dar asta nu înseamnă că vreţi sau trebuie să mâncaţi la fel de multe grăsimi şi carbohidraţi. Acelaşi lucru e valabil şi pentru programul vostru: nu petreceţi la fel de mult timp la masă ca în pat. Despărţiţi priorităţile de echilibru – „priorităţi" înseamnă ordine cronologică, „echilibru" înseamnă varietate.

Puteţi confunda priorităţile cu echilibrul. De exemplu, multe persoane îşi petrec cea mai mare parte a timpului lucrând. Dacă lucraţi opt ore pe zi nu înseamnă că trebuie să vă şi jucaţi opt ore, dar trebuie să vă ocupaţi şi de aspectele psihice, mentale şi spirituale ale vieţii. De asemenea, trebuie să vă păstraţi relaţiile sociale şi de familie.

Cheia este să înţelegeţi că, după ce totul s-a încheiat, va trebui să răspundeţi la următoarele întrebări: sunteţi fericit, sănătos, destul de bogat şi de ferit de primejdii, aveţi prieteni, linişte sufletească şi relaţii familiale bune? Cât timp vă gândiţi la toate acestea, daţi-mi voie să vă lansez o provocare referitoare la activităţile şi sarcinile zilnice. Rezultatele acţiunilor pe care le întreprindeţi pentru îndeplinirea sarcinilor sunt cele dorite? Dacă nu, de ce nu? Şi ce aveţi de gând să faceţi? Acestea sunt întrebări obligatorii pentru cei care mâine vor ajunge directori.

Dar asta nu înseamnă că trebuie să încercaţi zilnic să puneţi totul în echilibru. Pentru unele proiecte, e nevoie să lucraţi mai mult şi să depuneţi mai mult efort. Dar până la urmă reveniţi la un echilibru al activităţilor, căci altfel s-ar produce scurt circuite care ar face să nu obţineţi ceea ce aţi fi dorit.

MĂ URMĂRIŢI?

Dacă nu am reuşit să vă conving că vânzările sunt o carieră minunată, ce oferă satisfacţii extraordinare şi CERE foarte mult – şi nu o haltă în aşteptarea a ceva mai bun – şi dacă credeţi că puteţi trăi fără a vinde, succes!

Dar dacă nu vă imaginaţi că puteţi trăi fără beneficiile uluitoare pe care le oferă profesia noastră atât de minuată, FELICITĂRI! Tocmai aţi intrat în meseria care are puterea de a schimba societatea într-un mod cum numai puţine profesii o mai pot face. Schimbarea acestei paradigme cu care se vor confrunta profesioniştii din vânzări în secolul XXI este adevăratul sens al vânzărilor ca meserie.

AGENTUL DE VÂNZĂRI

Agenţii de vânzări sunt o mare problemă pentru şefii lor, pentru clienţi şi soţii, pentru directorii de credit, pentru hoteluri şi chiar pentru ceilalţi agenţi de vânzări. Individual şi colectiv, ei sunt înjuraţi şi bârfiţi în şedinţele de vânzări, în congresele anuale, în spatele uşilor închise, în băi, în baruri, sunt bârfiţi în şoaptă, din multe puncte de vedere, cu multă pasiune.

Fac mai mult zgomot şi mai multe greşeli, creează mai multă veselie, corectează mai multe greşeli, aplanează mai multe diferenţe, răspândesc mai multe zvonuri, explică mai multe discrepanţe, ascultă mai multe doleanţe, calmează mai multe războaie şi petrec mai mult timp în situaţii de stres, toate acestea fără să îşi piardă calmul, decât orice altă clasă pe care o cunoaştem – şi includem aici şi miniştrii. Trăiesc în hoteluri, taxiuri şi corturi, în trenuri, autobuze şi în parcuri, pe bănci, mănâncă orice fel de mâncare, beau orice fel de lichide – bune şi rele, dorm înainte, în timpul şi după încheierea unei afaceri, având un program la fel de neprevăzut ca cel al vremii, şi nu sunt deloc înţeleşi de biroul central.

Şi totuşi agenţii de vânzări sunt o putere în societate şi în economia naţională. Din anumite puncte de vedere sunt un omagiu pentru ei înşişi. Scot la iveală şi cheltuiesc mai mulţi bani cu mai puţin efort, şi cu mai puţin câştig decât orice alt grup din lumea afacerilor. Vin în momentele cele mai nepotrivite, sub pretextele cele mai banale, stau cu atât mai mult cu cât te opui vizitei lor, pun mai multe întrebări personale, fac mai multe comentarii, rezistă la mai multe neplăceri, şi fac faţă mai multor situaţii de dificultate maximă decât orice alt grup sau corp, incluzând aici şi Armata SUA. Introduc mai multe ştiri bune, dispun de mai multe bunuri vechi, încarcă şi mută mai multe camioane de mărfuri, descarcă mai multe vapoare, construiesc mai multe fabrici, pornesc mai multe afaceri, şi scriu mai multe scrisori de debit şi credit în documentele contabile decât toţi oamenii din America. Cu toate greşelile lor, ei fac să se învârtă roţile comerţului şi să se transmită curenţii sentimentelor umane. Nu se pot spune mai multe despre un om. Aveţi grijă pe cine numiţi AGENT DE VÂNZĂRI, *S-AR PUTEA SĂ FIE UN COMPLIMENT.*

Agentul de vânzări mi-a fost trimis de Donald Benenson din Levitton, New York, şi cred că spune multe despre profesia noastră atât de minunată.

CAPITOLUL DOI

VÂNZĂRILE PE PIAŢA MODERNĂ

Deceniul tehnologiei

– Joe, soţul meu, este ofiţer de poliţie într-un orăşel. Îl sună o mulţime de oameni acasă, aşa că s-a hotărât să-şi monteze un robot telefonic pentru a selecta apelurile, mai ales cele de ameninţare sau cele supărătoare. Iată ce mesaj a pus: „Aţi sunat la un ofiţer de poliţie. Aveţi dreptul să nu spuneţi nimic. Dacă renunţaţi la acest drept, lăsaţi mesajul după semnalul sonor. Tot ce veţi spune poate şi probabil va fi folosit împotriva dvs." Telefoanele au devenit mult mai prietenoase.*

Da, telefoanele au devenit mai prietenoase pentru că la începutul secolului XXI, în epoca tehnologiei, ofiţerul a folosit metodele moderne pentru a „vinde" politeţe.

„TEHNOLOGIA VÂNZĂRILOR" ÎNCEPE CU *VÂNZĂRILE*!

În 1943, eram în anul întâi la liceu, al doilea Război Mondial era în plină desfăşurare, patriotismul era la mare preţ în America. Visul meu era să devin pilot în marină, să ajut la câştigarea războiului şi să mă întorc acoperit de glorie în Yazoo City, Mississippi.

Mi-am dat seama că, indiferent de câte ore voi avea în ultimii ani de liceu, tot nu erau de ajuns pentru a învăţa matematica şi ştiinţele necesare în Corpul Aviatic al Marinei. Aşa că m-am hotărât să mă duc la şcoala de vară Hinds Junior College, în Raymond, Mississippi. Aş fi putut astfel să termin liceul pregătit pentru programul de formare de zbor V-5. Deşi aceasta era prima experienţă în domeniul hotărârilor, planul părea solid.

Ei bine, din toate lucrurile aiurea care mi se puteau întâmpla, şcoala a ales ca eu să fac un curs de istorie. La ce avea să-mi folosească ce se întâmplase cu o sută de ani în urmă? Eu aveam nevoie de matematică şi ştiinţe ca să intru în corpul aviatic, să pilotez avioane, să dobor inamicul şi să mă întorc acasă, unde urma să se organizeze o serbare în cinstea mea!

---

* Retipărit cu acordul Reader's Digest, aprilie 1991. Copyright © 1991, The Reader's Digest Assn., Inc., contribuţie a dnei Susan Escujuri.

Trecând peste toate astea, aveam nevoie de diplomă ca să mă pot înscrie în marină, aşa că m-am hotărât „să tac şi să înghit". După cum bănuiţi, am intrat la ora de istorie cu capsa pusă, ceea ce era de rău. Mă gândeam cam aşa:

– OK, am venit. Acum daţi-i drumul şi învăţaţi-mă atât cât îmi trebuie ca să ies de aici şi să-mi văd de treabă. Fac ce ziceţi până mă văd cu diploma în mână. Hai să terminăm odată şi cu asta!

Profesorul era Joby Harris, care s-a dovedit a fi unul dintre cei mai buni agenţi de vânzări pe care i-am întâlnit. La prima oră de istorie mi-a vândut motivele pentru care trebuie să ştiu istorie. Cred că vorbea şi pentru ceilalţi colegi, dar mie mi se părea că vorbea doar cu mine. A făcut o muncă de vânzări atât de reuşită, încât am ieşit de la oră convins să studiez istoria la facultate. Şi istoria a şi fost singurul curs la care a avut 10 până la absolvire. Pe lângă istorie, profesorul Harris mi-a vândut multe alte lucruri în acea zi.

Prof. Joby Harris mi-a vândut ideea că dacă ai calităţi care fac mai mult decât să-ţi aducă ceea ce-ţi trebuie, ai responsabilitatea de a-i ajuta pe cei care nu au aceste calităţi. Cuvintele lui au fost o adevărată profeţie: „De fapt, dacă nu-i ajuţi şi nu-i ridici pe cei mai puţin norocoşi, va veni ziua când, din cauza diferenţei cantitative, cei mai puţin norocoşi te vor trage în jos." Generaţia de acum este prima cu un nivel educaţional mai scăzut decât al precedentei; este, de asemenea, prima generaţie cu un standard de viaţă mai scăzut. Trebuie să înţelegem toţi cuvintele profesorului Harris.

Motivul de bază pentru care am muncit atât de mult la dezvoltarea Companiei Zig Ziglar într-o companie de training cunoscută la nivel internaţional este ca să ne putem vinde unii altora importanţa construirii vieţilor pe baza unor fundaţii formate din cinste, caracter, integritate, încredere, dragoste şi loialitate. Când construim pe aceste pietre de fundaţie, putem construi o afacere, o viaţă, o prietenie şi o carieră în vânzări, schimbând în acelaşi timp în bine lumea în care trăim.

PROFESORUL ESTE UN PROFESIONIST ÎN VÂNZĂRI

Profesorul Harris a făcut mai mult decât să-mi dovedească faptul că SUNTEM toţi implicaţi în vânzări, indiferent ce meserie avem; el mi-a arătat de asemenea că mai întâi trebuie să fii persoana potrivită şi abia pe urmă devii agentul de vânzări potrivit.

„Dacă nu-i ajuţi şi nu-i ridici pe cei mai puţin norocoşi, va veni ziua când, din cauza diferenţei cantitative, cei mai puţin norocoşi te vor trage în jos." Generaţia de acum este prima cu un nivel educaţional mai scăzut decât al precedentei; este, de asemenea, prima generaţie cu un standard de viaţă mai scăzut.

În tinereţea lui, Joby Harris a fost cercetaş. Antrenorul lui era Thomas B. Abernathy, care, la rândul lui, era primul antrenor de cercetaşi şi coordonatorul mişcării în statul Mississippi. Deşi Joby avea tată, dl. Abernathy se interesa în mod special de el şi i-a devenit mentor şi profesor. Joby a deprins toate aptitudinile unui cercetaş, dar pregătirea lui nu s-a oprit aici. El a învăţat simţul responsabilităţii şi al cinstei care s-a transformat apoi în caracter şi integritate – toate acestea pentru că Thomas Abernathy a găsit timpul necesar pentru a ajuta un băieţel pe nume Joby Harris.

Să vă mai spun ceva: dl. Abernathy a avut patru copii, trei fete şi un băiat. Fata cea mai mică se numea Jean Abernathy, iar de peste patruzeci şi cinci de ani se numeşte Jean Abernathy Ziglar. Bineînţeles că dl. Abernathy nu avea de unde să ştie că atunci când lucra cu micul Joby Harris lucra cu băiatul care urma să devină mentorul viitorului său ginere, persoana care îl va ajuta pe Zig Ziglar să devină un bărbat şi un soţ mai bun, şi un tată mai bun pentru viitorul său nepot.

Important: Când vindeţi ceva, şi o faceţi aşa cum trebuie, nu aveţi cum să ştiţi ce rezultate directe şi indirecte va avea acea vânzare. Profesioniştii interesaţi de cariera lor se străduiesc întotdeauna să acţioneze cât mai corect în ORICE situaţie.

A fi moral nu este doar modul CORECT de a trăi, ci este şi modul cel mai pratic de a trăi. Adevăraţii profesionişti din vânzări nu doar vorbesc despre morală, ei TRĂIESC moral!

Deşi războiul s-a terminat înainte ca eu să ajung să învăţ să zbor, Joby Harris l-a influenţat pe creatorul programelor de formare a aviatorilor din marină (ca şi a altora) de la Corpus Christi, Texas, şi de la alte baze militare din SUA.

CINSTE ŞI INTEGRITATE ÎN VÂNZĂRI

Unul din cuvintele des folosite în această perioadă este *etică*. A devenit un fel de leit-motiv din cauza lipsei de vizibilitate. Politicienii din Statele Unite şi nu numai de aici continuă să se dea în spectacol, şi lista include de fapt nume din toate domeniile vieţii. Aşa că opinia publică a ajuns să spună: „Daţi-mi pe cineva în care să am încredere."

Exact asta vreau şi eu să spun în „Ghidul complet al agentului de vânzări profesionist": A fi moral nu este doar modul CORECT de a trăi, ci este şi modul cel mai pratic de a trăi. Adevăraţii profesionişti din vânzări nu doar vorbesc despre morală, ei TRĂIESC moral!

INTEGRITATEA, CINSTEA ŞI MORALA ADUC DUPĂ ELE RĂSPLATA

Robert Davis este un agent de vânzări şi un director de vânzări extraordinar din Baton Rouge, Louisiana. El lucrează la Terminix Pest Control, iar când a fost întrebat ce meserie are, a răspuns simplu:

– Omor gândaci.

Părerea despre propria persoană şi încrederea în serviciile pe care le oferă compania în care lucrează îl fac să exceleze atât personal cât şi profesional.

De curând, Robert lucra cu un agent de vânzări care făcea exces de zel. Într-o vineri după amiază, a sunat un client care avea o problemă serioasă: un roi de albine îi înconjurase casa, situaţie cam neplăcută pentru familia clientului. Robert l-a trimis pe noul agent să rezolve problema, care părea simplă, iar acesta, înainte de a ieşi pe uşă, a aruncat o întrebare:

– A mai luat cineva 200 de dolari pentru aşa o treabă?

Colegii au zâmbit ironic şi au răspuns negativ.

Tipul s-a întors peste nici o jumătate de oră, cu un cec de 225 de dolari – toţi au rămas mască. Uimirea generală a fost întreruptă de telefon – a răspuns Robert, la telefon era bărbatul care tocmai semnase cecul.

– Vă sun să vă mulţumesc pentru rapiditate şi eficienţă, a spus el. Albinele chiar erau o problemă, iar omul dvs. s-a descurcat de minune. Dar, a continuat el, eram curios să ştiu dacă 225 de dolari nu e cam mult pentru o treabă care a durat un sfert de oră.

– Rămâneţi acasă? a întrebat imediat Robert şi, după răspunsul afirmativ, s-a suit în maşină împreună cu agentul şi cu cecul de 225 de dolari. Ajunşi la casa cu pricina, Robert a explicat deschis:

– Domule, mi-e teamă că ne-a cam luat valul entuziasmului. Încă nu i-am explicat noului nostru agent condiţiile de lucru şi tarifele, aşa că v-am taxat prea mult. (Observaţi că nu a făcut nimic pentru a-l pune pe agent într-o situaţie neplăcută, deşi acesta ştia totul despre activitatea respectivă şi că preţul era de maxim 125 de dolari.) Aşa că de data asta nu vă luăm nici un ban.

Şi Robert i-a dat înapoi cecul.

– A, foarte drăguţ din partea voastră, a spus clientul. Ştiţi, mai am nişte probleme cu gândacii şi furnicile. Poate le rezolvaţi şi pe astea pe gratis?

Au râs toţi, iar Robert a încheiat pe loc contractul pentru 300 de dolari – era rezultatul moralei, integrităţii şi cinstei. Dacă ar fi păstrat cecul pentru activitatea „record" (dar necinstită), s-ar fi ales cu un client convins că a fost păcălit. Dar înapoind banii şi făcând ceea ce trebuia făcut, Terminix s-a ales cu o vânzare mai mare şi cu un client pe termen lung.

Când sunteţi cinstit şi moral şi duceţi o viaţă integră, vă veţi primi sigur răsplata. Poate nu atât de repede ca Robert Davis, dar aşa cum banii depozitaţi într-o bancă aduc sigur o dobândă, demonstrarea cinstei, a integrităţii şi a comportamentului moral aduce după sine urmări pozitive în carieră.

Această carte este scrisă pentru a vă orienta spre viaţa echilibrată şi morală care vă va ajuta să deveniţi tot ce vă doriţi, atât personal cât şi profesional. Toate tehnicile de vânzări, conceptele, formulele, principiile vă vor ajuta să vă construiţi cariera pe o fundaţie morală, care include cinstea, caracterul, integritatea, încrederea, dragostea, loialitatea.

NOUA DISCIPLINĂ A PROFESIONIŞTILOR DIN VÂNZĂRI

Profesionistul de azi nu mai este individul care ţipă pe stradă produsele pe care le vinde, ca la carnaval, şi nici stereotipul învechit de comis voiajor care umblă cu o maşină veche, vorbeşte repede, te bate prieteneşte pe spate şi îţi spune glume. Agentul de vânzări de azi seamănă cu un absolvent de MBA de la Harvard, deşi uneori nu a terminat nici liceul. El are cunoştinţele necesare – de la operare PC până la situaţia pieţei – pentru a avea succes în lumea modernă.

Construiţi-vă cariera pe o fundaţie morală, care include cinstea, caracterul, integritatea, încrederea, dragostea, loialitatea.

Profesonistul de azi înţelege clar că poţi termina şcoala, dar educaţia nu o termini niciodată. Poate că ai terminat şcoala destul de uşor, dar nu este la fel de uşor să-ţi continui educaţia. Educaţia este o experienţă care durează o viaţă. Multe femei şi mulţi bărbaţi fără diplome au o educaţie strălucită pentru că, de fapt, nu au părăsit niciodată şcoala.

Şi iată un fapt interesant în acest sens – doi prieteni de-ai mei, ambii cu doctorate, cu care am lucrat foarte mult, mi-au împărtăşit o concluzie de-a lor. Ei sunt convinşi, deşi nu au dovezi ştiinţifice, că o persoană care şi-a luat doctoratul a acumulat în învăţământul organizat mai puţin de 1% din totalul cunoştinţelor pe care le posedă. Restul a venit prin alte metode: în copilărie, prin învăţarea lecţiilor de viaţă, schimburile avute cu ceilalţi, observare, citirea revistelor, a cărţilor, a ziarelor, cursuri la distanţă, participarea la seminarii, utilizarea casetelor video şi audio, prin exploatarea celorlalte oportunităţi educaţionale. Această ipoteză mi se pare complet plauzibilă, căci există studii conform cărora până la 3 ani un copil a acumulat 60 – 65% din vocabularul de bază!

EDUCAŢIA FORMALĂ

Nu vreau să credeţi că încerc aici să distrug educaţia formală. Una din cele mai mari bucurii ale mele este să aud despre oameni care, după ce au citit cărţile mele sau au participat la o conferinţă, s-au întors la şcoală şi şi-au continuat studiile. Sunt pentru educaţia formală. Dar aş vrea doar să înţelegeţi că puteţi reuşi, şi chiar foarte BINE, în vânzări şi fără diplome...DACĂ veţi profita de oportunităţile de educaţie din jurul vostru (de exemplu, citind şi aplicând principiile din această carte).

De fapt, unii dintre cei mai educaţi oameni pe care îi cunosc au un număr mic de ani de educaţie formală, dar au fost întodeauna mânaţi de curiozitate, ambiţie şi imbold spre o cantitate mare de cunoştinţe şi o educaţie generală atotcuprinzătoare. Una din caracteristicile unei persoane „educate" este dăruirea pentru dezvoltare şi pentru a ţine pasul cu tehnologia care se schimbă atât de repede în vremurile noastre. Cuvintele pe care le auzim cel mai des azi în domeniul vânzărilor sunt *schimbare* şi *tehnologie.* Agentul de vânzări care refuză să se adapteze la schimbări şi la tehnologia modernă va rămâne la linia de start şi va avea o carieră limitată care nu va fi câtuşi de puţin productivă.

UN EXEMPLU INCREDIBIL DE SCHIMBARE ŞI TEHNOLOGIE

Unul dintre cele mai uluitoare articole pe care le-am citit vreodată a fost publicat în *Dallas Morning News*, la 5 ianuarie 1991. Auzim de multă vreme vorbindu-se despre lumea „fără hârtie" în care vom intra în cele din urmă, graţie computerelor şi celorlalte maşinării. Cu toate acestea, chiar cu dezvoltarea computerelor, 95% din informaţiile statului sunt stocate pe hârtie şi nu pe suport magnetic, microfişe etc. Dar va veni şi schimbarea.

În Irving, Texas, la Departamentul Sisteme de Securitate al Trustului de Echipamente Electronice Westinghouse, nu veţi găsi nici urmă de hârtie şi nimic ce ar putea sugera folosirea hârtiei. Nici agrafe, nici coşuri pentru hârtie, nici capsatoare şi nici foarfeci. Nu există copiatoare. Angajaţii au birouri, dar acestea nu au sertare. Există săli de conferinţă, dar nu au mese. Nu veţi vedea scrisori, facturi, reviste sau alte publicaţii. Dacă hârtia există, atunci nu este aici! Tot ce veţi vedea sunt nenumărate computere şi alte aparate electronice.

ŞOCUL VIITORULUI

Mulţi dintre noi s-ar simţi prost şi ar avea mult de lucru până să accepte un astfel de mediu. Sunt convins că şocul cultural ar fi greu de asimilat. Însă, aşa cum am spus mai devreme, profesionistul din vânzări care doreşte să ajungă în vârf trebuie să fie capabil să se adapteze la schimbări şi la utilizarea noilor tehnologii. Adaptabilitatea noastră depinde direct de atitudine şi când mă gândesc la adaptabilitate, schimbare, tehnologie produse de atitudinea corectă, îmi vine în minte Louise Padgett din Forest City, Carolina de Nord.

M-am împrietenit cu Louise şi cu Fifty, răposatul ei soţ, în anii '50, pe când lucram în aceeaşi divizie a unei organizaţii de vânzări directe. De curând am primit o scrisoare de la ea, care s-a dovedit a fi plină de idei!

Louise a intrat în organizaţia Avon acum vreo douăzeci şi şase de ani. În 1990, la optzeci şi patru de ani, era în Clubul Preşedinţilor, primea o recompensă pentru munca ei de recrutare (o oglindă cu faţete, înrămată în aur, şi o masă cu tăblia de marmură) şi se plasa constant în primii zece din divizia ei. În ultimul sfert de secol a fost operată de trei ori la şold, a suferit două atacuri de cord, toate fără să rateze o singură comandă! După cum spune Louise, „Dacă vrei, poţi." Spuse de o câştigătoare ca Louise Padgett, aceste vorbe nu sunt un clişeu!

„NOUA" TEHNOLOGIE?

Ajunşi în acest punct, poate vă vine să mă întrebaţi „Zig, şi ce legătură are asta cu tehnologia nouă de care ne vorbeşti?" Ei bine, după cum mulţi dintre voi ştiu, Avon este cunoscută de ani de zile pentru doamnele-agenţi de vânzări care sună la uşă şi îţi prezintă produsele, numai că dacă ai optzeci şi patru de ani şi trăieşti la începutul secolului XXI e bine să faci nişte modificări. Prin urmare, Louise Padgett a învăţat să folosească un echipament electronic pentru a-şi desfăşura activitatea. Echipament cunoscut sub numele de telefon. Şi după câte ştiu, este singura femeie din ţară care vinde produse Avon în acest mod, dar în cazul ei nici nu se poate altfel. Iar Louise chiar are puterea de a le convinge pe majoritatea clientelor să vină la ea acasă pentru a-şi ridica produsele!

Multe companii de vânzări directe, precum Avon, utilizează din plin tehnologia şi chiar se străduiesc să creeze o legătură între computerele companiei şi cele ale reprezentanţilor pentru a uşura comenzile prin telefon.

MERITĂ SĂ ŢINEŢI MINTE

Pornind de la experienţa Louisei Padgett, putem avea toţi succes când combinăm tehnologia modernă cu metode „demodate" cum ar fi gândirea pozitivă, farmecul, puterea de convigere, stăruinţa şi dedicarea.

Personal, simt că oamenii ca Louise scot în evidenţă tot ce e mai frumos în meseria noastră. Schimbările şi tehnologia trec pe lângă noi doar dacă le permitem asta, căci fiecare dintre noi este restricţionat de raţiune sau de sentimente. Atâta timp cât ne controlăm atitudinea, putem fi cât vrem noi de productivi, în orice domeniu. După cum ar spune Louise:

– Zig, ştii şi tu că este nevoie de entuziasm, muncă multă şi, conform zicalei, „de mult tupeu". Îmi întorc regulat ceasul entuziasmului şi încerc să gândesc pozitiv.

Iată un sfat extrem de folositor pentru noi toţi, în faţa schimbărilor şi a tehnologiei!

TELE-TEHNOLOGIE

Compania J.C. Penney şi-a mutat în 1990 sediul din New York City în Dallas, Texas. În timp ce lucram la un proiect de training pentru ei, câţiva angajaţi de-ai noştri au vizitat mai multe magazine Penney din ţară şi au aflat un lucru extraordinar. Magazinele Penney fac inventarul pe baza informaţiilor primite prin reţeaua de televiziune Penney! În 1985, clienţilor li s-ar fi părut imposibil să ia vreo hotărâre fără să „atingă" materialul şi să „vadă" produsul personal. Dar acum, cu tele-tehnologia, comenzile se pot face direct la producători, se economiseşte timp (mărfurile vin direct la magazine şi nu se mai opresc în depozite) şi profitul poate creşte. Un efect al acestei activităţi este Reţeaua de Training Penney, care le permite formatorilor să ofere training „asociaţilor" (cum sunt numiţi angajaţii) din toată ţara şi chiar din alte ţări.

Directorii de vânzări de la Mobil Oil din Dallas au folosit şi ei serviciile noastre de training şi, în timp ce discutam despre programul pe care îl pregătisem pentru ei, ne-au spus că directorii lor au toţi laptop-uri, care se leagă la sistemul folosit în clădirea Mobil Oil sau se pot folosi acasă, după orele de program. Dacă vor să se lege de acasă la sistem, nu au decât să sune un număr de telefon special. Accesul rapid la informaţie este o necesitate în vânzări.

Exact când terminam lucrul la manuscrisul acestei cărţi, personalul de la departamentul vânzări de la Oliver-Nelson Books şi Thomas Nelson, coordonaţi de editorul Bruce Barbour şi de Directorul de vânzări Bob Zaloba începuseră un studiu de fezabilitate pentru a determina cât de practic ar fi ca agenţii de vânzări să lucreze pe laptop-uri. În momentul de faţă aceştia din urmă îşi trimit rezultatele vânzărilor zilnice de la faxurile lor portabile.

BIROUL DE VÂNZĂRI AL ÎNCEPUTULUI DE MILENIU

Revista *Success* are anual un număr dedicat în întregime vânzărilor. În mai 1991 (al patrulea an când aveau un astfel de număr), Dan Gutman, autorul articolelor despre tehnologia de vârf de la rubrica „Nu ştiam că pot face ASTA cu un computer!", a scris despre un birou al viitorului, puţin neobişnuit, dar foarte interesant.

Agentul de vânzări Perry Solomon (care lucrează pentru High Technology Distributing, în Van Nuys, California) îşi fixează adeseori întâlnirile de la telefonul mobil, trage pe dreapta pentru a scrie o propunere pe laptop, faxează propunerea din maşină, primeşte răspunsul tot prin fax şi se duce direct la uşa clientului pentru a semna contractul. Nu-i nimic dacă trebuie să mai aştepte câteva minute afară, vorbind la telefon cu alţi clienţi.

Lui Solomon îi place să spună că „biroul viitorului are patru roţi şi nu patru pereţi."

FICŢIUNE SAU REALITATE

Realitate: Un laptop cântăreşte mai puţin de trei kilograme şi este mai mic decât o servietă. Este mai puternic decât maşinile de acum cinci ani, care erau de zece ori mai mari, şi costă mai puţin de 1 500 de dolari. Agendele electronice (cu numere de telefon, loc pentru notiţe, listă cu ce trebuie făcut, calculator, calendar), computerele cât palma (care încap într-un buzunar sau un portofel şi cu memorie suficientă pentru a încărca Lotus 1-2-3) şi computerele-agendă (de mărimea acestei cărţi, cu hard şi ecran) sunt azi realitate.

Realitate: Imprimantele portabile pentru laptop sunt mici, ieftine, şi de o calitate care permite ca pentru mai puţin de 800 de dolari să aveţi un aparat care să scoată print-uri aproape la fel de bune ca la imprimantele cu laser.

Realitate: Telefoanele mobile recepţionează semnalul la fel de bine ca telefoanele clasice. Mărimea aparatului scade din ce în ce mai mult, la fel şi preţul.

Realitate: Fax-urile au devenit indispensabile atât în maşină cât şi la birou. Expresia „trimite-mi un fax în maşină" nu mai este o glumă, ci o realitate.

Realitate: şi pager-ul ţine pasul cu tehnologia. Pe lângă faptul că e din ce în ce mai mic şi mai uşor, se ieftineşte pe zi ce trece. Pager-ul vă ajută să economisiţi bani căci vă permite să alegeţi pe cine sunaţi şi în ce ordine. De asemenea, economiseşte mult timp.

CU CÂT LUCRURILE SE SCHIMBĂ MAI MULT...

Zicala din vechime „Cu cât lucrurile se schimbă mai mult cu atât rămân la fel" este încă valabilă. În ciuda faptului că avem de-a face cu schimbări şi tehnologie modernă, trebuie să ţinem întotdeauna cont de câteva adevăruri care rămân neschimbate.

Dacă vreţi să aveţi succes în noul mileniu, TREBUIE (nu aveţi de ales) să înţelegeţi schimbările şi noua tehnologie. Trebuie de asemenea să înţelegeţi că în anumite privinţe „vechea" forţă de muncă seamănă cu cea „nouă".

NOUA FORŢĂ DE MUNCĂ

Lucrul pe care clienţii l-au pus întotdeauna în vârf în lumea vânzărilor este ÎNCREDEREA. Motivul principal pentru care oamenii NU vor cumpăra de la tine este lipsa de ÎNCREDERE. Atunci când faceţi o promisiune serioasă unui client, sau spuneţi „o propoziţie la întâmplare" care implică o promisiune, clientul le ia pe amândouă ca literă de lege. Aceasta se aplică mai ales dacă apar ceva probleme în timpul procesului de vânzare sau după vânzare. În cazul în care cumpărătorul are vreo problemă în timpul relaţiei cu vânzătorul sau în timpul folosirii produsului, există posibilitatea ca aceasta să se transforme într-o adevărată tragedie. Chiar şi cea mai mică problemă poate arunca în aer afacerea.

Motivul principal pentru care oamenii NU vor cumpăra de la tine este lipsa de ÎNCREDERE.

În forţa de muncă de la acest început de secol, femeile ocupă din ce în ce mai mult loc în vânzări – şi nu vorbim aici doar de numărul femeilor care sunt agenţi de vânzări. Au şi de ce. În primul rând, femeile sunt mai de încredere. Asta nu înseamnă că toate femeile din vânzări sunt de încredere şi că nu se poate conta pe nici un bărbat care lucrează în vânzări. Ceea ce vreau să spun aici este că dacă o femeie agent de vânzări spune să îţi va trimite raportul joi, atunci poţi fi sigur că îl vei avea joi. Când un bărbat agent de vânzări spune acelaşi lucru, sunt mai puţine şanse să o şi facă. Poţi să te încrezi mai degrabă în femeia care spune că va verifica aparatul vineri decât în bărbatul care spune acelaşi lucru.

Şi înainte să mă acuzaţi că îi nedreptăţesc pe bărbaţi şi le privilegiez pe femei, permiteţi-mi să spun că dreptatea este dreptate, adevărul este adevăr şi succesul este succes. Orice observator obiectiv va verifica spusele mele şi mulţi vă vor spune că „cei care nu învaţă din trecut sunt condamnaţi să îl repete." Şi cum noi studiem împreună succesul în profesia de agent de vânzări, eu zic că putem „învăţa de la cei care au avut succes şi repeta principiile lor de succes." Trebuie să analizăm CUM şi DE CE astfel încât să putem învăţa din eşecuri şi să putem construi pe baza succesului.

PĂREREA UNEI FEMEI

Sheila West (autoarea cărţii *Beyond Chaos* – Dincolo de haos, care merită să o citiţi) este o femeie de afaceri de succes şi o profesionistă în domeniul vânzărilor. Ca directoare şi mamă, a căpătat abilităţi extraordinare în conducere şi management. De asemenea, a căpătat experienţă în înţelegerea naturii umane. În această perioadă a carierei ei, Sheila a luat efectiv mii de hotărâri de management şi a demonstrat calităţi de lider şi putere de convingere. În 1981, a intrat cu toată viteza în domeniul echipamentelor pentru tras cu arcul. John, soţul ei, se ocupă de vânzarea cu bucata, iar Sheila coordonează departamentul de vânzare engros de la Archery Centre International, din Monroe, Michigan.

În timpul unei conversaţii, am făcut obsevaţia că în America oamenii au mai multă încredere în femei decât în bărbaţi şi că sunt înclinaţi să ia de bun tot ce spun ele şi să facă aşa cum îi sfătuiesc femeile. Clienţi femei şi bărbaţi sunt dispuşi să se „încreadă” mai mult în femeile agent de vânzări decât în bărbaţi şi să acţioneze conform recomandărilor făcute de acestea.

Sheila a fost de acord cu această observaţie şi m-a întrebat dacă ştiam de ce se întâmplă aşa. Am spus că nu am habar şi atunci mi-a explicat ea:

– Femeile sunt mult mai deschise decât bărbaţii. Aceasta le face mult mai vulnerabile, dar provoacă încredere din partea oamenilor cu care intră în contact. Clienţii nu se simt înşelaţi sau furaţi de o persoană căreia nu îi e teamă să se arate vulnerabilă.

A continuat şi mi-a spus că ego-ul feminin are de asemenea un rol important, căci „nu doreşte să iasă în faţă.” Acolo unde un bărbat ar putea deveni centrul atenţiei, o femeie agent de vânzări i-ar da mai degrabă *clientului* rolul principal şi ar asculta cu atenţie ce are de spus acesta din urmă. Acest fapt se datorează în mare parte capacităţii de ascultare pe care o au femeile. Toţi agenţi de vânzări de succes îşi folosesc la maxim capacitatea de ascultare. Până acum nu am auzit de vreo persoană care să nu fi încheiat vreo vânzare pentru că a ascultat cu atenţie nevoile şi dorinţele clientului. Interesant este şi următorul fapt: cu cât agenţii de vânzări ştiu mai multe despre nevoile clienţilor, cu atât capătă mai multă putere să le rezolve. Şi mai mult, factorul încredere creşte şi creşte când clienţii văd că agentul ascultă cu atenţie problemele lor.

Ascultarea *nu* este deloc atât de dificilă cum o facem noi să fie. Când NU vorbim sau NU NE PREGĂTIM să vorbim, putem asculta. Există multe etape şi chiar cursuri de săptămâni în care se dezvoltă abilităţi de ascultare, dar pentru nevoile noastre de aici putem folosi vechea zicală „Când vorbeşti spui o poveste, dar când asculţi aduci mângâiere.”

ASCULTĂ CU OCHII

Când asculţi, faci mai mult decât să asculţi cu urechile. Dacă e posibil, întoarce-te drept spre persoana care vorbeşte şi uită de formulare, date, mostre etc. Uită-te în ochii clientului şi caută acele indicaţii non-verbale care îţi spun multe despre cel care vorbeşte. Observă gesturile, modul în care stă, zâmbetul sau încruntarea – tot ce indică starea de spirit din acel moment.

Când vorbeşti spui o poveste, dar când asculţi aduci mângâiere.

Ascultă „modul” în care o persoană vorbeşte: fii atent la viteza vocii, la ton şi la intensitate. Încearcă să te pui în pielea celuilalt, să te întrebi mereu cum te-ai simţi dacă ai fi în aceeaşi situaţie. Şi ascultă cu inima deschisă, în timp ce observi cu atenţie implicarea emoţională a clientului în cuvintele pe care le alege.

Cel mai important lucru: NU ÎNTRERUPE, NU ÎNCHEIA NICIODATĂ O PROPOZIŢIE SAU UN GÂND început de client atunci când acesta se opreşte din vorbit.

Termini şcoala, dar nu termini niciodată educaţia.

RECIPROCITATEA

Un alt factor implicat în ascultare este „Legea reciprocităţii". Atunci când „ascultăm" atent clienţii povestind despre interesele, dorinţele, pasiunile lor, îi facem să se simtă datori faţă de noi. Au sentimentul că ne „datorează" ceva şi prin urmare sunt mai dispuşi să „asculte" povestea noastră, având în vedere că şi noi i-am ascultat pe ei. Mă grăbesc să adaug faptul că această abilitatea nu aparţine exclusiv femeilor care lucrează în vânzări şi poate fi învăţată de oricine. Agentul de vânzări profesionist – fie el bărbat sau femeie – îşi poate dezvolta această calitate şi poate, ca urmare, avea un număr mai mare de vânzări.

CARACTERISTICI ALE COMUNICĂRII

Majoritatea oamenilor ascultă cu aceeaşi viteză cu care vorbesc, aşa încât încercaţi să vă adaptaţi modul de a vorbi la acela al clientului. Există şi câteva excepţii la această regulă:

1. Clientul îşi pierde cumpătul, începe să ţipe şi să folosească un limbaj injurios. În acest caz, coborâţi tonul şi ritmul.

2. Clientul este grosolan în limbaj. Păstraţi-vă un vocabular curat şi profesionist. Sunt toate şansele să fiţi judecat de client după un standard mai înalt decât se judecă pe el însuşi. Cu cât nivelul de demnitate şi integritate morală este mai înalt, cu atât creşte şi nivelul de încredere şi respect – şi prin urmare, cu atât cresc şi şansele de a încheia vânzarea.

3. Clientul vorbeşte atât de încet încât depuneţi mari eforturi pentru a-l auzi. Vorbiţi destul de tare pentru a fi sigur că vă aude – clientul nu se străduieşte la fel de mult pentru a vă auzi.

4. Clientul vorbeşte atât de rar sau atât de rapid încât dacă încercaţi să îl întreceţi ajungeţi să creaţi o confuzie totală. Trebuie să încercaţi să faceţi mici modificări în sensul stilului de vorbire al clientului.

5. Nu copiaţi niciodată accentul clientului, greşelile de gramatică, jargonul sau bâlbâiala.

ÎNCREDEREA ŞI CREDIBILITATEA

Sheila West m-a ajutat să înţeleg şi mai bine punctul de vedere al femeilor care lucrează în vânzări când mi-a spus:

– Cel mai greu lucru pentru o femeie care lucrează în vânzări (sau în multe alte domenii) este să câştige credibilitate. Şi este imposibil pentru o femeie să câştige credibilitate dacă nu este o persoană de încredere. Prin urmare, cei care nu au această trăsătură de caracter sunt daţi la o parte repede. Cu alte cuvinte, faptul că sunt persoane de încredere le dă credibilitate. Credibilitatea aduce după ea încrederea, iar încrederea aduce succesul!

CLIENŢII VOŞTRI

Pe lângă faptul că au un impact important asupra profesiei de agent de vânzări, femeile sunt un factor important şi în zona consumatorilor. Conform părerilor unor experţi, femeile controlează (direct şi indirect) cea mai mare cantitate din „puterea de cumpărare a dolarului" pe care a avut-o vreun grup în istoria umanităţii. Patruzeci la sută din aparatele video sunt cumpărate de femei. De asemenea, tot femeile cumpără 41% din CD-playere şi 58% din combinele audio. De ani de zile, femeile cumpără mai multe cărţi şi haine decât bărbaţii. Şi cumpără haine nu doar pentru ele, ci şi pentru copiii şi, de multe ori, pentru soţii lor. Iar femeile au în general mai multe de spus decât bărbaţii în achiziţionarea caselor şi în cumpărarea produselor folosite în aceste case. Acesta este motivul pentru care femeile merită mai multă atenţie decât li se acordă în prezent.

Din nefericire, consumatorul femeie este de multe ori ţinta răutăţilor. Prea mulţi bărbaţi o tratează cu dispreţ când este vorba de achiziţionarea unor produse care costă mult sau sunt foarte tehnice. S-au inventat bancuri pe acestă temă, femeile sunt luate în râs şi discreditate. Şi să nu credeţi că acestea vin numai din partea bărbaţilor – multe femei povestesc că agenţii de vânzări femei le-au tratat cu mai puţin respect decât bărbaţii.

Automobilele sunt un domeniu în care femeile sunt tratate de sus în mod constant. Şi, să fim sinceri, multe dintre ele profită de asta. E vorba în special de femeile tinere singure, femeile mai în vârstă văduve sau divorţate, femeile aparţinând unei minorităţi etnice.

Dar situaţia se schimbă, şi încă repede. Numărul din ce în ce mai mare de femei singure care lucrează a creat o nevoie din ce în ce mai evidentă. Domeniile caracterizate şovinist drept „rezervate bărbaţilor" (de exemplu mecanică, finanţe, legislaţie, electronică, construcţii) sunt acum studiate şi coordonate de femei. Femeile excelează în toate domeniile industriei. În era computerelor, femeile înţeleg foarte bine că a fi informat este o condiţie vitală pentru a supravieţui şi a merge înainte. Concluzia este că în ziua de azi o femeie care a fost înşelată sau tratată cu dispreţ într-o tranzacţie nu va mai încheia nici o afacere cu acel agent de vânzări incompetent şi lipsit de profesionalism.

Prezicere: Aceşti agenţi de vânzări sunt pe cale de a părăsi domeniul vânzărilor, deoarece nu ar fi trebuit să intre în acest domeniu. A doua prezicere: Profesionistul de succes va recunoaşte şi folosi această piaţă incredibilă acţionând astfel încât să răspundă nevoilor acestui segment de piaţă, care este de departe sectorul cu creşterea cea mai rapidă.

Calităţile care fac din femei agenţi de vânzări de succes sunt cele care le fac şi clienţi extraordinari pentru bunuri şi servicii: încredere, abilitatea de a asculta, calitatea de a fi persoane de nădejde, integritate, încredere în propriile forţe, siguranţă de sine – exact ce aşteaptă agentul de vânzări de la acest început de secol să găsească la toţi clienţii. Tratând femeile cu respectul pe care îl merită, servim mai bine pe toată lumea.

PROFESIONISTUL DIN VÂNZĂRI LA ÎNCEPUT DE SECOL

Profesionistul de azi este profesionistul perfect din toate punctele de vedere. El înţelege importanţa stabilirii unui echilibru perfect între viaţa de familie şi carieră şi înţelege că succesul obţinut numai într-unul din domeniile vieţii este cel mai mare eşec. El ştie că fericirea nu înseamnă plăcere, ci victorie, că dacă faci ce trebuie atunci când trebuie, vei ajunge în cele din urmă să poţi face ce VREI când vrei. Şi mai ales profesionistul din vânzări al acestui început de secol ŞTIE şi ÎNŢELEGE crezul acestui domeniu: ÎN VIAŢĂ POŢI AVEA TOT CE VREI DACĂ VEI AJUTA DESTUL DE MULŢI OAMENI SĂ AIBĂ CE VOR!

Vă rog să înţelegeţi că acest crez nu este o tactică, ci o filozofie. Pentru a-i ajuta pe alţii să obţină ce vor, trebuie mai întâi să înţelegi ce vor. Şi ce vor oamenii? Răspunsul este simplu. De la tine, agentul de vânzări, vor cea mai bună soluţie la „problema" lor. Iar tu le oferi această soluţie convingându-i să folosească produsele sau serviciile tale. Dacă faci asta destul de des, îţi vei face o carieră de invidiat în vânzări!

CAPITOLUL TREI

CUM SĂ GĂSEŞTI PE CINEVA DISPUS SĂ CUMPERE

Cum să-ţi păstrezi locul în vânzări

„Sheila a intrat într-o zi cu maşina într-o groapă de pe şosea. Deşi a sunat la primărie, nimeni nu a reparat drumul, aşa că Sheila a cumpărat vopsea albă şi a făcut un cerc mare pe asfalt, în jurul gropii, a scris *Groapă* şi a desenat şi o săgeată uriaşă îndreptată spre gaura din asfalt. Apoi a sunat ziarul local şi le-a spus că ar putea face o fotografie interesantă pe şoseaua 22, lângă Sun Valley Road. Gaura a fost astupată în ziua în care poza a apărut în ziar."*

MAREA DEZBATERE

Unul din subiectele cele mai dezbătute atunci când se întâlnesc doi agenţi de vânzări este „care este cel mai important moment din procesul de vânzare?" Un număr exagerat de mare de agenţi cred că „încheierea vânzării" într-un mod mai eficient ar rezolva toate problemele legate de vânzare; alţii spun că singura cale spre succesul în vânzări este să vinzi produsul potrivit; o altă categorie afirmă că rezolvarea obiecţiilor este cheia succesului. Un grup susţine că prezentarea bine făcută este cel mai important moment; alt grup crede că succesul depinde de identificarea precisă a dorinţelor şi nevoilor clientului. Adevărul este că dacă nu stăpâneşti toate etapele procesului de vânzare nu vei vinde niciodată destul cât să rămâi în vânzări.

GĂSIREA CLIENŢILOR

Dar indiferent de cât de bun eşti la încheierea vânzării, la prezentarea produsului sau la identificarea dorinţelor şi a nevoilor clientului, indiferent cât de minunat este produsul pe care îl vinzi, dacă nu ai clienţi totul este egal cu

---

* Extras din „Unforgettable Sheila Petersen" de Barbara W. MacInnes, Reader's Digest, februarie 1991. Copyright © 1991, The Reader's Digest Assn., Inc.

zero! Cei mai buni agenţi de vânzări şi cei mai buni formatori din vânzări sunt de acord în a afirma că găsirea clienţilor este cea mai importantă cheie către succesul în vânzări! Dacă nu ai clienţi, eşti mort înainte de a-ţi începe cariera în vânzări. Aşa cum e adevărat că o călătorie de o mie de kilometri începe cu un singur pas, tot aşa, până nu ai un client nu ai şanse să faci o vânzare.

Cineva spunea la un moment dat în glumă că „Problema este că după ce ai încheiat o vânzare ţi-ai pierdut cel mai bun client!" Are dreptate, dar dacă înlocuieşti clientul cu mai mulţi clienţi, câştigul se dublează.

Dacă nu ai clienţi, nu ai ce căuta în vânzări. Dacă ai clienţi, ai şansa de a schimba lumea – începând cu propria ta lume! Prin urmare, vă propun să vorbim puţin despre cel mai important domeniu din vânzări – găsirea clienţilor!

CE?

Ce este clientul? Clientul este un individ sau un grup de indivizi capabili să ia hotărârea de a cumpăra produsul sau serviciul pe care îl vinde agentul de vânzări. Există o diferenţă netă între un „client" şi un „prospect". Un „prospect" este un nume care *poate* deveni un client, aşa că numele oferă speranţă. Dar dacă speranţa nu se bazează pe nimic, rămâi doar cu prospectul. Un „client" are nevoie de produs, are dorinţa de a poseda produsul şi are şi capacitatea financiară de a implementa acea decizie. „Petreci" timpul cu prospecţii, dar „investeşti" timpul cu clienţii.

CÂND?

Întrebarea care apare acum este „când cauţi clienţi?" Iar răspunsul este TOT TIMPUL! Găsirea clienţilor nu este un serviciu de la 8.00 la 17.00. Dacă este făcută cu graţie, găsirea clienţilor poate avea loc practic oriunde – la eveniment sociale, în avion, pe aeroport, la prânz, într-un club, sau ORIUNDE EXISTĂ OAMENI.

ATITUDINEA POTRIVITĂ PENTRU CĂUTAREA CLIENŢILOR

Repet cele spuse mai înainte: munca cea mai grea şi cel mai bine plătită din lume este în vânzări şi munca cea mai uşoară şi cel mai prost plătită din lume este în vânzări! Domeniul în care aţi intrat nu este o industrie care vă permite să „vă lăsaţi dus de val". Când intraţi în domeniul vânzărilor profesioniste – sau, şi mai important, când acest domeniu intră în voi – veţi descoperi că găsirea clienţilor nu este o corvoadă, ci este cu adevărat o şansă de succes!

Prietenul meu Cavett Robert are un motto: „Trebuie să vezi multe înainte să alegi puţine." Şi câtă dreptate are! ACTIVITATEA (contactele, vizitele) din lumea vânzărilor este extrem de importantă. Agenţii de vânzări eficienţi sunt permanent în stare de „veghe", cu ochii şi urechile deschise spre afaceri. Asta nu înseamnă că îi abordează pe toţi cei care participă la o recepţie, că îi încolţesc pe oameni la cursele dc maşini sau la meciurile de golf, sau că agaţă toate persoanele aflate la poştă sau la supermarket. Atitudinea de succes în găsirea clienţilor înseamnă că atunci când clienţii buni îşi iau ziarul, ei primesc şi informaţii despre evenimentele locale sau ştiri recente care conţin exemple sau clienţi ai afacerii. Atitudinea de succes în găsirea clienţilor înseamnă iniţierea unor conversaţii sau direcţionarea conversaţiilor existente spre subiecte care implică direct sau indirect folosirea bunurilor sau a serviciilor pe care le oferă agenţii de vânzări.

Pentru a avea succes în găsirea clienţilor trebuie să ştii când se deschide un nou magazin în cartier sau când s-a mutat o familie în zonă, trebuie să ai relaţii bune cu clienţii şi să dai dovadă de simţ civic, mergând să le spui bun venit în cartier. De multe ori, aceste relaţii sunt baza afacerilor. Vorba proverbului: „Nu o să te împiedici dacă stai pe loc."

CUM?

Cel mai bun mod de a începe căutarea clienţilor este să arăţi un interes sincer faţă de persoana din faţa ta, fapt care ne aduce înapoi la un adevăr invocat foarte des. Dacă eşti persoana potrivită, şansele de a deveni un agent de vânzări eficient sunt mult mai mari. Iată ce vreau să spun de fapt: mama şi soţia mea ar nega din toate puterile că ar putea fi agente de vânzări extraordinare, deoarece nici una dintre ele nu a vândut „oficial" vreodată bunuri, produse sau servicii. Dar eu ştiu că ambele ar avea un succes nebun, deoarece au darul de a-şi face prieteni cu o viteză cum nu am mai văzut niciodată.

Mama e în stare să urce într-un autobuz, să se aşeze lângă cineva şi, până ajunge la destinaţie, să devină prietenă pe viaţă cu acea persoană, să corespondeze cu ea ani de zile, deoarece este o persoană cu adevărat INTERESATĂ şi PREOCUPATĂ de cei din jur. Acelaşi lucru e valabil şi pentru Roşcată. Când călătorim cu avionul, stăm la coadă pe aeroport, aşteptăm să ne cazăm la hotel sau să fim conduşi la masă la restaurant, sunt toate şansele să se întâmple CEVA – va începe conversaţia şi în treizeci de secunde Roşcata va fi absorbită într-o conversaţie care te va face să crezi că se va termina cu o prietenie pe viaţă. Sunt fascinat şi uimit de modul în care se petrece acest lucru.

CINE?

În condiţii normale, dacă eşti sincer interesat de oameni, este normal să strecori într-o conversaţie propria meserie, întrebându-l pe celălalt ce meserie are. Apoi, pentru că ai învăţat să o faci şi eşti interesat de acest lucru, poţi să direcţionezi delicat conversaţia spre ce faci tu. Adeseori stai de vorbă cu cineva care nu este un client, dar fiind atât de sincer şi de interesat de ceilalţi, persoana în cauză se va relaţiona la tine nu doar ca un client, ci te va căuta pentru că eşti o persoană plăcută.

Ceea ce vreau eu să spun este de fapt foarte simplu: tot timpul vă gândiţi să găsiţi clienţi, iar când acţionaţi, este incredibil cât de mulţi cumpărători potenţiali apar din cele mai imprevizibile locuri. Este ca atunci când îţi cumperi o maşină albastră, roşie, verde, neagră, mov, portocalie sau de orice altă culoare. Brusc, o să ţi se pară că toţi ceilalţi şi-au luat acelaşi model şi aceeaşi culoare de maşină ca tine.

CLIENŢII VIN CU PLATA RAMBURS

Pentru majoritatea vorbitorilor de limbă engleză, C.O.D. înseamnă „cu plata ramburs" („cash on delivery"). Dar în lumea vânzărilor, C.O.D. înseamnă cu totul altceva.

C înseamnă „comunicare". De câte ori vorbeşti cu o persoană care ţi-ar putea fi client sau ar putea cunoaşte un posibil client, într-un fel sau altul comunici despre afacerea în care lucrezi şi despre interesul tău de a împărtăşi cu clientul faptul că îi poţi oferi ceva.

O înseamnă „observare". Priveşti şi asculţi ce se întâmplă în jurul tău, indiferent dacă eşti într-un lift, în autobuz, într-un magazin aglomerat, la un club sau la o recepţie mondenă.

D înseamnă „dăruire". Trebuie să te dedici conceptului de a stabili contacte şi de a obţine referinţe.

Haideţi acum să analizăm mai în detaliu C.O.D. şi să vedem ce putem învăţa pentru a găsi mai mulţi clienţi.

COMUNICAREA

Îmi permiteţi să vă pun câteva întrebări? Cu cine comunicaţi cel mai frecvent? Cu cine comunicaţi cel mai eficient? De ce petreceţi atât de mult timp vânzând tuturor şi mai puţin celor pe care îi cunoaşteţi cel mai bine?

Când mi s-a pus mie această întrebare, am rămas cam nedumerit şi în cele din urmă am răspuns că nu vreau ca prietenii şi familia mea să creadă că îi forţez să cumpere.

Întrebarea la care trebuia să răspund atunci şi pe care v-o pun vouă acum este următoarea: dacă sunteţi de părere că produsul pe care îl vindeţi este destul de bun pentru toţi străinii cu care vorbiţi, de ce nu ar fi destul de bun pentru prietenii şi familiile voastre? Iar dacă este destul de bun, de ce să nu îl oferiţi şi celor la care ţineţi cel mai mult? Ştiu că sunt şi organizaţii care vă încurajează să vindeţi în primul rând prietenilor şi rudelor, ca apoi să vă lase baltă. Dar cred că sunteţi destul de maturi pentru a nu lucra într-o astfel de organizaţie (sau altfel nu aţi citi această carte).

CE AR TREBUI SĂ FAC?

Primesc multe scrisori de la oameni care lucrează în vânzări şi care mă întreabă în ce companie este cel mai bine să lucreze. Mulţi văd vânzările ca pe o profesie şi îmi scriu pentru a mă întreba cum pot fi siguri că sunt în domeniul potrivit. Răspunsul se află la familie şi prieteni. Ce produse sau servicii ai dori să le oferi părinţilor, fraţilor şi surorilor, prietenilor, cunoştinţelor, celor cu care intri în contact? Le recomand cu căldură celor care lucrează în vânzări să vândă produsul sau serviciul DESPRE CARE VORBESC TOT TIMPUL! Să fim sinceri, produsul sau serviciul devin un fel de obsesie, şi în loc să trebuiască să li se amintească să vorbească despre el, profesioniştii din vânzări ajung să îşi spună singuri din când în când să o lase mai moale. Iubesc atât de mult ceea ce fac, încât vând şi caută clienţi TOT TIMPUL.

Cred că este evident, dar daţi-mi voie să spun încă o dată că este important să nu te foloseşti niciodată de prietenia cu cineva pentru a încheia o vânzare. Trebuie să le amintiţi prietenilor şi rudelor că le oferiţi un produs sau un serviciu doar pentru că sunteţi convinşi că le sunt utile. Trebuie să faceţi asta cu mult tact, iar cheia este convingerea personală că le oferiţi cu adevărat ceva ce va întări prietenia sau relaţia datorită valorii pe care le-o oferiţi.

Un avantaj în plus atunci când vă oferiţi serviciile prietenilor şi rudelor este că aceştia vor fi sincer interesaţi de succesul vostru şi vor fi încântaţi să vă deschidă noi uşi către noi clienţi.

PENTRU A FI CREDIBILI

Informaţiile care urmează sunt extrem de importante şi vă rog SĂ LE CITIŢI CU MULTĂ ATENŢIE. În cazul prietenilor şi rudelor, oferiţi-le produsul o singură dată, iar în finalul prezentării spuneţi:

– Paul (Sally, John etc.), vreau să-ţi spun încă o dată că cel care va aduce vorba data viitoare despre acest produs vei fi tu, şi nu eu. Să nici nu-ţi treacă prin cap că dacă ne vom întâlni în familie sau cine ştie unde, eu o să încep să povestesc despre serviciile pe care le ofer. În nici un caz!

Această afirmaţie îndepărtează orice tensiune care ar putea exista, şi îi face pe clienţi să se simtă în siguranţă că nu îi veţi bate la cap. După ce spuneţi cele de mai sus, ţineţi-vă cuvântul dat şi aşteptaţi să deschidă ei discuţia despre produs.

Le recomand cu căldură celor care lucrează în vânzări să vândă produsul sau serviciul DESPRE CARE VORBESC TOT TIMPUL.

Le oferiţi produsul pentru că sunteţi prieteni. Dar nu vă aşteptaţi ca ei să cumpere (şi nu le daţi voie să cumpere) doar pentru că vă sunt prieteni şi vor să vă „ajute". Nu veţi construi o carieră, dar veţi *ucide* o prietenie. Aşteptaţi ca prietenii să cumpere pentru aceleaşi motive ca şi ceilalţi clienţi – pentru că este în interesul lor.

CENTRE DE INFLUENŢĂ

Familia şi prietenii pot deveni „centre de influenţă" extrem de puternice în cariera voastră, dar asta nu înseamnă că trebuie să vă opriţi numai la ei când căutaţi noi clienţi. Ani de zile, centrul de influenţă a fost sursa preferată de clienţi. Agenţii de vânzări identificau persoane cu influenţă într-o anumită comunitate, cartier, piaţă, organizaţie şi stabileau o relaţie cu acestea. Încurajând aceste persoane ca, mai departe, să vă prezinte prietenilor şi cunoştinţelor, puteţi câştiga un număr mare de clienţi foarte buni.

Am avut ocazia să particip la unsprezece demonstraţii organizate de o doamnă care lucra ca agent de vânzări în domeniul ustensilelor de bucătărie. Toate cele unsprezece prezentări au avut succes. În primul rând, doamna în cauză credea cu fervoare în produs (între timp am devenit foarte buni prieteni). Apoi, ştia pe aproape toată lumea din regiunea unde trăia. În al treilea rând, era văduvă de multă vreme şi se bucura să fie înconjurată de prieteni. În al patrulea rând, considera aceste prezentări care aveau loc seara ca pe nişte evenimente sociale, de care profita din plin. În al cincilea rând, îi plăcea să organizeze petreceri pentru prieteni, dar, financiar vorbind, nu ar fi putut invita atât de mulţi prieteni deodată (era vorba de şase-opt familii). În al şaselea rând, aceste prezentări îi permiteau să obţină o mulţime de obiecte frumoase pentru bucătăria şi casa personală (e vorba de cadourile suplimentare făcute de firma noastră), obiecte pe care altfel nu şi-ar fi permis să le cumpere. Şi nu am condus doar cele unsprezece prezentări de produs pentru ea, pentru că cercul era aproape nesfârşit, căci prietenii care veniseră la demonstraţii organizau la rândul lor demonstraţii, aşa că metoda radială de găsire a clienţilor mergea din plin.

Un prieten mi-a povestit despre un bărbat care vindea copiatoare în Chicago şi nu părăsea niciodată Michigan Avenue. Într-o zonă care cuprindea şase cvartale de blocuri, el reuşise să-şi dezvolte centre de influenţă care îi permiteau să facă afaceri de peste un milion de dolari şi să servească peste 350 de clienţi.

UN SFAT

Când lucraţi prin referinţe, după un timp treaba nu mai merge – cineva vă trimite la altcineva, care vă trimite la altcineva, care vă trimite... Aceasta se întâmplă în orice domeniu. Motivul este simplu: clienţii au tendinţa de a te trimite la alte persoane care sunt la acelaşi nivel social sau profesional, sau poate doar cu o idee mai jos. Rar se întâmplă să dai peste un muncitor cu ora care să te trimită la clienţi cu funcţii de conducere – cu excepţia cazului în care acesta din urmă este o rudă sau un prieten special. Există şi excepţii, dar în general puterea clienţilor scade cu timpul.

Aşa că ce e de făcut? Vă încurajez să vă amintiţi regula de aur „Căutaţi întodeauna clienţi." Încercaţi să ieşiţi în mod regulat din cercul în care sunteţi şi să începeţi alt cerc sau alt lanţ. Folosiţi-vă toate resursele pentru a avea o listă de clienţi lungă şi variată, atfel încât cariera voastră să nu depindă de un individ sau de un grup anume.

CUM SĂ...

Iată una dintre întrebările pe care profesioniştii le pun adeseori clienţilor:

– Domnule Smith, dacă s-ar întâmpla ca în cameră să intre cel mai bun prieten al dvs, ne-aţi face cunoştinţă?

Sunt toate şansele ca răspunsul să fie da.

– Atunci, dle Smith, de ce nu-mi faceţi cunoştinţă cu cel mai bun prieten al dvs. dându-mi numărul lui de telefon şi câteva informaţii despre el?

Astfel aţi creat un nou centru de influenţă.

Pasul nr. 2: Dacă persoana-centru de influenţă ştie foarte bine ce faceţi şi a beneficiat de serviciile voastre, întrebaţi-o dacă este de acord să vă pună telefonic în contact cu acest prieten. O alternativă la telefon este un bileţel scurt cu un mesaj gen „Dragă John, prietenul meu Bill are ceva ce ţi-ar fi de folos."

Pasul 3: Din experienţa personală pot să vă spun că atunci când caut clienţi nu cer niciodată informaţii despre posibilii clienţi în acelaşi timp – clientul cu care lucrez se poate bloca. Începeţi întotdeauna rugându-l să vă spună numele unui posibil client şi scrieţi-l pe o hârtie. Nu cereţi acum alte informaţii despre acesta. Întrebaţi-l dacă mai ştie şi alte persoane care ar fi interesate de produsele pe care le oferiţi. Notaţi numele acestora. Când vi se pare că „izvorul” de informaţii a secat, vă puteţi întoarce la primul client posibil şi puteţi cere informaţii despre adresa acestuia, meseria, numărul de telefon, domenii de interes etc.

De multe ori, pe măsură ce vă oferă informaţii despre clienţi posibili, cel cu care vorbiţi îşi va aminti şi alţi oameni care lucrează în acelaşi loc, merg la aceeaşi biserică, locuiesc în acelaşi cartier. Lista va creşte substanţial.

ATENŢIE: Aveţi grjiă să nu răpiţi prea mult timp clientului cu care staţi de vorbă. Discuţia despre posibili clienţi poate dura mult timp, deci dacă obsevaţi cel mai mic semn de nervozitate (se uită la ceas, caută ceva în hârtiile de pe birou etc.), trebuie să încheiaţi discuţia şi să reveniţi altă dată pentru a identifica noi clienţi.

Pasul 4: Când căutaţi clienţi, vă rog să ţineţi minte că toţi avem nevoie din când în când de un jogging al memoriei. Aşa că puneţi şi întrebări de genul: cu cine faceţi jogging, jucaţi bridge, lucraţi, vă duceţi la reuniunile clubului sau la biserică? Cine sunt vecinii, colegii dvs de clasă?

Pasul 5: O dată ce aţi obţinut numele altor posibili clienţi, întrebaţi „referentul” pe cine ar fi bine să vizitaţi mai întâi – faceţi împreună cu clientul o listă de priorităţi cu numele. Veţi obţine cu această ocazie şi alte informaţii extrem de utile (despre capacitatea clientului de a cumpăra).

CUVÂNT DE ÎNŢELEPCIUNE

ATENŢIE: De multe ori agenţii de vânzări cred că dacă un client le-a dat câteva referinţe bune, acestea sunt toate cele pe care le are. În realitate, persoana care v-a dat câţiva clienţi buni s-ar putea să vă mai dea câteva nume în plus decât clientul care nu v-a dat niciodată vreo referinţă. Mesaj: Nu fiţi niciodată sigur că fântâna a secat.

Vânzarea este un proces pe care îl desfăşuraţi *pentru* sau *cu* clientul, şi nu un proces pe care îl *impuneţi* clientului.

ŢINEŢI MINTE: Cheia pentru a continua să primiţi referinţe de la clienţii satisfăcuţi este să le vorbiţi celor care v-au dat referinţe despre rezultatele vizitelor pe care le-aţi făcut. Nu contează dacă aţi vândut sau nu, important este să le spuneţi ce aţi făcut. Informaţi-i pe clienţii satisfăcuţi – această activitate înseamnă mult în relaţii publice şi în vânzări şi are un rol foarte important. De cele mai multe ori, după ce plecaţi, ei îşi vor aminti şi alte nume pe care ar fi putut să vi le dea. Probabil că nu vor suna să vă dea numele, dar dacă veţi reveni la ei cu rezultatele vizitelor la clienţii recomandaţi, vor scoate la iveală şi alte nume.

DE LA CLIENŢII SATISFĂCUŢI

Prietenul meu Walter Hailey spune că cea mai bună listă de clienţi este cea cu persoanele care sunt clienţii unui client de-al vostru. Imaginaţi-vă următoarea situaţie: îl sunaţi pe cel mai mare client al unei persoane cu care tocmai aţi încheiat o vânzare. Acest client are tot interesul să păstreze o relaţie bună cu persoana sus-menţionată, aşa că la auzul numelui ei, aveţi toate şansele să fiţi bine primiţi. Dacă noul client va cumpăra sau nu, asta este altă problemă, care depinde de nevoile lui şi de abilitatea voastră, dar cel puţin uşa este deschisă şi acesta este primul pas în procesul de vânzare.

„VALOAREA" SERVICIULUI VOSTRU

Una din cheile găsirii de noi clienţi este să ţineţi minte că persoana cu care aţi stabilit deja o relaţie este probabil cel mai bun client pentru a achiziţiona alte bunuri, produse sau servicii. Dacă reprezentaţi o companie care are o linie largă de produse, sau care tocmai a scos pe piaţă produse noi, este evident că veţi dori să le oferiţi clienţilor voştri. Aţi depăşit obstacolele majore din procesul de vânzare: aţi construit o relaţie bazată pe încredere, v-aţi dovedit o persoană demnă de încredere şi v-aţi convins clientul că oferta voastră este valoroasă. În aceste condiţii, este normal ca aceşti clienţi să fie persoanele care vor cumpăra şi alte produse.

Întorcându-vă la clienţii cu care aţi lucrat deja nu faceţi decât să vă creşteţi valoarea, căci le veţi putea oferi produse mai ieftine şi mai utile, ajutându-i astfel să evite să facă alte cumpărături cu persoane străine. La urma urmei, vânzarea (pornind de la premisa că sunteţi persoane de încredere şi vindeţi produse de calitate) este un proces pe care îl desfăşuraţi *pentru* sau *cu* clientul, şi nu un proces pe care îl *impuneţi* clientului.

OBSERVAŢIE

Să zicem să sunteţi nou în domeniu şi că în prima zi de lucru aţi luat cartea aceasta şi trusa de lucru, dar nu aveţi Clientul Numărul Unu. De unde începeţi? Răspuns: începeţi prin a deschide ochii şi a observa *tot* ce e în jur! Veţi observa că în birou există dosare cu clienţi pe care le puteţi folosi pentru început. Sunt toate şansele ca formatorul şi compania cu care lucraţi să dorească să vă ofere aceste informaţii astfel încât să puteţi face primele contacte.

Feriţi-vă de cea mai frecventă greşeală pe care o fac bobocii: activitatea greşită. Oricât de important ar fi să citiţi această carte, dacă o faceţi în detrimentul întâlnirilor cu clienţii, atunci greşiţi. După câte am observat urmărind agenţi de vânzări de succes, fiecare ştie să îşi folosească timpul cât mai eficient. Fiecare sarcină aduce după ea rezultatele dorite. Dacă sarcina principală este să vindeţi, atunci petreceţi mai mult timp cu clientul. Lăsaţi cititul pe planul doi, ascultaţi casetele între vizite sau în timp ce călătoriţi, concentraţi-vă asupra rezultatului dorit atunci când trebuie să alegeţi între mai multe activităţi.

FIŢI PE FAZĂ

Începători sau experimentaţi, toţi agenţii de vânzări folosesc o metodă numită „privire de vultur". Ei au întotdeauna la îndemână un reportofon pe care îl folosesc atunci când călătoresc. Fiind atenţi la tot ce se întâmplă în jur, ei observă posibili clienţi: reclame, firme de magazine, reclame auto şi înregistrează pe casetă tot ce seamănă cu un client posibil. Mai târziu, ascultă caseta şi caută celelalte informaţii necesare: adrese, numere de telefon etc.

Camera de Comerţ şi alte organisme şi organizaţii din domeniul afacerilor sunt surse de informaţii foarte utile. Dacă lucraţi în domeniul vânzărilor la domiciliu, puteţi obţine informaţii de la companiile de distribuţie a curentului electric (vă pot spune unde au încheiat contracte de curând). Anunţurile din ziare vă pot oferi clienţi dacă ştiţi să le citiţi. Un anunţ despre sosirea pe lumea a unui bebeluş indică o nevoie de produse pentru copii şi de o asigurare de viaţă în plus. Un anunţ despre o nuntă deschide uşa pentru haine de petrecere, mobilă, asigurări, călătorii, cazare. Petrecerile de promovare a unui produs sunt ocazii bune pentru a găsi clienţi pentru case mai mari, garderobe mai bogate, programe de investiţii, automobile, computere şi multe alte produse. Posibilităţile sunt limitate doar de imaginaţia voastră şi de spiritul de observaţie.

AFACERI ÎNRUDITE

Ţineţi minte că domeniile de afaceri înrudite sunt colegi de drum şi clienţi pentru produsele pe care le vindeţi. Agenţii de vânzări din domeniul computerelor se întâlnesc adeseori cu ingineri de întreţinere sau ingineri de sistem care sunt surse excelente de clienţi. Sondând terenul, un profesionist va descoperi frustrări, echipamente învechite, probleme, nevoi, multe alte lucruri care vor duce direct la vânzări!

Crearea unor reţele de agenţi de vânzări este un lucru extrem de util. Există firme specializate în computere şi firme specializate în soft. Este de la sine înţeles cât de util ar fi ca între cele două domenii să existe relaţii care să ducă chiar la formarea unei echipe comune de marketing, care să găsească şi clienţi comuni. Un prieten care lucra în domeniul sistemelor de comunicaţii a pus bazele unei reţele împreună cu o altă persoană care vindea acelaşi tip de produse, dar oferea complet alt tip de service. Se completau perfect, indiferent de cine se întâlnea primul cu clientul. Rezultatul a fost că în şase luni ambii şi-au dublat vânzările. Asta înseamnă profesionalism şi lucru în reţea!

AGENŢII DE VÂNZĂRI PROFESIONIŞTI SUNT CETĂŢENI MODEL

Utilizându-vă spiritul de observaţie, veţi vedea că mulţi agenţi de vânzări sunt implicaţi în viaţa comunităţii. Este vorba de arhitecţi, comercianţi, directori de hotel, medici, profesori, de toţi cei care înţeleg importanţa abilităţilor de a vinde într-o profesie despre care se crede că nu are nici o legătură cu vânzările.

Dave Liniger, fondatorul companiei Re/Max, este convins că oamenii care lucrează în vânzări trebuie să se implice în activităţi civice. Cu toate acestea,

Dave subliniază faptul că obiectivul acestei implicări trebuie să fie orientat către oferirea de servicii. Dacă intraţi într-o organizaţie cu gândul de a vinde membrilor acestei organizaţii, atunci cu siguranţă veţi reuşi să îi îndepărtaţi pe cei cărora doriţi să le vindeţi. Asta este manipulare şi nu motivare. Dacă intri într-un grup gândindu-te „ce am de câştigat?" şi nu „cu ce pot fi de folos?", îţi faci ţie şi grupului un mare deserviciu.

Clienţii sunt o marfă perisabilă – umblaţi cu grijă.

Dacă iubiţi oraşul în care lucraţi şi simţiţi că vreţi să faceţi ceva pentru comunitatea în care trăiţi, implicaţi-vă. Dave subliniază faptul că personalitatea şi atitudinea de care daţi dovadă pot face o impresie bună asupra persoanelor care vă înconjoară. Prin urmare, se vor dezvolta noi prietenii, iar membrii comunităţii vor dori să facă afaceri cu voi.

O dată ce aţi stabilit relaţia şi a venit vorba despre meseria pe care o aveţi, aveţi voie să le povestiţi noilor prieteni că le puteţi oferi ceva şi că produsele sau serviciile voastre le pot fi de folos. Modul în care aţi creat atmosfera caldă de câştig reciproc poate fi folositor pentru toţi cei interesaţi. *Scopul* şi *integritatea* sunt cuvintele cheie.

DĂRUIREA

Vânzarea „sub presiune" (vânzarea când TREBUIE să vinzi pentru a supravieţui) este provocată de lipsa clienţilor. Atunci când îţi vizitezi ultimul client, sentimentul pe care îl transmiţi este unul de disperare şi de nevoie personală şi nu de valorificare a produselor sau serviciilor pe care le oferi. Adaugă la asta şi faptul că dacă nu vinzi acestui client, eşti dat afară. Este o presiune enormă, care blochează şi, în cele din urmă, termină orice carieră de vânzări. Mai ales când cămara este goală, contul din bancă pe minus şi indicatorul de la rezervorul de benzină la zero.

„PĂCATUL DEŞERTULUI"

Cel care ştie locul unde se găseşte apă în deşert, dar nu le spune şi celorlalţi se face vinovat de „păcatul deşertului". Agenţii de vânzări profesionişti învaţă să simtă clientul care este deplin convins de calităţile unui produs, dar nu doreşte să dea alte nume de posibili clienţi, client vinovat de „păcatul deşertului".

Pentru profesioniştii din vânzări, semnificaţia „păcatului deşertului" este să nu caute clienţi în mod activ, zi de zi, în special de la clienţii cărora le fac prezentări. Vânzarea este un transfer de sentimente, şi pentru a transfera sentimente, acestea trebuie să fie puternice. O dată ce credeţi în „păcatul deşertului", veţi fi de mii de ori mai capabili să vă convingeţi clienţii şi posibilii clienţi că, la rândul lor, şi ei trebuie să vă dea numele altor persoane care vor putea beneficia de produsele şi serviciile pe care le oferiţi.

CLIENŢII SUNT O MARFĂ PERISABILĂ – UMBLAŢI CU GRIJĂ

Ce faceţi când aţi obţinut un nou posibil client de la un client mai vechi, prin poştă, prin reclamă sau de la un prieten? Cât aşteptaţi înainte de a merge să îl vizitaţi? Psihologic vorbind, în momentul în care aveţi numele acestui posibil client pe o bucăţică de hârtie, acela vi se pare cel mai bun client din lume. Există o explicaţie psihologică legată de numele unui posibil client, mai ales dacă acesta v-a fost dat de un client entuziast. Vă încurajez să mergeţi cât de curând la acest client. Altfel, pe măsură ce timpul va trece, vă veţi pierde entuziasmul şi chiar dacă persoana în cauză va avea în continuare nevoie de produsele voastre, faptul că veţi fi mai puţin entuziast va influenţa modul în care veţi face prezentarea.

Mesajul este scurt, plăcut şi clar. Când aţi obţinut numele unui client posibil, contactaţi-l cât puteţi de repede. Cred că sunteţi în faza în care ştiţi că trebuie să aveţi toate informaţiile necesare despre un client înainte de a merge la el, astfel încât să puteţi face prezentarea pe baza nevoilor acestei persoane.

Ce faceţi cu clienţii care vă caută? Este şi mai important să răspundeţi rapid la aceste apeluri. Aţi trecut primul pod spre încheierea vânzării: v-a căutat un client care este interesat de bunurile sau serviciile pe care le oferiţi. Tot ce vă rămâne de făcut este să organizaţi prezentarea, iar dacă oferta pe care o faceţi răspunde cererii exprimate, atunci aţi încheiat afacerea. Faptul că aţi fost căutat de client înseamnă că acesta este interesat acum, dar nu este o garanţie pentru un interes permanent. Iar o altă persoană care vinde un produs similar (dar de o calitate inferioară) poate ajunge prima la client şi îi poate vinde produsul. Fermierul care a rostit vorbele de mai jos vorbea de fapt pentru toţi agenţii de vânzări:

– Cei care vor lapte nu trebuie să se aşeze pe scăunel în mijlocul câmpului şi să aştepte să vină vaca la ei.

Aşa ceva nu se va întâmpla niciodată, iar clienţii nu vor veni să vă caute, deşi „câmpul" este plin de ei.

DREPT ÎNCHEIERE

Acum că ştiţi cum să găsiţi aceşti „cumpărători interesaţi", ce faceţi cu ei? Dacă răspundeţi „începem vizitele de vânzări", aveţi dreptate. Totuşi, există şi agenţi care ezită. Capitolul care urmează se referă la depăşirea acestui moment şi vă va ajuta să vă duceţi la capăt „bunele intenţii".

METODOLOGIA DE GĂSIRE A CLIENŢILOR

1. Dezvoltaţi-vă atitudinea potrivită. Găsirea clienţilor este un mod de a trăi şi trebuie făcută constant şi consecvent.

2. Dezvoltaţi UN INTERES ŞI O PREOCUPARE SINCERE pentru cei din jurul vostru.

3. Comunicaţi.
A. Discutaţi cu familia şi prietenii.
B. Găsiţi „centre de influenţă".
C. Cereţi o listă cu clienţii clienţilor voştri.
D. Reveniţi la clienţii mai vechi.

4. Observaţi.
A. Fiţi pe fază – mereu cu ochii după clienţi.
B. Folosiţi resursele existente – Camera de Comerţ, organizaţiile şi organismele din domeniul afacerilor, ziarele, companiile de curent electric şi gaze naturale, şi nu în ultimul rând propria imaginaţie.
C. Observaţi domeniile de afaceri înrudite.
D. Creaţi reţele cu alţi agenţi de vânzări.
E. Implicaţi-vă în proiecte comunitare şi fiţi oricând gata să-i ajutaţi pe ceilalţi.

5. Dăruiţi-vă succesului.
A. Nu comiteţi niciodată „păcatul deşertului."
B. Umblaţi cu grijă cu clienţii.
C. Acţionaţi!

CAPITOLUL PATRU

VÂNZĂRILE ÎN LUMEA REALĂ

Cum scăpaţi de frica de a vizita clienţii

Prima întrebare pentru un agent de vânzări: crezi că există vreun lucru pe care să îl faci în următoarele douăzeci şi patru de ore şi care să îţi poată înrăutăţi viaţa personală şi profesională?

A doua întrebare: crezi că există vreun lucru pe care să îl faci în următoarele douăzeci şi patru de ore şi care să îţi poată îmbunătăţi viaţa personală şi profesională?

Răspunsul la ambele întrebări este pozitiv şi faptul că citeşti această carte dovedeşte că FACI chiar acum ceva în sensul îmbunătăţirii vieţii personale şi profesionale. Felicitări! (Îi mulţumim psihologului Bob Wubbolding pentru că ne-a pus la dispoziţie aceste întrebări.)

BRENDA ÎŞI SCHIMBĂ VIAŢA

Brenda era nouă în lumea vânzărilor. Lucrase câţiva ani în domeniul resurselor umane şi observase cum oameni mai puţin talentaţi decât ea se descurcă foarte bine. Primul ei post a fost de asistentă la departamentul contabil al unei companii din lista Fortune 100, specializată în producţia de computere. Acolo a descoperit că angajaţii din vânzări câştigau de patru, cinci, chiar şase ori mai mult decât ea. După ce a mai schimbat câteva locuri de muncă şi a făcut aceeaşi descoperire, Brenda s-a hotărât „să-şi încerce norocul în vânzări".

Stătea în faţa biroului Smythe, Dithers and Dathers Inc. şi aştepta să găsească undeva curajul să intre. Îi treceau prin cap tot felul de întrebări:

– Cum pot să fac aşa o nebunie, să intru în vânzări?... O să am nevoie de bani pentru operaţia de inimă... Mai bine vin mai târziu, când oamenii vor avea mai puţină treabă... De fapt, câştigam foarte bine şi înainte... Oare mă pot întoarce la vechiul meu loc de muncă?

Brenda era în faţa unei răscruci profesionale, aşa cum eram eu în Columbia, Carolina de Sud (moment povestit în capitolul 1). Nu va lua o hotărâre pe baza atitudinii sau acţiunii clientului, şi atunci ce va face? Voi ce aţi face? Înainte de a răspunde, să vă spun ceva: CEI CARE ŞTIU „CE" ŞI „CUM" VOR MUNCI ÎNTOTDEAUNA PENTRU CEI CARE ŞTIU „DE CE". Pe măsură ce analizaţi fiecare exemplu şi povestire din această carte, căutaţi şi răspunsul la întrebarea

„de ce?" Apoi încercaţi să adaptaţi şi adoptaţi ideile şi principiile astfel încât ele să vă fie de ajutor în domeniul în care lucraţi.

UN FENOMEN NATURAL

Sentimentele Brendei, aşa cum le-am descris mai sus, nu sunt neobişnuite. Persoanele care sunt de meserie „convingători", ca actorii, prezentatorii profesionişti, directorii, profesorii, medicii şi agenţii de vânzări au multe lucruri în comun, dintre care nu cel mai puţin important este teama „din momentul adevărului". Indiferent dacă momentul acesta este în faţa publicului, în faţa camerei de filmat, a unui grup de oameni, a colegilor de birou, a studenţilor, a pacienţilor sau a unui client, avem de-a face cu o teamă reală.

CUM EVITĂM TEAMA

Doar câţiva din cei care intră în lumea vânzărilor pot evita sentimentul de teamă ce însoţeşte vizita de vânzare. Citâm mai jos un studiu făcut de George W. Dudley şi Shannon L. Goodson, (co-autori la *Earning What You're Worth? The Psychology of Sales Call Reluctance* – Câştigi cât meriţi? Psihologia fricii de vânzare), care studiază încă din 1970 „teama de acţiune":

„În 1986, agenţii de vânzări care se panicau înainte de a-şi vizita clienţii câştigau în medie 40.000 de dolari pe an, pe când cei care depăşiseră această frică ajungeau până la 200.000 de dolari pe an, asta în ciuda faptului că membrii ambelor grupuri erau la fel de talentaţi şi de inteligenţi, aveau aceeaşi pregătire, aceeaşi motivaţie şi aceeaşi experienţă. Şi mai rău, grupul care se temea de vizite investise mult mai mult timp şi bani în procesul de învăţare. Membrii acestui grup erau pur şi simplu psihic incapabili să îşi dea drumul şi să pună în practică ceea ce ştiau."

CEL MAI IMPORTANT FACTOR

Partea bună este că oricine poate intra în grupul celor care şi-au depăşit frica folosind sentimentul de teamă *pentru* şi nu *împotriva* propriei persoane. Fiţi siguri că şi cei care câştigă acum 200.000 de dolari din comisioane au trecut prin asta. Diferenţa este că ei au ştiut să-şi direcţioneze energia nervoasă. După cum spun prietenii mei de la Toastmasters International, „Nu poţi să scapi de fluturi, dar îi poţi face să zboare în formaţie."

Şi ştiţi care este de fapt adevărul? Dacă nu mai simţi nici o emoţie când faci o vizită de vânzare, şansele de succes scad foarte mult. Un corp uman sănătos este echipat cu un sistem endocrinologic ce produce toate elementele chimice necesare pentru a avea succes în viaţă. Glanda suprarenală secretă adrenalină, care ne creşte capacitatea fizică şi psihică. Oamenii de ştiinţă au dovedit că atunci când adrenalina este secretată în cantitate suficientă, reacţionăm mai repede, mai precis şi mai entuziast în faţa unei anumite situaţii. Mai simplu spus, o dată ce ţi-ai aşezat fluturii în formaţie, îţi îndrepţi adrenalina în direcţia cea bună – făcând-o să lucreze pentru tine şi nu împotriva ta. Dacă înţelegi că teama este un factor pozitiv şi nu unul negativ, vei reuşi să te concentrezi asupra celui mai important factor din teama de vizite – TU!

BRENDA NU ESTE SINGURĂ

Conform opiniei specialiştilor, 84% din agenţii de vânzări se tem mai mult sau puţin înainte de a suna la sonerie pentru o vizită la un client. Această teamă se manifestă în 1001 moduri, dar AMÂNAREA este primul indiciu că există o problemă. Când agentul de vânzări inventează tot felul de lucruri pe care trebuie să le facă înainte de a apărea „în public", apare teama de vizite.

Din mai multe puncte de vedere, teama de public are de a face cu imaginea de sine. Dacă agentul de vânzări se teme de client, îi va fi extrem de greu să facă o prezentare eficientă. Agentul de vânzări care se întreabă „Oare cine sunt eu să îi spun omului ăstuia că produsele mele sunt exact ce îi trebuie?" nu va avea nivelul de entuziasm, forţă şi încredere necesare pentru succes.

Această teamă va domni până când agentul de vânzări va învăţa că nu trebuie să trateze pe nimeni de sus şi nici să se simtă superior clientului. În ceea ce priveşte produsul sau serviciul pe care îl oferiţi, VOI SUNTEŢI EXPERŢII! Aveţi mai multă experienţă, mai multe informaţii, mai multă expertiză în domeniu decât clientul din faţa voastră. Prezentările vor fi mediocre până când agentul de vânzări devine profesionist şi înţelege că fiecare persoană are punctele ei tari.

CUM SĂ-ŢI CONSTRUIEŞTI ÎNCREDEREA ÎN FORŢELE PROPRII

Unul dintre cele mai bune moduri de a-ţi recunoaşte punctele tari este să îţi aduci aminte de momentele când ai avut succes. Întorceţi-vă la experienţele de succes: o vânzare bună, o notă bună la şcoală, un concurs muzical la care aţi câştigat împreună cu orchestra şcolii, un concurs de atletism unde aţi câştigat, o lovitură excelentă la golf sau tenis, o perioadă în care v-aţi simţit bine împreună cu familia, un eveniment care a făcut să fiţi lăudat pentru performanţe extraordinare. Concentraţi-vă pe un moment anume şi retrăiţi imaginile, mirosurile, sentimentele care au însoţit succesul. Când veţi mai simţi îndoielile dându-vă târcoale, derulaţi în minte filmul acesta viu, pozitiv.

Apoi, fiţi sinceri şi recunoaşteţi că oricât de plin de succes, de bogat sau de puternic ar fi clientul la care urmează să mergeţi, şi el poate face greşeli, ca orice alt om. Nimeni nu este câştigător 100% în viaţă. Experienţa mi-a arătat că în linii mari, cu cât o persoană are mai mult succes, cu atât a trebuit să depăşească mai multe obstacole, greşeli, neplăceri. Când vă veţi da seama că şi clientul este om, veţi fi mai puţin intimidaţi de el.

Încercaţi să aflaţi cât mai multe despre client. Cu cât sunteţi mai bine informaţi, cu atât veţi fi mai bine trataţi de client. În plus, informaţiile pe care le aveţi despre client se traduc într-un sentiment bun pe care acesta îl are despre voi şi despre afacerea despre care îi vorbiţi. Respectul pe care clientul vi-l arată nu face decât să vă îmbunătăţească propria imagine.

O IMAGINE DE SINE SĂNĂTOASĂ

O părere bună despre propria persoană şi o imagine de sine bună sunt vitale pentru că agenţii de vânzări care au aceste calităţi se vor considera întotdeauna ca fiind propriii lor angajatori şi vor acţiona ca atare. Profesioniştii din vânzări care au o părere bună despre ei îşi asumă pe deplin responsabilitatea pentru rezultatele vânzărilor şi nu cad niciodată în capcana lui „Am avut noroc." Ei înţeleg că REZULTATELE SUNT URMĂRILE EFORTURILOR făcute de un agent de vânzări competent, încrezător în propriile forţe. Rar se întâmplă să ai noroc dacă stai pe loc.

Persoanelor care au o părere bună despre propria persoană le place să vândă şi sunt oricând dornice să se afle faţă în faţă cu un posibil client, nerăbdătoare să devină „asistentele cumpărătorilor", cu adevărat interesate de satisfacerea cumpărătorului, deoarece în ziua de azi nu mai este suficient să „doreşti să placi". Când „ai atins ţinta" în satisfacerea clienţilor, devii şi mai încrezător în propriile forţe, ceea ce te face şi mai eficient, ceea ce... Cred că aţi prins ideea!

Profesioniştii din vânzări cu o părere bună despre ei înşişi se plac aşa cum sunt şi se simt bine în propria lor piele. Sunt dedicaţi trup şi suflet profesiei, produsului, companiei.

Puteţi face frica să lucreze pentru voi şi nu împotriva voastră concentrându-vă asupra singurului factor pe care îl puteţi controla – VOI ÎNŞIVĂ! Asumaţi-vă responsabilitatea în crearea încrederii în propriile forţe şi a unei păreri bune despre propria persoană şi faceţi astfel primul pas spre depăşirea fricii de vizite.

ATENŢIA MAXIMĂ

Al doilea pas către îndulcirea fricii este înţelegerea faptului că VÂNZAREA ESTE UN TRANSFER DE SENTIMENTE. După ce aţi învăţat să vă concentraţi asupra propriei persoane astfel încât să vă îmbunătăţiţi imaginea de sine, trebuie să recunoaşteţi că agenţii de vânzări cei mai buni văd CLIENTUL ca fiind centrul atenţiei lor. Am citit cărţi despre vânzări şi am auzit acest lucru chiar de la un frate de-al meu – că unicul scop al vizitei de vânzare este să obţii bani. Şi vă rog să mă credeţi când spun că obţinerea banilor poate fi un factor motivant (şi necesar). La urma urmei, dacă nu scoţi bani, nu poţi continua afacerea. Dar dacă faci vizite la posibili clienţi doar pentru a obţine bani, sunt mai multe şanse să pleci de la ei la fel cum ai venit.

REZULTATELE SUNT URMĂRILE EFORTURILOR făcute de un agent de vânzări competent, încrezător în propriile forţe. Rar se întâmplă să ai noroc dacă stai pe loc.

Chiar şi fratele meu, care spunea cu atâta convingere „clienţii au banii mei în buzunarul lor", a căzut de acord cu mine asupra afirmaţiei că „el avea produsul lor în inventarul lui." şi nu a vândut niciodată un produs în care nu credea 1000 %.

Aici apare pericolul. Dacă puneţi accentul DOAR pe bani, sau dacă sunteţi în acea situaţie în care TREBUIE să încheiaţi vânzarea, veţi forţa nota sau veţi deveni prea atent doar la nevoile voastre, veţi intra într-o stare de tensiune şi veţi deveni neliniştit.

POVARA PRESIUNII FINANCIARE

Chiar şi cei mai puternici dintre noi simt presiunea financiară, aşa că pot să spun fără teamă că dacă vreţi să ajungeţi în vârf, trebuie să deveniţi un bun manager al banilor. Prietenul meu Fred Smith spunea cam aşa:

– Banii înseamnă opţiuni. Cu cât ai mai mulţi bani, cu atât ai mai multe opţiuni. Cu cât ai mai puţini bani, cu atât scade numărul opţiunilor.

Eu aş adăuga că fără bani eşti în domeniul „speranţelor":

– Sper să nu am vreo pană de cauciuc pe drumul ăsta desfundat, sper să nu am iar probleme cu maşina, sper să nu se îmbolnăvească ăia mici, sper să mă ţină costumul ăsta cât mai mult, chiar dacă îl port de trei ori pe săptămână...

Avem toţi nevoie de speranţe, dar cele de mai sus nu sunt decât nişte speranţe negative, care ne conduc către o viaţă nefericită şi ne micşorează eficienţa.

Pentru cei care au probleme financiare, am inclus în carte câţiva paşi specifici şi câteva idei care să îi ajute să le depăşească – principiile şi tehnicile sunt în capitolul 14, „Sistemul ideal pentru vânzări de succes". Până ajungeţi la capitolul 14, vă spun pe scurt despre ce este vorba. În primul rând, începeţi să economisiţi imediat. Chiar dacă este vorba de sume mici, începeţi chiar de azi. Chiar dacă mâine veţi avea nevoie de bani şi îi veţi scoate din cont, obişnuiţi-vă să economisiţi! În al doilea rând, evitaţi să faceţi împrumuturi de pe cartea de credit. Proverbul „Cel care ia cu împrumut este sclavul celui care împrumută" este adevărat. Şi ca să reiau spusele lui Fred Smith:

– Dacă nu ai economii, vei fi sclavul financiar al şefului tău.

Iar în vânzări şeful vostru este clientul.

PARTEA BUNĂ

Veţi fi uimiţi să vedeţi cât de relaxaţi veţi lucra când problemele financiare au dispărut şi vă veţi putea concentra pe problemele clientului. Vânzarea este într-adevăr un transfer de sentimente. Dacă transmiteţi sentimentul că TREBUIE să încheiaţi vânzarea pentru PROPRIUL beneficiu, atunci vă tăiaţi craca de sub picioare. Dar dacă transmiteţi sentimentul că vreţi să încheiaţi vânzarea în beneficiul clientului, vă măriţi simţitor şansele de succes.

VÂNZAREA SUB PRESIUNE

Ştiu că sunt momente când va trebui să vindeţi sub presiune. Când s-a născut fiica noastră, aveam nevoie de 64 de dolari ca să o scoatem din spital. Problema era că nu aveam 64 de dolari. A trebuit să vând două seturi de vase pentru a-mi scoate fiica şi soţia din spital – şi atunci să vezi vânzare sub presiune!

În urma unor situaţii scăpate complet de sub control (inclusiv o afacere care a dat faliment), un prieten a rămas în urmă cu plata impozitelor şi datora 80.000 de dolari Direcţiei de Taxe şi Impozite. Când a văzut înştiinţarea, ar fi putut să moară de inimă, dar el a reuşit să se mobilizeze şi să vândă în următorii doi ani mai bine decât vânduse vreodată. Ceea ce vreau să scot în evidenţă aici este faptul că în ambele cazuri agenţii de vânzări şi-au scos din minte problemele personale şi au pus accentul pe nevoile şi dorinţele clientului.

Fred Smith: – Dacă nu ai economii, vei fi sclavul financiar al şefului tău. Iar în vânzări şeful tău este clientul.

Agenţii de vânzări profesionişti fac vizitele de vânzări, ÎNTÂI pentru beneficiul clientului ŞI APOI pentru câştigul personal. Căci, ÎN VIAŢĂ POŢI AVEA TOT CE VREI DACĂ ÎI AJUŢI PE CEILALŢI SĂ AIBĂ CE VOR. Ţineţi minte această afirmaţie – este al treilea pas pentru a depăşi neliniştea.

TEROAREA TELEFONULUI

Agentul de vânzări care este COMPETENT în folosirea şi înţelegerea telefonului şi care are ÎNCREDERE în propriile competenţe va fi mult mai eficient decât un agent de vânzări care „se teme" de telefon. Să vă explic despre ce este vorba: în istoria vânzărilor prin telefon, nimeni nu a murit pentru că a folosit telefonul pentru a fixa o întâlnire sau a vinde ceva. Şi cum în profesia noastră s-au dat miliarde de telefoane, este îmbucurător să ştim că telefonul este un instrument care nu prezintă nici un pericol pentru un agent de vânzări.

Una dintre cele mai frecvente cauze ale fricii de telefon este lipsa unui obiectiv pentru apel. Sunaţi pentru a face un studiu de piaţă, pentru a fixa o întâlnire sau pentru a încheia o vânzare? *Dorinţa* voastră de a zâmbi şi a suna va fi serios diminuată de lipsa obiectivului. Vă rog să nu treceţi peste această problemă: HOTĂRÂŢI-VĂ PENTRU CE DAŢI TELEFON! Puneţi-vă următoarele întrebări:

– Ce să spun? Pe cine să cer la telefon? Care este scopul apelului? Am un plan pe care să îl urmez indiferent de persoana care va răspunde?

O dată ce v-aţi definit clar obiectivul – veţi căuta un client, veţi fixa o întâlnire, veţi încheia o vânzare – puteţi da telefon cu mai multă încredere.

DISTRAŢI-VĂ LA TELEFON

De când sunt în vânzări, nu am aşteptat niciodată cu nerăbdare „primul contact". Indiferent dacă este vorba de uşa la care trebuie să baţi sau de receptorul pe care trebuie să îl ridici, aproape toţi cei pe care i-am întâlnit (şi care au avut succes) au simţit ceva teamă şi emoţie când au avut prima întâlnire din zi. Şi eu intru în această categorie, şi ştiam foarte bine că o dată ce am intrat în vârtejul zilei, eram din ce în ce mai aproape de vânzare. Aşa că ţineam minte acest lucru, nu mă mai gândeam la cum o să mă descurc, îmi fixam un moment anume şi începeam exact în acel moment.

Vă încurajez din suflet să faceţi la fel – după al treilea, al patrulea sau al cincilea telefon veţi descoperi că vă place din ce în ce mai mult, veţi înţelege că fiecare apel vă aduce bani, indiferent de rezultat, deoarece fiecare apel vă aduce mai aproape de încheierea unei vânzări.

Mai mult, în cazul telefonului puteţi să vă distraţi imaginându-vă cam ce înseamnă în bani fiecare apel. La sfârşitul săptămânii sau al lunii, împărţiţi suma câştigată din vânzări la numărul de apeluri, indiferent dacă aţi vorbit sau nu cu cel de la capătul firului. Veţi vedea astfel cât aţi obţinut pentru fiecare număr format.

Să vă dau un exemplu. Una din agentele noastre de telemarketing a avut o lună foarte bună în mai 1991, când a vândut de 58.500 de dolari. De-a lungul lunii sunase la 682 de numere (31 de apeluri pe zi, pentru 22 de zile lucrătoare), ceea ce înseamnă că, de câte ori ridica receptorul şi forma un număr, ea producea 85,77 dolari. Făcuse prezentări la 264 de clienţi (12 prezentări pe zi), deci de câte ori *vorbea* cu cineva producea 221,59 dolari. Bineînţeles că nu reuşea să vândă de fiecare dată când vorbea cu cineva, dar o vânzare de 5.000 de dolari echivala cu mai multe răspunsuri negative. Jucând acest joc al numerelor, îşi amintea că trebuie să fie încântată ori de câte ori ridica receptorul – şi vă daţi seama cât de încântată era când era cineva la celălalt capăt al firului!

Una dintre cele mai frecvente cauze ale fricii de telefon este lipsa unui obiectiv pentru apel. HOTĂRÂŢI-VĂ PENTRU CE DAŢI TELEFON!

Dacă vi se întâmplă să daţi peste persoane care refuză să vă asculte sau sunt chiar nepoliticoase, amintiţi-vă că este mai uşor să fii refuzat la telefon decât atunci când eşti în faţa cuiva. Şi, la urma urmei, doar ştiţi că „dacă ar fi văzut clientul cât sunt de simpatic, m-ar fi invitat în casă". Vă rog să pricepeţi că un client care este nepoliticos şi vă refuză la telefon, nu vă respinge total. El doar refuză să vă asculte. Aveţi toate şansele ca acelaşi client să fi refuzat şi alţi agenţi de vânzări, aşa că să nu credeţi că este vina voastră. Fiţi realişti. Cineva care v-ar cunoaşte personal nu v-ar respinge niciodată. Şi dacă această afirmaţie nu este 100% adevărată acum, ea va deveni realitate dacă veţi aplica toate principiile explicate în această carte.

CE FACEŢI CÂND CENTRALISTA REFUZĂ SĂ VĂ FACĂ LEGĂTURA?

Când folosiţi telefonul vi se poate întâmpla să daţi peste centralistă sau peste secretară. Nu trebuie să vedeţi aceste persoane ca pe nişte „paznici" sau „filtre". Vorbiţi cu o persoană CU INFLUENŢĂ şi tot ce vă doriţi este să faceţi totul pentru ca această persoană să se simtă importantă, pentru că ea chiar este importantă! Un om cu influenţă care are o atitudine pozitivă faţă de voi vă va face legătura cu cel pe care îl căutaţi şi îi va spune:

– Vă caută cineva cu care vă va face plăcere să vorbiţi.

Este bine să ştiţi şi să folosiţi numele acestei persoane. Începeţi conversaţia spunând:

– Bună, Betty, sunt Hillary, de la Zig Ziglar Corporation.

Astfel veţi dovedi interes pentru persoana care a răspuns şi o veţi ajuta în muncă, spunându-i numele şi firma pentru care lucraţi. Apoi spuneţi prompt:

– Aş putea vorbi cu dl. Jones?

În general vi se cer numele vostru şi numele firmei pentru care lucraţi, aşa că dacă daţi de la bun început aceste informaţii aveţi mai multe şanse să ajungeţi rapid la persoana care vă interesează.

O dată ce aţi ajuns la factorul de decizie, trebuie să faceţi o afirmaţie cu profit general sau una cu profit direct. De exemplu:

– Bună, Ed, sunt Hillary. Dacă mai ţii minte, ne-am văzut săptămâna trecută, în legătură cu un nou seminar de vânzări. După cum ţi-am spus, am reuşit să creştem cu 27% procentajul vânzărilor încheiate, urmând câteva reguli foarte simple. Când ţi-ar conveni să stăm de vorbă pe tema asta?

Sau:

– După cum îţi aminteşti, am discutat despre reducerea fluctuaţiei de personal şi am la mine articolul pe care ţi l-am promis.

Altă variantă este:

– Vă sun în legătură cu articolul în care vorbeaţi despre micşorarea cheltuielilor de regie. Am câteva idei legate de această problemă, idei care vă pot aduce beneficii suplimentare. Când credeţi că ne-am putea întâlni?

În capitolele 9 şi 10 veţi găsi modalităţi de a începe conversaţii care vă vor ajuta să încheiaţi mai multe vânzări decât aţi făcut-o până acum.

CUM FACEŢI FAŢĂ OBIECŢIILOR

Pe cât posibil, este bine să anticipaţi obiecţiile. Puteţi introduce afirmaţii prin care să depăşiţi obiecţiile chiar înainte de exprimarea lor. Şi încă ceva pentru începători: obiecţiile sunt aproape întotdeauna previzibile! Dacă lucraţi de peste şase luni, probabil că aţi întâlnit deja – în programul de formare sau în experienţa personală – cel puţin una sau două obiecţii noi în fiecare lună. Există obiecţiile „de bază", dar nu multe altele. Prin urmare, dacă planificaţi şi gândiţi totul bine dinainte, puteţi avea oricând un răspuns la îndemână. În capitolul 11 vorbesc mai pe larg despre depăşirea obiecţiilor.

În cele mai multe cazuri, cele trei motive pentru care o centralistă nu vă face legătura sunt:

– Vorbeşte pe altă linie.

– Este ocupat acum.

– Este într-o şedinţă.

Iar voi trebuie să întrebaţi:

– Când aş putea să revin?

Răspunsul va fi ceva în genul:

– O găsiţi întotdeauna între două şi patru după-amiaza.

O dată ce aţi obţinut aceste informaţii, adăugaţi doar atât:

– Puteţi să îi spuneţi că am sunat şi că voi reveni cu un telefon azi, la trei fără douăzeci şi cinci?

În general, dacă fixaţi un moment clar pentru următorul apel aveţi mai multe şanse să vi se facă legătura. Centralista se va simţi răspunzătoare de afirmaţia făcută şi vă va pune în legătură cu cea pe care o căutaţi.

O altă întrebare potrivită, care arată că sincer nu doriţi să deranjaţi şi că ţineţi cont şi de părerea centralistei este:

– Când credeţi că aş putea să o sun ca să nu o deranjez din alte activităţi?

Să vă mai vând un „pont" pentru momentele când nu reuşiţi sub nici o formă să daţi de client: sunaţi la prima oră. De multe ori persoanele cu putere de decizie vor răspunde dacă sunaţi la 6.30, 7.00 sau 7.30 dimineaţă, când sunt pline de energie, amabile şi mai dispuse să vă asculte. De asemenea, vor respecta, chiar admira pe cineva care are aceeaşi etică a muncii.

SIMŢUL TIMPULUI

Dacă întrebaţi:

– Aveţi puţin timp la dispoziţie?

Vor fi şi persoane care vor răspunde:

– Nu am, dar spuneţi despre ce este vorba.

Vă sfătuiesc să nu turuiţi rapid prezentarea, pentru că veţi uita detaliile cele mai importante. Urmarea va fi o hotărâre pripită, poate nu cea pe care o aşteptaţi. Dacă cel de la capătul firului este ocupat, dar se arată interesat de prezentarea voastră, răspundeţi:

– Cred că ar fi mai bine pentru amândoi dacă v-aş suna puţin mai târziu, acum nu v-aş da decât o parte din informaţii şi ar fi incorect din partea mea. Când aş putea reveni cu un telefon?

Ce aveţi de spus şi valoarea pe care o are produsul pentru client trebuie să fie mai importante decât oferirea de informaţii incomplete, care nu ar face decât să inducă clientul în eroare şi să îl facă să ia decizii pripite.

În acelaşi sens, dacă în timp ce faceţi prezentarea auziţi zgomot de hârtii, aceasta înseamnă că cel cu care vorbiţi se mişcă prin birou, face altceva, adică nu vă acordă atenţie totală. Vă rog să ţineţi minte că nu puteţi aştepta rezultate uimitoare de la o prezentarea făcută în holul unui hotel sau al unui teatru. Acelaşi lucru este valabil şi la telefon. Fiţi atenţi la ce spune şi ce *nu* spune clientul. Primele secunde din convorbire vor da tonul, ritmul şi atmosfera prezentării, aşa că începeţi prin a vă face un plan.

ÎMBRĂCAŢI-VĂ PENTRU SUCCES – CHIAR ŞI LA TELEFON!

Chiar dacă lucraţi acasă sau într-un loc unde nu vă vede nimeni, întrebaţi-vă dacă sunteţi îmbrăcaţi corespunzător. V-aţi făcut duş dimineaţă? V-aţi bărbierit? V-aţi machiat? Pe scurt, v-aţi îmbrăcat pentru a da telefoane? Se ştie că pentru a fi într-o bună stare psihică, trebuie să fiţi într-o bună stare fizică. Una din vechile reclame pentru lamele de ras Gilette spunea adevărul: „Arăţi bine – Te simţi bine – Acţionezi bine!” Aşa este, toate merg mână în mână. Chiar dacă nu sunteţi faţă în faţă cu un client, hainele vă influenţează modul de a vorbi la telefon. În funcţie de hainele pe care le purtaţi, aveţi altă expresie şi alte aşteptări de la celălalt, aveţi chiar altă voce.

Şi acum, eşti gata pentru telefoane? Ţi-ai spus frazele cheie în vânzări? Că eşti un învingător, că ai o misiune importantă, că în timp ce tu formezi un număr la celălalt capăt al firului este cineva care aşteaptă cu nerăbdare telefonul tău? Îl vezi pe acel cineva reacţionând favorabil la ceea ce ai tu de spus? Vezi clar că vei fixa o întâlnire sau că vei încheia vânzarea? Când vei face toate aceste lucruri, rezultatele vor fi spectaculoase!

UN INSTRUMENT VALOROS ÎN VÂNZĂRI

O problemă practică: cheltuielile cu transportul şi problemele de trafic fac ca valoarea dolarului şi a timpului folosit pentru o vizită de vânzări să crească de la o zi la alta. Dacă putem folosi eficient telefonul, atunci eficienţa vânzărilor şi venitul net vor creşte substanţial. Nu mă pretind a fi un expert în folosirea telefonului, dar am o experienţă vastă în folosirea de-a lungul anilor a acestui instrument valoros. Ponturile referitoare la vânzările prin telefon sunt presărate prin carte, am încercat să le plasez în capitolele unde se potriveau cel mai bine. După părerea mea, acest subiect merită o carte separată. Prin urmare, dacă aveţi idei, vă rog să îmi scrieţi pe adresa editurii şi voi menţiona numele voastre pe lista de experţi din viitoarea carte.

Al patrulea pas în depăşirea fricii de primul contact este „ÎMBLÂNZIREA TELEFONULUI" şi transformarea acestuia într-un instrument de vânzări.

ÎŢI PREZINT UN CÂŞTIGĂTOR!

Cred din toate puterile că indiferent cine eşti, unde trăieşti, cât de bună (sau de jalnică) a fost cariera ta de până acum, TU te-ai născut să fii un câştigător în domeniul vânzărilor! Poate te întrebi cum pot face o astfel de afirmaţie când nu ştiu cine va citi această carte. Ei bine, fac această afirmaţie cu deplină încredere, pentru că ştiu din studii şi din experienţă (capul şi inima) că atunci când înţelegi şi aplici afirmaţia de mai jos eşti CÂŞTIGĂTOR!

Pentru a fi câştigător, trebuie să-ţi PLANIFICI să cîştigi, trebuie să TE PREGĂTEŞTI să câştigi, şi apoi vei avea tot dreptul să TE AŞTEPŢI să câştigi.

Planificarea şi pregătirea încep cu cel mai simplu lucru din lume. Cum îţi începi ziua? Cum eşti îmbrăcat? Nu despre asta este vorba, ci despre ZÂMBET. Oricât de sofisticat ar fi domeniul în care lucrezi, nu eşti niciodată complet îmbrăcat dacă nu zâmbeşti. Un vechi proverb evreiesc spune că „Cel care nu zâmbeşte nu trebuie să se facă negustor."

Acum poţi să te gândeşti la haine – sunt ele potrivite pentru meseria pe care o faci? Indiferent de domeniu, hainele trebuie să fie curate, asortate, de calitate, de bun gust. Hainele se potrivesc cu clientela? Este evident că un agent de vânzări care lucrează în domeniul îngrăşămintelor agricole şi vizitează fermele se va îmbrăca pentru acest mediu, astfel încât clienţii lui să se simtă în largul lor. Cei care lucrează în domeniul aparaturii de birou sau consilierii financiari vor purta cu totul alte haine. Adaptarea este cheia! Clientul vă citeşte imediat după trei elemente de bază:

1. Zâmbetul
2. Cămaşa şi cravata sau bluza
3. Pantofii.

Cunosc o agentă de vânzări care are mai mulţi pantofi decât Imelda Marcos! Pentru fiecare taior are câte două perechi de pantofi. Mi-a spus într-o zi că pantofii îi dau un sentiment de încredere şi că uneori, dacă este aproape de casă, trece să îşi schimbe pantofii doar aşa, ca să îi mai crească moralul! Un agent de vânzări cu care lucrăm îşi face pantofii în fiecare zi, deşi nu este nevoie. Dar el spune că foloseşte acel răgaz pentru a-şi „primeni atitudinea" şi că atunci când pantofii sunt lucioşi simte că este pregătit să îi dea gata pe toţi.

CARE SUNT PLANURILE VOASTRE?

Ce planuri aveţi pentru azi, pentru săptămâna asta, pentru luna asta, pentru cariera voastră? Aţi observat vreodată cât de bine vă simţiţi când aveţi un plan de acţiune? Ţineţi minte că dorinţa de a câştiga este egală cu zero dacă nu este însoţită de dorinţa de a te pregăti să câştigi. Nu am întâlnit nici un agent de vânzări care să nu dorească vânzări mai multe în timp mai puţin şi cu mai puţin efort. Pentru a vinde mai mult este nevoie de un efort mai mare în pregătirea vânzărilor. Am auzit toţi povestea tăietorului de lemne a cărui producţie scădea pentru că nu se oprea din lucru ca să-şi ascută toporul (ca să se pregătească).

A te pregăti pentru ziua de lucru înseamnă mai mult decât răsfoirea acestei cărţi (sau a altei cărţi despre vânzări) sau ascultarea unei casete despre tehnicile de vânzare. Pregătirea şi formarea includ primirea informaţiilor din surse exterioare şi adaptarea lor la situaţia prezentă, însuşirea acestor informaţii, aplicarea procedurilor şi a tehnicilor specifice domeniului.

Pentru a fi câştigător, trebuie să-ţi PLANIFICI să câştigi, trebuie să TE PREGĂTEŞTI să câştigi, şi apoi vei avea tot dreptul să TE AŞTEPŢI să câştigi.

Am inclus în carte exemple ale unor oameni care mi-au scris cum au adaptat la propria lor muncă idei din cărţile mele (sau ale altor autori). Pe măsură ce citiţi, observaţi cum aceşti oameni au reuşit să transfere principiile în domeniul lor printr-o pregătire solidă.

Şi iată care este al cincilea pas în depăşirea fricii de primul contact: PLĂNUIEŞTE-ŢI SĂ CÂŞTIGI, PREGĂTEŞTE-TE SĂ CÂŞTIGI ŞI AŞTEAPTĂ-TE SĂ CÂŞTIGI ÎN LUMEA VÂNZĂRILOR.

SINDROMUL EXPERIMENTAL

Cu ani în urmă, pe când oferea consultanţă unei companii de vânzări directe, prietenul meu Fred Smith a aflat că în echipa de vânzări oamenii se schimbă foarte des. Motivul principal era teama de primul contact cu clientul, care era la rândul ei urmarea a ceea ce personalul din vânzări numea „teama de respingere". Vă sună cunoscut?

Soluţia pe care a dat-o Fred a fost TRANSFORMAREA EXPERIENŢEI ÎNTR-UN EXPERIMENT, pasul şase. Prin definiţie, *experimentul* este limitat într-un anumit interval de timp şi se bazează pe *experienţele* unor agenţi de vânzări, şi cu cât intervalul de timp este mai scurt, cu atât mai bine! Partea bună este că dacă veţi încerca acest experiment, intervalul de timp în care veţi fi agent de vânzări va fi mai lung.

Conceptul este valabil în orice situaţie în care trebuie să iei contact cu cineva, aşa că indiferent ce vindeţi sau cum vindeţi, principiul de mai jos poate funcţiona în favoarea voastră. Nu vă lăsaţi păcălit de simplitatea lui, veţi vedea că este eficient!

Iată cum funcţionează „Sindromul experimental": Când abordaţi un client (prin telefon sau personal), trebuie să vă amintiţi că desfăşuraţi un expriment pentru a determina modul în care clientul reacţionează în faţa voastră. Veţi nota toate persoanele cu care aţi vorbit şi modul în care au reacţionat. De exemplu, puteţi întâlni un „tânăr/mi-a trântit uşa în nas" sau o „femeie în vârstă/prietenoasă". Pe scurt, clienţii voştri vor fi mai tineri sau mai bătrâni decât voi, bărbaţi sau femei, iar reacţiile pot merge de la „a închis uşa" până la „mi-a trântit uşa în nas". La telefon puteţi da peste un „bărbat care mormăia ceva" sau peste o „femeie pretenţioasă". Când mergeţi acasă la client, acesta poate fi un „bărbat morocănos de tip A" sau o „femeie rezervată". (Folosiţi-vă imaginaţia pentru a face cât mai multe categorii posibile.)

Când abordaţi un posibil client, în loc să luaţi reacţiile negative ca pe o „respingere personală", notaţi pe un carnet exact ce aţi observat. Astfel, veţi face ca acţiunile clientului să aibă efect minim asupra VOASTRĂ! Concentrarea şi atenţia sunt pe „expriment" şi nu pe „experienţă". La urma urmei, sunteţi simpatici, veseli, prietenoşi, optimişti, săritori, aveţi o prezentare minunată şi un produs extraordinar! Cel care are probleme este „clientul nesuferit"! Lăsaţi clientul cu problemele lui şi continuaţi-vă experimentul.

OBSERVAŢIILE FĂCUTE DE TERŢI

Când vizitaţi posibili clienţi „neinteresaţi" care „nu s-au arătat curioşi şi nici nu au făcut observaţii", observaţi prin ochii unei a treia persoane – VOI ÎNŞIVĂ! Acest „experiment" vă permite să vă detaşaţi de sentimentul de respingere sau de „posibil eşec" pentru că acum înţelegeţi că acest client oricum nu ar fi fost interesat, indiferent de persoana care ar fi venit la uşa lui.

Aici începe partea cea mai atractivă. Pe măsură ce adaptaţi, adoptaţi şi vă însuşiţi această metodă, încrederea va creşte substanţial şi veţi deveni mult mai eficient în abordare şi prezentare. După ceva timp, veţi întâlni din ce în ce mai puţin reacţii negative şi din ce în ce mai multe răspunsuri pozitive. Şi aici este şi pericolul – cu cât veţi primi mai puţine răspunsuri negative, cu atât veţi fi mai dornic să renunţaţi la această metodă. Rezultatul va fi creşterea reacţiilor negative. Ţineţi cartea la îndemână şi revedeţi acest principiu (şi altele) la fiecare 3-6 luni, pentru a vă păstra nivelul de eficienţă.

La sfârşitul fiecărei zile, notaţi-vă pe scurt informaţii referitoare la „experimentul" desfăşurat. Dacă vă veţi uita la notiţele din urmă, veţi vedea o creştere a rezultatelor pozitive faţă de cele negative. În plus, când veţi nota observaţiile referitoare la „experimentele" zilei, veţi aştepta cu nerăbdare „experimentele" zilei următoare!

CHEIA CĂTRE DEPĂŞIREA FRICII DE PRIMUL CONTACT

Am păstrat la sfârşit cel mai important pas în depăşirea fricii de primul contact. Pornind de la experienţa personală şi de la observaţiile profesionale, pot să spun fără rezerve că dacă veţi pune în aplicare ideile prezentate în paginile ce urmează, NU veţi mai fi blocaţi de amânare sau de alte manifestări ale fricii de primul contact. În viaţă sunt puţine lucruri sigure. Cele ce urmează sunt aproape sigure, ele fiind experimentate de majoritatea agenţilor de vânzări.

Pe vremea când eram boboc în domeniul vânzărilor, problemele mele majore erau cele legate de organizare şi de disciplină. Înainte de a începe să lucrez în vânzări, respectarea unui program nu era o problemă, iar organizarea şi disciplina propriei activităţi erau sarcina altcuiva.

În liceu am lucrat într-o băcănie, fiind subordonat unui şef direct. Am intrat aproape imediat în marină, unde lucram iar sub supraveghere directă. M-am întors la băcănie pentru două luni, până am început facultatea. În facultate aveam un program strict, cel puţin pentru orele când lucram. Vindeam noaptea sandvişuri în cămine şi am înţeles repede că nu avea nici un rost să încep activitatea înainte de ora nouă seara. Până la această oră studenţii veniseră de la cină, învăţaseră deja câteva ore şi erau gata să facă o pauză.

Când mi-am început cariera în vânzări, locuiam la 50 de km de ceilalţi colegi din firmă. Singurele contacte cu directorul erau şedinţa echipei de vânzări, luni dimineaţă, şi câteva convorbiri telefonice neregulate. Pe scurt, *totul* depindea de mine! Mă bucuram de libertatea pe care o aveam. Trăiam FĂRĂ oră fixă de mers la birou, FĂRĂ oră fixă de plecat acasă, FĂRĂ activităţi clare între cele două. Singura problemă era că trăiam FĂRĂ vânzări şi FĂRĂ bani!

În acei ani de început avem probleme serioase cu imaginea despre propria persoană şi luam orice refuz drept un afront personal. Interpretam orice „nu" ca pe o respingere personală şi petreceam timpul gândindu-mă îndelung la ce se întâmplase şi alternând între îmbufnare, meditaţie, auto-compătimire şi planuri pentru viitor. Puneţi toate acestea la un loc şi veţi obţine un amestec exploziv de amânare şi frică de primul contact.

Cât mi-aş fi dorit ca cineva să vină şi să-mi explice că oamenii care nu doreau să îmi asculte prezentarea sau nu cumpărau produsul meu nu mă respingeau. În mintea lor, acest refuz era doar *refuzarea unei afaceri*. Clienţii chiar nu erau interesaţi de oferta mea sau nu aveau destui bani pentru a cumpăra produsul în cauză. Oricine ar fi fost în locul meu ar fi primit acelaşi răspuns.

Prietenul meu Fred Smith, pentru care am cea mai mare stimă, spune că acele persoane care sunt nepoliticoase, zgârcite, urâcioase, nesuferite cu tine sunt aşa nu pentru că ar vrea să te facă să suferi, ci pentru că *ele* suferă. Dacă aş fi înţeles acest concept de la început, producţia mea ar fi fost mult mai mare şi mult mai stabilă. Şi mai mult, părerea despre propria-mi persoană nu ar fi avut atât de mult de suferit.

RESPECTAREA PROGRAMULUI

După vreo doi ani de vânzări, am trăit o exprienţă cu dl. P.C. Merrell care mi-a schimbat total viaţa. Dl. Merrell era directorul de vânzări care pusese la punct modulele de formare, avusese o mulţime de recorduri de vânzări şi era un model minunat pentru toţi. Ceea ce vreau să spun este că dl. Merrell m-a convins că eram o persoană competentă şi valoroasă, că puteam deveni campion naţional.

De asemenea, el m-a convins că pentru a-mi folosi la maxim potenţialul şi pentru a-mi stabiliza producţia, aveam nevoie SĂ ÎMI FAC UN PROGRAM CLAR ŞI SĂ ÎL RESPECT LA SÂNGE.

Acele persoane care sunt nepoliticoase, zgârcite, urâcioase, nesuferite cu tine sunt aşa nu pentru că ar vrea să te facă să suferi, ci pentru că *ele* suferă.

Mi-a sugerat ca, indiferent de ora la care îmi termin treaba seara, să îmi fixez ca obiectiv pentru a doua zi să vizitez primul client la aceeaşi oră. A subliniat faptul că nu conta foarte mult ora (în limite rezonabile), ci faptul că trebuia să mă ţin de acest obiectiv, în ciuda tuturor micilor „obstacole" sau „întreruperi" care puteau să apară. Recunosc că sună foarte simplu, pentru că aceasta este reţeta pentru succesul în viaţă şi vânzări – să faci acele lucruri mici care provoacă rezultate mari. Dar în cazul agenţilor de vânzări care lucrează departe de directorii direcţi, nerespectarea unui program regulat este primul motiv de eşec. Organizarea, disciplina şi dăruirea sunt cele care duc la o producţie importantă.

Dacă nu veţi reţine nimic altceva din acest capitol (sau din această carte), vă rog ţineţi minte măcar atât. PASUL ŞAPTE ÎN DEPĂŞIREA FRICII DE PRIMUL CONTACT ESTE ACESTA: STABILIŢI-VĂ UN PROGRAM CLAR ŞI PROPUNEŢI-VĂ SĂ VĂ ÎNTÂLNIŢI CU PRIMUL CLIENT LA ACEEAŞI ORĂ ÎN FIECARE ZI!

ACUM ESTE MOMENTUL!

Curajul a fost descris ca fiind o acţiune pe care o faci nu pentru că nu îţi este teamă, ci pentru că ştii că a face acea acţiune este lucrul POTRIVIT (şi de cele mai multe ori de dorit). După cum am mai spus, de când sunt în domeniul vânzărilor mi s-a întâmplat foarte rar să aştept cu nerăbdare momentul în care trebuia să am primul contact (fie el telefonic sau personal) cu un client. Dar fixându-mi ca sarcină întâlnirea primului client al zilei la aceeaşi oră, şi RESPECTÂND CEEA CE ÎMI FIXASEM să fac, am învins tendinţa de a amâna şi teama de primul contact. Lucrul pe care îl puteţi face şi voi!

Fixaţi-vă singuri programul, şi când a venit momentul îndreptaţi-vă fără a clipi către telefon sau către uşa clientului. Când am adoptat această tehnică, rezultatele vânzărilor mele au crescut spectaculos! Motivul este simplu, dar cu o bază profund psihologică: SENTIMENTELE NU VOR FI SCHIMBATE DE LOGICĂ, CI DE ACŢIUNE! Teama de primul contact este un sentiment şi nu va fi învinsă de logică. Acţionaţi, bazaţi-vă acţiunea pe logică şi succesul va fi al vostru!

GATA DE VÂNZARE

Deci v-aţi îmbrăcat potrivit şi sunteţi gata de vânzare! Aveţi un zâmbet sincer care creşte în mod evident valoarea chipului; sunteţi gătiţi corespunzător; vă simţiţi bine în propria piele; sunteţi informaţi despre produsul sau serviciul pe care îl vindeţi, ştiţi cum să vă prezentaţi informaţiile cât mai bine, în faţa clientului potrivit, la momentul oportun.

V-aţi construit viaţa şi cariera pe baza integrităţii – este o atitudine corectă, pe care aţi luat-o cu entuziasm. V-aţi înarmat cu încredere, pe baza cunoştinţelor pe care le aveţi despre produs şi despre oameni. V-aţi încărcat cu cea mai bună intenţie – aceea de a face ceea ce este cel mai bine pentru client. Sunteţi convinşi că produsul pe care îl oferiţi răspunde unei nevoi reale sau satisface o dorinţă a clientului. Ştiţi că ceea ce îi aduceţi clientului oferă valoare pentru fiecare diviziune a preţului pe care acesta trebuie să îl plătească. Aveţi un zel misionar în rezolvarea problemelor şi aţi învăţat să vă transformaţi teama într-un instrument de lucru, având încredere în propriile forţe şi lucrând după un program regulat.

Curajul a fost descris ca fiind o acţiune pe care o faci nu pentru că nu îţi este teamă, ci pentru că ştii că a face acea acţiune este lucrul POTRIVIT (şi de cele mai multe ori de dorit).

Acum chiar sunteţi gata, dornici şi capabili să vindeţi! Aşa că să-i dăm drumul! Indiferent dacă azi este prima zi a primului an de muncă sau ultima zi a celui de-al douăzecilea an de muncă, acum înţelegeţi mai mult decât 90% dintre persoanele care au vândut vreodată un produs sau un serviciu. Sunteţi gata să vă clădiţi o carieră în acest deceniu. Sunteţi gata să fiţi profesioniştii acestui început de secol!

ŢINEŢI MINTE: SECRETUL PENTRU A AJUNGE DEPARTE ESTE SĂ PORNEŞTI!

PENTRU A DEPĂŞI TEAMA DE PRIMUL CONTACT ŞI A ÎNŢELEGE CĂ NELINŞTEA ESTE UN FACTOR POZITIV ÎN VÂNZAREA PROFESIONISTĂ, ŢINEŢI MINTE CELE DE MAI JOS:

1. Asumaţi-vă responsabilitatea pentru clădirea încrederii în propriile forţe şi a respectului de sine.

2. Vânzarea este un transfer de sentimente.

3. Puteţi avea totul în viaţă dacă îi ajutaţi pe ceilalţi să aibă ceea ce vor.

4. Îmblânziţi telefonul. Transformaţi-l din duşman în prieten.

5. Pentru a fi câştigători, trebuie să vă planificaţi să câştigaţi, să vă pregătiţi să câştigaţi şi să vă aşteptaţi să câştigaţi.

6. Folosiţi „Sindromul Experimental" pentru a vă depăşi sentimentele de respingere, făcând din fiecare vizită un „experiment" pozitiv şi nu o „experienţă" negativă.

7. Faceţi-vă un program clar şi fixaţi-vă ca obiectiv să vă întâlniţi cu primul client al zilei la aceeaşi oră!

CAPITOLUL CINCI

VINDEŢI DATORITĂ PLANULUI ŞI NU DATORITĂ NOROCULUI

Formula abilităţilor necesare vânzării de succes

Profesioniştii din vânzări sunt deschişi la minte şi sunt dornici să se schimbe. Amatorii sunt atât de înguşti la minte încât ar fi în stare să încerce să se uite pe gaura unei chei cu ambii ochi!

LUCRAŢI PE BAZE SOLIDE

Tenisul de masă era foarte popular pe vremea când eram în liceu. Unul dintre prietenii mei de atunci m-a învăţat să ţin paleta cu trei degete şi am devenit un jucător peste medie, ceea ce făcea să mă distrez de minune. De multe ori jucam contra unui prieten la fel de talentat şi cu acelaşi spirit de competiţie ca mine, aşa că alternam cu el în fruntea clasamentelor.

Într-o zi a apărut în oraş un puşti care ţinea paleta mult mai bine decât mine – m-a distrus complet. Nu trebuie să vă mai spun că era o experienţă dureroasă pentru mine, dar am văzut imediat că modul în care ţinea el paleta îi permitea să facă lucruri pe care eu nu le-aş fi putut face niciodată, indiferent de cât de mult m-aş fi antrenat.

Mi-am schimbat imediat modul de a ţine paleta şi în săptămânile următoare am scăzut mult în clasament. Practic, timp de şase săptămâni, partenerul meu obişnuit a câştigat toate meciurile. Dar acum stăpâneam conceptul cel nou, aşa că am continuat să jucăm până în ziua când am câştigat. De atunci, jocul meu s-a îmbunătăţit văzând cu ochii. Mă mândresc cu faptul că am câştigat campionatul pe care l-am organizat la liceul din Yazoo City. Şi dacă vă spun şi că erau patruzeci şi doi de elevi în grupa mea de seniori (inclusiv cel care mă învăţase cum să ţin paleta), veţi înţelege că era un eveniment important.

Şi iată ce doream să spun de fapt: uneori, când te schimbi şi înveţi, nu progresezi imediat, dar dacă baza este corectă (aşa cum este şi cea din această carte), poţi fi sigur că pe măsură ce avansezi şi stăpâneşti din ce în ce mai bine tehnicile, cariera ta va urca spre culmi nebănuite (la fel şi viaţa ta personală).

O NOUĂ METODĂ „DE A ŢINE PALETA"!

Bryan Flanagan şi Jim Savage au luat în 1987 conceptele pe care le-am prezentat în *Secrets of Closing the Sale*, informaţiile de pe toate casetele mele video şi audio, au combinat cercetările şi experienţa mea cu cercetările şi experienţele lor şi au pus la punct un seminar pentru compania noastră – „Vindeţi datorită planului şi nu datorită norocului".

Bryan era instructor naţional de vânzări pentru IBM şi fusese agent de vânzări de succes şi director de vânzări înainte de a lucra pentru firma noastră ca formator şi prezentator. Jim, care este vice-preşedintele nostru adjunct şi editorul nostru, are studii de pedagogie, de vânzări şi de managementul vânzărilor, care i-au permis să ne ajute la alcătuirea programului şi la păstrarea elementului educaţional. Scopul acestui seminar era să dea naştere unui program de training care să funcţioneze ca un PROIECT pentru a obţine succesul în vânzări. O mare parte din această carte îşi are rădăcinile în seminarul sus-menţionat.

LECŢIE VS. PLAN

Agentul de vânzări de azi trebuie să aibă un plan clar de acţiune. Dacă ar trebui să ne oprim şi să facem un plan pentru fiecare vizită de vânzări, am petrece mai mult timp planificând decât vânzând. Şi cum există o relaţie directă între „banii câştigaţi" şi „timpul petrecut cu un client", putem elimina planificarea inutilă prin studierea unei „formule" cu valoare CONCOMITENTĂ.

Concomitent este un cuvânt care înseamnă „abilităţi ce pot fi transferate". De pildă, o persoană care joacă foarte bine tenis de masă are abilităţi ce pot fi transferate la jocul de badminton. În vânzări, avem nevoie de un plan de acţiune care să se situeze dincolo de tipul de produs şi de diferitele situaţii pe care le putem întâlni.

Procesul de vânzare de mai jos include o formulă în patru paşi pe care o vom prezenta aici şi o vom dezvolta mai în amănunt în capitolele următoare. Primul pas este Analiza Nevoii, al doilea este Conştientizarea Nevoii, al treilea – Soluţionarea Nevoii, iar ultimul este Satisfacerea Nevoii.

VÂNZAREA PAVLOVIANĂ

Psihologul rus Ivan Petrovici Pavlov a luat în 1904 Premiul Nobel pentru cercetările pe care le făcuse asupra digestiei şi a sistemului nervos. Într-unul dintre experimentele sale el suna un clopoţel în faţa unor câini exact înainte de a le da de mâncare. Cu timpul el a observat că atunci când suna clopţelul, câinii salivau indiferent dacă aveau sau nu mâncarea în faţă.

Formula în patru paşi
1. Analiza nevoii
2. Conştientizarea nevoii
3. Soluţionarea nevoii
4. Satisfacerea nevoii

Lumea vânzărilor este astăzi din ce în ce mai sofisticată, aşa că nu mai este o soluţie să apari în faţa clientului cu o broşură şi să o răsfoieşti spunându-i:

– Mă opriţi dacă vedeţi ceva interesant.

Poate veţi vinde ceva, dar cu siguranţă nu veţi putea trăi din asta.

Prea mulţi agenţi de vânzări sună la uşa posibililor clienţi cu impresia că aceştia vor începe să saliveze la auzul soneriei. De fapt se întâmplă exact pe dos – dacă începeţi să puneţi în aplicare stereotipii de vânzător, clienţii vă vor închide uşa în nas.

De exemplu, la un moment dat cantinele puneau deserturile la începutul benzii de servire. Fapt care se întâmplă din ce în ce mai rar astăzi, deoarece publicul este mai informat decât în orice altă perioadă a umanităţii. Dinozaurii au dispărut de mult, la fel şi speranţele de carieră ale acelor agenţi de vânzări care acţionează ca acel comisionar care vindea maşini vechi şi care propunea un singur model – maşina cu care bunica lui se ducea doar la biserică (şi probabil că era un drum pe care îl făcea des, căci kilometrajul se dăduse peste cap de două ori).

Sigur că veţi vedea o mulţime de produse mărunte lângă casele de marcat ale unor magazine, căci impulsul cumpărării este puternic şi are un rol important în vânzări şi marketing, dar nivelul ridicat de informare al publicului face ca vânzările de tip pavlovian să fie scăzute. Se pot vinde produse şi prin această tehnică – dacă ai cumpărat un coş cu alimente şi la casă mai vezi gumă de mestecat şi punguţe cu jeleuri, este foarte probabil să iei şi un pachet de gumă sau ceva dulciuri. Dar vânzarea pavloviană se datorează numai NOROCULUI.

Agenţii de vânzări profesionişti acţionează pe baza unui proces sau a unui plan. Şi partea cea mai bună este că, indiferent de produs sau de serviciu, există un singur plan pentru a avea succes în vânzări. Dacă nu vă vine să credeţi, citiţi mai departe!

PROCESUL

Urmează prezentarea formulei în patru paşi pe care o puteţi integra în eforturile voastre de a vinde. Timpul dedicat fiecărui pas poate varia, dar dacă aveţi succes în vânzări, veţi trece într-un mod sau altul prin fiecare din paşii de mai jos.

PASUL UNU: ANALIZA NEVOII

Vânzarea direcţionată de client (de dorinţele acestuia) şi orientată spre nevoile lui începe cu Analiza Nevoii, pe care o face agentul de vânzări. Există şi situaţii în care clienţii vin la voi şi vă cer un produs sau un serviciu anume, dar asta nu înseamnă neapărat că ei au identificat foarte clar ce caută.

Să vă dau un exemplu – este un fapt ştiut că toate făpturile care respiră îmbătrânesc. Şi dacă vă gândiţi mai bine, nici nu este rău să îmbătrâneşti! Este la fel de adevărat că populaţia ţării noastre include din ce în ce mai mulţi pensionari, iar în următorii treizeci de ani numărul lor va creşte simţitor. Această categorie de vârstă reprezintă o piaţă extraordinară, şi vreau să subliniez faptul că multe dintre produsele de azi nici nu existau cu câţiva ani în urmă. Mă refer aici la roboţi telefonici, computere, telefoane mobile, care pot să pară invenţii uimitoare pentru unii dintre noi. Dacă vreţi să fiţi pe fază în lumea acestui început de secol, trebuie să vă aplecaţi urechea la problemele, temerile, interesele tuturor clienţilor, inclusiv ale celor de vârsta a treia.

Exemplul care urmează este extras din *Agewave*, de Ken Dychtwald şi Joe Flower, şi ne arată importanţa identificării corecte a nevoii clientului, în acest caz o persoană în vârstă.

Vânzarea direcţionată de client (de dorinţele acestuia) şi orientată spre nevoile lui începe cu Analiza Nevoii, pe care o face agentul de vânzări.

Robert Beck este în prezent vice-preşedinte la Bank of America; a fost director de vânzări la IBM în perioada când această companie s-a dezvoltat extraordinar, la sfârşitul anilor '70 şi începutul anilor '80. Datorită muncii, Beck, care are acum în jur de cincizeci de ani, a devenit foarte priceput în utilizarea unei game largi de aparate electrice şi electronice.

Aşa că nu ar fi trebuit să fie surprins când tatăl lui, în vârstă de 78 de ani, i-a spus într-o zi că ar vrea un video recorder.

– Nici o problemă, tată, este de ajuns să te duci la magazin să îţi cumperi unul, a răspuns tânărul Beck.

– Poate pentru tine este simplu! În primul rând nu ştiu ce model să aleg. Apoi, nu aş fi în stare să îl car singur acasă. În al treilea rând, nu m-aş pricepe să îl montez, iar în ultimul rând nu cred că aş înţelege o iotă din instrucţiunile de folosire, şi nu am de gând să cumpăr ceva şi să nu îl pot folosi.

Pentru bătrânul Beck problema nu erau banii, ci neplăcerile cauzate de cumpărare, montare şi utilizare.

Prin urmare, fiul s-a dus împreună cu tatăl la un magazin de produse electronice şi l-a ajutat să-şi cumpere un video-recorder de calitate şi uşor de folosit. Apoi au negociat cu directorul magazinului şi au făcut următoarea înţelegere: contra unei sume de 25 de dolari, un tehnician (adică „agentul de service personal al dlui Beck") urma să monteze aparatul şi să îi dea dlui. Beck trei lecţii despre folosirea acestuia. O dată prins de noile tehnologii, dl. Beck a devenit rapid un fan al înregistrărilor şi are acum cea mai mare colecţie de filme din tot blocul. Mai nou, a deschis o mini-cinematecă pentru prietenii şi vecinii lui pensionari.

A ajuns să îi placă atât de mult aparatul încât s-a întors de curând la magazin şi a cumpărat (făcând şi înţelegerea cu tehnicianul) o combină muzicală, un telefon fără fir şi un filtru de cafea. Pentru el, achiziţionarea aparatului în condiţii cât mai convenabile şi lecţiile despre cum se foloseşte acesta făceau parte din procesul de vânzare-cumpărare.

Sper că aţi înţeles ce doream să spun. În limba norvegiană, verbul *a vinde* este derivat din *selje*, care înseamnă „a sluji". Pentru a vă sluji clienţii, trebuie în primul rând să LE înţelegeţi foarte clar nevoile.

RADIOGRAFIA CLIENTULUI

În Analiza Nevoii, scopul este să îi faceţi clientului o radiografie. Profesioniştii din vânzări capătă cu timpul abilităţile şi talentele necesare pentru a „vedea clientul pe dinăuntru" şi a găsi nevoile acestuia – pentru a scoate la iveală aceste nevoi, care pot fi chiar la suprafaţă sau puţin mai în adâncime, dar există cu siguranţă. Datoria (şi şansa) voastră, ca agenţi de vânzări, este să scoateţi la lumină aceste nevoi, să le descoperiţi.

În timp ce căutaţi nevoile, veţi da peste dorinţe. Nu faceţi greşeala de a le considera lipsite de importanţă – clienţii sunt impulsionaţi atât de ceea ce doresc cât şi de nevoile pe care le au.

Vă rog să înţelegeţi că nu am spus să INVENTAŢI sau CREAŢI nevoile şi dorinţele. Asta nu înseamnă vânzare. Ceea ce trebuie să faceţi este să scoateţi la iveală o nevoie pre-existentă şi astfel să faceţi un serviciu.

De curând am avut probleme cu un cauciuc de la maşină şi m-am dus la service să îl schimb. Spre disperarea mea, specialistul a mai descoperit o problemă la alt cauciuc. Mi-a spus că trebuie să le fac geometria, altfel nu peste multă vreme urma să schimb încă un cauciuc. Nu mai trebuie să vă spun că asta m-a costat ceva bani, dar *investiţia* de atunci m-a ajutat să economisesc alţi bani. Specialistul de la service nu cauzase problema, ci o identificase şi îmi oferise o soluţie, exact ce trebuie să facă un profesionist. Noi nu creăm probleme, noi le identificăm şi oferim soluţii prin produsele noastre.

NEVOI ŞI DORINŢE – MOTIVE ŞI SCUZE

Astăzi, agentul de vânzări de succes este CONDUS DE DORINŢELE CLIENTULUI ŞI ORIENTAT SPRE NEVOILE ACESTUIA! Timpurile în care vânzările erau conduse şi orientate de produse au trecut de mult. Aşa că, indiferent de produs sau de serviciu, clientul are nevoi şi dorinţe care trebuie îndeplinite. Dacă produsul vostru răspunde unei nevoi sau unei dorinţe, atunci aveţi toate şansele să încheiaţi vânzarea. Dacă nu „rezonaţi" cu nici o dorinţă sau nevoie, atunci adio vânzare!

Fundamental vorbind, oamenii cumpără pentru că AU NEVOIE de ceva sau DORESC acel lucru. Dacă îi putem oferi cuiva motivele pentru a cumpăra şi scuzele necesare pentru a face acest gest, atunci sunt toate şansele ca vânzarea să aibă loc.

Cu mulţi ani în urmă, am avut şansa de a face parte dintr-o firmă care avea cele mai mari vânzări din statul Georgia. Vindeam acţiuni prin marketing direct, şi am reuşit să strângem peste 40 de milioane de dolari, pe care i-am investit în construirea unei fabrici de hârtie în Blakely, Georgia. În multe cazuri, dacă reuşeam să vând acţiuni unei persoane, era mai mult ca sigur că şi alţi membri din familia acesteia vor cumpăra. De multe ori mă rugau să nu le spun câte acţiuni au cumpărat (erau persoane care doreau să investească doar 50 sau 100 de dolari), însă toţi erau bucuroşi că sunt acţionari împreună cu ceilalţi membri din familia lor.

Acelaşi principiu se aplică şi în vânzările de ustensile de bucătărie. Am vândut multe seturi de oale doar pentru că mai înainte vândusem unui alt membru din familie – mândria familială poate fi un factor de motivare extrem de puternic.

Motivele pentru care oamenii cumpărau erau (1) chiar îşi doreau setul şi (2) ceilalţi membri ai familiei aveau acel set. *Scuzele* pe care le invocau oamenii pentru această achiziţie erau (1) economia de gaz, ulei şi curent electric şi (2) mâncarea nu scădea la fiert şi îşi păstra calităţile nutriţionale. Fiecare scuză era „legitimă", dar factorul major în achiziţionarea setului de oale era „vreau să îl am" (la fel ca în cazul acţiunilor).

La fel se întâmplă azi cu computerele şi telefoanele mobile. *Motivele* pentru care oamenii le cumpără sunt (1) îşi doresc aceste produse hi-tech şi (2) alţi membri ai familiei şi cunoscuţi au acele produse. *Scuzele* pentru cumpărarea computerelor şi a telefoanelor mobile sunt (1) ofertele şi (2) comunicarea mai bună. Şi iarăşi, scuzele sunt legitime, dar factorul de bază în achiziţionare este „vreau să am acest produs" (plus că ceilalţi îl au deja).

Dacă îi putem oferi cuiva motivele pentru a cumpăra şi scuzele necesare pentru a face acest gest, atunci sunt toate şansele ca vânzarea să aibă loc.

Oamenii cumpără întotdeauna ceea ce vor, chiar mai mult decât ceea ce le trebuie. De câte ori nu am văzut familii extrem de sărace, în care toţi membrii fumau, beau sucuri şi se uitau la televizor? De câte haine de blană are nevoie un locuitor din Dallas, Texas? Oamenii nu le cumpără în primul rând pentru că au nevoie de ele, ci pentru că vor să le aibă. Dacă studiem cu atenţie nevoile şi dorinţele, ne putem întreba de câte costume avem nevoie, cât de mare trebuie să fie casa în care locuim, de câte bluze, fuste, perechi de pantofi, tricouri avem nevoie? Din fericire, treaba celor care lucrează în vânzări NU este să determine *doar* nevoile (în sensul cel mai strict al cuvântului *nevoie*), pentru că oamenii cumpără mai mult decât le trebuie.

Dacă am opri o mie de oameni pe străzile oricărui oraş din SUA şi i-am întreba direct:

– Aveţi nevoie de... (o maşină nouă, un aparat de aer condiţionat, un computer nou, o nouă asigurare de viaţă, orice alt produs, serviciu)?, foarte puţini ar răspunde pozitiv. Dar dacă le-am spune povestea noastră într-un mod cât mai covingător, atunci cel puţin cincizeci dintre ei – mergând până la trei-patru sute, în funcţie de produs – vor cumpăra produsul.

Şi atunci ce s-a întâmplat cu cei care nu aveau nevoie de produsul nostru? Vă reamintesc că de multe ori oamenii nu îşi cunosc nevoile pentru că nu ştiu ce produse sunt disponibile. Acum cincizeci de ani nimeni nu avea nevoie de aer condiţionat în maşină, de computere acasă, de 1.001 alte lucruri. Faptul că le prezentăm oamenilor „nevoi" noi nu îi face nefericiţi. În realitate, le putem face viaţa mult mai frumoasă şi mai uşoară, îi putem ajuta să lucreze mai eficient şi să facă economii. Este de ajuns să le oferim produsele noastre. Întrebarea corectă nu este:

– Aveţi nevoie de un computer nou?

Ci:

– Aţi dori să reduceţi erorile care apar când faceţi mailing-uri promoţionale şi să petreceţi mai puţin timp introducând numele în baza de date?

Dacă aveţi norocul să vindeţi un produs sau un serviciu pe care oamenii îl vor şi de care au nevoie – şi chiar credeţi că au nevoie de el şi îl vor, chiar dacă nu sunteţi convinşi – atunci sunteţi pe drumul cel bun!

Un agent de vânzări înarmat cu INTEGRITATE, o CREDINŢĂ puternică în produs şi DORINŢA de a pune produsul în mâinile a cât mai mulţi oameni este o FORŢĂ. Şi este o forţă cu atât mai mare cu cât îşi adaugă la arsenalul de vânzări şi abilităţile de convingere.

Pentru a ne servi scopurile, în această carte putem înlocui peste tot *dorinţe* cu *nevoi.*

EXPERIENŢA ÎŞI SPUNE CUVÂNTUL

Pe când lucram ca agent de vânzări în domeniul ustensilelor de bucătărie, am făcut o prezentare în faţa unei familii care AVEA NEVOIE DISPERATĂ de produsele mele. În timp ce pregăteam masa demostrativă, am făcut rapid inventarul obiectelor din bucătărie – nu aveau NIMIC. Cum nevoia era atât de mare, am petrecut vreo două ore încercând să încheie vânzarea. Soţul şi soţia erau la fel de insistenţi ca mine şi spuneau în continuu:

– Nu avem bani, este prea scump, nu ne putem permite!

Îmi strângeam lucrurile şi mă pregăteam să plec, când, deodată, unul dintre noi a pronunţat cuvântul „porţelan". Îmi amintesc şi azi cum doamnei i-au strălucit deodată ochii:

– Porţelan? Vindeţi şi produse din porţelan?

– Da, doamnă, am răspuns. Vindem cel mai bun porţelan din lume!

Peste o jumătate de oră plecam de la ei cu o comandă care valora mai mult decât tot setul de vas e de bucătărie. Acum ziceţi şi voi: dacă doamna în cauză nu îşi permitea setul de oale de care avea nevoie disperată, cum de şi-a permis proţelanurile de care nu aveau nevoie? Răspunsul este că nu *îşi putea* permite un set de oale pe care nu îl dorea, dar *îşi putea* permite nişte porţelanuri pe care le dorea.

Şi iată ideea de bază: OAMENII CUMPĂRĂ CEEA CE DORESC ATUNCI CÂND DORESC ACEL LUCRU MAI MULT DECÂT DORESC BANII PE CARE TREBUIE SĂ ÎI DEA PE PRODUS.

Cum descoperim dorinţele şi nevoile? Mă bucur că aţi adus vorba despre asta.

SONDAREA

Dacă ştiţi să sondaţi cum trebuie, atunci sigur veţi descoperi nevoile clientului. Avem fiecare nevoi şi dorinţe, care sunt adeseori mascate de simptome. Agenţii de vânzări care se bazează pe simptome nu reuşesc să încheie vânzările şi nici nu înţeleg de ce se întâmplă acest lucru.

Andrew Downie din New South Wales, Australia, mi-a povestit următoarea întâmplare, care explică foarte bine cum a sondat el nevoia clientului reuşind să treacă dincolo de simptomele problemei. Povestea ne arată şi multă creativitate în adaptarea principiilor de bază la această situaţie specifică (vă mai amintiţi de valoarea „concomitentă"?).

Andrew şi-a încheiat prezentarea spunând:

– Deci investiţia totală este de X dolari, în general oamenii o plătesc în bani gheaţă, prin cecuri sau cărţi de credit. Ce metodă vi s-ar potrivit dvs.?

Clientul părea complet depăşit de evenimente şi a spus:

– Nu banii sunt problema. Dar trebuie să ţin cont de atâtea elemente...

Andrew a prins imediat semnalul pe care îl trimitea clientul: ESTE O PROBLEMĂ AICI ŞI NU AM DE GÂND SĂ CUMPĂR.

PSIHOLOGIA SONDĂRII

Andrew a folosit una dintre cele mai vechi metode de sondare folosite în vânzări – Metoda Ben Franklin. Locuitorii din New South Wales, Australia, poate nu ştiu cine este Ben Franklin, sau dacă ştiu probabil că nu sunt la fel de impresionaţi ca americanii la auzul acestui nume. Deci Andrew a adaptat ideea şi a folosit expresia „oameni de stat din întreaga lume".

OAMENII CUMPĂRĂ CEEA CE DORESC ATUNCI CÂND DORESC ACEL LUCRU MAI MULT DECÂT DORESC BANII PE CARE TREBUIE SĂ ÎI DEA PE PRODUS.

– Domnule Client, şi-a început el discursul, oameni de stat din întreaga lume se află adeseori în aceeaşi situaţie ca dvs. Şi ei vor să fie siguri că iau hotărârea cea mai bună. Şi dvs. vreţi acelaşi lucru, nu-i aşa?

Dl. Client a dat din cap afirmativ, dar şovăielnic. În acest moment Andrew, cu siguranţa de sine a profesionistului, s-a mutat de cealaltă parte a mesei, lângă clientul său. Nu, nu s-a ridicat şi nu s-a mutat fizic alături de client, deşi unii agenţi de vânzări aşa procedează. El a procedat asemeni acelor jucători de şah care în anumite momente ale jocului se ridică şi stau câteva secunde în picioare, în spatele adversarului, pentru a vedea tabla de joc din perspectiva celuilalt. Andrew s-a pus în locul clientului şi a încercat să vadă situaţia din punctul lui de vedere.

– În situaţii de genul acesta, oamenii de stat iau o foaie albă şi trag o linie pe mijloc, împărţind foaia în două părţi egale. În partea stângă scriu toate motivele în favoarea hotărârii, iar în partea dreaptă toate motivele contra hotărârii. Apoi iau hotărârea finală pe baza numărului de motive care se află într-o coloană sau în alta. Ce-ar fi să facem şi noi la fel?

Clientul a dat din nou din cap, de această dată mai puţin şovăielnic.

S-au pus pe treabă şi au reuşit să găsească douăsprezece motive în favoarea unei hotărâri pozitive. Singurul motiv pentru care clientului nu-i plăcea programul erau banii.

O PROVOCARE BLÂNDĂ

– Prin urmare, dle Client, singurul motiv pentru care nu aţi cumpăra este nivelul investiţiei pe care ar trebui să o faceţi. Am dreptate?

Răspunsul a fost un „da" ferm însoţit de o mişcare a capului. Vă amintiţi că mai devreme clientul spusese că banii nu sunt o problemă, grija lui era că trebuie „să ţină cont de prea multe elemente". Andrew îl ajutase să analizeze situaţia prin metoda Franklin, aşa că avea acum toate informaţiile necesare. Andrew a pus punctul pe *i* spunând:

– Dar parcă spuneaţi că banii nu sunt o problemă?

Clientul a aprobat imediat, aşa că Andrew a continuat:

– Atunci, după câte înţeleg, nu există nici un motiv pentru a nu încheia astăzi afacerea.

Iar clientul a răspuns cu acel „nu" care pentru Andrew însemna:

– Scrie repede contractul!

LECŢII IMPORTANTE

Andrew era extrem de emoţionat după încheierea afacerii, la fel era şi clientul. Acum aveau amândoi ceea ce îşi doriseră. După ce a ieşit pe uşă, Andrew şi-a rememorat prezentarea de succes pe care o făcuse (profesioniştii au tot timpul în minte imaginile prezentărilor de succes).

Înţelese că avea multe de învăţat. Se pusese în locul clientului, îşi implicase clientul în proces prin aplicarea Metodei Ben Franklin, îl provocase pe client să acţioneze punându-i întrebările potrivite şi încheiase afacerea hotărât, cu rezultatul optim atât pentru client cât şi pentru agentul de vânzări. Şi când te gândeşti că vânzarea nu ar fi avut loc dacă el s-ar fi mulţumit cu prima reacţie a clientului, care fusese negativă.

Problemele de bază fuseseră lipsa de informaţii şi amânarea. Andrew le rezolvase prin oferirea informaţiilor necesare (mai mult decât motivele pentru a nu cumpăra) şi prin formularea acestor întrebări care l-au făcut pe client să acţioneze.

CUM SONDĂM?

De multe ori descoperim nevoi şi dorinţe dacă alegem pentru sondare piaţa potrivită. Zig Ziglar Corporation a lucrat ani la rând cu Dunn's Marketing la realizarea unor liste de mailing cu informaţii CIS (Cod Industrial Strategic), informaţii care ne-au permis să pătrundem pe pieţe cu nevoi specifice.

Profesioniştii de excepţie îşi fac întotdeauna temele şi descoperă informaţii despre companii (în general fac asta înainte de prima vizită de vânzări), mai ales dacă vând produse scumpe sau sunt foarte specializaţi. Prietenul meu Jerry Aull vinde „produse" şi seminarii de formare în Atlanta, Georgia. Jerry are un asistent care sună la o firmă şi cere tot felul de informaţii, de la raportul anual până la numele asistentei directorului general... făcând astfel telemarketing! Asistentul face astfel vânzări de mii de dolari, şi singurul lui contact cu clientul este prin această cercetare.

Jerry Aull, un profesionist de succes atât în formare cât şi în vânzări, ia aceste informaţii şi face vizite la clienţii în cauză. Jerry şi asistentul său alcătuiesc o echipă trăznet, care este mereu în topul vânzărilor şi ajută mii de oameni să fie mai eficienţi în viaţa de zi cu zi.

Indiferent de cum vă faceţi temele sau de cât de multe teme aveţi, sondarea se face întotdeauna CU clientul sau posibilul client. Şi vă repet că, indiferent de produs sau serviciu, se aplică aceleaşi „principii de sondare".

ÎNTREBĂRILE SUNT RĂSPUNSUL

Sondarea începe cu întrebări. Trebuie să dezvoltaţi o atitudine de curiozitate şi de interes sincer pentru răspunsurile la întrebările pe care le puneţi. Redeveniţi copil – cercetările au arătat că între doi şi doisprezece ani copiii pun până la optzeci de întrebări pe zi. Când ajung la liceu, numărul întrebărilor scade la treizeci şi cinci-patruzeci, iar în domeniul afacerilor punem doar zece-cincisprezece întrebări pe zi. Avem nevoie să punem întrebări aşa cum fac copiii.

Prietenul meu Bryan Flanagan, despre care vorbesc mult în această carte, nu este doar un prezentator şi formator de excepţie, ci şi un model pentru viaţa de familie. Toate prezentările lui includ exemple din familie, care înseamnă soţia Cindy şi cei doi copii, Patrick şi Quinn. Ca mulţi dintre noi, Bryan şi Cindy învaţă permanent de la copiii lor.

Cu ani în urmă, când Patrick avea şapte ani, într-una dintre puţinele zile cu zăpadă pe care le avem în Dallas, Texas, Bryan şi Patrick făceau un om de zăpadă în curte, iar părinţii lor îi urmăreau bucuroşi din casă (unde stăteau la căldură). Mai târziu, a ieşit soarele şi zăpada a început să se topească. Patrick s-a dus atunci la tatăl său şi i-a pus una din acele întrebări trăznet, cu care trebuie să rivalizăm şi noi:

– Tati, unde se duce albul atunci când se topeşte zăpada?

Bryan învăţase importanţa întrebărilor corecte şi cunoştea de asemenea tehnicile de a răspunde corect la întrebări. După o scurtă pauză, Bryan a dat singurul răspuns posibil la o întrebare atât de măreaţă:

– Du-te să o întrebi pe mami!

ÎNTREBĂRILE CORECTE

Sunteţi interesaţi să puneţi întrebări pentru a obţine informaţii şi nu pentru a afla lucruri inutile. Deşi doriţi informaţii reale, acestea nu vă vor ajuta să descoperiţi nevoile clientului. Capitolul 6, „Întrebările sunt răspunsul”, conţine detalii despre întrebările corecte. Iar formula prezentată în capitolul 7 vă va ajuta să desfăşuraţi o conversaţie plăcută şi să evitaţi „chestionarea” clientului.

PASUL DOI: CONŞTIENTIZAREA NEVOII

În această etapă, există două faze distincte. În primul rând, agentul de vânzări trebuie să fi identificat cel puţin una sau mai multe nevoi specifice care pot fi clar exprimate. În al doilea rând, clientul trebuie să înţeleagă că există o nevoie şi caracteristicile acestei nevoi. „Becul” trebuie să se aprindă mai întâi în capul vostru şi apoi în capul clientului.

PARTEA GREA

Trebuie să începeţi Conştientizarea Nevoii la fel cum aţi început Analiza Nevoii – punând întrebări. Doar că acest pas este mult mai dificil, pentru că include formularea unor întrebări care vă vor face atât pe voi cât şi pe clienţi să înţelegeţi nevoile şi dorinţele, iar pentru a formula aceste întrebări vi se cere să GÂNDIŢI! şi este greu pentru că noi, „oamenii din vânzări”, suntem uneori atât de prinşi în vânzări încât uităm să mai gândim – sau ne concentrăm prea mult asupra rezultatului dorit, în detrimentul procesului prin care trebuie să trecem pentru a ajunge la acest rezultat.

Chiar dacă clienţii vin să vă vadă într-un mediu comercial, dar mai ales dacă nu vin ei la voi, este vital să Conştientizaţi Nevoia. Cred că unora le va fi greu să creadă ceea ce urmează să spun, dar există clienţi care vor spune că vor să cumpere şi apoi se vor răzgândi! Adică în momentul în care le cereţi o sumă de bani care li se pare că se apropie de datoria naţională, unii oameni înţepenesc. Poate că produsul sau serviciul pe care îl oferiţi costă doar câţiva dolari, dar atenţie! Un dolar nu are aceeaşi valoare pentru toată lumea. Dacă nu aţi identificat nevoia potrivită şi nu l-aţi făcut pe client perfect conştient de ea, atunci ori nu veţi încheia vânzarea ori ceva nu va merge bine.

PROBLEME REALE

Un agent de vânzări de succes trebuie să poată asculta cu atenţie ce spune clientul. De pildă, clientul unei agenţii imobiliare poate spune:

– Nu-mi place apartamentul ăsta. Este prea departe de serviciu, cartierul este ciudat, este prea aproape (sau prea departe) de şcoală, este cel mai scump din bloc.

Dar ceea ce vrea el să spună în realitate este:

– Ştiu foarte puţine lucruri despre piaţa imobiliară, nu ştiu ce împrumuturi se pot lua pentru cumpărarea de apartamente, sincer să fiu nu-mi dau seama dacă este o clădire solidă.

Agentul imobiliar profesionist va sonda şi va descoperi toate obiecţiile, fie ele evidente sau mai puţin evidente. Va oferi preţuri comparative pentru case asemănătoare vândute în ultimele luni. De asemenea, îi va oferi clientului informaţii despre posibilităţile de împrumut, despre dobânzi.

Poate că cea mai importantă problemă a unei persoane care se gândeşte să achiziţioneze un produs scump – şi pentru majoritatea oamenilor, cumpărarea unei case este cea mai importantă investiţie din viaţă – este teama de a pierde banii. Agentul imobiliar trebuie să ţină cont de asta şi să îl asigure pe client că totul este OK, să îi pună la dispoziţie cel mai recent raport asupra stării imobilului sau chiar să îl încurajeze pe client să comande o altă evaluare.

O dată cu casa, clientul cumpără şi liniştea (fizică şi sulfetească), deci merită ca pe lângă banii investiţi în clădire (destul de mulţi de altfel) să se mai investească o sumă destul de mică, pentru o nouă evaluare a rezistenţei acestea. Mai pe scurt, sondaţi (puneţi întrebări care arată că sunteţi sincer interesaţi de client) până când aflaţi adevărata problemă. Este extrem de frustrant să ratezi o vânzare şi să nu ştii de ce.

În cap. 8 veţi afla mai multe detalii despre cum îl puteţi face pe client să înţeleagă nevoia reală şi specifică, prin „dezechilibrarea homeostatică". Şi veţi învăţa şi să reechilibraţi clientul înainte ca vreun alt concurent să vină şi să încheie vânzarea.

PASUL TREI: SOLUŢIONAREA NEVOII

Al treilea pas în această formulă care se potriveşte tuturor produselor şi serviciilor este Soluţionarea Nevoii. Este momentul în care prezentaţi produsul, când nu mai puneţi întrebări, ci începeţi să prezentaţi soluţii la nevoi.

Aţi trecut prin cele două faze ale procesului de vânzare, aţi descoperit nevoile şi dorinţele, aşa că nu vă lăsaţi acum conduşi de produs. Parcă vă aud spunându-mi:

– Staţi puţin, dle. Ziglar. În ultimul paragraf spuneaţi că este momentul să prezint produsul. De luni de zile îmi învăţ prezentarea, citesc această carte, vă ascult spunându-mi cum să aflu nevoile clientului, cum să-l fac conştient de aceste nevoi. Şi acum, când am ajuns la partea în care trebuie să prezint produsul (doar pentru asta vizitez clienţii), îmi spuneţi că nu trebuie să mă las condus de produs? Nu mai înţeleg nimic!

Nu produsul este cel care ne ghidează, ci nevoia.

Bine, aşa o să fac, dar pentru început daţi-mi voie să vă pun câteva întrebări-capcană. Atenţie, am spus „capcană"! Aţi cumpărat vreodată un pat? O haină nouă? O maşină? O poliţă de asigurare? Un copiator pentru serviciu? Un program de formare? Un set de casete audio? O carte?

Ei bine, pot să vă asigur că nici unul dintre voi nu a cumpărat niciodată produsele de mai sus.

Ceea ce aţi cumpărat a fost: un somn bun, o apariţie plăcută, un mijloc de transport, protecţie pentru familie, o organizare mai bună a biroului, productivitate mărită, mai multe informaţii, un program de vânzări care să vă ajute să fiţi mai eficienţi în carieră.

Nimeni nu cumpără produse, ci produse ale produsului – adică beneficii sau soluţii la nevoi. Mai pe scurt, nu cumpărăm ceea ce este produsul, cumpărăm ceea ce produsul FACE PENTRU NOI.

LĂSAŢI-VĂ GHIDAŢI DE NEVOI

Nu suntem niciodată conduşi de produs, ci de nevoi. Don Hutson, un bun prieten şi formator în vânzări, spune că ascultăm toţi acelaşi post de radio – CIMA, adică „Ce-mi Iese Mie din Asta?" Trebuie să lucrăm cu clientul pornind de la nevoi şi nu de la produs.

Consultantul pe probleme de comunicare Nick Dalley a lucrat cu noi o bună perioadă de timp. Nu-l mai văzusem de mult, când a apărut din nou, purtând un aparat dentar. Cineva nu a mai rezistat şi l-a întrebat de ce a vrut să-şi pună aparat. Răspunsul lui Nick a fost o dovadă pentru cele de mai sus:

– Nu am vrut aparat, am vrut dinţi drepţi.

Vă rog să nu vă pierdeţi timpul cu explicaţii despre ce ESTE produsul. Spuneţi-le clienţilor ce FACE şi de ce va face acel lucru pentru ei.

În cap. 9, „Noi vindem soluţii la problemele oamenilor”, veţi învăţa cum să le spuneţi oamenilor ce vindeţi, ce face acel produs pentru ei, de ce acel produs va face acel lucru mai bine decât oricare altul!

PASUL PATRU: SATISFACEREA NEVOII

Al patrulea pas în acest proces este Satisfacerea Nevoii. Este pasul hotărâtor în ajutarea celorlalţi. Dacă vreţi cu adevărat să îi ajutaţi pe cei din jur şi credeţi cu putere în produsul sau serviciul pe care îl vindeţi, dacă vreţi bunăstarea clientului, dacă vreţi să aveţi beneficii financiare de pe urma muncii şi a eforturilor pe care le depuneţi, atunci ţineţi minte să:

C.I.C. = CEREŢI ÎNTOTDEAUNA COMANDA!

Poate să vi se pară prostească ideea, dar de multe ori îngheţăm, ne blocăm, sau o dăm în bară exact în momentul în care trebuie să încheiem vânzarea. Este o greşeală atât de frecventă, încât am scris o carte întreagă numită *Secretele încheierii unei vânzări*, din care s-au vândut sute de mii de exemplare, deoarece toţi ne dorim să încheiem cât mai multe vânzări.

UN BOBOC LA TREABĂ

Am avut mult noroc în carieră, dar au fost şi momente mai puţin plăcute. Vă voi povesti mai jos unul dintre ele (care sper să vă încurajeze).

Eram la începutul carierei şi am făcut o demonstraţie de grup, lucru pe care doar puţine companii îl făceau. Cred că sunteţi de acord că este mai bine să faceţi o prezentare unui grup de clienţi în loc să mergeţi la opt persoane şi să le prezentaţi individual produsul. Oricum ar fi, eu vă spun că nu voi uita niciodată această primă prezentare de grup. Dl. şi dna. M.P. Gates şi dl. şi dna. Clarence Spence au venit acasă la dl. şi dna. B.C. Moore, în Columbia, Carolina de Sud. Dl. şi dna. Moore aveau deja produsul, dar nu ştiau să îl folosească, aşa că în schimbul faptului că ne primeau pe toţi la ei acasă le-am promis câteva idei despre modul de utilizare. Şi, chiar cu riscul de a părea lipsit de modestie, am făcut o demonstraţie pe cinste. La final, ambele cupluri au găsit o grămadă de motive pentru a spune că nu pot să îl cumpere, dar, spre mulţumirea mea, în cele din urmă l-au luat.

Acum o să vă întreb ceva. Eram în situaţia în care nu mai făcusem nici o vânzare de multă vreme, iar situaţia mea financiară era atât de groaznică, încât dacă cineva mi-ar fi oferit înconjurul lumii pentru cincizeci de cenţi aş fi fost obligat să refuz – ei bine, ce aţi fi făcut în locul meu? Cred că 99,9% dintre agenţii de vânzări din lume care ştiu să citească singuri o carte de telefon ar fi scris imediat formularul de comandă. Ghiciţi ce am făcut eu! M-am uitat la ceas şi am spus:

– Dragii mei, mi-aş dori mult să vă iau acum comanda, dar mai am o întâlnire fixată şi am întârziat deja.

Apoi mi-am strâns lucrurile şi am plecat.

Aveam doi clienţi hotărâţi în faţă, oameni care nu aşteptau decât să le iau banii, iar eu spuneam că am altceva mai important de făcut. VOI să nu faceţi această greşeală niciodată! Oricât de noi sau de nepricepuţi aţi fi (sau vi s-ar părea că sunteţi) în meserie, EXISTĂ speranţe.

Partea bună este că m-am întors a doua zi, acum dna. Gates nu mai era la dna Spence, aşa cum ne înţelesesem. Dna. Spence scrisese deja cecul şi dorea să cumpere produsul. Când eram pe punctul de a ieşi, dna. Gates a venit repede după mine, cu cecul în mână:

– Credeam că iar plecaţi fără să vă dau banii!

ÎNVĂŢAŢI LUCRURILE DE BAZĂ

În capitolul 10, veţi învăţa cum să cereţi şi să primiţi comanda.

PATRU PAŞI CĂTRE SUCCES – PENTRU VOI!

În acest capitol vi s-a prezentat o lecţie pentru agenţii de vânzări începători şi o recapitulare a lucrurilor de bază pentru cei cu experienţă. Dacă sunteţi într-o perioadă mai slabă sau nu reuşiţi să porniţi treaba atât de repede pe cât aţi sperat, atunci paginile pe care le-aţi citit vă vor ajuta să identificaţi greşelile pe care le faceţi.

ATENŢIE: Următoarele cinci capitole sunt dedicate celor care vor să vândă MULT DE TOT, pentru că includ informaţii foarte amănunţite despre toţi paşii pe care trebuie să îi urmaţi pentru a vă alcătui planul PERSONAL de succes!

FORMULA VÂNZĂRILOR DE SUCCES

1. Analiza Nevoii

A. Vânzarea condusă de dorinţele clientului şi orientată spre nevoile acestuia începe cu sondajul pe care îl face agentul de vânzări pentru a verifica înţelegerea corectă a dorinţelor şi nevoilor clientului.

B. În timpul Analizei Nevoilor, agentul de vânzări va „radiografia" clientul.

C. Sondajul profesionist înseamnă întrebări.

2. Conştientizarea Nevoii

A. Agentului de vânzări trebuie „să i se aprindă beculeţul" (să înţeleagă).

B. Clientului trebuie „să i se aprindă beculeţul" (să înţeleagă).

C. Clienţii prezintă mai degrabă simptome şi nu probleme adevărate; acestea din urmă ies la iveală în urma sondajului.

3. Soluţionarea Nevoii

A. Lăsaţi-vă conduşi de nevoie.

B. Clienţii nu cumpără produse, ci ceea ce produsele pot face pentru ei.

C. Ţineţi minte: CIMA = „Ce-mi Iese Mie din Asta?" (mie = clientul)

4. Satisfacerea Nevoii

A. C.I.C. = Cereţi Întotdeauna Comanda.

B. Încrederea pe care o aveţi în produs/serviciu vă ÎMPINGE să cereţi comanda.

C. Când agentul de vânzări satisface nevoi şi dorinţe, atunci cu siguranţă va avea şi alţi clienţi!

CAPITOLUL ŞASE

ÎNTREBĂRILE SUNT RĂSPUNSURI

Începeţi cu Analiza Nevoii

Agentul de vânzări obţinuse adresa de la un alt agent şi a sunat la uşă într-o după amiază. A răspuns stăpâna casei – el stătea destul de departe de uşă, pentru a-i arăta că nu reprezintă un pericol. Primele lui cuvinte au fost:

– Doamnă Client (avea numele ei de la colegul care îi dăduse informaţiile), ştiu că aveţi o piscină şi dl. Client este cel care trebuie să se ocupe de întreţinerea ei, aşa este?

Dna Client a zâmbit şi a spus că exact aşa stăteau lucrurile. Atunci agentul a continuat:

– Atunci, dnă. Client, dacă eu v-aş oferi soluţia de a curăţa piscina pentru numai 2,50 de dolari pe zi, ar merita să acceptaţi oferta mea şi să îl eliberaţi pe soţul dvs de acestă responsabilitate? Aţi reuşi astfel să economisiţi circa trei ore pe săptămână, timp pe care l-aţi petrece făcând ceea ce vreţi să faceţi şi nu ce trebuie.

Cu aceste întrebări, agentul de vânzări îşi începuse prezentarea, care s-a dovedit a fi încununată de succes atât pentru el (a vândut şi a încasat comisionul) cât şi pentru client (şi-a rezolvat o nevoie).

Am avut şi eu o experienţă asemănătoare pe aeroportul Lubbok. Un om de serviciu mă ajutase să îmi car bagajele, care includeau o geantă de golf foarte grea. Eram nerăbdător să ajung acasă, în Dallas, după o absenţă de mai multe zile, aşa că am început să vorbesc cu agentul de la ghişeu şi am uitat complet de omul care mă ajutase cu atâta amabilitate. Dar experienţa lui în vânzări s-a exprimat imediat într-o întrebare plăcută, plină de entuziasm:

– Aş putea să vă mai ajut cu ceva, domnule?

Era doar o întrebare, dar a produs efectul scontat: I-am dat bacşişul pe care îl merita din plin. Asta da vânzare!

LA ÎNCEPUT

Care este cea mai bună metodă de a începe o prezentare de vânzări? Cu întrebări! Care este scopul acestor întrebări? Ele ne permit să strângem informaţii preţioase, care ne ajută să îi ajutăm pe clienţi, şi, la fel de important (sau chiar şi mai important), când punem întrebările într-o manieră profesionistă, stabilim cel mai important aspect al procesului de vânzare – ÎNCREDEREA!

Chiar dacă agentul care vindea produse pentru întreţinerea piscinei credea că ştie nevoile noastre, totuşi a pus întrebarea. Întrebările lui au arătat interesul pe care îl avea pentru nevoile noastre şi grija îndreptată spre a ne ajuta. Astfel, el a încurajat-o pe Roşcată să aibă încredere în el.

PRIMUL PAS ÎNTR-O VÂNZARE DE SUCCES

Orice prezentare de succes va începe cu Analiza Nevoilor. Indiferent de produs sau serviciu, trebuie să analizaţi nevoile clientului. După cum am subliniat deja, chiar şi în cazul în care clientul vine la voi cu o nevoie ce pare evidentă, agentul de vânzări profesionist va pune întrebări pentru a verifica dacă această nevoie chiar este ceea ce pare a fi.

PUNEŢI-VĂ ÎNTREBĂRI

Oare ce părere mi-aş face eu dacă ar fi să îmi puneţi întrebări care să arate interesul SINCER pe care îl aveţi faţă de mine şi de firma mea? Dacă stăpâniţi cum trebuie acest pas din prezentarea de vânzări, voi afla că nu sunteţi „doar un alt agent de vânzări care încearcă să îmi ia banii". Voi afla în schimb că sunteţi cu adevărat interesaţi să mă ajutaţi! CEL MAI BUN mod de a descoperi nevoile reale ale unui client este întrebarea.

Dacă discutăm despre întrebări, poate vă întrebaţi:

– De ce întrebările potrivite duc la încredere?

Răspunsul este următorul:

– Întrebările ne arată că scopul vizitei noastre este de a afla nevoile şi interesele clientului pentru ca ÎMPREUNĂ să aflăm cum produsele şi serviciile pe care le oferim pot să satisfacă nevoia clientului (pot rezolva problema). Mesajul pe care îl transmitem este următorul:

– Să colaborăm pentru a descoperi nevoia (problema) înainte de a oferi o soluţie.

Psihiatri, medici, avocaţi, consilieri matrimoniali, alte persoane care lucrează în domeniul „ajutării" ascultă cu atenţie înainte de a încerca să diagnosticheze problema şi să prescrie soluţii. Clienţilor le place să fie ascultaţi pentru a căpăta încrederea că într-adevăr înţelegem că situaţia în care sunt ei este „mai specială". În realitate, situaţia lor nu trebuie neapărat să fie mai specială, dar realitatea, ca şi frumuseţea, se află la cel care priveşte. Nu vom câştiga încrederea clientului decât atunci când acesta va fi convins că suntem interesaţi de rezolvarea problemei lor „unice".

Agentul de vânzări de la acest început de secol trebuie să înţeleagă clar că acum clienţii sunt mult mai informaţi şi mai cinici decât în orice altă epocă. Se pune atât de mult accentul pe marketing (prin mass media) încât consumatorul zilelor noastre este foarte sofisticat. Întrebările SUNT importante, dar aveţi grijă, căci o serie de întrebări foarte evidente, care au rolul de a tortura clientul şi de a-l manipula astfel încât să cedeze şi să scoată la iveală banii câştigaţi cu greu, seamănă cu extracţia unui nerv fără anestezie – adică nu poate fi tolerată! Ca profesionişti, trebuie să „motivăm" clienţii să ne împărtăşească singuri nevoile, dorinţele, problemele, interesele, astfel încât să îi „motivăm" să ne folosească produsele sau serviciile pentru a-şi rezolva problemele.

MOTIVARE SAU MANIPULARE?

Ajungem acum la o problemă etică, iar etica este fundaţia pe care trebuie să ne construim cariera. Care este diferenţa între motivare şi manipulare? Din nefericire, aceşti doi termeni sunt adeseori confundaţi, dar a compara motivarea cu manipularea este ca şi cum ai compara amabilitatea cu înşelăciunea. Diferenţele sunt în intenţia persoanei. Motivarea îi face pe oameni să acţioneze din propria lor dorinţă, iar manipularea are adeseori ca urmare o acceptare forţată. Una este etică şi de lungă durată, celalată este imorală şi temporară.

Thomas Carlyle spunea:

> „Un om de valoare îşi arată valoarea în modul în care tratează un om lipsit de importanţă. Valoarea pe care le-o dai oamenilor este cea care determină ceea ce eşti tu: motivator sau manipulator de oameni. Motivarea înseamnă să facem ceva împreună pentru un avantaj comun. Manipularea înseamnă să facem ceva împreună pentru avantajul meu personal. Este o diferenţă substanţială. Alături de motivator câştigă toată lumea. Alături de manipulator câştigă numai manipulatorul."

Motivarea îi face pe oameni să acţioneze din propria lor dorinţă, iar manipularea are adeseori ca urmare o acceptare forţată.

Aş adăuga la aceste gânduri şi faptul că pentru manipulator „câştigul" sau „victoria" sunt temporare, iar preţul este extrem de mare. Această victorie pătată, falsă, întrerupe relaţia şi mai mult ca sigur înseamnă prima şi ultima vânzare către clientul în cauză. Poate că dă bine în faţa directorului de vânzări, într-un raport, şi aduce o recompensă financiară temporară, dar cu siguranţă scurt-circuitează urcuşul către vârf şi este o abordare auto-distructivă a carierei în vânzări.

PUŞTIUL ĂSTA CHIAR SE PRICEPE LA VÂNZĂRI

Leonard Harvison mi-a povestit cum într-o zi, când a intrat în casă după ce lucrase toată ziua în grădină, a primit un telefon de la nepotul lui de şapte ani, Robert Gibson. Iată mai jos conversaţia pe care au avut-o:

– Unchiule Bubba, eşti singur acasă?

– Da, sigur.

– Te deranjez?

– Nu, deloc.

– Te plictiseşti, aşa cum fac şi eu?

– Da, mă cam plictisesc, Robbie, a răspuns Leonard, convins că nepotul lui vrea să îşi petreacă seara cu unchiul lui favorit.

– Atunci, ştii ce? Am o idee: să mergem la pescuit.

Leonard nu-şi dorea decât să facă un duş şi să se odihnească puţin, dar Robbie îi tăiase dinainte orice scăpare logică. Leonard recunoaşte:

– Am fost cel mai mare peşte prins în ziua aceea, şi mi-a plăcut!

În nici un caz nu am de gând să îl acuz pe Robbie că ar fi un manipulator, căci la şapte ani probabil că nici nu înţelege cuvântul. Dar el ştia exact ce dorea şi a pus întrebările potrivite într-o manieră copilărească şi plină de naturaleţe. Aş mai scoate în evidenţă iubirea evidentă dintre unchi şi nepot. Iar sensul povestirii este cuprins în ultimele cuvinte ale lui Leonard: „şi mi-a plăcut!" O vânzare clară şi motivată (câştig – câştig).

ÎNTREBĂRI PENTRU MINTE VS. ÎNTREBĂRI PENTRU SUFLET

Faceţi un adevărat serviciu atât pentru voi cât şi pentru client atunci când, la începutul Analizei Nevoii, puneţi întrebări care încep cu „Ce credeţi despre...?" Aşa aflaţi ce simte clientul şi apoi vă va fi mult mai uşor să aflaţi şi ce gândeşte. Mulţi spunem că luăm decizii logice, când de fapt luăm în primul rând decizii sub influenţa sentimentelor.

Exemplul clasic este centura de siguranţă. Mulţi au sărit în sus când în statul lor s-a introdus prin lege portul centurii: „suntem într-o ţară liberă, ce mai urmează să ne impună guvernul?" Şi toate acestea în ciuda sondajelor care arătau că sunt şanse de trei la unu ca în caz de accident centura să te salveze de la rănire sau chiar moarte. Pe de altă parte, am zburat cu avionul sute de mii de kilometri şi nu a existat nici un zbor în care să aud pasageri nemulţumiţi că trebuie să îşi pună centura. Ne supunem toţi, umili sau chiar entuziaşti. Dar trebuie să vă spun că dacă avionul se prăbuşeşte şansele sunt de o mie la una ca centura să ne salveze. Da, suntem conduşi de sentimente şi nu de logică.

Dar, ca agenţi de vânzări, trebuie să înţelegem că dacă folosim numai întrebări care stimulează sentimentele îi putem face pe clienţi să cumpere, dar ce se va întâmpla după ce emoţia momentului trece? Apare „remuşcarea cumpărătorului" şi putem pierde vânzarea care părea sigură în momentul încheierii discuţiei. Pe de altă parte, dacă folosim numai întrebări logice (la care clientul răspunde cu mintea), ne educăm clienţii referitor la nevoile personale şi la beneficiile pe care le pot obţine de la produsul nostru, dar este foarte posibil ca aceştia să se ducă şi să cumpere de la altcineva, care îi implică şi emoţional în beneficiile produsului. Prin urmare, este de datoria noastră să combinăm sentimentele şi logica. Sentimentele îl fac pe client să acţioneze acum, iar logica îi permite să justifice mai târziu cumpărarea produsului. Este un element important, pentru că multe achiziţii trebuie explicate prietenilor şi familiei.

Aţi fost vreodată puşi în situaţia de a trebui să explicaţi de ce aţi cumpărat un anumit produs? Este ca în gluma cu bărbatul care cumpără o maşină, vine acasă şi soţia începe să îl chestioneze la sânge despre maşină – bărbatul cedează şi se întoarce cu maşina la magazin. Agentul de vânzări îl vede de departe şi îl întâmpină cu explicaţii despre politica de returnare a produselor cumpărate.

– A, dar nu vreau să returnez maşina, spune omul nostru apăsat. Vroiam doar să vă rog să îmi mai faceţi o dată prezentarea!

Înţelegerea şi folosirea aspectelor emoţionale şi logice ale vânzării vor ajuta profesioniştii din vânzări să devină şi mai eficienţi.

VEZI, AUZI, CREZI

În general, atunci când vedem ceva (grafice, tabele, demonstraţii), suntem tentaţi să reacţionăm logic. Când auzim un mesaj, mai ales dacă este transmis sincer şi/sau cu entuziasm, tindem să ne implicăm emoţional. Încă de la naştere suntem învăţaţi să nu credem chiar tot ce auzim şi să dăm crezare numai lucrurilor pe care le vedem cu ochii noştri.

În concluzie, lăsaţi clienţii să vadă ca să creadă, şi lăsaţi-i să audă ca să acţioneze.

COMBINAREA SENTIMENTELOR CU LOGICA

Să zicem că aveţi un produs sau serviciu care îl ajută pe client să economisească bani. La finalul demonstraţiei sau prezentării, când aţi concluzionat că produsul/serviciul ajută la economisirea banilor, trebuie să puneţi trei întrebări:

- Înţelegeţi cum vă ajută produsul nostru să economisiţi bani?
- Vă interesează să faceţi economii?
- Dacă ar fi să faceţi economii, când ar fi cel mai bun moment să începeţi?

Unul dintre cele mai puternice sentimente pe care le trăim este FRICA. Şi probabil aţi auzit că „frica de a pierde este mai mare decât dorinţa de a câştiga". Este evident că încercăm să ajutăm clientul eliberându-l de frica de a pierde bani. (Nu voi aţi creat frica, voi ajutaţi la eliminarea ei.) Prima întrebare (Înţelegeţi cum vă ajută produsul nostru să economisiţi bani?) începe procesul de „eliminare a fricii". Acum vorbiţi cu clientul la nivel *emoţional.*

A doua întrebare poate să pară evidentă, dar trebuie să o puneţi. Întrebarea directă (Vă interesează să faceţi economii?) îl aduce pe client din lumea sentimentelor în cea a *logicii.* Răspunsul intern va fi:

– Sigur că mă interesează să fac economii, orice persoană cu capul pe umeri îşi doreşte să facă economii.

Iar cel extern va fi un simplu „da".

Deci, prin această simplă afirmaţie, produsul vostru este economicos, iar persoana în cauză este hotărâtă să economisească bani. Întrebarea trei (Dacă ar fi să faceţi economii, când ar fi cel mai bun moment să începeţi?) te împinge la acţiune imediată, fiind în acelaşi timp un semnal de alarmă pentru faptul că dacă nu acţionezi imediat, în viitor vei pierde cu siguranţă bani.

ESTE VALABIL ŞI PENTRU MINE?

Dacă (şi este vorba despre un „DACĂ" MARE) aţi făcut prezentarea în aşa fel încât să vă puteţi aştepta la un răspuns afirmativ la prima întrebare, atunci procesul va funcţiona pentru voi. Principiul este valabil şi în multe alte domenii.

Dacă produsul sau serviciul prezintă un beneficiu pentru sănătate, puteţi folosi acelaşi proces pentru a lega sentimentele de logică. În domeniul echipamentelor sportive, al vitaminelor, al abonamentelor la săli de sport, întrebările pot fi:

- Înţelegeţi cum acest produs vă ajută să vă păstraţi sănătatea?

• Vă interesează să vă menţineţi (să vă refaceţi) sănătatea?
• În acest caz, când credeţi că ar fi cel mai bine să începeţi să aveţi grijă de sănătatea dvs, care este atât de importantă?

Vă propun să ne oprim aici şi să descoperim care este beneficiul principal al produsului/serviciului pe care îl vindeţi. Care este motivul numărul unu pentru care îi puteţi convinge pe oameni să acţioneze? Creaţi acum versiunea personalizată a celor trei întrebări care leagă sentimentele de logică.

Beneficiul meu cel mai important (ce face produsul/serviciul meu pentru ceilalţi) este:

____

Cele trei întrebări sunt:

Înţelegeţi ____
____?

Vă interesează să ____
____?

Când credeţi că ____
____?

Dacă nu aţi completat spaţiile goale de mai sus, o să vă pun eu câteva întrebări. Înţelegeţi cum legarea sentimentelor de logică vă poate ajuta să încheiaţi mai multe vânzări? Vă interesează să vindeţi mai mult? Când credeţi că este momentul potrivit pentru a începe să vindeţi mai mult?

PICTAŢI ACEASTĂ IMAGINE VIE ŞI PLINĂ DE EMOŢIE

Profesioniştii de excepţie sunt „negustori de vorbe" şi „pictori". Pe măsură ce vă alegeţi cu grijă cuvintele pentru întrebările logice şi sentimentale, nu uitaţi să pictaţi imagini vii în imaginaţia clientului.

Greg Watt din London, Ontario, Canada, vinde planuri financiare. El foloseşte o analogie simplă, pe care o numeşte Drumul către Vânzarea Toronto. Ideea este construită în jurul a trei întrebări, folosind cuvinte care creează o imagine foarte specială în mintea clienţilor lui Greg. Obiectivul lui este să-i ajute pe oameni să înţeleagă că Nu este inutil să înceapă un program de economii modeste, căci sumele mici economisite în mod regulat au un factor de multiplicare foarte bun, care, cu timpul, transformă cei 100 de dolari puşi de-o parte în fiecare lună într-o sumă mare.

Greg descrie imaginea foarte clar cu următoarele trei întrebări:

• Domnule Client, dacă v-aş oferi 100 de dolari ca să mergeţi pe jos până la Toronto, aţi accepta? (Greg locuieşte la 200 de kilometri de Toronto, aşa că răspusurile afirmative sunt foarte rare.)
• Dacă la sosire v-ar aştepta un milion de dolari, aţi pleca chiar în acest moment, nu-i aşa?
• Dacă v-aş arăta cum puteţi ajunge la oraşul de un milion de dolari economisind 100 de dolari pe lună, aţi dori să faceţi primul pas chiar azi, nu-i aşa?

Iar răspunsul cel mai frecvent este afirmativ!

IMAGINI MAI VII DIN CUVINTE

Connie Cox lucrează pentru o editură importantă şi este convinsă că rolul cuvintelor este foarte important. Ea îi învaţă pe cei cu care lucrează că a cere un contract este mai puţin eficient decât a spune:

– Pentru a rezerva spaţiul...

Contractul care părea intimidant devine acum un formular pentru rezervarea unui spaţiu, iar clientul este mult mai fericit.

Jay P. Curry, din San Francisco, California, îi încurajează pe agenţii de vânzări să facă vizite de „prezentare". Iată ce spune el:

– Ce vă vine în minte când auziţi cuvântul *prezentare*? Când sunteţi însoţiţi de o persoană deosebită, nu simţiţi impulsul de a o prezenta prietenilor? Când ieşiţi în oraş cu prietenul/prietena şi vă întâlniţi cu un cunoscut, faceţi prezentările, nu-i aşa? Când mergeţi în vizită la un client, trebuie să vă prezentaţi, să prezentaţi firma pentru care lucraţi şi, cel mai important lucru, să prezentaţi produsul/serviciul. Din moment ce cuvintele sunt culorile pe care le folosim în picturile pe care le facem, trebuie să folosim cele mai bune nuanţe. Avem răspunderea de a picta în termeni uşor de înţeles şi folosiţi de toată lumea.

Profesioniştii de excepţie sunt „negustori de vorbe" şi „pictori".

Cuvintele SUNT vopselurile pe care le folosim pentru a ilustra imaginile din viaţa noastră. Şi oare alegerea culorilor potrivite (a cuvintelor) nu este un mod frumos şi captivant de a face exact ce încercăm să facem – şi anume să pictăm tablouri de cuvinte pline de viaţă?

MODUL CORECT DE A PUNE ÎNTREBĂRI

Deci, care este modul corect de a pune acele întrebări care vă permit să faceţi o Analiză a Nevoilor la începutul prezentării? Mă bucur că sunteţi curioşi. Să vă amintesc o afirmaţie pe care am făcut-o mai devreme: cei care ştiu „ce" şi „cum" vor munci întotdeauna pentru cei care ştiu „de ce". Pe măsură ce studiem tipurile de întrebări pe care le pun agenţii profesionişti şi modul în care trebuie să formulaţi aceste întrebări pentru a răspunde nevoilor clienţilor voştri, vă sfătuiesc să încercaţi să înţelegeţi „de ce"-ul din spatele acestui proces.

ÎNTREBĂRILE DESCHISE

Există trei tipuri majore de întrebări care ne permit să descoperim nevoile şi dorinţele clienţilor şi potenţialilor clienţi. Şi toate întrebările – emoţionale sau logice – intră într-una din aceste categorii.

Prima este cea a Întrebărilor Deschise, care îi permit persoanei întrebate să răspundă liber. Scopul vostru nu este să blocaţi clientul, ci să îi permiteţi să se mişte liber în domeniile pe care le alege. Cu acest tip de întrebări, vă focalizaţi asupra dorinţelor, nevoilor, ideilor şi părerilor clientului. Nu impuneţi nimic şi arătaţi un interes sincer pentru clienţi.

Întrebările Deschise sunt cele care încep cu „cine, ce, unde, când, cum, de ce", sau cu „Ce părere aveţi despre..... ?"

De exemplu

Să vedem câteva modele de Întrebări Deschise care îi vor permite profesionistului să obţină informaţii şi în acelaşi timp să arate un interes sincer pentru client.

1. Ce vă atrage cel mai mult în munca pe care o desfăşuraţi?
2. Ce responsabilităţi credeţi că veţi avea peste cinci ani?
3. Care sunt obiectivele personale în ceea ce priveşte aria de responsabilităţi?
4. Care credeţi că sunt cele mai importante provocări la care va trebuie să răspundeţi împreună cu firma la care lucraţi, în următoarele şase luni?

Repet, scopul Întrebărilor Deschise este să le dea clienţilor libertatea de a răspunde cum vor. Dacă puneţi întrebări la care răspunsul poate fi doar „da" sau „nu", atunci clienţii vor rămâne neutri şi nu se vor deschide către voi. Puneţi Întrebări Deschise.

Nu fiţi sâcâitori

O greşeală des întâlnită în utilizarea Întrebărilor Deschise este oferirea răspunsurilor. Nu este un test grilă! După o Întrebare Deschisă, va urma un moment de linişte. Deşi poate fi extrem de neplăcută, o astfel de pauză este necesară pentru ca cel din faţa voastră să îşi adune gândurile şi să formuleze un răspuns inteligent la întrebarea pe care i-aţi pus-o.

Când puneţi întrebări de genul:

– Ce părere aveţi despre ariile dvs de responsabilitate? (pauză) Credeţi că responsabilităţile cresc sau sunt diminuate?

Clientul poate răspunde: „Cresc"; „Nici una din alta"; „Cred că totul este în regulă." Nici unul nu este răspunsul aşteptat de voi, aşa că rezumaţi-vă la a pune întrebarea şi apoi... AŞTEPTAŢI!

În general agenţii de vânzări nu prea se pricep la asta. Totuşi, veţi vedea că există o legătură directă între comisioanele percepute/rezultatele vânzărilor şi capacitatea voastră de a pune Întrebări Deschise şi de a ASCULTA RĂSPUNSURILE.

ÎNTREBĂRI ÎNCHISE

Al doilea tip de întrebări este cel al Întrebărilor Închise. Dacă o Întrebare Deschisă le permite clienţilor să răspundă cum vor, Întrebările Închise au drept scop menţinerea lor într-un anumit domeniu, pentru a obţine detalii sau pentru a mai înfrumuseţa conversaţia. Acest tip de întrebări începe cu: „Mi-aţi putea spune mai multe despre... ?" sau „Este fascinant. Cum adică... ?"

Adeseori, puteţi relua cuvintele clientului punând la sfârşit un semn de întrebare sau puteţi transforma o propoziţie afirmativă într-o întrebare. Pot exista şi situaţii ca aceasta: clientul se ridică brusc şi spune că nu îl interesează să facă afaceri cu voi şi că este „inutil" să continuaţi interviul. Atunci puteţi întreba blând: „Inutil, domnule Client?" şi apoi aşteptaţi.

Aţi trimis mingea înapoi la client, şi de multe ori motivul pentru care acesta a reacţionat astfel va ieşi la iveală şi aşa veţi obţine mai multe informaţii. În acest caz, aţi urcat pe o poziţie mai favorabilă pentru a face afaceri în viitor, chiar dacă clientul nu este dornic sau deschis pentru a lua o hotărâre favorabilă în acest moment. Chiar dacă clientul nu răspunde, amintiţi-vă că o vorbă bună face mult. După ce se va mai gândi, clientul va recunoaşte profesionalismul de care aţi dat dovadă şi uşa pe care a închis-o după voi se poate deschide pentru alte vizite.

De exemplu

Iată câteva modele de Întrebări Închise care vă vor oferi informaţii necesare pentru a vă ajuta clientul şi pentru a construi o relaţie bazată pe încredere:

1. Cât timp aţi predat înainte de a intra în afaceri?
2. Cât de mare este departamentul în care lucraţi în comparaţie cu celelalte departamente din firmă?
3. Ţinând cont de faptul că scopul dvs. este să creşteţi profitul, cum va folosi compania acest profit?
4. Dacă absenţa este un obstacol major în creşterea productivităţii, ce faceţi pentru a scădea absenteismul?

CEL MAI NEGLIJAT INSTRUMENT DE VÂNZĂRI

Putem afirma fără reţineri că instrumentul de vânzări cel mai important (şi cel mai puţin dezvoltat) este vocea agentului de vânzări. Majoritatea logopezilor afirmă că numai 5% dintre noi au o voce plăcută de la natură. Restul pot, teoretic, să îşi lucreze vocea.

Roşcata îşi aminteşte cu plăcere o întâlnire cu un director tânăr. Stăteau de vorbă şi ea l-a întrebat de unde este. Tânărul a spus că se născuse într-un oraşel din sud. Roşcata şi-a exprimat uimirea, pentru că vocea şi accentul nu îl identificau ca venind dintr-o zonă anume, şi cu atât mai puţin din sud.

– Ai o dicţie mai bună decât a lui Zig, a mai spus ea. (Şi cei care m-au auzit vorbind înţeleg de ce.)

Tânărul a zâmbit şi a spus că pe când era copil părinţii lui s-au străduit să îi explice că o voce fără un accent specific era o calitate extraordinară. Avea acum o dicţie excelentă şi o voce plăcută, care îi garantau un viitor plin de împliniri.

Mulţi specialişti şi formatori ai vocii sunt de părere că oricine îşi poate ameliora vocea, sunt perfect de acord. De multe ori, lenea este cea care îi opreşte pe oameni din urmarea paşilor necesari pentru îmbunătăţirea vocii, dar de cele mai multe ori oamenii pur şi simplu nu sunt conştienţi că vocile lor zgârie auzul, sunt aspre sau neplăcute.

O îmbunătăţire substanţială nu poate avea loc peste noapte. Totuşi, specialista în dicţie Gertrude Fogler spune că lucrarea vocii merită timpul şi efortul. Există oameni care pur şi simplu îşi pierd locul de muncă din cauza vocii (aţi observat că majoritatea angajatorilor dau cel puţin un telefon unui posibil angajat înainte de a lua hotărârea definitivă?); profesorii şi studenţii se enervează reciproc sau nu se plac din cauza vocilor urâte, care scrâşnesc. Cunosc un prezentator care are o prezenţă scenică deosebită, face seminarii nemaipomenite, este în stare să ajute o mulţime de oameni. Această persoană a fost refuzată de o companie de producţie audio importantă din cauza vocii sale. A fost de acord să încerce să facă ceva, a luat două lecţii de la un speciaslit în dicţie, apoi a spus că nu mai are timp şi a renunţat. Trist, dar adevărat.

Paşii ce trebuie urmaţi

Ce pot face profesioniştii din vânzări pentru a-şi îmbunătăţi vocile? Să începem cu o dublă sugestie, ce va face minuni. Chiar acum, când citiţi aceste rânduri, vă sfătuiesc să staţi singuri într-o cameră şi să vă înregistraţi pe o casetă citind cu voce tare. Faceţi la fel până ajungeţi la sfârşitul cărţii. Şi nu vă veţi îmbunătăţi doar vocea, ci veţi reuşi să vă inscripţionaţi în memorie amintiri şi lecţii din această carte, mult mai eficient decât dacă aţi fi citit-o normal. Probabil că nu veţi înregistra toată cartea, dar încercaţi să citiţi şi să înregistraţi acele capitole în care memorizarea şi abilitatea de a vă reaminti ideile vă este utilă. Când conduceţi sau nu puteţi citi, puteţi recapitula fragmentele cheie din carte şi vă puteţi evalua vocea. Amintiţi-vă să vă puneţi următoarea întrebare atunci când vă ascultaţi pe casetă:

– Eu aş cumpăra de la această persoană?

Cititul şi înregistratul

Vă sfătuiesc de asemenea să vă specializaţi în citit şi înregistrat. Chiar dacă pare o bătaie de cap inutilă, vocea voastră CHIAR atinge clientul la nivelul emoţional. Şi din moment ce vânzarea este un transfer de sentimente, cum puteţi începe mai bine decât cu folosirea corectă a propriei voci?

Un pasaj literar remarcabil este discursul lui Marc Antoniu „Vin să-l îngrop pe Cezar, nu să-l laud!" Veţi recunoaşte în el una dintre cele mai strălucite prezentări de vânzări ale istoriei. Observaţi cum Marc Anotniu schimbă grupul de clienţi nemulţumiţi într-o cu totul altă mulţime, prin simpla alegere a cuvintelor. Veţi întâlni în carieră şi clienţi ostili, iar acestă prezentare vă poate da multe idei bune pentru situaţii de acest gen. Dacă vă şi înregistraţi, atunci veţi afla multe despre calitatea vocii voastre.

O altă carte importantă din care puteţi învăţa este Biblia. Luaţi o versiune New King James şi citiţi cu voce tare Pslamii şi Pildele. Elocinţa din Psalmul 23 (despre care mulţi spun că este cel mai frumos text scris vreodată) vă va emoţiona şi inspira. Citiţi de asemenea „Scrisoare către Gettysburg", a lui Lincoln, sau discursul lui Martin Luther King „Am un vis". Dacă veţi investi zilnic un sfert de oră în lucrarea vocii, în trei luni cei din jur vor observa schimbarea şi peste un an vă veţi mira singuri de cât de eficientă a devenit vocea voastră.

Tensiunea nervoasă produce „piţigăieli"

Specialistul în discursuri Charles Rondeau susţine că cele mai multe femei au voci prea înalte, care pot fi moderate şi coborâte printr-un efort conştient. Atât pentru femei cât şi pentru bărbaţi, pasul cheie este relaxarea în timpul vorbirii – concentrarea asupra relaxării muşchilor gâtului. Când am un seminar, îi rog pe organizatori să îmi pună la îndemână o carafă cu apă fierbinte. Cu cât mai fierbinte, cu atât mai bine. Apa se mai răceşte până încep să beau din ea. Este o nebunie să bei apă rece în timp ce ţii un discurs, deoarece apa rece contractă muşchii, în timp ce apa caldă îi relaxează, accelerând irigarea cu sânge a acestei părţi a corpului. Vă sfătuiesc să beţi puţină apă caldă înainte de a începe să vă înregistraţi citind. De asemenea, vă sfătuiesc să deschideţi gura când vorbiţi, căci majoritatea oamenilor nu fac acest lucru. Exageraţi mişcarea până înţelegeţi cum anume trebuie să faceţi. Vorbiţi în faţa unei oglinzi pentru a fi siguri că zâmbiţi în timp ce vorbiţi şi vă înregistraţi. O voce zâmbitoare (la telefon sau în realitate) este caldă, deschisă, prietenoasă.

Practică, practică şi iarăşi practică

Bunul meu prieten Peter Lowe, formator în vânzări, spune că mulţi clienţi folosesc expresii universale care în general nu sunt adevărate. El ne dă câteva metode şi cuvinte pe care le putem folosi, împreună cu vocea potrivită:

Clientul: Toată lumea din firmă este nemulţumită de serviciile dvs!
Peter (zâmbitor): Toată lumea?
Clientul: Nimeni nu are încredere în acest individ!
Peter (zâmbitor): Nimeni?
Clientul: Voi nu trimiteţi niciodată marfa la timp!
Peter (zâmbitor): Niciodată?
Clientul: De fiecare dată când încercăm ceva nou, regretăm că am făcut-o!
Peter (zâmbitor): De fiecare dată?

Sunt exemple universale şi probabil că aţi mai întâlnit şi altele. Dacă zâmbiţi, faceţi o pauză şi apoi repetaţi cuvintele de bază, atunci veţi răspunde la obiecţie doar cu o inflexiune a vocii.

Luaţi întrebările pe care le-aţi pus de o sută de ori şi repetaţi-le cu inflexiunile vocale potrivite. Şi dacă sunteţi profesionişti adevăraţi, aşa cum cred, faceţi pasul următor şi exersaţi inflexiunile vocale pentru ÎNTREBĂRILE / OBIECŢIILE pe care le întâlniţi în mod regulat. Folosiţi un casetofon pentru a exersa răspunsurile la afirmaţiile clientului şi veţi deveni un profesionist desăvârşit.

De exemplu, dacă un client vă spune:

– Suntem mulţumiţi de furnizorul nostru actual.

Puteţi răspunde:

– Sunteţi mulţumiţi de furnizorul dvs. actual? (observaţi semnul întrebării de la sfârşitul propoziţiei)

Dacă răspunsul este monosilabic, faceţi o pauză şi daţi din cap. Dacă pauza este destul de lungă, clientul vă va explica de ce.

Iată şi alte afirmaţii des întâlnite care se pot transforma în Întrebări Închise:

Clientul: Preţul vostru este prea mare.
Voi: Preţul (pauză) este prea mare?
Clientul: Nu mai avem nevoie de... .
Voi: Nu mai aveţi NEVOIE de... ?
Vă veţi gândi mai serios acum la două dintre cele mai des întâlnite afirmaţii pe care le puteţi rezolva cu inflexiuni potrivite în voce?

____

____

Cum? Nu aveţi TIMP ?

ÎNTREBĂRI „DA SAU NU"

Al treilea tip este al Întrebărilor „da sau nu", care cer un răspuns direct. Cu toate acestea, vom folosi acest tip de întrebări numai atunci când ştim deja răspunsul. Pericolul este că dacă le folosim prea des dăm impresia că luăm de sus clientul.

De exemplu

Atunci când formulaţi Întrebări „da sau nu" ţineţi minte să folosiţi propriile cuvinte şi să le impregnaţi de personalitatea voastră.

1. Sunteţi de acord că veţi economisi bani?
2. Este acesta tipul de produs de pe urma căruia firma dvs va obţine beneficii?
3. Ceea ce vă propun răspunde scopurilor dvs?
4. Sunteţi de acord cu mine că acest serviciu este cel puţin o soluţie parţială la problemele dvs?

Întrebările „da sau nu" vă permit să „luaţi pulsul" şi să verificaţi progresele făcute în procesul de vânzare. Unii formatori le numesc „întrebări de testare", pentru că răspunsul vă spune clar dacă veţi încheia vânzarea.

Pur şi simplu nu-şi putea permite

Art Lamstein din San Francisco, California, vinde sisteme de încălzire solară. După o demonstraţie şi o prezentare, unul dintre clienţi a spus:
– Pur şi simplu nu-mi pot permite.
Art a folosit Întrebările „da sau nu" pentru a-l ajuta:
– Domnule Client, a început el, apreciez sinceritatea de care daţi dovadă, permiteţi-mi să vă mai întreb ceva. Vă place sistemul, nu-i aşa?
Răspunsul clientului a fost cel aşteptat.
– Şi dacă v-aţi permite, atunci l-aţi cumpăra chiar azi, nu-i aşa?
Clientul a răspuns afirmativ.
– Mulţi clienţi au spus la început că nu-şi pot permite aşa ceva, dar când au înţeles ce economii vor face la întreţinere, s-au răzgândit.

Art a continuat explicaţiile, arătându-i clientului cum că, la nivelul costului aparatului, statul de pomană ar fi costat mai mult decât sistemul de încălzire solară. Art scria cifrele şi continua să sondeze şi să primească din partea clientului confirmarea faptului că cifrele erau rezonabile şi corecte.

Apoi, Art s-a întors la procesul de încheiere a vânzării, dar nu a încercat să îl facă pe client să îşi schimbe părerea (este un lucru greu de făcut). El l-a încurajat să ia o nouă decizie, pe baza informaţiilor adiţionale pe care tocmai le primise:

– Domnule Client, nu vă cer să cheltuiţi mai mulţi bani decât cheltuiţi acum. Ceea ce vă cer este să vă schimbaţi obiceiul de a plăti atât de mult pentru întreţinerea casei în care locuiţi şi să începeţi să vă economisiţi bani prin utilizarea sistemului solar. În loc să vedeţi banii dispărând ca un fum, veţi avea ceva în schimbul lor. Cu alte cuvinte, domnule Client, acum hotărâţi dacă doriţi sau nu să economisiţi bani pentru dvs. sau să-i daţi în continuare pentru întreţinere; ar trebui să fie o hotărâre simplu de luat. Ultima mea întrebare pentru dumneavoastră: preferaţi să continuaţi să plătiţi sume uriaşe, care cresc de la o zi la alta şi pe care într-o zi nu vi le veţi mai permite, sau vă luaţi un sistem solar, care ţine preţurile jos şi sub control?

După cum bănuiţi, vânzarea a fost încheiată.

FOLOSIŢI-VĂ CUVINTELE ŞI MODUL DE LUCRU ÎN CONTEXTUL PROPRIEI PERSONALITĂŢI.

Art a folosit foarte eficient Întrebările „da sau nu". În plus, ne-a învăţat cum să implicăm clientul făcându-l să fie de acord – Art l-a implicat vizual, făcând calculele în faţa lui. Art a folosit Întrebările „da sau nu" pentru a conduce clientul către o concluzie logică şi nu a încercat să îl facă să se răzgândească, ci l-a încurajat să ia o altă hotărâre pe baza unor informaţii în plus.

Interviu sau interogatoriu?

Sper că următoarea afirmaţie este foarte clară: FOLOSIŢI-VĂ CUVINTELE ŞI MODUL DE LUCRU ÎN CONTEXTUL PROPRIEI PERSONALITĂŢI. Meseria voastră este să intervievaţi, exploraţi, să scoateţi la iveală nevoile şi dorinţele clientului, şi nu să-l interogaţi.

Arătaţi un interes sincer pentru client? Întrebările pe care le puneţi se bazează pe ceea ce aţi discutat deja (răspunsuri anterioare), sau nu faceţi decât să respectaţi o listă de întrebări? Singurul lucru mai frustrant decât vorbăria goală a unui animator TV care pune întrebări fără să asculte răspunsul la întrebarea anterioară este agentul de vânzări care face acelaşi lucru.

Un caz simpatic este cel al unui reprezentant de vânzări care a fost oprit din Analiza Nevoii de către client:

– Scuzaţi-mă, spuneaţi că lucraţi la BFI sau la FBI?

Nu sunt cuvinte pentru a descrie cu precizie importanţa pe care Analiza Nevoii o joacă în procesul de vânzări. Dar înainte de a cunoaşte bine acest tip de analiză, trebuie să fiţi expert în procesul de chestionare. Majoritatea profesioniştilor nu îşi doresc pentru nimic în lume să semene cu agenţi FBI sau animatori TV de mâna a treia. Întrebarea este acum: cum aflăm informaţiile care ne interesează păstrând în acelaşi timp o atmosferă confortabilă atât pentru client cât şi pentru noi?

Mă bucur că puneţi această întrebare, pentru că acesta este subiectul capitolului 7.

PARTEA I A PROCESULUI DE VÂNZĂRI DE SUCCES: ANALIZA NEVOII

1. Întrebările potrivite vă ajută să câştigaţi încrederea clientului.

2. Pentru a combina sentimentele şi logica:
A. Folosiţi întrebări adresate „gândirii" şi „simţirii".
B. Folosiţi sistemul format din trei întrebări.
C. Folosiţi metode vizuale de prezentare, astfel încât clientul să „vadă" ideea.

3. Profesionistul de succes este un negustor de vorbe şi un pictor.

4. Sondaţi clientul cu trei tipuri de întrebări:
A. Întrebări deschise.
B. Întrebări închise.
C. Întrebări „da sau nu".

5. Instrumentul de lucru cel mai puţin dezvoltat este VOCEA. Pentru a vă dezvolta acest instrument:
A. Exersaţi, exersaţi şi iar exersaţi.
B. Citiţi şi înregistraţi acestă carte şi prezentarea produsului.
C. Beţi apă caldă înainte de a vorbi.
D. Deschideţi exagerat gura.
E. Zâmbiţi.

CAPITOLUL ŞAPTE

„INTEROGAREA" CONVERSAŢIONALĂ

Desfăşurarea unui interviu confortabil

Becul de 400 W strălucea atât de tare în ochii lui Ralph, încât atunci când se uita la cel din faţa lui nu vedea decât o umbră slabă, cu un halou roşu-gălbui care înconjura silueta solidă a unui tip care îi pune întrebări.

– Nu ştiu, murmură Ralph, întrebându-se când se va încheia tortura.

– Păi dacă nu ştiţi nici dumneavoastră, cine o să ştie? aproape că urlă duşmanul.

Deşi scena pare să fie dintr-un film făcut în anii '40, ea este de fapt imaginea pe care o creaţi VOI în mintea multor clienţi atunci când vreţi să stabiliţi o întâlnire. Pentru unii clienţi, vizita din partea unui agent de vânzări echivalează cu o vizită la poliţie sau cu o întâlnire cu echipa de experţi contabili de la Direcţia Taxe şi Impozite. Cum puteţi schimba această atitudine? Numai devenind cel mai profesionist intervievator posibil.

IMAGINEA „INTERNĂ"

Prietenul şi prezentatorul Jim Cathcart are un seminar în care povesteşte despre imaginea „internă". Nu este o denumire înspăimântătoare? Dar dacă veţi încerca să vă gândiţi că vreţi să obţineţi o „imagine internă" şi nu un interviu, atunci acest gând vă va ajuta să vă creaţi în minte acea imagine necesară pentru a avea succes în obţinerea de informaţii în segmentul Analiza Nevoii. Dacă veţi face din desfăşurarea unei „imagini interne" scopul vostru, vă va aştepta o carieră de succes în vânzări!

FORMULA P.O.O.O.

Chiar profesioniştii de succes au probleme când trebuie să înceapă şirul de întrebări în faţa unui client pe care îl văd pentru prima oară. Alţii au probleme cu obţinerea de informaţii fără a oferi informaţii.

Formula P.O.O.O. vă permite să începeţi un interviu conversaţional care să fie confortabil atât pentru voi CÂT şi pentru clienţi. P.O.O.O. vă arată drumul pe care să mergeţi şi direcţia cea bună pentru a răspunde nevoilor de confort ale clientului.

PERSOANA

P-ul din formula sus-menţionată vine de la PERSOANĂ. Parametrul pentru voi, agenţi de vânzări interesaţi de câştigarea încrederii şi de aflarea dorinţelor şi nevoilor, este să obţineţi (şi să daţi) informaţii despre *oamenii* implicaţi în procesul de vânzare.

Când intraţi în biroul clientului pentru prima vizită, căutaţi din priviri obiecte (tablouri, trofee, obiecte decorative) care să vă permită să stabiliţi un „teren comun”. Dacă prima întâlnire este telefonică, atunci puteţi începe cu un compliment sincer, de genul:

– Persoana care a răspuns era foarte amabilă.

Sau o propoziţie simplă şi sinceră cum ar fi:

– Vă mulţumesc că aţi acceptat să staţi de vorbă cu mine.

ORICE exprimă un interes SINCER pentru client vă este de folos. Pe când notaţi întrebările referitoare la persoană, ţineţi minte că este OK să daţi câteva informaţii şi despre voi, nu multe, atât cât să scoateţi în evidenţă punctele comune, nu să monopolizaţi conversaţia. Dacă vreţi să fiu mai exact, limitaţi dezvăluirile personale la 25% din conversaţie. Adică trei părţi client la o parte agent de vânzări.

Profesionistul adevărat, care este interesat de clienţi, strânge informaţii şi pentru vizitele şi telefoanele ce vor urma. Întrebări întâmplătoare despre ultimul meci sau despre locul unde clientul şi soţia lui au hotărât să meargă pentru cina aniversară pot spune multe despre interesul pe care îl arătaţi pentru ceilalţi. Cuvintele cheie pe care trebuie să vi le reamintiţi sunt: *scurt*, *cald*, *sincer* şi *prietenos*.

HRĂNIŢI-VĂ EGO-UL, DAR ŞI FAMILIA

Compania Zig Ziglar vinde programe de formare pentru toate tipurile şi mărimile de organizaţii. În 1990 ne-am întărit eforturile de vânzare din organizaţia noastră de optzeci de persoane, trecând de la opt divizii la patru echipe. Cum compania noastră crescuse, crescuse şi lipsa noastră de concentrare. Nu mai reuşeam să vedem priorităţile. Am făcut un pas hotărâtor în concentrarea eforturilor prin angajarea lui Bob Alexander ca director general de vânzări, pe care l-am însărcinat cu TOATE eforturile noastre de vânzări.

Cuvintele cheie pe care trebuie să vi le reamintiţi sunt: *scurt*, *cald*, *sincer* şi *prietenos*.

Curând după numire, Bob mi-a povestit cum a însoţit unul dintre agenţii noştri într-o vizită unde un agent de vânzări veteran a făcut o greşeală de începător.

În timp de stătea de vorbă cu clientul despre *P*-ul din formula P.O.O.O., agentul nostru a hotărât că aflase destule informaţii şi că nu mai are nevoie să treacă prin celelalte faze ale P.O.O.O. – greşeala numărul unu! Apoi a început să rezolve ceea ce simţea el că este problema clientului spunându-i câte prezentări făcuse el pentru dealeri auto şi pentru firme de maşini (greşeala numărul doi!), concluzionând astfel:

– Şi cred că acest nivel al experienţei îmi permite să vă ajut la crearea echipei în această firmă.

Clientul a „căzut pe spate” la propriu şi a spus:

– Nu prea văd cum lucrul cu firme de vânzare şi dealeri auto poate fi de vreun folos în organizarea lucrului la mine în fabrică, mai precis la linia de producţie!

Deşi conceptele învăţate erau transferabile, agentul nostru pusese accentul asupra propriei persoane şi nu asupra avantajelor pe care programul le putea oferi clientului – greşeala numărul trei şi ratarea vânzării!

Este perfect normal să povestiţi pe scurt experienţe personale care pot fi utile clientului, atât timp cât subliniază spusele acestuia, se leagă de nevoile şi dorinţele clientului, vă dau credibilitate (fără a vă scoate prea tare în evidenţă).

CUM DEZVOLTĂM ÎNTREBĂRILE CELORLALŢI

Întrebările sunt mai convigătoare decât orice altă formă de comportament verbal, aşa că trebuie să vă faceţi o listă cu întrebări care vi se par la îndemână şi care vă permit să acţionaţi în condiţii confortabile pentru a vă arăta interesul sincer faţă de ceilalţi. Prietenul meu Gerhard Geschwandtner, editorul revistei *Personal Selling Power* (Puterea vânzării directe), are o carte minunată numită *The Sales Question Book* (Cartea Întrebărilor din Vânzări) care conţine sute de exemple de întrebări aranjate pe categorii. Căutaţi un exemplar din manualul lui Gerhard şi găsiţi-vă timpul necesar pentru a adapta aceste întrebări la situaţia în care sunteţi la un moment dat.

Iată câteva exemple din cele trei tipuri de întrebări care vă vor ajuta să aflaţi mai multe despre ceilalţi arătând în acelaşi timp un interes real pentru ei.

ÎNTREBĂRI DESCHISE – PERSOANĂ

1. Cum aţi ajuns să lucraţi în acest domeniu?
2. Din ce zonă a ţării veniţi?
3. Ce pasiuni aveţi?

ÎNTREBĂRI ÎNCHISE – PERSOANĂ

1. De cât timp (jucaţi golf, jucaţi tenis, vânaţi)?
2. Mi-aţi putea spune mai multe despre familia dvs?
3. Pe lângă această funcţie, unde aţi mai lucrat?

ÎNTREBĂRI „DA SAU NU” – PERSOANĂ

1. Vă place să locuiţi în Dallas?
2. Aveţi destul timp pentru familie?
3. Vă place să vă petreceţi activ timpul liber?

LISTA VOASTRĂ

Vă sfătuiesc din toată inima să vă scrieţi pe o hârtie lista cu întrebări. O să mă întrebaţi dacă asta nu va face întrebările să sune învechit, de parcă ar fi scoase din conserve. În nici un caz! Ţineţi minte că (a) cei mai mari actori şi cele mai mari actriţe foloseau prezentări „conservate”, dar le „conservau” atât de bine, încât păreau întotdeauna proaspete, vii, vibrante; (b) trebuie să exersaţi aceste întrebări cu familia, prietenii, noile cunoştinţe; (c) este bine să le înregistraţi pe o casetă; (d) apoi trebuie să ascultaţi caseta şi să vă întrebaţi dacă voi aţi cumpăra de la o astfel de persoană; (e) trebuie să reluaţi procesul până v-aţi ÎNSUŞIT întrebările. Dacă vi se pare că este un proces inutil sau care ia prea mult timp, daţi-mi voie să vă întreb ceva. Sunteţi hotărâţi să faceţi tot ce vă stă în putinţă pentru a fi cei mai buni? (Este o Întrebare „da sau nu", la care sper că ştiţi răspunsul.) Şi din moment ce lucrurile mărunte aduc după ele rezultatele importante, de ce să nu începeţi chiar acum şi aici?

„CEL MAI TARE"

Un punct periculos în partea „persoană" a P.O.O.O. este să vă daţi „cel mai tare". Cunoaşteţi modelul: agentul de vânzări observă pe perete poza unui adolescent în costum de baschet şi spune:

– Aveţi un sportiv în familie! Cum a fost ultimul sezon? (Întrebare deschisă)

– Păi, începe clientul, în campionatul trecut am câştigat numai trei meciuri, dar acum suntem neînvinşi şi...

Şi... înainte ca omul să îşi termine propoziţia, agentul de vânzări îl întrerupe şi începe să povestească despre vremurile când a jucat în echipa şcolii, prin clasa a VII-a. Detaliile vii şi scorurile tuturor meciurilor l-au subjugat complet pe AGENT. Rar se întâmplă să mai observe privirea „depăşită" a CLIENTULUI înainte ca acesta să îl dea afară din birou.

Este minunat să povestiţi despre campionatele în care aţi jucat – DUPĂ ce clientul şi-a terminat povestea – dar pe scurt şi spunând ceva care să se lege de client, cum ar fi:

– Cred că vă simţiţi la fel cum se simţea tatăl meu când am câştigat pentru prima oară campionatul.

Sau:

– Băiatul meu a jucat în echipa şcolii când avea paisprezece ani, aşa că îmi dau seama ce simţiţi.

Dacă aveţi întotdeauna o poveste „mai tare", atunci vă veţi hrăni ego-ul, dar nu şi familia.

PUTEREA DE OBSERVAŢIE

Pe vremea când directorul nostru general Bob Alexander lucra în strângerea de fonduri, a avut parte de o experienţă care i-a demonstrat importanţa cunoaşterii persoanei cu care ai de-a face.

Într-o seară urmărea ştirile şi a aflat că un departament al primăriei locale trebuia să strângă bani pentru amenajarea unui nou teren de atletism. Crainicul menţionase numele directorului acestui departament, aşa că rotiţele au început să se învârtă în capul lui Bob. Ca orice profesionist din vânzări, Bob ştia că obiectivele nu sunt nimic altceva decât vise pe care suntem dornici să le realizăm, aşa că şi-a notat numele directorului şi s-a dus la culcare.

A doua zi de dimineaţă, primul telefon pe care l-a dat Bob a fost la departamentul sus-menţionat – directorul era în oraş şi a fost de acord să îl întâlnească chiar în acea zi.

ELEVI IMPORTANŢI

Bob a dat mâna cu directorul şi în acelaşi timp a observat o poză de absolvire impresionantă. Unul dintre motivele pentru care a observat-o a fost că înţelesese cât de important era să fie atent la orice „semnale" care ar fi putut să îi dea informaţii despre partea „persoana" din interviu. Alt motiv pentru care a observat poza era că era de la aceeaşi universitate pe care o absolvise şi Bob.

Aproape imediat după strângerea de mână, Bob a verificat faptul că amândoi terminaseră aceeaşi universitate, iar relaţia s-a stabilit instantaneu. Aveau mulţi prieteni comuni şi multe amintiri plăcute. Căzuseră toate barierele formale care există în majoritatea situaţiilor în care întâlnim pe cineva pentru prima oară. Interesul lor comun pentru atletism şi creşterea copiilor într-un mod sănătos a făcut ca relaţia să se dezvolte rapid.

Directorul i-a spus lui Bob că oamenii care făceau colectă de fonduri lucraseră înainte în cu totul alt domeniu, şi comitetul consultativ nu prea reuşea să reducă numărul de agenţi până la a obţine un grup uşor de manevrat la o prezentare. Bob i-a recomandat să îl sune pe directorul comitetului consultativ, căci el era cel cu puterea de decizie. Persoana în cauză a venit la birou şi au plecat toţi trei să ia prânzul.

În tot acest timp, Bob a lucrat partea *P*ersoană din formula P.O.O.O., făcând eforturi pentru a afla cât mai multe despre preşedintele comitetului consultativ. La sfârşitul prânzului, Bob a fost invitat să facă o prezentare comitetului.

Vă rog să remarcaţi faptul că Bob a trebuit să vândă ceva pentru a avea şansa de a vinde ceva. În primul rând, Bob a trebuit să se vândă pe el în faţa celor doi, să îşi vândă interesul pentru EI şi *apoi* pentru PROIECTUL lor. Fără acestă primă vânzare, nu ar fi existat nici o prezentare în faţa comitetului consultativ. Şi fără prezentarea în faţa comitetului, nu ar fi fost nici o şansă de vânzare. Cei doi clienţi i-au explicat foarte clar lui Bob că el făcea prezentarea datorită interesului său sincer pentru ei şi programul lor.

PREZENTAREA PROPRIU-ZISĂ

În seara prezentării, Bob era al patrulea din cei cinci prezentatori. Fiecare avea treizeci de minute pentru a-şi face prezentarea şi toţi fuseseră informaţi că hotărârea finală urma să se ia în săptămâna care urma. La finalul prezentării, Bob se simţea ca după un succes, şi aştepta împreună cu ceilalţi întrebările publicului.

După a cincea prezentare, preşedintele a ieşit din sală şi l-a rugat pe Bob să mai vină puţin înăuntru. Deşi Bob încă nu ştia acest lucru, directorul îi refuzase pe ceilalţi patru agenţi şi se hotărâse să îi dea lui Bob contractul.

Era un fapt semnificativ, deoarece contractul era pentru unul dintre cele mai mari departamente de recreere din sud-estul ţării. În plus, Bob a lucrat la acest proiect timp de patru ani, ceea ce a adus mii de dolari departamentului şi companiei lui Bob. Semnul de recunoaştere supremă a fost numirea primului teren de baseball „Bob Alexander", ca mulţumire pentru munca depusă de el şi de organizaţia de strângere de fonduri pentru Districtul Columbia. Şi toate acestea s-au întâmplat pentru că un agent de vânzări a găsit timpul necesar pentru a cunoaşte oamenii implicaţi în procesul de vânzări.

ORGANIZAŢIA

Primul *O* din formula P.O.O.O. înseamnă ORGANIZAŢIA. Când simţiţi că discuţia despre persoană se apropie de sfârşit, treceţi la organizaţie. Şi iarăşi, sondaţi cu atenţie, fiţi deschişi să vorbiţi despre organizaţia pentru care lucraţi atunci când puteţi găsi subiecte comune sau puteţi pune clientul într-o lumină favorabilă. Şi aici se aplică aceeaşi regulă – 25% despre organizaţia voastră, 75% despre cea a clientului.

Acum, înainte de a vorbi prea mult despre acest punct, daţi-mi voie să subliniez faptul că NU vreau să spun că nu trebuie să vorbiţi despre firma voastră. Există clienţi dornici să afle despre voi, şi trebuie să le daţi destule informaţii pentru a deveni încrezători în firma pe care o reprezentaţi. Dar nu monopolizaţi conversaţia! Obiectivul vostru este să le daţi destule informaţii pentru a căpăta încredere... şi să culegeţi destule informaţii pentru a deveni eficient (adică pentru a vinde).

FORMULAREA ÎNTREBĂRILOR LEGATE LA ORGANIZAŢIE

Iată câteva mostre de întrebări pe care le puteţi adapta.

ÎNTREBĂRI DESCHISE – ORGANIZAŢIA

1. Mi-aţi putea spune câte ceva despre organizaţia pentru care lucraţi?
2. Dar despre planurile dvs de viitor?
3. Ce anume din activitatea dvs stârneşte cel mai mare interes în lumea afacerilor?

ÎNTREBĂRI ÎNCHISE – ORGANIZAŢIA

1. Cum lucrează departamentul de .... ?
2. Cum aţi aprecia performanţele personalului administrativ?
3. Ce tip de training a primit echipa de conducere a firmei dvs?

ÎNTREBĂRI „DA SAU NU" – ORGANIZAŢIA

1. Sunteţi mulţumit de profitul final?
2. Organizaţia dvs. creşte în ritmul dorit?
3. Vă doriţi să puteţi promova în interiorul firmei?

ORGANIZAŢIA – FAMILIE

Pentru unii, organizaţia este chiar familia. În acest caz, Întrebările despre organizaţie vor suna ca Întrebările despre persoană. Propoziţiile de genul „Povestiţi-mi despre copiii dvs." funcţionează ca Întrebări Deschise, căci îi dau clientului drum liber să răspundă. Un alt exemplu este „Ce vă place dvs. şi familiei dvs. să faceţi în timpul liber?"

OBIECTIVELE

Următorul *O* din formula P.O.O.O. vine de la OBIECTIVE. Este momentul să strângeţi informaţii despre obiective profesionale şi personale, prin Întrebări Deschise de genul „Ce planuri aveţi pentru următoarele şase luni/pentru anul viitor?"

Nu aş acuza niciodată un client că minte, dar am întâlnit câţiva care au spus ceea ce ştiau că aşteaptă agentul să audă. Unul dintre cele mai mari pericole din

Analiza Nevoii este să îi permiteţi clientului să arunce o „perdea de fum" peste obiectivele reale. Să fim cinstiţi cu noi înşine şi să recunoaştem că firea noastră ne împinge ca atunci când suntem întrebaţi despre planurile de viitor să spunem ce credem că ar vrea/ar aştepta să audă cel din faţa noastră (sau să-i spunem că obiectivele noastre nu sunt treaba lui).

Mulţi neprofesionişti sunt încântaţi să primească un răspuns care să-i împingă rapid spre următorul pas al procesului. Adevăraţii profesionişti vor continua să sondeze. O întrebare folositoare este „De ce este important pentru dvs. să îndepliniţi acest obiectiv?" Un alt mod de a pune aceeaşi Întrebare Închisă (ducând spre un obiectiv anume) este „Ce ar însemna îndeplinirea acestui obiectiv pentru dvs?" şi va trebui să puneţi această întrebare de mai multe ori.

ÎNTREBĂRI PENTRU DESCOPERIREA OBIECTIVELOR

Urmează câteva întrebări pe care le puteţi adapta pentru „imaginea interioară" asupra obiectivelor.

ÎNTREBĂRI DESCHISE - OBIECTIVE

1. Care sunt obiectivele dvs. personale/organizaţionale?
2. Cum aţi determinat aceste obiective prioritare?
3. Care erau obiectivele dvs. anul trecut?

ÎNTREBĂRI ÎNCHISE - OBIECTIVE

1. Care este obiectivul dvs. principal pentru anul viitor?
2. Cum monitorizaţi progresul pe care îl faceţi spre îndeplinirea obiectivelor?
3. Care este orarul pentru îndeplinirea obiectivelor?

ÎNTREBĂRI „DA SAU NU" - OBIECTIVE

1. V-aţi îndeplinit obiectivele pe anul trecut?
2. Au fost aceste obiective realiste?
3. Folosiţi un proces clar de determinare a obiectivelor, nu-i aşa?

BANI, BANI, BANI

De multe ori, obiectivele unui client sunt legate de bani. Vreau să subliniez faptul că banii nu sunt niciodată un scop în sine! Adevăratul obiectiv se leagă de CEEA CE SE POATE FACE cu banii.

Când îl întrebaţi pe un client despre obiective şi primiţi un răspuns care implică banii, şi continuaţi cu „De ce este acest obiectiv important pentru dvs.?" începeţi să descoperiţi adevăratele obiective. Multe persoane pur şi simplu nu s-au gândit înainte de a răspunde. Această parte din procesul de vânzare nu trebuie să se transforme într-o sesiune de consiliere, obiectivul vostru trebuie să fie obţinerea unei discuţii „pe bune" cu clientul.

OBIECTIVELE NEATINSE

De ce atât de puţini oameni îşi ating obiectivele? În primul rând pentru că nu au reuşit să identifice adevăratele obiective! Repet: oamenii care cred că scopul lor în viaţă sunt banii greşesc. Scopul lor se leagă de CEEA CE POT FACE CU BANII! Indiferent dacă este vorba despre construirea unei case pentru ei şi familia lor sau de construirea unei noi aripi pentru un orfelinat, este important să identifice adevăratul obiectiv! Multe vânzări eşuează (chiar fiind conduse de profesionişti cu experienţă) pentru că au fost făcute după „perdele de fum" şi nu s-a sondat îndeajuns până la adevăratele obiective.

„ÎNCOLŢIREA" OBIECTIVELOR CLIENTULUI

În procesul de evaluare a obiectivelor, trebuie să mergeţi de la generic către specific, de la abstract către concret. Întrebările de mai jos vă vor permite să găsiţi obiectivele specifice. Aceste exemple de întrebări vă vor ajuta să descoperiţi obiective din diferite domenii: finanţe, călătorii, studii, casă, vacanţe, dar şi obiective de neatins.

INDEPENDENŢA FINANCIARĂ

1. Câţi bani ar trebui să câştigaţi lunar pentru a deveni independent financiar?
2. Care ar fi nivelul de economii necesare?
3. Cum v-aţi petrece timpul dacă aţi fi independent financiar?
4. Ce tip de investiţii v-ar plăcea să faceţi?

CĂLĂTORIILE

1. Dacă aţi putea merge oriunde, cu ce aţi începe?
2. Cât de mult aţi călătorit până acum?
3. De ce doriţi să călătoriţi?

EDUCAŢIA COPIILOR

1. La ce tip de şcoli v-ar plăcea să vă trimiteţi copilul?
2. Cum aţi plăti taxele de şcolarizare?
3. Spre ce universitate v-aţi sfătui copilul să se îndrepte?
4. Cât este taxa semestrială la această universitate?
5. Aţi făcut până acum economii?
6. Pe câţi dintre copii îi veţi trimite la facultate?
7. Cu cât ar trebui să vă crească venitul ca să vă puteţi trimite toţi copiii la facultate?

CASA

1. Ce suprafaţă ar avea casa dvs. ideală?
2. Ce tip de finisaje?
3. Câte dormitoare, băi, camere de zi?
4. Ce tipuri de înlesniri v-ar plăcea să aibă (piscină, şeminee, etaj, cameră de jocuri, ieşire la un lac, debarcader)?
5. Ce culori de perdele, covoare, tapet?

VACANŢE

1. Unde v-ar plăcea să vă petreceţi vacanţa?
2. Cât de lungă este vacanţa ideală?

OBIECTIVE DE NEATINS

1. De ce doriţi să vă îndepliniţi acest obiectiv?
2. Când doriţi să vă îndepliniţi acest obiectiv?
3. Ce va schimba în viaţa dvs. îndeplinirea acestui obiectiv?

Cu riscul de a mă repeta, vă rog să personalizaţi aceste întrebări; după fiecare întrebare nu uitaţi să întrebaţi „Ce va însemna pentru dvs îndeplinirea acestui obiectiv?" sau „De ce este important pentru dvs. să vă îndepliniţi acest obiectiv?"

DOMNUL DOCTOR ÎŞI FOLOSEŞTE TALENTUL DE AGENT DE VÂNZĂRI

John Leddo şi-a luat doctoratul la Yale şi este un psiholog extrem de inteligent, a cărui companie, Innovative Thinkers, a creat soft-uri pe baza unora dintre produsele noastre. După ce a participat la seminarul „Născut pentru a câştiga" din Dallas, Texas, John mi-a scris pentru a-mi explica cum identificarea obiectivelor cuiva i-a fost de mare ajutor în procesul de vânzare. Să îi dăm cuvântul:

„Aplicând ceea ce m-aţi învăţat voi despre vânzări, am reuşit să închei o vânzare care altfel ar fi fost un eşec total. Am trimis de curând o propunere pentru un seminar cu tema luării deciziilor la o organizaţie locală care organizează seminarii profesionale. Preşedintele organizaţiei m-a sunat să îmi spună că nu vor accepta propunerea mea. Dacă nu aş fi studiat tehnicile voastre, probabil că aş fi spus ceva în genul:

– Mulţumesc pentru timpul acordat citirii propunerii mele. Sper să mai am ocazia să fac şi alte propuneri.

Adică aş fi lăsat să-mi scape vânzarea.

Dar mi-am amintit ce citisem (în *Secrets of Closing the Sale*), şi anume că dacă un client spune nu, de fapt el vrea să spună că nu este pregătit să dea bani mulţi pe beneficii puţine. Dar eu ştiu că am un curs foarte bun, aşa că m-am gândit să aflu de ce nu vedea beneficiile pe care i le putea aduce. Am început să îl întreb despre OBIECTIVELE lui în ceea ce priveşte participanţii şi despre ce doreşte să obţină prin seminariile pe care le organizează. S-a dovedit că obiectivele erau destul de modeste, aşa că l-am întrebat de ce credea că seminarul propus de mine nu era potrivit. Mi-a spus că i se părea prea slab pentru persoanele în faţa cărora urma să fie prezentat, persoane cu pregătire foarte tehnică. În acest moment am înţeles că intepretasem greşit obiectivele: ştiam că majoritatea oamenilor se tem de abordările prea tehnice şi matematice ale procesului decizional, şi atunci subliniasem celelalte părţi din curs, deşi el era interesat exact de aceste părţi foarte tehnice. I-am explicat de ce scrisesem astfel propunerea şi l-am asigurat că de fapt materialul era foarte tehnic şi că puteam oricând să îl refac, punând accentul pe aspectele tehnice.

Reacţia lui a fost:

– De fapt, poate nici nu este nevoie să refaceţi cursul. Mă uit din nou pe propunere şi vă sun eu mâine.

Eram fericit, dar mi-am adus aminte că spuneaţi undeva că acel «Vă sun eu mâine» înseamnă de fapt că nu va cumpăra produsul/serviciul. M-am pregătit pentru această variantă. Când L-AM SUNAT, l-am întrebat:

– Credeţi că trebuie modificat cursul sau îl lăsăm aşa cum este?

Am folosit o propoziţie «alternativă»; înainte de vă citi cursul aş fi spus:

– V-aţi hotărât dacă luaţi sau nu cursul?

Preşedintele a spus că mă lasă pe mine să hotărăsc. Am discutat condiţiile şi am încheiat vânzarea.

Vă mulţumesc că m-aţi ajutat să închei această vânzare atât de importantă. Era o situaţie în care informaţiile din cărţile dvs. chiar au schimbat complet situaţia, făcând dintr-o vânzare ratată una de succes."

John nu doar îşi ajutase clientul prin sondarea adevăratelor obiective, ci identificase şi următorul *O* din formula P.O.O.O.

OBSTACOLELE

Al treilea *O* din formulă vine de la OBSTACOLELE care apar în calea îndeplinirii obiectivelor discutate mai sus. După cum spune şi Dr. Norman Vincent Peale:

– Dacă vrei să vezi un om care nu are probleme sau obstacole în viaţă, du-te la cimitir… şi gândeşte-te că şi cei de acolo au o problemă destul de serioasă.

Toată lumea are probleme. Am auzit odată pe cineva spunând:

– Dacă te duci la orice om de pe stradă şi îi spui „Am auzit de problema dvs.", el o să-ţi spună „Da, de la cine?"

Ideea nu este să nu ai probleme (repet, avem toţi probleme), ci să găseşti soluţii la aceste probleme.

Jim Norman, director executiv la Zig Ziglar Corporation (ZZC), l-a însoţit odată pe unul din reprezentanţi într-o vizită la un client. Timpul alocat întrevederii se apropia de sfârşit şi clientul o ţinea una şi bună că nu putea folosi serviciile pe care i le ofeream. Atunci Jim l-a întrebat:

– Sunt director executiv la ZZC şi pot să vă spun din experienţa personală că avem o mulţime de probleme la firmă. Cred că la fel se întâmplă şi în compania dvs. Nu aţi vrea să stăm puţin de vorbă despre aceste probleme?

Peste trei sferturi de oră încheiasem vânzarea.

CARE ZIG?

Oamenii nu vor să-l audă pe Zig Ziglar ţinând cursuri şi nici nu vor să-i citească textele. Ceea ce vor ei este să audă că există speranţă şi să citească despre faptul că, indiferent de cât de rău le-a mers, încă mai au o şansă. Oamenii vor soluţii practice şi aplicabile la viaţa lor de zi cu zi. Ei caută informaţii, surse de inspiraţie, direcţii în viaţă. Ei vin la mine pentru că sunt convinşi că le pot oferi o soluţie pentru probleme… că îi pot ajuta să depăşească obstacolele. Acesta este şi motivul pentru care vor cumpăra de la voi.

ÎNTREBĂRI PENTRU DESCOPERIREA OBSTACOLELOR

Să ne ocupăm acum de întrebările care ne vor permite să descoperim ce obstacole stau între client şi profesionist pe de o parte şi obiectivele personale de partea cealaltă.

ÎNTREBĂRI DESCHISE – OBSTACOLE

1. Ce vă reţine să nu fiţi acolo unde vreţi să fiţi?
2. Ce obstacole aveţi de înfruntat?
3. Ce provocări aveţi de înfruntat înainte de obţine lucrul pentru care aţi muncit atât de mult?

ÎNTREBĂRI ÎNCHISE – OBSTACOLE

1. Ce faceţi pentru a depăşi .... (un obstacol specific)?
2. De ce nu v-aţi îndeplinit obiectivele?
3. Ce obstacol este cel mai greu de depăşit?

ÎNTREBĂRI „DA SAU NU" – OBSTACOLE

1. Progresaţi destul de rapid în sensul depăşirii obstacolelor?
2. Credeţi că ar mai fi şi alţi paşi de făcut pentru depăşirea obstacolelor?
3. Vă interesează să depăşiţi obstacolele care vă ţin pe loc?

PREGĂTIREA

Este imposibil să fii „prea pregătit" pentru o prezentare de vânzări. Pregătirea este vitală pentru succes. Gândiţi-vă la asta. Vreţi să cumpăraţi de la o persoană care bâjbâie, se bâlbâie, nu se poate exprima corect? Vreţi să cumpăraţi de la o persoană care nu are habar despre voi sau despre firma la care lucraţi? Ce spune lipsa lui de organizare despre compania pe care o reprezintă?

Dacă ştiţi exact ce faceţi, şi dacă reuşiţi să depăşiţi problemele care apar inevitabil într-o prezentare de vânzări, atunci PUTEŢI face faţă! Când sunteţi pregătiţi temeinic, partea stângă a creierului (adică lobul organizat, logic, concret) funcţionează la capacitatea maximă. Acest lucru îi permite lobului drept (responsabil cu creativitatea, vizualizarea) să rezolve problemele în modul cel mai eficient cu putinţă.

Elevul Rhodes a început prin a învăţa să scrie şi să citească. Marele pianist Paderewski a învăţat întâi şi întâi notele muzicale. Când învăţaţi să conduceţi maşina, trebuie să reuşiţi să manevraţi în acelaşi timp ambreiajul, volanul, schimbătorul de viteze. La începutul carierei în vânzări, veţi trece cu greu prin unele dintre fazele procesului de învăţare. Pregătirea vă ajută enorm.

CÂT TIMP?

O parte importantă din pregătire este repartizarea timpului. Când sunteţi implicat în procesul P.O.O.O., trebuie să ştiţi exact cât timp veţi putea petrece cu clientul. O dată ce v-aţi stabilit o durată anume, atunci depăşiţi-o DOAR LA CEREREA CLIENTULUI.

Am citit undeva despre un agent de vânzări care folosea o tehnică specială pentru a rezolva această problemă. Înainte a începe prezentarea, îşi scotea ceasul de la mână (şi dacă ne gândim că ceasul era un Rolex de vreo 12.000 de dolari, atunci înţelegem importanţa pe care o dădea acestei mişcări) şi i-l dădea clientului, spunându-i:

– Dacă stau aici mai multe de o jumătate de oră (cam cât îi lua ca să ajungă de la Analiza Nevoii la Conştientizarea Nevoii şi apoi la Soluţionarea Nevoii) fără să-mi fi cerut dvs. acest lucru, atunci puteţi păstra ceasul!

Cu toate acestea, miza este mult mai mare decât un ceas Rolex. Cea mai valoroasă calitate a unui agent de vânzări este REPUTAŢIA. Când negociaţi cu clienţii dvs. într-o manieră bazată pe integritate, atunci aveţi toate şansele să încheiaţi vânzarea.

TRECEŢI LA SUBIECT!

Există clienţi extrem de nerăbdători, care încep să freamăte încă de la Analiza Nevoii. Sunt plini de energie, impetuoşi, vor „doar esenţa", fără „ornamente". Când clientul întreabă „ce o să-mi aducă şi cât o să mă coste", atunci trebuie să treceţi imediat la beneficii. Subliniaţi cel mai important lucru – motivul pentru care majoritatea oamenilor cumpără acest produs/serviciu – întrebându-l:

– Domnule Client, vă interesează să ______________ ?

Completaţi aici cu „economisiţi timp, faceţi mai mulţi bani, jucaţi golf mai des, călătoriţi", sau orice alt beneficiu pe care îl poate aduce produsul vostru. Când obţineţi un răspuns afirmativ (şi acesta este cel mai întâlnit caz), spuneţi doar:

– Atunci, permiteţi-mi să trec la subiect.

Continuaţi-vă apoi PREZENTAREA PROFESIONISTĂ BINE PREGĂTITĂ.

Cea mai valoroasă calitate a unui agent de vânzări este REPUTAŢIA.

Nu trebuie să deviaţi de la subiect, să intraţi în panică sau să treceţi la încheierea prezentării. Clientul v-a trimis un semnal clar: treceţi la subiect. Deci treceţi la subiect în modul cel mai potrivit pentru client. Urmăriţi-vă planul şi faceţi o versiune *prescurtată* a fiecărei etape. Căci fiecare etapă are importanţa ei, altfel nu aţi fi planificat-o, deci urmăriţi-vă planul. Dar îndreptaţi-vă către încheiere.

ÎNTRERUPERI MOTIVATE

Dacă întreruperile continuă, opriţi-vă şi spuneţi-i clientului:

– Domnule Client, tot ce îmi doresc eu este să vă fiu de folos. Poate ar fi bine să reprogramăm întâlnirea pentru altă zi?

Dacă răspunsul este pozitiv, fixaţi o altă întâlnire şi plecaţi imediat. Discutaţi cu directorul de vânzări şi evaluaţi această vizită. Unii clienţi trebuie să ajungă la finalul prezentării mai repede decât alţii, unii agenţi de vânzări fac prezentări mult prea elaborate. În această situaţie, lăsaţi-l pe directorul de vânzări să determine cauza.

CEALALTĂ PARTE A MONEDEI

Este evident (sau cel puţin aşa sper) că nu trebuie să faceţi ca acel agent de vânzări care începe prezentarea, peste cinci minute este întrerupt de clientul convins şi gata să cumpere, dar care spune:

– A, nu, staţi puţin, abia am ajuns la jumătatea prezentării! Când termin, vă scriu comanda.

„PLUSUL" PERSONALITĂŢII

S-a scris mult despre cum să vinzi diferitelor tipuri de personalităţi. Cred că există informaţii solide pe piaţă, dar vă sfătuiesc să fiţi foarte atenţi când

„diagnosticaţi" clientul. Psihologi care s-au perfecţionat ani de zile nu sunt în stare să facă ceea ce încearcă anumiţi agenţi de vânzări.

Compania noastră foloseşte două instrumente de analiză a personalităţii pentru seminare şi pentru angajarea şi plasarea de personal în interior. Aceste instrumente sunt „Analiza vectorului de activitate", de la Walter Clarke & Associates şi „Profilul Personal" de la Carlson Companies. Am cheltuit mult timp şi mulţi bani în ultimii zece ani studiind acest domeniu specific. Pe baza experienţei noastre, aş dori să vă recomand să ţineţi cont de următoarele informaţii pentru a vă face clienţii să se simtă în largul lor.

ŢINEŢI CONT DOAR DE PATRU DOMENII

Când vă întâlniţi cu clientul, fiţi atenţi la acele detalii şi gesturi care vă vor da informaţii preţioase despre firea omului. Ascultaţi cu ochii şi urechile, fiţi gata să vă adaptaţi modul de a gândi dacă nu primiţi reacţia potrivită. Concentraţi-vă asupra celor patru tipuri psihologice de bază, şi căutaţi mai degrabă caracteristicile majore decât să cădeţi într-o analiză prea profundă. Ţineţi minte că există cazuri în care clientul încearcă să NU-şi arate adevărata personalitate, aşa că nu vă bazaţi prea mult pe aceste „ponturi".

Bob şi Betty cei hotărâţi

Aţi mai fost la Bob şi Betty. Sunt persoane cu personalităţi foarte puternice, care exprimă ceva de genul: „Hai să terminăm şi cu asta!" Mergeţi la ei primii pentru că sunt nerăbdători. Cuvintele care îi descriu cel mai bine pe Bob şi Betty sunt: *îndrăzneţi*, *siguri de ei*, *cu spirit de competiţie*, *direcţi*. Ei sunt ORIENTAŢI CĂTRE REZULTATE.

Phil şi Felicia cei prietenoşi

Nu poţi să-i uiţi pe Phil şi Felicia pentru că sunt cei mai drăguţi oameni pe care i-aţi vizitat vreodată. Ei cred că fiecare întâlnire este o petrecere, şi dacă nu este, atunci trebuie să fie! Cuvintele care îi descriu cel mai bine sunt: *prietenoşi*, *sociabili*, *sentimentali*, *deschişi*. Ei sunt ORIENTAŢI CĂTRE OAMENI.

Sam şi Sarah cei sinceri

Acest cuplu vă face să vă simţiţi bine! Sam şi Sarah sunt cei care echilibrează forţele în orice grup ar fi. Cuvintele care îi descriu cel mai bine sunt: *echilibraţi*, *loiali*, *buni ascultători*, *cooperanţi*. Ei sunt ORIENTAŢI CĂTRE ECHIPĂ.

Carl şi Carol cei competenţi

Carl şi Carol sunt perfecţionişti din fire. Ei vor ca treaba să fie bine făcută! Cuvintele care îi descriu cel mai bine sunt: *atenţi*, *analitici*, *ca la carte*, *minuţioşi*. Ei sunt ORIENTAŢI CĂTRE CALITATE.

PERICOL - ATENŢIE

Sunt convins că ştiţi oameni cu numele de mai sus care nu se potrivesc cu descrierea. Numele sunt doar pentru clasificare şi diferenţiere.

Dacă ar fi să găsim exemple reale pentru tipurile de mai sus, atunci în prima categorie, cea a ÎNDRĂZNEŢILOR (orientaţi către rezultate), ar intra oameni ca Lee Iacocca („Dacă găseşti o maşină mai bună, cumpăr-o!") şi Barbara Walters, prima femeie jurnalist care câştigă peste un milion de dolari pe an. Tot ce fac aceşti oameni este orientat către rezultate şi sunt întotdeauna fapte îndrăzneţe.

Pentru stilul PRIETENOS (orientat către oameni), îmi vin în minte Bob Hope, care deşi te vede pentru prima oară îţi dă senzaţia că vă ştiţi de o sută de ani, şi Oprah Winfrey, care este întotdeauna amabilă şi cordială, chiar cu cei mai bădărani invitaţi.

Exemplele pentru stilul SINCER (orientat către echipă) sunt Tonto, prietenul credincios al lui Lone Ranger, iar pentru generaţiile mai tinere, Big Bird din Sesame Street. Ambii sunt loiali şi au puterea de a echilibra lucrurile în viaţă.

Stilul COMPETENT (orientat către calitate) poate fi regăsit la Dl. Spock dacă sunteţi fani Star Trek (eu nu sunt), la Tom Landry, antrenorul echipei Dallas Cowboys, care era calm, imperturbabil şi liniştit, şi la Jane Pauley din emisiunea „Today", care a reuşit să părăsească emisiunea fără să se implice în tot scandalul creat în jurul acestui eveniment.

DAR CE-I UN NUME?

Acum vă propun să ne împărţim analiza în patru categorii: (1) Îndrăzneţi; (2) Prietenoşi; (3) Sinceri; (4) Competenţi. Reţineţi că orice persoană are CÂTE PUŢIN din fiecare categorie. Cea mai bună prezentare este Îndrăzneaţă, Prietenoasă, Sinceră, Competentă. Scopul informaţiilor de mai jos este să vă permită să vindeţi CELEI MAI PUTERNICE ORIENTĂRI a clientului.

ANALIZA PERSONALĂ

Înainte de a găsi tipul de personalitate al clientului, trebuie să vă uitaţi puţin la VOI! Care dintre seriile de cuvinte de mai jos vă descrie CEL MAI BINE?

1. ÎNDRĂZNEŢ
   - Pionier
   - Iniţiator
   - Sincer
   - Nerăbdător
   - Îi plac termenele/limitele
   - Plin de sine
   - Ego puternic
   - Caută responsabilitatea

2. PRIETENOS
   - Extrovertit
   - Încrezător în ceilalţi
   - Entuziast
   - Convingător
   - Îi place să i se dea atenţie
   - Primă impresie bună
   - Clar în exprimare
   - Caută varietatea

3. SINCER
Sistematic
Metodic
Orientat către servicii
Are răbdare
Împăciuitor
De nădejde
Echilibrat
Rezolvă orice problemă

4. COMPETENT
Ordonat
Umil
Sensibil
Temător
Structurat
Caută sprijin
Suspicios
Rezervat

După cum vedeţi, nu există bine şi rău, corect sau incorect. Majoritatea ne-am dori să avem calităţi din fiecare listă.

O dată ce aţi decis care listă VĂ DESCRIE CEL MAI BINE, căutaţi în tabelul despre Înţelegerea Diferenţelor de Personalitate.

ÎNŢELEGEREA DIFERENŢELOR DE PERSONALITATE

STIL	PUNCTE TARI	PUNCTE SLABE	NEVOI
Îndrăzneţ	Rezolvă probleme Ia decizii Atinge obiective	Găseşte greşeli Este imprudent Dur cu oamenii	Control Autoritate Prestigiu
Prietenos	Comunicativ Participativ Orientat spre bine	Simţul timpului Neatenţie Subiectivitate	Recunoaştere Acceptare A vorbi
Sincer	Loialitate Bun ascultător Răbdare	Prea posesiv Nu asumă riscuri Evită conflictele	Apreciere Siguranţă Timp
Competent	Putere de analiză Acurateţe Standarde înalte	Rigid Amână Prea critic	Muncă precisă Timp Realităţi

Ţineţi minte: punctele noastre slabe sunt adeseori prelungiri ale punctelor tari.

CUM SĂ RECUNOAŞTEM ŞI SĂ VINDEM DIFERITELOR STILURI

Urmează câteva întrebări şi afirmaţii tipice care vă vor ajuta să recunoaşteţi mai uşor fiecare stil. Iar mai jos sunt patru „ponturi” pentru a lucra cu oameni care au caracteristici de personalitate foarte puternice.

Clientul ÎNDRĂZNEŢ va spune:
– Îl vreau acum sau nu-l mai vreau deloc!
– Cât?
– Când îl pot primi?
– Aţi mai vândut vreodată ceva?

„Secretele” pentru a vinde unui client ÎNDRĂZNEŢ sunt:
(1) fiţi direcţi; (2) fiţi concişi – treceţi la subiect; (3) răspundeţi „CE” şi nu „CUM”; (4) fiţi atenţi la esenţă.

Clientul PRIETENOS va spune:
– Ce vor spune vecinii?
– Scuze pentru întârziere. Am fost blocat la un prânz prelungit.
– Haideţi să bem o cafea şi să stăm de vorbă.
– Aţi văzut meciul aseară?

„Secretele” pentru a vinde unul client PRIETENOS sunt:
(1) treceţi peste detalii; (2) fiţi sociabili; (3) duceţi prezentarea până la capăt; (4) arătaţi produse „noi”.

Clientul SINCER va spune:
– De ce aţi schimbat produsul?
– Pot să mă mai gândesc şi să vă sun?
– Cum pot fi sigur că am luat hotărârea corectă?
– Am deja un furnizor pentru acest produs.

„Secretele” pentru a vinde unui client SINCER sunt:
(1) câştigaţi-i încrederea; (2) înaintaţi încet şi uşor; (3) răspundeţi la toate întrebările; (4) asiguraţi-l că totul e OK.

Clientul COMPETENT va spune:
– Ce-mi puteţi spune despre garanţie? Îmi daţi şi un certificat?
– Îmi puteţi lăsa nişte prospecte?
– O să îmi puteţi trimite produsele la timp?
– Trebuie să respectăm procedurile de achiziţionare ale companiei.

„Secretele” pentru a vinde unui client COMPETENT sunt:
(1) arătaţi-i dovezi şi mărturii ale altor cumpărători; (2) fiţi pregătiţi şi structuraţi în prezentare; (3) întrebaţi „CUM”; (4) menţionaţi toate dezavantajele la începutul prezentării.

VINDEŢI DUPĂ STIL

Mai jos veţi afla câteva moduri şi mijloace specifice pentru a lucra cu clienţii ţinând cont de stilul vostru şi al lor.
VINDEŢI DUPĂ STIL

***Îndrăzneţul* vinde unui:** Îndrăzneţ = Fiţi voi înşivă
Prietenos = Fiţi gata să deveniţi sociabil
Sincer = Luaţi-o uşor, oferiţi informaţii, nu forţaţi
Competent = Aduceţi dovezi/date

***Prietenosul* vinde unui:** Îndrăzneţ = Fiţi profesionist, nu intraţi în bârfe
Prietenos = Nu uitaţi să cereţi comanda
Sincer = Câştigaţi-i încrederea, nu deveniţi prea prietenos
Competent = Vorbiţi despre dovezi şi date

***Sincerul* vinde unui:** Îndrăzneţ = Arătaţi-vă încrezător
Prietenos = Lăsaţi timp şi pentru socializare
Sincer = Asiguraţi-l că este OK
Competent = Folosiţi date, răspundeţi la întrebări

***Competentul* vinde unui:** Îndrăzneţ = Concentraţi-vă pe „CE" şi nu pe „CUM"
Prietenos = Luaţi-l tare
Sincer = Daţi-i timp să digere informaţia
Competent = Ţineţi minte să acţionaţi

TRECEREA CĂTRE CONŞTIENTIZAREA NEVOII

A venit momentul adevărului. Acum cunoaşteţi Persoana, Organizaţia, Obiectivele, Obstacolele pentru atingerea acestor obiective, aşa că ce faceţi? Faceţi pasul următor din procesul de vânzare – Conştientizarea Nevoii.

CAPITOLUL OPT

APRINDEŢI BECULEŢELE!

Conştientizarea Nevoii pentru profesionistul din vânzări şi clientul acestuia

Tony Ferguson este un agent de vânzări de succes, el lucrează pentru un magazin universal din Carolina de Sud. Când un producător important de cauciucuri a oferit un set de cauciucuri acelui agent care va vinde cel mai mult într-o perioadă de 30 de zile de promoţie, Tony şi-a fixat ca obiectiv câştigarea premiului.

Pentru a mări vânzările într-o perioadă dată de timp, Tony a scris şi a imprimat următorul mesaj pe cartonaşe:

> Bună ziua!
> Sunt Tony Ferguson. Astăzi am trecut pe lângă maşina ta şi am văzut că ai cauciucurile extrem de uzate. Reprezint un important producător de cauciucuri şi avem *chiar acum* preţuri promoţionale pentru cauciucuri de calitate! Dacă mă suni, voi fi fericit să îţi spun care este preţul pentru mărimea şi tipul de care ai nevoie. Telefonul meu este 555-2971 şi mă poţi suna de la 8 A.M. până la 5.30 P.M., de luni până sâmbătă. Mulţumesc.

Tony a luat cu el un pachet de cartonaşe şi de câte ori vedea vreo maşină cu cauciucurile uzate îi punea un cartonaş sub ştergătorul de parbriz. La sfârşitul perioadei promoţionale, Tony vânduse de două ori mai multe cauciucuri decât orice alt agent de vânzări din ţară.

REZOLVAREA PUNCTELOR NEVRALGICE FĂRĂ DURERE, RISCURI SAU RĂNI

Bob Alexander a făcut o vizită unui client cu intenţia de a vinde Cursul de Dezvoltare a Afacerii realizat de ZZC. Preşedintele companiei la care se dusese era convins că agenţii săi nu ştiau cum să încheie vânzările în mod eficient, iar compania avea o nevoie acută (ca orice companie) să facă vânzări şi să încaseze bani mai mulţi. Într-o reuniune de Analiză a Nevoii, la care participau preşedintele, directorul de vânzări şi revizorul contabil, Bob a trecut prin toate etapele descrise până acum în această carte.

– Nu sunt convins că oamenii noştri au o idee cât de vagă despre ce trebuie făcut într-un proces de vânzare, a început preşedintele. Şi sunt sigur că nu cer comanda pentru că vânzările sunt în cădere liberă. Cu alte cuvinte, nu vindem nimic!

Directorul de vânzări şi-a lăsat brusc ochii în jos şi a început să-şi studieze şireturile de la pantofi. Cartonaş roşu nr. 1.

Revizorul contabil, simţind situaţia neplăcută în care era directorul de vânzări, spuse:

– Da, dar şi anul trecut pe vremea asta vânzările mergeau prost şi statisticile indică faptul că....

A fost oprit brusc de preşedintele companiei:

– Nu vorbim aici despre anul trecut! şi dacă vânzările nu cresc, nu vom mai vorbi nici despre anul viitor! Cartonaş roşu nr. 2.

Bob a demarat segmentul Conştientizarea Nevoii continuând să caute informaţii despre lipsa de aptitudini de vânzare şi de încheiere a vânzării pe care le demonstra echipa din vânzări. Era într-un moment crucial în prezentarea de vânzare, căci diagnosticul dat în timpul Analizei Nevoii arăta că unul dintre cele două produse era soluţia pentru nevoile clientului. *Secrets of Closing the Sale* răspundea perfect la întrebările preşedintelui. *See You at the Top* răspundea problemelor pe care le depistase Bob în timpul interviului.

DOUĂ BECURI DIFERITE

După ce am încheiat prima fază a procesului, şi anume Analiza Nevoii, trecem la faza a doua, Conştientizarea Nevoii. Acest segment include două părţi distincte: prima se referă la becul care trebuie să se aprindă în capul agentului de vânzări. Bob ştia că atitudinea dură şi rece a preşedintelui era cel puţin una din cauzele problemei. Cu toate acestea, preşedintele era convins că lucrurile mergeau prost din cauza trainingului de vânzări şi a abilităţilor de încheiere a vânzării. Probabil că Bob nu ar fi făcut prezentarea dacă preşedintele companiei ar fi sesizat unde era problema reală. Înţelegeţi, chiar dacă voi aţi înţeles pe deplin problema companiei (vi s-a aprins beculeţul), DACĂ UN CLIENT NU VEDE, NU ÎNŢELEGE ŞI NU CREDE Că EXISTĂ O PROBLEMĂ, ATUNCI NU EXISTĂ NICI O PROBLEMĂ şi prin urmare nu este nevoie de soluţia voastră. Clientului trebuie să i se aprindă beculeţul. Conştientizarea Nevoii se aplică atât la agentul de vânzări CÂT şi la client.

În timpul analizei pe care o facem asupra situaţiei lui Bob, încercaţi să vedeţi dacă principiile pe care le foloseşte el s-ar aplica şi în cazul vostru. Eu cred că răspunsul este afirmativ, indiferent de produsul/serviciul pe care îl vindeţi.

PREZENTATORUL ESTE UN CATALOG

Unul dintre modurile în care compania noastră îşi demonstrează capacitatea de a rezolva nevoile de formare ale altor organizaţii este prin prezentări. Compania pentru care Bob Alexander lucra a avut norocul să primească o invitaţie pentru a face o prezentare de două ore, invitaţie adresată lui Bob. La începutul prezentării, Bob a promis că va vorbi despre aptitudinile necesare în vânzări şi în special în încheierea vânzărilor. El a citat vorbele unui formator de vânzări foarte înţelept (al cărui nume nu îl vom menţiona aici): „Profesionistul ştie că este imposibil să încheie toate vânzările. De aceea, tot ce îşi doreşte el este să încheie următoarea vânzare – ca fermierul care nu dorea tot pământul, ci doar terenul de lângă terenurile lui." Acesta a fost momentul în care preşedintele organizaţiei s-a luminat la faţă, căci simţise că Bob atacase subiectul care îl interesa.

Bob a pătruns şi mai adânc în subiect, a vorbit despre importanţa aptitudinilor „umane", a făcut referire la faptul că 85% din succesul nostru depinde de abilitatea noastră de a lucra cu oamenii, indiferent de profesia pe care o avem. El a citat o poveste din cartea mea *Top Performance*:

„Andrew Carnegie spunea că nici un om nu se poate îmbogăţi dacă nu îi îmbogăţeşte pe ceilalţi. A aplicat această filozofie toată viaţa lui, ajungând să aibă 43 de milionari care lucrau pentru el. Un reporter l-a întrebat pe Carnegie cum a reuşit să angajeze atât de mulţi milionari, iar răspunsul acestuia a fost că oamenii nu erau milionari când s-au angajat, ci au devenit milionari LUCRÂND pentru el. Reporterul a continuat, întrebându-l cum a reuşit să-i facă pe aceşti oameni să valoreze sume atât de mari de bani. Iar Carnegie a răspuns:

– Este ca atunci când cauţi aur... Trebuie să dai la o parte cantităţi uriaşe de pământ pentru a găsi o uncie de aur. Dar scopul tău nu este pământul, ci aurul!"

SĂ VEZI CEEA CE ESTE IMPORTANT

Pe când Bob povestea despre cât este de important să ştii să cauţi şi să vezi ceea ce este bun în ceilalţi, a observat câteva perechi de ochi îndreptându-se spre preşedintele firmei. Nu trebuia să fii psiholog pentru a-ţi da seama că „binele din ceilalţi" nu era un principiu de bază în companie. Preşedintele devenea din ce în ce mai gânditor, iar Bob credea că nu mai este atent la prezentare şi că aştepta partea în care urmau să fie prezentate abilităţile necesare încheierii unei vânzări. Dar Bob a insistat şi a continuat să povestească despre companii care au reuşit să îşi îmbunătăţească profitul şi productivitatea, să reducă absenteismul şi să îmbunătăţească modul de lucru prin adaptarea şi adoptarea principiului pozitiv care spune să cauţi întotdeauna binele din orice om şi din orice situaţie.

Preşedintele a înţeles lecţia, iar Bob a vândut ambele programe de training! Vă rog să înţelegeţi că Bob nu crease o nevoie, ci identificase o *nevoie reală* (nevoia de a lucra într-un mediu mai pozitiv, mai încurajant, în care se punea accentul pe „partea cea bună" a fiecăruia), fără să se lase prins în *simptomul unei nevoi* (încheierea vânzărilor). Era important simptomul? Sigur că da! Ar fi „prins" vânzarea dacă Bob ar fi răspuns numai acestui simptom? Probabil că da. Produsul ar fi dat rezultate optime? Probabil că nu!

NEGAREA PROBLEMEI

Deci cum se aplică cele de mai sus la voi şi la situaţia voastră? (o Întrebare Deschisă de 100 de puncte – vedeţi, aţi învăţat deja lecţia!) Chiar atunci când sunteţi siguri că aţi identificat nevoia clientului, trebuie să continuaţi să sondaţi pentru două motive simple: (1) pentru a fi siguri că răspundeţi unei nevoi reale şi nu unui simptom; (2) pentru a fi siguri că şi clientul înţelege că există cu adevărat o nevoie.

Dovadă: Nouăzeci la sută dintre oamenii care au probleme (orice probleme, de la alcoolism la înţelegerea greşită a anumitor lucruri) neagă aceste probleme. Din moment ce firmele – mai ales cele mici, care nu au un comitet director activ şi competent – sunt adeseori conduse sau dominate de o singură persoană, atunci în majoritatea cazurilor ele neagă că ar avea probleme, chiar dacă li se aduc dovezi contrare. Cu toate acestea, când un profesionist priceput pune întrebarea corectă, atunci aceeaşi persoană care mai devreme nega problema are acum şansa să „descopere" care este adevărata problemă. Şi după ce a descoperit-o, va fi mult mai deschis să caute soluţii – adică produsele şi serviciile pe care i le oferiţi şi pe care le descoperă tot acum.

ECHILIBRUL HOMEOSTATIC

Bryan Flanagan mi-a vorbit prima oară despre *echilibrul homeostatic*: legea naturală a homeostaziei spune că un organism stă în echilibru perfect până în momentul în care acţionează asupra lui o forţă din afară. Această forţă provoacă stricarea *status quo*-ului şi dezechilibrarea organismului. Rar ni se întâmplă să ACŢIONĂM atâta timp cât suntem în starea de echilibru. Dar o dată ce ne-am dezechilibrat, facem tot ce trebuie pentru a ne corecta şi reechilibra.

Poate unii veţi găsi acest concept puţin pretenţios. Şi mie mi s-a părut la fel când l-am auzit prima oară. Dar cum dorinţa de a învăţa şi a creşte este semnul unui profesionist adevărat la acest început de secol, atunci trebuie să fim deschişi către a învăţa şi a ne dezvolta! Echilibrul homeostatic îl ajută pe client să înţeleagă existenţa unei nevoi (i se aprinde beculeţul). Iar agentul de vânzări strică echilibrul homeostatic arătându-i clientului unde este problema.

NU-L VOI UITA NICIODATĂ PE ... CUM ÎL CHEAMĂ?

Echilibrul poate fi dat peste cap de lucruri foarte simple, cum ar fi să nu vă amintiţi numele unei persoane pe care o vedeţi într-o cameră plină de oameni. Şi ce bine a fost când v-aţi amintit cum o cheamă! Oamenii nu fac schimbări când sunt în echilibru. Indiferent dacă este vorba de renunţarea la obiceiuri proaste (fumatul, băutul, mâncatul exagerat) sau de îndesirea obiceiurilor bune (cunoaşterea de noi oameni, activităţi sociale, îmbunătăţirea abilităţilor profesionale, mersul la biserică), nu facem aceste schimbări decât dacă ne dăm seama că ne-am pierdut echilibrul.

NU încerc să vă spun că trebuie să dezechilibraţi clientul. Rolul vostru este să descoperiţi unde este dezechilibrul şi să îl scoateţi la iveală într-o manieră cât mai convingătoare. Veţi reuşi astfel să îl faceţi pe client să se simtă nefericit sau stânjenit de situaţia în care se află, ceea ce înseamnă că acum aveţi toate condiţiile să vindeţi, căci clientul vrea să îşi rezolve problema.

CLIENŢII CARE ŞI-AU PIERDUT ECHILIBRUL

Ce se întâmplă când clienţii îşi pierd echilibrul? O Întrebare închisă foarte bună! (ţineţi minte, o Întrebare închisă păstrează răspunsul într-o anumită arie şi se bazează pe o întrebare anterioară.) Există trei lucruri care se pot întâmpla când clienţii îşi descoperă dezechilibrul. Primul: agentul de vânzări (care a ajutat la evidenţierea problemei) pune produsul/serviciul în mâinile clientului, încheie vânzarea şi singura lui grijă rămâne să vadă cum îşi va cheltui comisionul. Oare problemele nu se mai termină niciodată? (Iată o Întrebare „da sau nu" glumeaţă!)

A doua variantă: clienţii îşi descoperă dezechilibrul şi după o perioadă de timp, dacă agentul de vânzări nu cere imediat comanda, îşi recapătă echilibrul şi uită că au avut vreodată probleme. Acesta este un dezastru, căci nici clienţii şi nici agentul de vânzări nu şi-au rezolvat de fapt problemele.

A treia variantă: clienţii îşi descoperă dezechilibrul, agentul de vânzări nu cere comanda, apare concurenţa care cere comanda, echilibrează clientul şi vinde produsul. Şi toată lumea este mulţumită – mai puţin voi!

CÂNTECUL LUI BRYAN

Prietenul meu Bryan Flanagan mi-a spus o păţanie de-a lui de pe vremea când lucra pentru IBM în Baton Rouge, Louisiana.

– Zig, eram un reprezentat foarte bun, cu excepţia cazurilor când trebuia să vând echipamente pentru dictări. Nu ştiu de ce, dar aveam un blocaj mental împotriva acestor aparate. Mă duceam la un avocat şi îi arătam că era de mii de ori mai bine să folosească produsele mele decât să scrie de mână. Îl învăţam cum să le folosească, îl puneam să citească un paragraf şi îi dovedeam că îl citea de şase ori mai repede decât l-ar fi scris. O chemam pe secretara lui şi îi dovedeam că dacă ar fi pus-o să ia notiţe steno tot ar fi durat de trei ori mai mult. Dar, dintr-un motiv necunoscut, nu puteam (sau nu doream) să îi cer comanda. Îl convingeam pe om că echipamentul meu era mai bun decât ce folosea el în mod curent (stricam echilibrul) şi pe urmă plecam.

Aveam un rival în oraş, Jimmy, care venea întotdeauna după mine, intra în birou, cerea comanda şi pleca fericit. Eu mă întorceam peste câteva zile şi vedeam pe biroul avocatului aparatul concurenţei. Căci Jimmy venise, pusese totul în echilibru şi încasase comisionul.

Peste doi ani am schimbat regiunea pe care lucram, iar Jimmy a organizat o petrecere de la revedere. Eu am plătit-o! Nu am mai văzut niciodată un om atât de trist că îşi pierde rivalul!

Şi Bryan glumea doar pe jumătate.

CONCENTRARE

Pe măsură ce încercăm să îl facem pe client să înţeleagă că există un mod mai bun, mai eficient şi mai util de a acţiona, ne concentrăm asupra Întrebărilor închise. În Analiza Nevoii am folosit în special Întrebări deschise. Înaintând spre Conştientizarea Nevoii, începem să folosim în special (dar nu numai) Întrebări închise. Vă amintiţi ce spuneam – Întrebările închise îl fac pe client să stea într-un domeniu specific şi ne permit să strângem cât mai multe informaţii despre acest domeniu. De obicei, aceste întrebări se bazează pe informaţiile strânse prin Întrebările deschise.

– Cât de important este ________ pentru dvs? (introduceţi aici BENEFICIUL despre care doriţi să aflaţi mai multe).

Beneficii de genul: mai mulţi bani, economie de timp, mai puţine ore la muncă, mâncare sănătoasă, număr mai mare de clienţi, excursia de ski, o casă nouă cu aparatură modernă şi mobilă frumoasă.

– Ce înţelegeţi prin ________ ? (introduceţi aici teme pe care nu le-aţi înţeles, sau la care mai aveţi nevoie de clarificări).

Teme cum ar fi profitul net, contul în bancă, diferenţele de profit, micşorarea cheltuielilor, dobânzile la investiţii sunt expresii cu mai multe înţelesuri. Fiţi foarte atenţi la cuvintele/expresiile care pot fi interpretate în mai multe moduri. Tendinţa este să îl/le acceptaţi în sensul pe care îl cunoaşteţi voi – şi care *nu este* întotdeauna sensul acceptat de client.

PREGĂTIREA PENTRU CONŞTIENTIZAREA NEVOII

Pentru a vă ajuta clientul să devină conştient de nevoile sale specifice, aveţi nevoie de pregătire în cinci domenii specifice. Este clar că nu pot vorbi despre toate produsele şi serviciile, prin urmare, vă prezint mai jos cinci domenii oarecum generice, care sunt puncte de pornire ideale pentru a vă dezvolta mai departe obiectivele specifice.

1. CUNOAŞTEREA PRODUSULUI

Niciodată nu veţi şti destule despre produsul pe care îl vindeţi. Informaţi-vă în ceea ce priveşte istoricul, modul de producere, cum şi de ce face ceea ce face. Entuziasmul pentru un produs sau serviciu anume vine din cunoaşterea acestora. Cum să vorbim cu entuziasm despre ceva necunoscut?

Încrederea pe care o naşte prezentarea noastră este influenţată extrem de puternic de cunoaşterea produsului. Putem fi într-o formă de zile mari, dar dacă nu înţelegem pe deplin produsul vom avea probleme dacă vom încerca să trezim încrederea clientului.

PERCEPEREA CORECTĂ A PRODUSULUI

Cu cât ştim mai multe despre produs, cu atât credem mai mult în el. Rick Robinson, director de vânzări la o firmă de confecţii din Hickory, Carolina de Nord, a făcut dovada acestei afirmaţii.

Rick desfăşurase tot procesul de vânzare cum nu se poate mai corect. Îl sunase pe dealer-ul Cadillac din localitate, descoperise nevoile şi dorinţele acestuia (Analiza Nevoii). A pus întrebări până când atât el cât şi clientul au devenit conştienţi de nevoi şi dorinţe (Conştientizarea Nevoii). Rick a explicat cum hainele făcute pe comandă vor rezolva grijile exprimate de client (Soluţionarea Nevoii) şi a cerut comanda (Satisfacerea Nevoii).

În acest moment, clientul s-a blocat şi a spus că nu mai plătise niciodată atât de mult pentru nişte haine. Rick ştia că îi plăcuseră mult două costume de sport, aşa că nu a fost surprins când clientul l-a întrebat:

– Dacă le iau pe amândouă, cât o să mă coste?

Firma la care lucrează Rick nu face reduceri, lucru pe care l-a explicat şi Rick clientului său. Fiind şi el agent de vânzări şi dealer auto, acesta a continuat:

– Dacă aţi cumpăra un Cadillac de la mine, aţi încerca să obţineţi un preţ mai bun decât cel pe care vi-l spun eu?

Răspunsul negativ al lui Rick a fost un şoc pentru dealer, care i-a spus:

– Aţi fi primul client care ar face asta!

Rick a coborât puţin vocea şi, încrezător în produsul său (încredere dată de cunoaşterea acestuia), a spus:

– Dacă mi-aţi fi recomandat de un prieten, atunci m-aş aştepta să îmi daţi din start cel mai bun preţ la maşina care mă interesează. Prin urmare, suntem amândoi la fel. Mi-aţi fost recomandat de un client foarte bun, aşa că şi eu vă ofer cea mai bună valoare pentru banii pe care doriţi să îi investiţi în haine.

Clientul a cumpărat ambele costume de sport şi multe alte lucruri, pentru că Rick credea cu toată puterea în ceea ce vindea şi în valoarea produselor lui. Acest fapt i-a permis să depăşească obiecţiile, convins fiind că ceea ce făcea era corect! Convingere care, întărită prin cuvintele şi tonul *potrivit*, combinată cu un interes sincer pentru client, îl ajută pe orice agent de vânzări să devină extrem de convingător.

Întrebarea pe care trebuie să o pun acum este:

– Ştiţi destule despre produsul vostru şi aveţi convingerea, pregătirea de vânzări, integritatea şi curajul de a face ca Rick?

Un răspuns pozitiv vă va asigura o carieră lungă, fericită şi plină de succese în vânzări.

2. O BUNĂ CUNOAŞTERE A RAMURII ECONOMICE

Cu cât ştiţi mai multe despre ramura în care lucraţi în general, cu atât veţi înţelege mai bine „de ce". Clienţii voştri ştiu mai mult sau mai puţin ce faceţi şi de ce o faceţi. Cu cât înţelegeţi mai multe despre domeniul economic pe care l-aţi ales pentru a face carieră, cu atât deveniţi mai eficienţi.

Prin urmare, înapoi la cărţile despre domeniul în care lucraţi. Încercaţi să înţelegeţi cum a evoluat grupul de servicii şi produse până la nivelul la care este acum. Treceţi apoi la analiza ramurii economice: spre ce se îndreaptă în următorii cinci-zece ani? Care sunt viitoarele tendinţe care vă vor ajuta să ajutaţi mai mulţi oameni?

CLIENŢI ŞI PUBLICAŢII

Fiecare ramură industrială are mai multe publicaţii în care se găsesc articole pe diferite teme, grafice cu analize ale tendinţelor, cele mai proaspete informaţii legislative, idei de publicitate, noutăţi despre oamenii care lucrează în domeniu. Eficienţa viitoarei vizite pe care o faceţi poate depinde de modul în care înţelegeţi ramura în care lucraţi.

Cunoaşterea acesteia şi profilul clientului vă vor crea un statut aparte în lumea vânzărilor. Dacă ştiţi să vă ascultaţi clienţii şi îi faceţi într-un mod subtil să înţeleagă că v-aţi dat osteneala să aflaţi cât mai multe despre oameni şi firme, atunci ei se vor simţi ca după o gură de aer proaspăt.

Unul dintre cei mai vechi directori de vânzări din domeniul editorial povesteşte că, după ani de zile de lucru cu firme mari, după investigaţii foarte serioase şi după citirea a tot ce se putea citi în domeniu, a descoperit departamente şi centre de influenţă care luau multe zile în fiecare ciclu de vânzări. Cercetarea făcută i-a permis să viziteze o dată mai mulţi clienţi din aceeaşi organizaţie, ceea ce a redus timpul petrecut în călătorii şi cheltuielile. Concurenţa, aflată în vizită la acelaşi client, petrece câte o jumătate de zi cu câte un client din fiecare departament.

Directorul nostru îşi ajută acum clienţii cu mai multă eficienţă şi mult mai operativ, economisind timpul lui şi al celorlalţi. De asemenea, produce de cinci ori mai mult decât concurenţii lui.

3. CE SE ASCUNDE ÎN SPATELE PREŢULUI?

De ce merită ca un client să investească o anumită sumă în produsul/serviciul pe care i-l oferiţi? Cum puteţi justifica suma de bani pe care o cereţi în schimbul unui anumit număr de beneficii? Care este marja de profit? Înţelegeţi diferenţa dintre cost şi preţ?

Dacă ştiţi ce se ascunde în spatele preţului, atunci puteţi spune că vă cunoaşteţi cu adevărat produsul. Când înţelegeţi cum se formează un preţ, atunci înţelegeţi cum să vă ajutaţi pe voi, organizaţia şi clientul.

Cunoaşterea mecanismului preţului implică multe domenii diferite: maximizarea profiturilor pe pieţe dificile, fixarea preţurilor corecte pentru piaţă, adaptarea strategiei preţurilor la economia în schimbare, negocierea preţurilor. Dar mulţi dintre noi nu vom avea de-a face cu aceste domenii. Noi trebuie să ne concentrăm asupra modului în care le vom explica clienţilor de ce şi cum preţul produsului/serviciului nostru este corect.

FACTORUL DETERMINANT

În climatul de vânzări de azi, există mulţi agenţi de vânzări care cred sincer, dar mă grăbesc să spun că eronat, că preţul este factorul determinant în majoritatea vânzărilor. Eu sunt convins că în majoritatea cazurilor este exact pe dos.

Bill Callaway, din Farmington, Missouri, este de aceeaşi părere cu mine. El lucrează ca reprezentant pentru o firmă de birotică din Flat River, Missouri, care vinde maşini de scris şi computere. După vizita la un sanatoriu, proprietarii i-au spus că vor discuta propunerea lui. Adică „vroiau să se gândească la ea". În ciuda eforturilor făcute, Bill nu a reuşit să încheie vânzarea, căci oamenii chiar aveau nevoie de timp ca să studieze şi să dezbată propunerea pe care le-o făcuse. Peste o săptămână, a aflat cu părere de rău că proprietarii sanatoriului studiaseră şi alte oferte de computere şi că găsiseră ceva similar în St. Louis, produs de aceeaşi firmă, dar la un preţ cu 1.600 de dolari mai mic – în mod evident, erau interesaţi de aparatul mai ieftin.

Bill s-a hotărât să nu se dea bătut în faţa refuzului şi să îi ajute să îşi cumpere ceea ce DOREAU şi LE TREBUIA cu adevărat.

I-a abordat în felul următor:

– Gândindu-vă la nevoile pe care le aveţi acum şi în viitor, care credeţi că ar putea fi lungimea rezonabilă a vieţii computerului pe care l-aţi ales?

Cumpărătorul a răspuns:

– Cel puţin zece ani.

– Diferenţa dintre computerul pe care vi-l ofer eu, a continuat Bill, şi computerul pe care l-aţi găsit în St. Louis este de circa 1.600 de dolari. Haideţi să vedem ce înseamnă această diferenţă împărţită la perioada de zece ani de care vorbeaţi. Ar fi doar 160 de dolari pe an, adică în jur de 13 dolari pe lună, ceea ce revine în mare la 0,43 dolari pe zi.

Aici Bill a pus întrebarea cea mare:

– Oare merită să plătiţi încă 0,43 de dolari în plus pe zi, pentru a încheia târgul cu o firmă care vă va oferi training şi service, lucruri despre care mi-aţi spus că sunt atât de importante pentru dvs.?

– Da, merită! a fost răspunsul. Iar Bill a fost extrem de mulţumit!

BILL ŞI-A PĂSTRAT FLORICELELE

Sunt oameni care înainte de a intra la film îşi cumpără floricele şi, cum punga este plină, în general varsă o jumătate din ele pe jos şi nu mai apucă să se bucure de ele în timpul filmului. Tot aşa, unii reprezentanţi îşi toarnă repede informaţiile la începutul prezentării şi nu mai au nimic de care să se bucure când este momentul să ceară comanda.

Bill mai avea câteva lucruri pe care le-ar fi putut folosi dacă era nevoie. Cum teama de a pierde este adeseori mai mare decât dorinţa de a câştiga, Bill ar fi putut întreba:

– Vi se pare 0,43 $ un preţ rezonabil pentru a fi liniştit?

Sau:

– Aţi calculat vreodată cât v-ar costa dacă aţi avea probleme cu computerul, nu aţi avea service-ul asigurat şi ar trebuie să aşteptaţi o zi, o săptămână sau chiar mai mult până ar fi reparat?

Teama de a nu avea aparatul, teamă în adevăratul sens al cuvântului, este o grjiă importantă a clientului. În acest caz, producătorul era acelaşi, iar produsul era şi el acelaşi. MAREA diferenţă era agentul de vânzări şi service-ul pe care îl putea oferi.

Punct important: Nu uitaţi niciodată, niciodată, niciodată că preţul înseamnă mult mai mult decât bani!

PREŢ VS. COST

Trainingul de vânzări nu costă bani, ci produce bani. Şi iată o idee la care aş vrea să reflectaţi: un client dă nişte bani ca să cumpere de la voi, sau faptul că un client cumpără de la voi îi aduce acestuia bani? Răspunsul pe care îl daţi vă va ajuta să înţelegeţi dacă ştiţi cu adevărat ce se ascunde în spatele preţului – iar răspunsul corect va fi de mare ajutor pentru a avea şi mai mult succes (mai mult decât vă puteţi imagina acum) în profesia aleasă.

4. LA CE ESTE BUN?

La ce este bun produsul? Răspunsul la această întrebare vă va ajuta enorm să îi arătaţi clientului nevoia pe care o are el de acest produs. Implementarea este vitală pentru folosinţă, iar folosinţa este vitală pentru marketingul vostru oral, care vă poate fi de mare folos.

Nu uitaţi niciodată, niciodată, niciodată că preţul înseamnă mult mai mult decât bani!

Dacă înţelegeţi cum pot fi folosite produsele/serviciile voastre, şi îi puteţi ajuta şi pe alţii să înţeleagă procesul, veţi ajuta mai mulţi oameni şi veţi vinde mai mult.

PREA MULTĂ CARTE STRICĂ!

Atenţie! De multe ori faptul că ştim prea bine şi prea multe lucruri despre produsul/serviciul pe care îl oferim aduce după el nesocotirea modului în care el poate fi folosit. Dacă noi înţelegem totul perfect, atunci şi ceilalţi trebuie să înţeleagă. Vindeam la un moment dat un aparat pentru care făcusem sute de ore de demonstraţii – şi chiar cu riscul de a părea lipsit de modestie trebuie să vă spun că eram foarte bun. De fapt, eram ca toţi cei care ştiu să concentreze talentul şi atenţia, ceea ce vreau eu să spun este că atunci când clienţii mă întrebau dacă puteau folosi aparatul „şi pentru aşa ceva", eu răspundeam:

– Nu, în nici un caz – doar dacă îl folosiţi opt ore pe zi. Şi acum să vă spun cum să..., şi continuam să demonstrez beneficiile.

Asiguraţi-vă că înţelegeţi toate ramificaţiile produsului/serviciului.

5. CUNOAŞTEREA CONCURENŢEI

Când nu reuşiţi să încheiaţi o vânzare, ştiţi cine este de vină? Puteţi fi propriul vostru duşman. În acest caz, lipsa training-ului este propriul vostru rival, dar în majoritatea cazurilor vă luptaţi cu un rival „extern". Ştiţi cu cine concuraţi? Ştiţi de ce îi învingeţi? Ştiţi de ce pierdeţi vânzări în favoarea lor? Puteţi demonstra că vă cunoaşteţi rivalii fără a fi critici? Cunoaşterea concurenţei vă poate ajuta în multe feluri atunci când îi arătaţi clientului cum să-şi rezolve nevoile.

DESCOPERIREA ZONELOR DE DEZECHILIBRU

Cum descoperiţi zonele de dezechilibru? Şi aici, întrebările sunt răspunsul. Şi până în acest moment al prezentării ar trebui să ştiţi totul despre Persoană, Organizaţie, Obiective şi Obstacole (P.O.O.O.). Toate aceste informaţii vă dau dreptul să puneţi întrebări dificile. Luate din context, întrebările pot să pară provocatoare, dar până în această etapă trebuie să vă fi câştigat dreptul de a pune întrebări dure care sunt ÎN INTERESUL CLIENTULUI. Încă o dată, nu creaţi un dezechilibru, ci ajutaţi clientul să vadă, să înţeleagă şi să creadă că există un dezechilibru.

Gândiţi-vă la o întrebare uşor glumeaţă, de genul:

– Domnule Client, ce vă place cel mai mult când pierdeţi bani? (Zâmbiţi când puneţi această întrebare!) Spuneţi-mi doar primele trei lucruri.

Veţi reuşi să atrageţi atenţia şi răspunsul va fi cel aşteptat – clientului nu-i place nimic atunci când pierde bani. Şi acum este momentul să întrebaţi:

– Atunci sunteţi gata să acţionaţi în aşa fel încât să nu mai pierdeţi bani?

Sunt întrebări cam tari, care nu se potrivesc pentru orice personalitate, dar ţineţi minte că v-aţi câştigat dreptul de a pune astfel de întrebări. Şi dacă sunteţi cu adevărat interesat de binele clientului, puteţi să îi puneţi o întrebare de care acesta ARE NEVOIE în loc de una pe care VREA să o audă.

Când folosiţi motive slabe pentru a scoate în evidenţă un echilibru sau când vocea nu este adaptată la situaţie, veţi simţi imediat din comportamentul clientului, care vă va da afară imediat. Asiguraţi-vă că aţi câştigat dreptul de a pune o întrebare care evidenţiază dezechilibrul în care se află clientul.

OAMENILOR NU LE PASĂ

Poate aţi auzit că „oamenilor nu le pasă de cât de mult ştii, până nu ştiu cât de mult îţi pasă – de ei". Pentru a avea succes în a-i ajuta pe ceilalţi să-şi descopere şi vindece dezechilibrul, trebuie să păstrăm mereu în minte interesul clientului.

Lonnie Amirault, din Halifax, Nova Scotia, vinde enciclopedii. Într-o seară, pe când era foarte răcit, a vizitat o familie cu doi băieţi, de şapte şi unsprezece ani. Aceştia nu prea aveau cărţi sau materiale informaţionale care să îi ajute la şcoală. Lonnie era convins că aveau neapărată nevoie de o enciclopedie. În timpul demonstraţiei, băieţii s-au uitat prin cărţi şi au fost captivaţi de imagini şi grafice.

Părinţii insistau că „pentru moment" nu erau interesaţi. Lonnie era insistent, dar în ciuda eforturilor făcute răspunsul era acelaşi.

În cele din urmă, tatăl s-a ridicat şi a spus:

– Cred că pentru moment nu ne interesează.

După care s-a dus în altă cameră să se uite la un meci. Lonnie şi-a strâns în tăcere materialele, fără să se arate dezamăgit. La plecare, a întrebat-o pe mama băieţilor:

– Dacă vă interesează educaţia familiei, când credeţi că ar fi momentul să începeţi să investiţi în ea?

I-a lăsat cartea de vizită, a zâmbit şi a adăugat extrem de politicos:

– Dnă Client, este bine să o faceţi cât de repede. Nu o să vă pară rău.

Apoi a plecat.

În timp ce mergea încet spre întâlnirea cu şeful său de echipă, a început să plouă. Avea mult de mers şi strănuta la fiecare doi paşi. Brusc, lângă el s-a oprit o maşină mare, care l-a cam speriat, căci era târziu şi strada nu era luminată. Dar când geamul din dreptul şoferului a coborât, Lonnie a văzut o faţă cunoscută şi a auzit cele mai frumoase cuvinte din lume:

– Lonnie, ai un contract la tine? Ne-am hotărât să intrăm în program.

Cuplul i-a spus că încrederea şi grija lui pentru familia lor era atât de evidentă, încât nu îl puteau refuza nici pe el şi nici pe copii.

Vânzarea este un transfer de sentimente. Când crezi în ceea ce vinzi, simţi profund că cel care va câştiga este clientul, dovedeşti grijă şi interes faţă de client, şi închei toate vizitele politicos, plăcut, elegant, prietenos, atunci TOATĂ LUMEA câştigă!

Atunci când ratezi o vânzare, este mai important să îţi faci o ieşire veselă, optimistă, politicoasă decât atunci când ai vândut. Ţineţi minte, clientul îşi va justifica hotărârea – indiferent dacă este da sau nu. Dacă este da, cumpărătorul va vorbi în primul rând despre produs şi abia pe urmă despre client. Dacă răspunsul este nu şi a fost vreun conflict de personalitate, atunci fiţi siguri că toate comentariile negative vor fi despre agentul de vânzări.

SURSE FRECVENTE DE DEZECHILIBRU

Lonnie a evidenţiat un dezechilibru al clienţilor, pentru că ţinea la ei şi ştia că produsul lui răspundea la nevoile şi dorinţele lor. Mai jos veţi găsi câteva întrebări pe care le puteţi folosi pentru a-i ajuta pe ceilalţi să-şi descopere zonele de dezechilibru.

Timpul dedicat de client

– Vă controlaţi timpul? (Întrebare „da sau nu"). Dacă da, fixaţi o întâlnire. Dacă nu, continuaţi cu:

– Şi cum vă simţiţi?

Amânarea

– Există două moduri de a urca într-un stejar, dle Client. Vă puteţi căţăra din ramură în ramură, sau puteţi să vă aşezaţi pe o ghindă şi să aşteptaţi să crească. Care din ele credeţi că este cea mai practică? Sunteţi de acord, dle Client, că fiecare pas înainte şi în sus începe cu o hotărâre? Şi că hotărârea corectă vă va duce înainte şi în sus mai repede decât hotărârea greşită?

Atunci când ratezi o vânzare este mai important decât atunci când ai vândut să îţi faci o ieşire veselă, optimistă, politicoasă.

– Sunteţi de acord că acum sunteţi unde sunteţi datorită hotărârilor pe care le-aţi luat în trecut? Sunteţi dispus să luaţi acum ceea ce pare o hotărâre dificilă, dar care v-ar putea îmbunătăţi viitorul?

Provocarea

– Sunteţi dedicat îndeplinirii obiectivelor pe care vi le propuneţi? V-aţi întrebat vreodată de ce nu aţi reuşit să îndepliniţi mai multe dintre ele? Când credeţi că este momentul potrivit pentru a începe să lucraţi la îndeplinirea lor? Meritaţi mai mult? Cât de puternic credeţi acest lucru?

Prea ocupat

– Nu aveţi timp sau nu vreţi să vă *faceţi* timp? Avem toţi la fel de mult timp şi sunt convins că aţi observat că învingătorii îşi controlează perfect timpul.

Nu am bani

– Viitorul dvs valorează ...... dolari? Problema este că nu aveţi bani sau că nu câştigaţi destui bani? Cine este de vină? Dacă nu sunteţi plătit cât vă trebuie sau cât meritaţi, atunci ce faceţi ca să schimbaţi situaţia?

ÎNTREBĂRI PREA TARI?

Dacă aţi ajuns cu lectura până aici, probabil vă întrebaţi dacă am depăşit această etapă. Este clar (sper) că nu veţi pune întrebările exact aşa cum vi le-am dat eu. Amintiţi-vă afirmaţia de mai înainte: cei care ştiu „ce" şi „cum" vor munci întotdeauna pentru cei care ştiu „de ce". Gândiţi-vă la această frază până când veţi înţelege:

(1) Care este scopul fiecărei întrebări?

(2) Cum puteţi pune aceste întrebări astfel încât să nu pară prea provocatoare?

(3) *De ce* puneţi aceste întrebări?

GĂSIREA SOLUŢIILOR

Cel mai important lucru pe care trebuie să îl ţineţi minte când scoateţi în evidenţă dezechilibrul clientului este faptul că aveţi o soluţie sigură. Ce poate fi mai frustrant decât să descoperiţi o problemă serioasă, dar fără soluţie? Aţi intrat în afaceri ca să răniţi sau ca să ajutaţi oamenii? Dacă încheiaţi o vânzare care rezolvă o problemă (un dezechilibru) şi sunteţi recompensat, nu câştigaţi atât voi CÂT ŞI clientul? De ce aţi dori să faceţi ceva ce îl răneşte? Dacă nu aveţi în prim plan interesul clientului, poate ar trebui să găsiţi altceva de făcut, nu credeţi?

ÎNCĂ NU S-AU APRINS TOATE BECULEŢELE?

O dată ce vi s-au aprins beculeţele (cunoaşteţi nevoia clientului şi aveţi şi soluţia) şi i se aprind şi clientului (ştie că are o nevoie şi că voi aveţi o soluţie), trebuie să treceţi la segmentul de Soluţionare a Nevoii din procesul de vânzare.

PARTEA A II-A A PROCESULUI DE VÂNZARE: CONŞTIENTIZAREA NEVOII

1. Conştientizarea Nevoii înseamnă că:
A. Agentul de vânzări înţelege dorinţele şi nevoile clientului.
B. Clientul înţelege dorinţele şi nevoile.

2. Pentru a aprinde beculeţul agentului şi al clientului:
A. Căutaţi zonele de dezechilibru.
B. Arătaţi-i clientului acest dezechilibru.

3. Pentru a descoperi zonele de dezechilibru, aflaţi cât puteţi de multe despre:
A. Produsul vostru.
B. Domeniul economic.
C. Modul de stabilire a preţului.
D. Modul de aplicare/folosire a produsului.
E. Concurenţă.

4. Oamenilor nu le pasă de cât de mult ştiţi până când nu ştiu cât de mult vă pasă – de ei.

5. Cea mai puternică armă în evidenţierea dezechilibrului sunt întrebările „dure". Câştigaţi dreptul de a pune astfel de întrebări.

CAPITOLUL NOUĂ

VÂNZAREA DE SOLUŢII LA PROBLEMELE OAMENILOR

Lăsaţi-vă conduşi de nevoie

Prietenul meu Walt Clayton povesteşte despre un tânăr care căuta de lucru şi îşi dorea să lucreze la magazinul universal Macy's. El s-a dus la directorul de personal care a fost amabil, dar i-a spus foarte clar că nu există nici un post liber. În plus, înaintea lui mai erau multe persoane interesate.

Tânărul a ieşit din birou şi mai hotărât să lucreze la Macy's. Aşa că, în loc să accepte răspunsul negativ, eroul nostru a petrecut câteva ore plimbându-se prin magazin şi luând notiţe despre lucruri ce puteau fi îmbunătăţite.

Când a terminat, l-a sunat chiar din magazin pe directorul de personal şi i-a spus:

– Vreau să lucrez la Macy's. Mi-am petrecut ultimele două ore în magazin şi am găsit cel puţin zece locuri în care aş putea schimba mult lucrurile. Pot să vin şi să vă spun despre ce este vorba?

Tânărul a fost invitat sus în birou şi a fost angajat la Macy's.

EVIDENŢA NU ESTE ÎNTOTDEAUNA ATÂT DE EVIDENTĂ

Paul este agent de vânzări pentru un producător de haine bărbăteşti. Produsele sale specializate includ pantofi, şosete, costume, cravate, curele, chiloţi, cămăşi – tot ce trebuie pentru a face ca „înfăţişarea profesionistului să fie la nivelul său de competenţă". În octombrie trecut, el l-a vizitat pe John, la o agenţie de asigurări de importanţă medie, din Chicago.

În timpul Analizei Nevoii, Paul a descoperit următoarele:

Persoana. John a terminat liceul şi facultatea în Chicago şi a locuit toată viaţa (adică patruzeci şi doi de ani) în „Oraşul vânturilor". John şi soţia lui au doi fii, în vârstă de doisprezece şi nouă ani. Cu excepţia unei răceli cronice, pare să fie sănătos.

Organizaţia. Este proprietarul agenţiei, are şase agenţi de vânzări care lucrează pentru el, vinde o gamă completă de asigurări, are o singură persoană care se ocupă de problemele administrative din birou.

Obiective. John vrea să îşi poată dubla producţia personală, să îi ajute pe cei şase reprezentanţi să îşi mărească producţia cu 25%, să joace golf mai des şi să petreacă mai mult timp cu familia.

Obstacole. Se pare că „timpul" este obstacolul cel mai important aflat între John şi obiectivele lui. Paul l-a convins pe John că are o problemă şi este într-un uşor dezechilibru. Întrebarea la care trebuie găsit răspunsul este: timpul este problema sau un simptom al problemei?

Când am sosit la prezentare, Paul terminase deja Analiza Nevoii şi era pe sfârşite cu Conştientizarea Nevoii. Era pe punctul de a trece la Soluţionarea Nevoii. Acum să ne distrăm puţin şi să învăţăm o lecţie importantă.

– John, a început Paul, de cât timp eşti răcit?

– Păi cred că de când m-am născut, a răspuns John trist. Nu mai ţin minte când am ieşit ultima oară pe teren cu oamenii mei. Sunt convins că ar lucra mai bine dacă aş petrece mai mult timp cu ei.

– Şi care ar fi după tine motivul pentru care nu ieşi mai des cu ei?

– Sunt prea obosit! a răspuns imediat John. După ce îmi vizitez clienţii şi lucrez ceva la birou cad pe jos de oboseală. Răceala asta m-a doborât atât de rău că parcă nu mai am energia să fac nimic din ce mi-aş dori. Nu am mai jucat golf de şase luni. Trebuia să îmi duc băiatul cel mic într-o tabără acum două săptămâni şi nu am fost în stare. M-am săturat să fiu bolnav şi obosit!

– Ai fost la doctor? l-a întrebat Paul, sperând să afle ceva despre această boală cronică ce părea factorul cheie în problema lui John.

– Ah, da, dar tot ce mi-a spus a fost să mă odihnesc şi să îi plătesc consultaţia. Dar dacă mă odihnesc nu mai pot plăti nimic!

– Chiar că ai o problemă, a spus Paul, când deodată a văzut răspunsul. John îşi continuase explicaţiile, se lăsase cu scaunul pe spate şi îşi pusese picioarele pe colţul biroului: nu purta şosete!

– Şosete! a exclamat Paul. Îţi trebuie şosete!

– Ce să fie? a sărit John.

Paul era extrem de agitat, căci găsise motivul pentru care John suferea de răceală cronică.

– Nu porţi şosete. Dacă ai purta şosete, ai avea timp.

– În nici un caz, a spus John. Uite care este treaba, la mine în familie nu se poartă şosete. Bunicul meu nu a purtat şosete, şi nici tatăl meu. Ce să mai, este un fel de tradiţie în familie. Nu am nevoie de şosete.

Lui Paul nu-i venea să creadă:

– Doamne sfinte, şi de ce nu purtaţi şosete?

– Habar n-am, a fost răspunsul oarecum indiferent al lui John.

– Poate ştie bunicul tău, a continuat Paul.

– Bunicul a murit înainte să mă nasc eu.

– De pneumonie?

– Nu, şi nu cred că este ceva de râs în asta.

– Dar ce s-a întâmplat?

– A murit de bronşită cronică. Tatăl meu a murit de pneumonie.

UN GHIONT DELICAT

Dacă încă nu v-aţi dat seama, râd de voi în modul cel mai evident. Când acest scenariu este prezentat sub formă de schiţă în faţa unui public mai larg, este mult mai clar că este vorba despre o glumă. Dorinţa mea este să subliniez aici un lucru extrem de important: când oferim soluţii, nu vindem produse. Oamenii nu cumpără produse, ei cumpără produsele produselor, cunoscute sub numele de BENEFICII.

În exemplul nostru, John nu avea nici un chef să discute despre şosete. El dorea să aibă mai mult timp şi mai multă energie pentru a lucra cu echipa sa, pentru a juca golf şi pentru a lua parte la mai multe activităţi alături de familie. Obstacolul era răceala, iar soluţia erau şosetele.

Dacă ne întoarcem la exemplu şi studiem momentul în care Paul observă faptul că John nu purta şosete, atunci vom vedea cum procesul poate fi şi mai eficient.

A DOUA ŞANSĂ

– John, dacă ţi-aş arăta un mod prin care te-ai simţi mai bine, ai avea timpul şi energia necesare pentru a-ţi forma oamenii, a juca golf şi a participa la mai multe activităţi cu ai tăi, ai fi interesat? (Întrebare „da sau nu", cu răspund evident).

– John, contează numele produsului meu dacă el îţi rezolvă problema?

Şi dacă Paul este atât de expert pe cât vrem noi să pară, chiar dacă are soluţia el va continua să prospecteze pentru a fi sigur că beculeţul clientului s-a aprins. Va folosi întrebări cum ar fi:

- De ce doriţi să vindeţi mai multe asigurări?
- Ce aţi face dacă aţi putea vinde mai multe asigurări?
- Cum ar fi să aveţi mai mult timp pentru familie?
- Cum ar fi dacă aţi avea mai mult timp pentru golf?
- Ce ar însemna pentru dvs să vă puteţi forma agenţii de vânzări?
- Ce ar zice membrii familiei dacă aţi sta mai mult cu ei?

CÂŞTIGĂTORII VÂND BENEFICII

J. Kevin Jenkins, din Lafayette, Louisiana, vinde poziţie sănătoasă, flux sangvin sănătos, muşchi relaxaţi, linişte sufletească, absenţa stresului, o minte şi un corp relaxat care sunt perfect pregătite să facă faţă provocărilor de zi cu zi.

Kevin îşi începe prezentarea cu certificările ştiinţifice date de chiro-practicieni şi medici, care dau greutate informaţiilor practice referitoare la modul în care, după folosirea produsului pentru o perioadă mai lungă de timp, devenim mai sănătoşi şi mai plini de viaţă. Apoi, aduce mărturii ale clienţilor şi arată cum folosirea produsului îi ajută pe clienţi să economisească 2 ore, în comparaţie cu produsele concurenţei.

Merge mai departe şi spune că 2 ore pe zi înseamnă 14 ore pe săptămână, adică 728 de ore pe an, adică peste 30 de zile. Mulţi dintre noi suntem foarte interesaţi să câştigăm câte o lună pe an. Kevin traduce această lună în 30 de zile în plus, în care puteţi sta cu familia, puteţi juca golf, citi, pescui, dormi sau face

„tot ce vă trece prin cap”. Tot ce le spune posibililor clienţi se traduce într-un beneficiu pentru ei, căci la urma urmei acesta este singurul motiv pentru care cineva cumpără ceva de la altcineva.

Poate că unii dintre voi au înţeles până acum că Kevin vinde saltele cu apă, dar vreau să vă mai întreb ceva: dacă vi s-ar arăta cum puteţi beneficia de toate cele de mai sus, v-ar mai interesa care este produsul? Creând o imagine în care se amestecă timpul liber şi sănătatea, Kevin Jenkins câştigă şi îi ajută pe alţii să câştige.

DOUĂ ÎNTREBĂRI VITALE

Daţi-mi voie acum să vă opresc şi să vă pun să răspundeţi la două întrebări simple. Pot exista câte trei răspunsuri la fiecare din ele, dar vă rog să răspundeţi cât mai complet posibil.

Prima întrebare: Ce vindeţi?

1. ______________________________
2. ______________________________
3. ______________________________

A doua întrebare: Ce cumpără clienţii voştri?

1. ______________________________
2. ______________________________
3. ______________________________

Şi încă una, dacă îmi permiteţi: se potrivesc cele două liste? Dacă răspunsul este afirmativ, atunci aveţi un avans considerabil faţă de concurenţă. Dacă nu aţi stat puţin să vă gândiţi înainte de a răspunde, vă rog să o faceţi. Răspunsurile vor scoate la iveală multe despre voi. Cei care refuză să se gândească la aceste întrebări şi care cred că sunt total lipsite de importanţă sunt cel mai des cei care habar nu au de răspunsuri.

CĂRŢI ŞI CASETE

Am întâlnit uneori oameni care cred că mă ocup de vânzare de discursuri, cărţi şi casete. Chiar cu ani în urmă am primit o scrisoare foarte frumoasă din partea unui bărbat care era sincer interesat de activitatea mea. Iată pe scurt ce spunea scrisoarea:

„Dragă Zig,

Dă-mi voie să te sfătuiesc să nu mai vinzi cărţi şi casete atunci când ţii prezentări publice. Cred că îţi strică imaginea şi afectează de asemenea atitutindea publicului.”

Sunt perfect convins că motivaţia omului era să îmi facă un bine, şi îi sunt recunoscător pentru asta. Iată ce i-am scris:

„Dragă prietene,

Mulţumesc mult pentru scrisoarea ta atât de frumoasă. Mi-ar plăcea să mai primesc asemenea scrisori, care nu mă judecă şi nici nu mă condamnă pentru ceea ce fac. Pur şi simplu mi-ai oferit din inimă o sugestie care era în interesul meu, şi îţi sunt recunoscător pentru asta. Cu toate acestea, permite-mi să îţi explic de ce oferim publicului cărţi şi casete.

În primul rând, una din şapte persoane care cumpără bilete întreabă dacă vor exista şi cărţi şi casete de vânzare. Dacă ei întreabă, am toate motivele să cred că există şi alţii interesaţi.

În al doilea rând, dacă celor care vin la un seminar le place ce aud, atunci vor dori să ia acasă „sentimentele" şi exemplele. Oferindu-le cărţi şi casete, le permitem exact acest lucru. Timpul în care explic ce produse pot fi cumpărate ocupă sub 4% din prezentare, aşa că nu se pierde mult timp. Şi modul în care prezint aceste produse este de fapt o lecţie de vânzare.

În al treilea rând, şi cel mai important, aş dori să subliniez faptul că nu lucrez în domeniul vânzării de discursuri, seminarii, cărţi sau casete. Lucrez în domeniul schimbării vieţii oamenilor. Sigur că risc să îi deranjez pe unii dintre participanţi, şi îmi pare rău. Mi-aş dori să-mi pot îndeplini toate obiectivele fără a supăra pe nimeni. Dar cu ani în urmă am acceptat faptul că orice lucru pe care îl faci comportă un risc, şi am hotărât că beneficiile pe care le obţine clientul din cumpărarea produsului sunt mult mai mari şi mai importante decât orice risc pe care mi-l asum eu pentru a prezenta produsele ce pot fi cumpărate."

CÂTEVA LĂMURIRI

În timp ce citiţi aceste rânduri, voi încerca să lămuresc şi mai bine acest lucru. Când credeţi cu adevărat că ceea ce oferiţi este în beneficiul clienţilor, atunci vă asumaţi câteva riscuri calculate pentru a-i convinge pe aceştia să acţioneze în propriul lor interes. Faceţi asta politicos, într-un mod plăcut şi profesionist, dar o FACEŢI.

Dacă doriţi să vă vedeţi clienţii acţionând, le veţi vorbi despre beneficii şi vă veţi lăsa condus de nevoi.

RĂSPUNSURILE MELE

Voi răspunde acum la întrebările pe care vi le-am pus mai devreme. Prima întrebare: Ce vindeţi? Eu vând instrumente care schimbă viaţa şi care le dau oamenilor puterea de a depăşi modelele negative ale trecutului şi de a face progrese în prezent, cu speranţa în viitor. A doua întrebare: Ce cumpără clienţii? Oamenii cumpără instrumente care le dau puterea de a-şi depăşi trecutul, de a progresa în prezent şi de a spera în viitor. Şi aceste două serii de răspunsuri se potrivesc.

TEMĂ DE GÂNDIRE

Motivul pentru care beneficiile trase din cărţi şi casete sunt atât de mari este pur şi simplu că atunci când citiţi sau auziţi ceva de mai multe ori, atunci nu faceţi decât să urmaţi unul din cele mai vechi principii educaţionale – repetiţia.

Când participaţi la un seminar însufleţitor, citiţi o carte sau ascultaţi o casetă care vă inspiră, gândirea şi simţirea voastră sunt pur şi simplu mişcate către noi culmi. De pe aceste culmi, veţi putea vedea şi auzi lucruri care vă scăpau până acum. Mulţi oameni îmi spun cum încă mai aud lucruri noi când ascultă o casetă pentru a zecea, a douăzecea sau chiar treizecea oară. Mesajul a fost acolo tot timpul, dar ascultătorul pur şi simplu nu era pregătit să îl primească. Ascultaţi mesajele potrivite în mod repetat şi continuu.

Repetiţia este mama învăţăturii şi tatăl acţiunii, adică arhitectul îndeplinirii.

UN CADOU

De Crăciunul trecut am primit de la Roşcată o pereche de chiloţi de la firma Jockey. Pe când desfăceam ambalajul Jockey, am citit textul care se afla pe hârtie: „Îţi petreci trei sferturi din viaţă îmbrăcat în chiloţi; opreşte-te trei minute şi citeşte de ce merită să cumperi ce este mai bun."

Urma o descriere minunată în care se povestea de ce credeau ei că produsul lor era cel mai bun. Ceea ce vreau să spun este că ambalajul mi-a atras atenţia. În lumea vânzărilor trebuie să te laşi condus de nevoi – pentru că adeseori ele sunt tot ce vrea să audă clientul. În acest caz, am fost atât de impresionat de ambalaj, încât până la urmă totul a fost impresionant. Dar trebuie să vă mărturisesc faptul că dacă prima frază nu mi-ar fi atras atenţia, atunci nu aş mai fi citit restul textului.

TRĂSĂTURĂ – FUNCŢIE – BENEFICIU

În domeniul vânzărilor se pot spune multe despre caracteristici, funcţii, beneficii, dar ce sunt toate acestea? Pentru a „ne lăsa conduşi de nevoi" trebuie să înţelegem definiţiile de bază ale acestor cuvinte cheie.

Prin definiţie, o TRĂSĂTURĂ este o parte a produsului/serviciului – sau ceea ce ESTE produsul/serviciul. Un produs/serviciu poate avea mai multe caracteristici. Un pix are o clamă – aceasta este o trăsătură.

Prin definiţie, o FUNCŢIE este acţiunea pe care o FACE acea parte specifică a produsului/serviciului. Un produs/serviciu poate avea mai multe funcţii. Clama are funcţia de a menţine pixul în buzunarul hainei.

Repetiţia este mama învăţăturii şi tatăl acţiunii, adică arhitectul îndeplinirii.

Prin definiţie, un BENEFICIU este AVANTAJUL pe care îl obţii din folosirea caracteristicilor şi a funcţiilor, sau ceea ce FAC funcţiile şi caracteristicile PENTRU CLIENT. Un produs/serviciu poate avea mai multe beneficii. Clama pixului VĂ AJUTĂ SĂ ECONOMISIŢI BANI ŞI SĂ NU FIŢI FRUSTRAŢI, pentru că folosind-o nu veţi mai pierde pixul şi nici nu-l veţi mai rătăci.

CLIENŢII POTENŢIALI ASCULTĂ

Vă rog să vă reamintiţi că fiecare client potenţial ascultă postul de radio CIMA FM – „Ce-mi iese mie din asta?

Până aici am petrecut mult timp „clocind" importanţa beneficiilor. Cu toate acestea, pentru a avea o prezentare de succes, veţi avea nevoie de o înţelegere deplină a celor trei părţi. Am subliniat beneficiile pentru a vă face să înţelegeţi importanţa de a vinde „produsele produsului" şi nu doar produsul în sine. Aceste trei elemente (caracteristici, funcţii, beneficii) nu sunt egale ca importanţă. Când oferiţi o soluţie la nevoia clientului (rezolvaţi o problemă), vă lăsaţi ÎNTOTDEAUNA conduşi de nevoie. Există şi momente când trebuie să faceţi trimiteri la caracteristici şi funcţii.

EXEMPLUL CLASIC

Cei care vorbesc despre caracteristici, funcţii şi beneficii în cursurile de formare pe care le ţin iau de multe ori pixul ca fiind un exemplu clasic. Cu toate acestea, exemplul clasic pentru voi este produsul/serviciul pe care îl oferiţi. Puteţi să scrieţi mai jos trei caracteristici, trei funcţii şi trei beneficii ale produsului/serviciului pe care îl vindeţi?

CARACTERISTICI

1. ____________________
2. ____________________
3. ____________________

FUNCŢII

1. ____________________
2. ____________________
3. ____________________

BENEFICII

1. ____________________
2. ____________________
3. ____________________

Să luăm un exemplu:

Arta vânzării

CARACTERISTICI

1. Design atractiv
2. Cuprins detaliat
3. Mult peste două sute de pagini
4. Pagini cu rezumatul problemelor cheie
5. Povestiri, analogii

FUNCŢII

1. Îţi atrage atenţia/te face să o deschizi
2. Permite o citire rapidă a conţinutului
3. Cuprinde o mulţime de informaţii
4. Permite recapitularea rapidă a materialului prezentat
5. Îţi menţine atenţia trează/îţi uşurează înţelegerea ideilor

BENEFICII

1. Facilitate
2. Comoditate
3. Instrument resursă
4. Viteză
5. Evaluare din mers a celor învăţate
6. Orientare spre practică
7. Îţi îmbunătăţeşte calitatea vieţii
8. Îţi îmbunătăţeşte eficienţa
9. Îţi creează o stare de linişte sufletească prin siguranţă şi profesionalism
10. Creşte standardul de viaţă
11. Dezvoltă încrederea
12. Îmbunătăţeşte imaginea de sine
13. Te aduce mai aproape de familie
14. Îţi întăreşte imaginea în comunitate

CONFUZIE

Poate înţelegeţi de ce unii oameni vând numai funcţii (adică ceea ce *face* produsul). Nu vă lăsaţi prinşi în capcană! Ceea ce poate FACE produsul/serviciul vostru este extrem de interesant, şi îl poate chiar *convinge* pe client că ştiţi ce vindeţi şi înţelegeţi valoarea produsului. Dar probabil că funcţiile nu mă vor convinge să vă dau bani. Acest lucru se va întâmpla când, şi numai când, mă CONVINGEŢI să acţionez prin explicaţiile pe care mi le daţi referitoare la Ce îmi Iese Mie din Asta. Abia atunci când îmi arătaţi avantajele pe care le obţin din folosirea produsului/serviciului, reuşim să comunicăm.

De multe ori agenţilor de vânzări li se spune să nu vorbească despre caracteristicile unui produs dacă nu menţionează şi beneficiile (avantajele). Este doar parţial adevărat. Adevărul este că profesioniştii vorbesc despre şi demonstrează caracteristicile CONDUCÂND discuţia către beneficii. Personalizaţi beneficiile pentru fiecare posibil client. Creaţi imagini în care clientul conduce acea maşină luxoasă, este admirat pentru costumul extrem de elegant, priveşte apusul de soare de pe terasa casei situate pe malul lacului, îşi cheltuieşte liniştit pensia rezultată din investiţiile făcute. Creaţi imagini astfel încât clientul să VADĂ beneficiile personale.

Poate că unii nu vor vedea în actorul, regizorul şi producătorul Alan Alda un agent de vânzări, dar într-un discurs ţinut la Facultatea de Medicină el le-a dat medicilor şi agenţilor de vânzări un sfat foarte bun:

– Osul capului este legat de osul inimii. Nu le lăsaţi să se desfacă.

Din punctul de vedere al vânzărilor, aceasta înseamnă că atunci când demonstrăm sau explicăm beneficiile produsului nostru în mod logic şi clar, trebuie să implicăm clientul şi sentimental. Trebuie să îl facem pe potenţialul client să vadă cum se va *simţi* când va avea produsul/serviciul.

Pentru a evita orice confuzie, şi pentru a folosi cum trebuie caracteristicile, funcţiile şi beneficiile, trebuie să mai adăugăm PUNTEA. Puntea este o propoziţie care îl pregăteşte pe client să audă beneficiul. Este un fel de:

– Atenţie, urmează BENEFICIUL, AVANTAJUL sau MOTIVUL pentru care trebuie să cumpăraţi.

Modele de Punţi pot fi:
– Avantajul pentru dvs, dle Client, este că....
– O să vă placă pentru că ......
– Beneficiul pe care îl veţi avea, dle Client, este....

ÎNAPOI LA CARTE

Arta vânzării are o copertă atrăgătoare, care îţi atrage atenţia şi te face să o deschizi. Avantajul este că o găseşti cu uşurinţă când vrei să-ţi împrospătezi memoria în ceea ce priveşte lucrurile de bază în vânzări.

Arta vânzării are un cuprins detaliat, care îţi dă posibilitatea de a trece repede în revistă informaţiile disponibile. Beneficiul este că localizezi rapid informaţiile.

Arta vânzării are peste două sute de pagini de informaţii, adică un volum şi o varietate importante de lucruri interesante. Beneficiul este că ai în această carte un instrument resursă la care poţi reveni oricând.

Arta vânzării are pagini de rezumate cu punctele cheie din fiecare capitol. O să îţi placă acest mod de a prezenta informaţia, pentru că te ajută să economiseşti timp înainte de a vizita posibili clienţi – când este de ajuns să revezi punctele importante.

Arta vânzării include poveşti, analogii, lucruri care îţi atrag atenţia şi te ajută să înţelegi principiile. Beneficiul este că poţi aplica aceste informaţii pentru a avea şi mai mult succes în carieră.

PRODUSELE PRODUSELOR

Agenţii de vânzări trebuie să înţeleagă clar că potenţialii clienţi nu cumpără ce este produsul; ei cumpără beneficiile pe care le aduce folosirea produsului. „Lanţuri pentru cauciucuri" nu înseamnă nimic pentru şoferul mediu dacă nu îi explicaţi că aceste produse pot preveni derapările pe drumurile cu gheaţă.

Bănuiesc că aţi văzut reclama TV în care soţia şi fiica stau în ploaie pentru că soţul nu a cumpărat bateria potrivită pentru maşină. Nemernicul! Oare ce i-o fi trecut prin cap când a cumpărat o baterie de doi lei, care a făcut ca familia lui să stea noaptea în ploaie, într-o zonă periculoasă a oraşului? Adică: Bateriile noastre vă garantează siguranţa familiei.

„Garanţie pentru reînnoire" nu înseamnă mare lucru pentru un cetăţean mai în vârstă dacă nu îi explicaţi că firma nu poate anula sub nici o formă poliţa.

Cincisprezece centimetri de izolaţie nu înseamnă nimic dacă nu îi traduceţi în căldură mai puţină şi cheltuieli mai mici cu aerul condiţionat. Pe scurt, prezentaţi întotdeauna beneficiul când descrieţi o caracteristică şi o funcţie.

PROVOCAREA VOASTRĂ

Dacă voi vă luptaţi cu caracteristici, funcţii, sau beneficii pentru produs/serviciu, imaginaţi-vă cum trebuie să se simtă clientul. Dacă nu înţelegeţi CLAR şi nu puteţi explica CLAR diferenţa, puteţi pierde vânzări în favoarea celor care pot face aceste lucruri.

Din moment ce vă străduiţi să fiţi mai buni azi decât eraţi ieri; din moment ce doriţi să deveniţi adevăraţi profesionişti în tot ce faceţi; din moment ce succesul în vânzări este vital pentru voi, veţi găsi timpul să răspundeţi la câteva întrebări?

Care sunt cele mai importante trei părţi/aspecte ale produsului/serviciului vostru (Ce ESTE produsul/serviciul?)

1. ______________________________
2. ______________________________
3. ______________________________

Ce acţiune face acea parte/acel aspect? (Ce face produsul/serviciul?)

1. ______________________________
2. ______________________________
3. ______________________________

Care este cea mai eficientă afirmaţie pe care o puteţi folosi pentru produsul/serviciul vostru şi care să însemne: „Atenţie, urmează beneficiul vostru!”

____

Care sunt principalele motive pentru care cineva ar dori să cumpere produsul/serviciul oferit de voi? (Ce face produsul/serviciul pentru client?)

1. ______________________________
2. ______________________________
3. ______________________________

CONDUŞI DE NEVOI, ATUNCI ŞI ACUM

Anumite principii nu trebuie să se schimbe şi nici nu o fac. La sfârşitul anilor '50, am lucrat pentru o perioadă scurtă de timp în domeniul asigurărilor pentru spitalizare, sănătate şi accidente. Locuiam în Columbia, Carolina de Sud, şi mergeam des cu maşina în Newberry, Carolina de Sud, pentru afaceri. Mai mult din întâmplare am aflat că în Newberry locuiau multe profesoare necăsătorite, care aveau în jur de patruzeci-cincizeci de ani şi erau singurul sprijin pentru mamele lor. Cred că vă daţi seama că multe lucruri erau diferite în acei ani, printre care numărul mic de sanatorii şi un ajutor social slab din partea guvernului.

Având aceste informaţii, era uşor să continuu raţionamentul: dacă persoana care întreţinea familia păţea ceva, atunci profesoarele şi mamele lor ar fi avut probleme financiare serioase. Am început să mă concentrez asupra acestei pieţe mici, dar extrem de productive. Productive pentru că nevoia era foarte mare şi atunci vânzarea nu era greu de făcut. Eu nu am creat o nevoie, ci doar am oferit o soluţie la o problemă cu care se confruntau aceşti oameni. Fără nici o excepţie, când am făcut prezentarea, doamnele cu fost extrem de încântate (chiar şi cele care nu au cumpărat şi care erau foarte puţine) că am făcut un efort să le văd pe fiecare în parte.

O SIMPLĂ PREZENTARE

În timpul Analizei Nevoii şi Conştientizării Nevoii, am strâns informaţii care mi-au permis să aflu dacă exista vreo modalitate de a ajuta o profesoară (sau pe mama acesteia) în caz că avea vreun accident sau vreo boală care nu i-ar mai fi permis să lucreze. Dialogurile „de imagine interioară" nu au scos la iveală decât conturi de economii destul de modeste.

Apoi am pus întrebarea evidentă:

– V-aţi gândit vreodată ce s-ar întâmpla cu dvs. şi mama dvs. dacă aţi avea un accident sau o boală, nu aţi mai putea lucra şi aţi cheltui şi toate economiile?

Multe se gândiseră la această situaţie, dar cum nu aveau la îndemână nici o soluţie clară abordaseră problema în maniera „Scarlett O'Hara" şi hotărâseră „să se gândească la asta mâine".

Problema Soluţionării Nevoii era destul de evidentă. Am întrebat:

– Dacă ar exista o soluţie la această problemă, aţi dori să o cunoaşteţi, nu-i aşa?

Răspunsul a fost afirmativ.

În timpul acestui segment din procesul de vânzare, m-am lăsat condus de nevoie, aşa cum v-am încurajat şi pe voi să faceţi. În plus, am vrut să încurajez clientul să acţioneze, aşa că am creat o imagine a ceea ce s-ar putea întâmpla dacă nu acţiona imediat.

– Dră. Client, la vârsta de patruzeci şi nouă de ani, speranţa dvs de viaţă este de circa douăzeci-treizeci de ani. În general, în caz de accident sau boală, această speranţă de viaţă se reduce substanţial, la circa şapte ani. Sigur că 400 de dolari (suma pe care asigurarea ar plăti-o după accident) pe lună timp de şapte ani – sau chiar mai mult – înseamnă foarte mult (cam 1.200 – 1.500 de dolari în banii de azi). Din această cauză procedurile de subscriere sunt extrem de stricte (acesta era adevărul). Ca reprezentant al companiei, este clar că nu vă pot garanta că cererea dvs va fi aprobată. Cu toate acestea, voi fi bucuros să o susţin şi să văd ce va spune departamentul de subscrieri.

Majoritatea au spus:

– Hai să încercăm.

Da, teama de a pierde este adeseori mai mare decât dorinţa de a câştiga.

Dacă exista vreo rezistenţă sau nesiguranţă, întrebarea era:

– Cred că vă doriţi ca în caz de boală sau accident să vă puteţi acoperi cheltuielile, nu-i aşa?

Răspunsul era întotdeauna afirmativ. Aşa că pur şi simplu întrebam:

– Atunci de ce nu completăm această cerere de subscriere şi de ce nu lăsăm compania să hotărască?

Sistemul a funcţionat pentru peste 90% dintre persoanele pe care le-am vizitat.

DAR LA ÎNCEPUT DE SECOL?

Ce înseamnă acest exemplu pentru voi la început de secol? Într-un articol din revista *Bottom Line*, Harold Evensky afirmă că „Asigurările de îngrijire pe termen lung sunt scumpe... dar merită banii, căci posesorii lor au toate şansele să le încaseze. Peste 25% dintre cei care împlinesc 65 de ani vor avea nevoie de îngrijire pe termen lung, şi la fel şi 50% dintre cei care au peste 89 de ani."

Prietenul meu Roger Peet, din Bismark, Dakota de Nord, mi-a povestit o problemă interesantă din această regiune. Nu reuşea să îi impulsioneze pe clienţi şi să îi facă să acţioneze. Soluţia pe care i-am recomandat-o (cea folosită de mine în lucrul cu profesoarele) a fost extrem de bună şi pentru el, iar Roger mi-a spus că foloseşte aceeaşi terminologie pe care o folosesc şi eu cu voi. Cifrele se schimbă de-a lungul anilor, dar nu şi principiile.

VORBĂRIE IMPORTANTĂ

Unei persoane de şaizeci şi doi de ani care cumpăra o asigurare de îngrijire pe termen lung, Roger îi oferea 80 de dolari pe zi pe viaţă, cu o primă lunară de 100 de dolari. Nu vă lăsaţi păcăliţi de cifre, există multe alte detalii pe care le las deoparte de dragul simplităţii şi al subiectului care ne interesează. În loc să vă concentraţi asupra cifrelor, fiţi atenţi la vorbăria care crea imaginea de „nevoie înainte de toate" şi simţul de a acţiona urgent.

Roger începea acest segment al prezentării spunând:

– După cum ştiţi, dnă şi dle Client, avem multe alegeri de făcut în viaţă. Până acum aţi făcut probabil zeci de mii de alegeri. Unele au avut urmări importante, dar majoritatea chiar au fost nesemnificative. În acest moment, aveţi de făcut o alegere care poate avea urmări extrem de semnificative. Iată despre ce este vorba: acum, totul indică faptul că puteţi alege dacă vreţi sau nu această asigurare. Nu am cum să ştiu – şi nici voi nu ştiţi – dacă veţi mai avea această şansă mâine, săptămâna viitoare, luna viitoare sau la anul. Poate că o veţi avea, dar asigurările au fost create exact din cauza acestei nesiguranţe. Ţineţi minte asta şi haideţi să vedem ce opţiuni aveţi. Dacă alegeţi să vă asiguraţi, aţi ales să investiţi câte 100 de dolari pe lună. Probabil că nu este vorba de o hotărâre majoră, căci nu va afecta locul în care trăiţi, nici ce mâncaţi, nici tipul de maşină pe care îl conduceţi, nici standardul de viaţă. Pe scurt, dacă spuneţi da, singurul lucru care va fi afectat va fi liniştea sufletească.

Pe de altă parte, dacă alegeţi să amânaţi, sau dacă spuneţi nu, este posibil, cum am spus şi mai devreme, să nu mai aveţi o altă şansă. Dacă aveţi vreun atac cerebral, accident, atac de cord, sau orice altă boală sau vi se întâmplă o catastrofă, atunci răspunsul negativ de astăzi ar putea avea rezultate devastatoare. Suma de 100 de dolari pe lună care ar trebui să vă iasă din buzunar nu va însemna mare lucru, dar cei 80 de dolari pe care va trebui să îi scoateţi ZILNIC din buzunar pentru o perioadă de timp, vor schimba dramatic nu doar situaţia financiară, ci şi liniştea sufletească. De asemenea, vor afecta în mod negativ oameni la care ţineţi, vor seca rezervele dvs şi ale lor.

Având atât de mult de câştigat dacă spuneţi „da", şi atât de mult de pierdut dacă spuneţi nu, nu este mai raţional să lăsaţi compania de asigurări să-şi asume riscul în locul dvs? Cred că veţi dormi mai bine la noapte ştiind că printr-un sacrificiu minim aţi eliminat posibilitatea unei tragedii. Contractul poate intra în vigoare începând cu....!

C.I.C.

Acum că aţi înţeles pe deplin importanţa faptului de a vă lăsa conduşi de nevoie, şi diferenţele în caracteristici, funcţii, beneficii, sunteţi gata să Cereţi Întotdeauna Comanda, iar C.I.C. este punctul central al Capitolului 10!

PARTEA A III-A A PROCESULUI DE VÂNZARE: SOLUŢIONAREA NEVOII

1. Soluţionarea nevoii înseamnă:
A. Profesionistul din vânzări vinde BENEFICII şi nu produse.
B. Profesionistul din vânzări va pune pe prim plan nevoia.

2. Caracteristicile, funcţiile şi beneficiile ajută la rezolvarea problemelor clientului:
A. Caracteristicile sunt părţi ale produsului sau serviciului – ceea ce produsul sau serviciul ESTE.
B. Funcţiile sunt acele activităţi pe care produsul/serviciul le FACE.
C. Beneficiile sunt avantajele câştigate prin folosirea caracteristicilor şi funcţiilor produsului/serviciului - ce FAC PENTRU CLIENT caracteristicile şi funcţiile.

CAPITOLUL ZECE

LUCRURILE DE BAZĂ ÎN ÎNCHEIEREA UNEI VÂNZĂRI

C.I.C. = Cereţi Întotdeauna Comanda

Cu mulţi ani în urmă, ziarele din Detroit publicau o ştire despre poliţa de asigurare uriaşă pe care şi-o încheiase Henry Ford. Un prieten apropiat de-al dlui Ford şi care lucra în domeniul asigurărilor s-a supărat foarte tare şi l-a întrebat de ce nu cumpărase poliţa de la el. Răspunsul este o lecţie pentru toţi cei care vând ceva altcuiva, oriunde s-ar întâmpla aceasta, adică o lecţie pentru noi toţi:

– Pentru că nu mi-ai cerut-o.

AGENTUL DE VÂNZĂRI „TIMID"

Dacă ar exista un exemplu clasic pentru ceea ce pot face munca, perseverenţa şi curajul, atunci acesta ar fi Horace Ziglar, zis şi „Judecătorul". Judecătorul nu se bucura de prea mare succes când a intrat în vânzări, dar a reuşit să stabilească recorduri care au rezistat ani la rând. Fratele meu mai mic pur şi simplu iubea vânzările! Mai târziu, când multă lume i-a cerut să îşi împărtăşească secretele, a devenit unul dintre cei mai buni prezentatori din ţară. Înainte de moartea sa prematură, din octombrie 1990, Judecătorul ajutase mii de oameni să aibă succes în vânzări şi în viaţă.

Când mă gândesc la încheierea unei vânzări, cel care îmi vine imediat în minte este fratele meu. Avea cea mai puternică abilitate pentru a face asta dintre toţi cei pe care i-am cunoscut în domeniul vânzărilor. După cum am spus mai devreme, filozofia lui de bază era că banii *lui* se află în buzunarul tău. Ceea ce era perfect în regulă, căci produsul *tău* era pe raftul lui.

Înainte să începeţi să vă gândiţi la cele de mai sus, aşteptaţi să vă spun repede încă ceva: fratele meu era un agent de vânzări care avea ÎNTOTDEAUNA în minte interesul clientului. Credea ÎNTOTDEAUNA în produsul pe care îl vindea, ştia ÎNTOTDEAUNA că oamenii o duceau mai bine după ce încheia târgul (banii lui contra produsul tău).

Judecătorul a scris o carte numită *Timid Salesmen Have Skinny Kids* (Agenţii de vânzări timizi au copii slăbănogi). Şi câtă dreptate avea! În anul în care a stabilit recordul la vânzarea de ustensile de bucătărie, a avut parte de mai multe necazuri decât poate avea un om în cariera lui: unul dintre copii a stat o perioadă lungă în spital (Horace vindea asistentelor medicale), maşina i-a fost complet distrusă într-un accident (Horace vindea tipului de la asigurări), i-au murit două rude apropiate, şi-a pierdut vocea (medicul i-a spus că nu trebuie să vorbească timp de şase săptămâni, aşa că Horace a făcut singurul lucru pe care îl putea face – s-a dus la un alt doctor).

TREBUIE SĂ ÎŢI PESE CU ADEVĂRAT

Vă rog să vă imaginaţi împreună cu mine următoarea scenă: este 31 decembrie, ajunul Anului Nou. Toată lumea ştie că nu se fac vânzări în ajunul Anului Nou. Este 22.15, iar Horace are o vizită de vânzări. A depăşit deja recordul mondial cu 2.000 de dolari, dar mai are 140 de dolari până la obiectivul pe care şi-l propusese. Ce aţi fi făcut în locul lui?

Tânăra familie la care a intrat H. Ziglar locuia într-o garsonieră micuţă, nu avea sobă şi nici frigider, dar în jurul orei 23.30 deveniseră proprietarii unui set de oale şi cratiţe inoxidabile de toată frumuseţea.

Horace avea multe motive pentru a munci atât de mult. Îşi fixase ca obiectiv să vândă o anumită cantitate de produse şi acum era atât de aproape de atingerea acestui obiectiv (mai ales după ce trecuse prin atâtea) încât nu putea să renunţe. Mai mult, Horace ştia că acel cuplu AVEA NEVOIE de un set de oale şi cratiţe care să poată fi folosite pe plita pe care găteau. El ştia că AVEAU NEVOIE de recipiente cu vid, bine făcute, care să conducă căldura, rezistente, inoxidabile, în care să se poată pregăti mâncare hrănitoare şi care să îi ajute să economisească din cheltuielile pentru alimente, astfel încât să recupereze în timp scurt banii investiţi în acea seară.

Pe scurt, Horace ŞTIA că făcea LUCRUL POTRIVIT PENTRU CLIENŢI, aşa că nu a avut nici o rezervă când a cerut comanda.

Stilul în care încheiaţi o prezentare poate fi total diferit de cel al fratelui meu. Al meu este total diferit. Problema nu este „cum" să cereţi comanda, ci SĂ CEREŢI COMANDA!

SATISFACEREA NEVOII

Tot ce am făcut până acum, în primele nouă capitole, a fost să ne pregătim pentru acest punct al vânzării – acest al patrulea punct din formula noastră de succes este Satisfacerea Nevoii. Când facem bine Analiza Nevoii, înţelegem nevoile şi dorinţele clientului. Continuăm cu Conştientizarea Nevoii; ne asigurăm că înţelegem nevoile şi dorinţele şi că şi clientul le înţelege. După ce atât clientul cât şi agentul de vânzări sunt conştienţi de nevoi, oferim Soluţionarea Nevoii sub formă de produs/serviciu. Şi acum, în cele din urmă, am ajuns la momentul adevărului – Satisfacerea Nevoii.

Agenţii de vânzări timizi au copii slăbănogi.

Când ajungeţi în această etapă, clientul vă poate spune:

– Încercaţi să-mi vindeţi ceva, nu-i aşa?

Iar voi spuneţi:

– Nuuuu, în nici un caz!

Atunci vin şi vă întreb dacă nu cumva sunteţi un musafir profesionist. Încheierea unei vânzări nu trebuie să fie dureroasă nici pentru voi şi nici pentru client. Dimpotrivă, dacă sunteţi persoanele „potrivite" care vând produsele „potrivite" la un preţ „potrivit" şi cu intenţiile „potrivite", atunci sunteţi într-o situaţie câştig-câştig. Aceasta înseamnă că încheierea vânzării este o experienţă pozitivă şi plăcută atât pentru voi cât şi pentru clienţi.

CHIAR TREBUIE SĂ CEREŢI *ÎNTOTDEAUNA* COMANDA?

Un „înţelept" a spus la un moment dat că pierdem 100% din vânzările la sfârşitul cărora nu cerem comanda. Nu este chiar aşa, pentru că în ciuda prostiilor pe care le putem spune şi a faptului că cerem sau nu comanda, există şi indivizi care sunt atât de hotărâţi să cumpere încât deschid ei subiectul şi spun:

– OK, scrie comanda, îl cumpăr.

Cum ştiu asta? Foarte simplu.

Într-o seară, într-un oraş fără nume, într-un centru comercial fără nume, am văzut cel mai frumos pulover din lume, expus în vitrină. Am fost atras instantaneu spre el, în ciuda preţului foarte mare. Am intrat şi am căutat pe cineva care să mă bage în seamă, nu am găsit pe nimeni şi atunci am plecat. După ce am făcut alte cumpărături, adică peste vreo zece minute, m-am întors să mă mai uit o dată la minunatul pulover. Dacă nu mă lăsau să îl cumpăr, atunci cel puţin erau atât de amabili încât să mă lase să mă uit la el în vitrină.

Spre surprinderea mea, de mine s-a apropiat o tânără care părea să se ocupe de vânzări. Nu era chiar aşa. Într-adevăr, lucra în magazin, dar era atât de scufundată în cine ştie ce gânduri, încât deşi fizic era acolo, mintea îi zbura departe. Mi-a vorbit distant, mi-a arătat puloverul fără să arate nici cel mai mic interes pentru discuţia cu mine (sau cu altcineva), totul cu o atitudine de „ia-l sau pleacă". Am fost atât de neplăcut impresionat încât am plecat, m-am întors la hotel (care se afla în centrul comercial) şi am citit ceva. Cine ar fi crezut că este atât de greu să cumperi un pulover?

Dar acum chiar aveam o problemă, căci nu-mi puteam scoate din minte puloverul roşu. După alte câteva momente de gândire, m-am hotărât să nu îi permit unui funcţionar indiferent şi lipsit de profesionalism să mă despartă de bucuria de a purta acel pulover. M-am întors la magazin.

După ceva timp şi efort, am reuşit (datorită anilor de experienţă şi dorinţei de a face faţă rezistenţei) să trec peste toate obiecţiile lor referitoare la faptul că nu mi-l pot vinde, mi-am cerut dreptul la cumpărarea unui produs şi am plecat triumfător cu noul meu pulover roşu.

P.S. În caz că nu vă daţi seama, iubesc acest pulover! Dar vă încurajez să nu le faceţi viaţa atât de amară clienţilor. POATE veţi vinde ceva, dar NU VEŢI trăi din asta.

MERGÂND MAI DEPARTE

Dacă (şi îmi dau seama că acesta poate fi un al MARE „DACĂ") aţi făcut primii trei paşi în formula noastră de succes, atunci cererea comenzii este pasul care urmează în mod natural.

Care este cel mai îngrozitor lucru care se poate întâmpla? Scena de mai jos este cea pe care v-aţi imaginat-o şi voi?

– Vreţi să comandaţi? întrebaţi voi, temători şi neliniştiţi.

– În nici un caz! răspunde clientul, tare şi nepoliticos.

– Dar de ce? paraţi voi, pe un ton mai înalt.

– Pentru că ai un produs de doi bani, spui numai prostii şi eşti incompetent!

Singura reacţie pe care o puteţi avea este să spuneţi „A, da" şi să plecaţi, trăgând şi respectul de sine după voi.

OAMENII VOR SĂ SPUNĂ DA

Ţineţi minte că sunteţi o persoană care trebuie să îi convingă pe ceilalţi, la fel ca medicii, dentiştii, agenţii de vânzări din informatică şi că în majoritatea cazurilor clienţii chiar îşi doresc să spună da, mai ales dacă sunteţi plăcuţi, profesionişti şi prietenoşi. Nimeni nu vrea să spună nu, pentru că asta înseamnă sfârşitul relaţiei. Deşi poate aţi intrat de curând în această relaţie de vânzări, dacă sunteţi persoane plăcute şi sunteţi sincer interesaţi de binele clientului, atunci acesta simte instinctiv că un „nu" ar însemna că totul s-a sfârşit între voi. Clientul poate nu este capabil să exprime în cuvinte sentimentul, dar acesta există, aşa că balanţa înclină în favoarea profesionistului. Deci cereţi comanda, dragi prieteni din vânzări. Faceţi-o într-un mod plăcut şi profesionist, dar CEREŢI-O!

CURAJUL DE A PUNE ÎNTREBAREA

David A. Mezey vinde ehipamente medicale în North Olmsted, Ohio. Când regiunea sa s-a extins şi a ajuns să includă şi zone acoperite înainte de reprezentantul pentru Pittsburgh, el şi-a sunat prietenul din Pittsburgh pentru a se pune la punct cu ultimele informaţii despre anumiţi clienţi. Astfel a aflat că unul dintre clienţi avea doi medici radiologi, dintre care unul era foarte receptiv şi era gata să cumpere orice produs nou, pentru a vedea cum merge. Celălalt asculta cu atenţie prezentările, dat nu se putea hotărî când trebuia să ia o decizie.

La prima vizită, David a prezentat caracterisiticile, funcţiile şi beneficiile mai multor produse noi în faţa directorului tehnic al departamentului de radiologie, care a sugerat că unul dintre medici ar fi interesat să îl vadă pe David.

Iată ce spune David:

– Era minunat, pentru că ştiam că o să cumpere ceva. După prezentare, doctorul a cumpărat mai multe produse. În seara următoare am vorbit iar cu reprezentantul de Pittsburgh şi i-am mulţumit pentru pont, Dr. Lazeroni chiar cumpărase! Am fost foarte surprins să aflu că dr. Lazeroni nu cumpărase niciodată nimic, indiferent de cât de interesantă era oferta! Era clar că vorbisem cu omul „nepotrivit". Dar de atunci dr. Lazeroni este unul dintre clienţii cei mai fideli şi a făcut mult bine pentru el şi pentru pacienţi cumpărând alte produse.

După cum am mai spus şi o să repet, în vânzări, ca şi în viaţă, suntem toţi NĂSCUŢI PENTRU A CÂŞTIGA. Dar pentru a fi CÂŞTIGĂTORI, trebuie să PLANIFICĂM să câştigăm, să ne PREGĂTIM să câştigăm, şi abia APOI ne putem AŞTEPTA să câştigăm. David şi-a planificat prezentarea, şi-a pregătit-o şi s-a aşteptat să vândă. Aceasta este atitudinea pe care trebuie să şi-o dezvolte toţi agenţii de vânzări – atitudine pe care şi VOI trebuie să v-o dezvoltaţi. Dacă vă PREGĂTIŢI şi PLANIFICAŢI, atunci aveţi toate motivele să VĂ AŞTEPTAŢI să vindeţi!

TREBUIE „SĂ CEREM" PENTRU „A AVEA"

Am pomenit mai devreme despre prietenul meu Gerhard Geschwandtner, editorul revistei *Personal Selling Power*. Părerea mea personală este că această revistă este cea mai bună publicaţie despre vânzări de pe piaţă. Gerhard spune că în ultimii şaptezeci şi cinci de ani s-au publicat peste trei mii de cărţi în domeniul artei şi ştiinţei vânzărilor profesioniste. Cu toate acestea, mai puţin de 15 cărţi se ocupă exclusiv de procesul de încheiere a vânzării. Acesta este unul dintre motivele pentru care cartea mea *Secrets of Closing the Sale* a avut un succes atât de mare şi încă a rămas singura carte cu tehnici pure de vânzare care a intrat în lista de best-seller din *New York Times*.

Deşi *Secrets* include peste o sută de moduri de încheiere specifice, şapte sute de întrebări de vânzare şi zeci de ponturi, tehnici, secrete pentru profesioniştii de succes, nu am prezentat un proces cronologic specific care să ne ajute să încheiem mai multe vânzări. Acest capitol se referă exact la asta. Este un lucru important, căci tehnicianul vânzărilor Chris Hegarty afirmă că 63% din interviurile de vânzări se termină fără ca agentul de vânzări să ceară comanda în mod explicit.

UN ALT ŞOC

Cercetările făcute de Dr. Herb True din Notre Dame arată că 46% din agenţii de vânzări pe care i-a intervievat cer comanda o singură dată şi apoi renunţă; 24% o cer de două ori înainte de a renunţa; 14% încearcă şi a treia oară; 12% rezistă până la a patra încercare. Adică un total de 96% care pleacă după *patru* încercări de a încheia vânzarea, dar acelaşi sondaj arată că 60% dintre vânzări au loc după a cincea încercare. Din moment ce procentajul de agenţi care nu cer comanda de cinci ori este egal cu 96%, este evident că 4% fac 60% din vânzări (şi 60% din comisioane).

Pierdem 100% din vânzările la sfârşitul cărora nu cerem comanda.

Iată un sfat pentru cei care au reţineri în a cere comanda mai mult de o dată sau de două ori de teama de a nu părea agenţi de vânzări „insistenţi": când aruncătorul de la baseball respinge mingea, aceasta se întoarce la arbitru, care o pune în sac laolaltă cu celelalte mingi. Mai târziu, aruncătorul va primi aceeaşi minge. Rar se întâmplă ca aceeaşi minge să fie respinsă de două ori. Clientul se va uita la oferta voastră în mod diferit a doua, a treia, a patra sau chiar a cincea oară. Aşa cum arbitrul profesionist de la baseball îi dă aruncătorului aceeaşi minge, tot aşa agentul de vânzări profesionist oferă de mai multe ori acelaşi produs clientului.

STĂRUINŢĂ ŞI PUTERE DE CONVINGERE

John Cummings din Mudelein, Illinois, este director general la o reprezentanţă auto. Unul dintre cursanţii lui John a încercat fără succes să îl facă pe un client să cumpere o maşină foarte bună.

Nici directorul de zonă nu reuşise să încheie vânzarea. Şi cum ambii puseseră întrebarea referitoare la comandă de cel puţin patru ori, perspectiva nu era deloc îmbucurătoare. Atunci Jim Borgman, cursantul, a avut o idee. La vreo oră după ce clientul ajunsese acasă, Jim l-a sunat şi l-a salutat foarte prietenos:

– Bună ziua, dle Client. Sunt Jim Borgman, de la Bernard Chevrolet. Vă deranjez cumva?

După ce a aflat că nu îl deranja pe client (mişcare foarte înţeleaptă), Jim a continuat:

– Îmi permiteţi să vă pun câteva întrebări?

Primind un răspuns pozitiv, l-a întrebat:

– Aţi vizitat firma concurentă?

– Da, a răspuns Clientul.

Jim a trecut direct la subiect şi a întrebat:

– Aţi cumpărat de la ei?

– Nu, a venit răspunsul monosilabic.

– Cam scump, nu-i aşa? a spus Jim.

– Da, cam scump.

– Dle Client, îmi permiteţi să vă mai pun o întrebare?

– Sigur, spuneţi.

– Minunat! Dle Client, unde aveţi de gând să faceţi primul drum cu Suburbanul cumpărat de la Bernard Chevrolet?

După o pauză, clientul a răspuns:

– În Kentucky!

Atunci, cu un zâmbet larg pe faţă (care spunea că agentul şi clientul tocmai trăiseră experienţa „dublului câştig"), Jim a continuat:

– Bine, bine, dle Client. Întoarceţi-vă la noi. Sunt convins că putem cădea la învoială.

– Am şi plecat, Jim.

La început, Jim şi clientul erau la 1.500 de dolari distanţă de încheierea afacerii, dar datorită abordării entuziaste, creative, politicoase şi insistente a bobocului în ale vânzării – toate acestea combinate cu înţelegerea clientului, implicarea acestuia şi CEREREA COMENZII ÎNCĂ O DATĂ – Jim Borgman a încheiat vânzarea. Şi iată un lucru care merită repetat, pentru că este adevărat: un agent de vânzări începător vinde mai mult decât unul cu experienţă.

Poate fi extrem de dificil să cereţi o comandă de cinci ori dacă (a) nu credeţi cu adevărat în produs/serviciu; (b) nu aţi urmărit cum trebuie primele trei etape (Analiza Nevoii, Conştientizarea Nevoii, Soluţionarea Nevoii) din formula noastră în patru paşi; (c) nu vă aşteptaţi să vindeţi.

Nu chiar din întâmplare am lăsat pentru acum faptul că de la un efort de vânzare la următorul trebuie să aduceţi motive, caracteristici, funcţii suplimentare, şi BENEFICII pentru client, astfel încât el să ia hotărârea pozitivă AZI. Atunci când oferiţi informaţii în plus, permiteţi-i clientului să ia o nouă hotărâre pe baza acestora. Cu riscul de a supraestima importanţa aşteptării în vânzare, daţi-mi voie să vă mai dau un exemplu despre cum această aşteptare pozitivă vă poate schimba total cariera.

ÎNCEPĂTORUL PRIVEŞTE ŞI ÎNVAŢĂ

Pe când lucram în asigurări, am făcut o vizită împreună cu superiorul meu la un client supraponderal, în vârstă de cincizeci şi cinci de ani. Îi vândusem o poliţă de 100.000 de dolari, căci nu avea nici un fel de asigurare. Eram începător pe atunci şi când i-am dat omului poliţa superiorul meu a explicat atât de bine beneficiile acestui tip de asigurare încât clientul nu a avut nici o ezitare în a cumpăra încă una. Spre mirarea mea, colegul a scos imediat din servietă o a doua poliţă de 100.000 de dolari (ceruse companiei să îi mai elibereze una în avans) şi i-a dat-o clientului. Am învăţat multe atunci despre aşteptarea pozitivă – şi despre cum să îmi servesc clientul – deoarece prima poliţă de 100.000 de dolari nu acoperea problemele pe care le-ar fi putut cauza sănătatea şi vârsta clientului.

HRANĂ PENTRU FAMILIE SAU MULŢUMIRE PENTRU SINE

Vorbeam într-un capitol anterior despre faptul că avem de ales între a ne hrăni familia sau ne mulţumi pe noi înşine; această lecţie se aplică şi aici. De multe ori nu punem întrebarea cu pricina pentru că nu vrem să primim un răspuns negativ. Acum este momentul să vă faceţi un test de curaj.

V-am recomandat deja să revedeţi fiecare vizită de vânzări imediat după prezentare, adică să staţi singuri şi să retrăiţi experienţa. Cel mai eficient mod este să ţineţi un jurnal, dar despre asta vom vorbi mai pe larg în capitolul 15, „Organizare şi Disciplină". Dar indiferent de cum vă pregătiţi, TREBUIE să răspundeţi la cel puţin o întrebare după ce încheiaţi o prezentare FĂRĂ să cereţi comanda. Întrebarea este „De ce?"

Oare „Nu era momentul potrivit"; „Clientul era neatent"; „Erau prea mulţi oameni în jur" sau „Mai avea nevoie de timp de gândire"? Acestea sunt adeseori scuze folosite pentru a nu cere comanda. Nu mă înţelegeţi greşit, sigur că în anumite cazuri este mai bine să plecaţi şi să reveniţi peste câteva zile, mai ales dacă suma pe care o cereţi de la clienţi este importantă. Cu toate acestea, în majoritatea covârşitoare a cazurilor, trebuie să urmaţi sfatul lui Louise Padgett adică să vă strângeţi toate forţele pentru a „o face!"

Pentru fiecare vânzare pe care o rataţi din cauza încercării de a o încheia într-un moment nepotrivit veţi rata zece pentru că nu veţi încerca să le mai încheiaţi deloc.

ÎNCREDERE VS. EXCES DE ÎNCREDERE

Din nefericire, agenţii de vânzări pierd vânzări pentru că pornesc de la ideea că „totul este sigur". Vânzarea nu este *sigură* până când nu s-a semnat comanda, până nu s-au trimis produsele/serviciile, până nu au fost plătite şi până cînd clientul nu este satisfăcut.

Încrederea în voi înşivă ca persoane şi apoi ca agenţi de vânzări este esenţială, dar excesul de încredere duce la aroganţă, adică exact la ce s-a întâmplat când Buster Douglas l-a bătut pe Mike Tyson şi a devenit campion la categoria supergrea. Adică agenţii de vânzări pierd vânzările „sigure".

David Ray, consilierul pe probleme de admitere de la Malone College din Caton, Ohio, povesteşte cum a avut o idee, a adaptat-o la situaţia facultăţii şi a reuşit să crească numărul de înscrieri. David a făcut un mailing cu o scrisoare inspirată dintr-un model al lui Thom Norman, trainer de vânzări. Peste trei zile, David s-a întâlnit cu unul din elevii lui în holul de la intrare, pe când se pregătea să plece la treabă. Lucra cu acel elev încă din octombrie anul trecut şi „era un student pe care îl puteam considera ca fiind sigur, ştiam că ne vom întâlni şi în toamnă". Dar când David l-a întrebat ce mai face, a aflat că acesta stătea acasă şi renunţase la ideea de a se înscrie la facultate. Apoi David a auzit nişte cuvinte care s-au părut o muzică divină: elevul în cauză fusese extrem de speriat până primise scrisoarea mea. După ce a citit-o, a înţeles că luase hotărârea cea bună de a merge la facultate şi s-a grăbit să-şi plătească taxa de înscriere.

Iată un fragment din scrisoarea trimisă de David:

„Îţi scriu aceste rânduri şi îmi dau seama că este mai puţin de o lună până când vei deveni student la Malone. Dacă îmi amintesc bine, şi eu am fost emoţionat, speriat, agitat, entuziasmat, zăpăcit, încrezător şi îngrijorat înainte de a începe facultatea. Te regăseşti în descrierea mea? Să ştii că nu eşti singurul. Mulţi dintre viitorii tăi colegi se simt la fel. Dacă ar fi să vă încurajez în vreun fel, atunci v-aş spune *felicitări*.

Sunt mândru să ştiu că aţi hotărât să deveniţi o părticică din istoria Facultăţii Malone, căci în 1992 sărbătorim 100 de ani de educaţie creştină la nivel înalt. Eşti aproape de momentul în care vei vedea personal beneficiile care fac din Malone o facultate de prima mână pentru acest început de secol.

Îţi mulţumesc pentru încrederea pe care o ai în mine, consilierul tău pentru admitere. Sper că relaţia noastră va continua şi după ce îţi vei începe studiile; uşa mea îţi este mereu deschisă.

Mi-a făcut plăcere să îţi întâlnesc şi vizitez familia. Sper că sunt şi ei la fel de emoţionaţi ca mine pentru noul lor «Pionier». Bine ai venit în promoţia 2000.

Aştept să te văd pe 25 august."

LECŢII PENTRU NOI TOŢI

Putem învăţa câteva lecţii de aici.

Numărul unu: nu există vânzare sigură până când nu este semnată comanda, nu este plătit produsul/serviciul, şi până când clientul nu este mulţumit de tranzacţie.

Numărul doi: „vânzarea sigură" nu a fost sigură până când clientul nu a fost asigurat că totul este în regulă. Scot aici în evidenţă faptul că această scrisoare demonstrează înţelegere şi empatie. Ea îl asigură pe elev că şi alţii simt ce simte el. Scrisoarea lui David indică faptul că este mândru de acest tânăr şi adaugă valoarea mulţumirilor pe care le aduce „viitorului student" pentru încrederea pe care o dovedeşte. David personalizează scrisoarea spunând „Mi-a făcut plăcere să îţi întâlnesc şi vizitez familia. Sper că sunt şi ei la fel de emoţionaţi ca mine pentru noul lor «Pionier». Bine ai venit în promoţia 2000. Aştept să te văd pe 25 august." Interesant este faptul că în ziua în care a primit scrisoarea, elevul a fugit să-şi plătească taxa de înscriere.

ÎNCHEIERI COMPLICATE

Howard Donnely din Aurora, Colorado, foloseşte pauza de prânz pentru a se hrăni fizic DAR şi psihic. Citeşte materiale educaţionale sau ascultă casete pentru a se „remotiva". În timpul unui „atelier de prânz", asculta o casetă foarte bună care sublinia importanţa momentului în care trebuie să ceri comanda. (Aceste casete pot fi comandate în scris sau la telefon de la compania noastră.)

Howard este reprezentantul unei firme de produse electronice. În după-amiaza aceleiaşi zile, un client l-a sunat şi a cerut câteva informaţii despre unul dintre cele mai scumpe produse ale companiei. Howard i-a dat toate informaţiile, i-a spus în cât timp poate intra în posesia lor şi cât costă. Clientul a fost mulţumit şi a încheiat conversaţia mulţumindu-i. Din fericire, Howard şi-a amintit de ceea ce tocmai auzise pe casetă şi înainte ca telefonul să se închidă, a întrebat doar atât:

– Doriţi să faceţi o comandă?

A urmat o pauză scurtă şi clientul a spus:

– Păi, cred că ar fi bine să fac comanda şi să rezolv treaba.

Şi vânzarea a fost încheiată în doi timpi şi trei mişcări. Cel mai rău lucru care s-ar fi putut întâmpla era ca Howard să primească un răspuns negativ. Adevărul este, după cum spune chiar Howard:

– Dacă nu l-aş fi întrebat, probabil că nu ar mai fi sunat niciodată.

NU FACEŢI LUCRURILE MAI COMPLICATE DECÂT SUNT

Donald Henry din Glenview, Illinois, şi-a folosit ingeniozitatea şi creativitatea, împreună cu simţul umorului, pentru a-şi face clientul să acţioneze. Donald îi oferea unui posibil client posibilitatea de a investi într-o companie de divertisment. Donald îl cunoştea pe om de ceva vreme, aşa că s-a hotărât să îşi asume un risc calculat, fix în mijlocul conversaţiei. Şi-a scos telefonul din buzunar şi a dat cu el de trei ori în birou, apoi a întrebat:

– Domnule Client, aţi auzit?

Clientul auzise sunetele destul de puternice şi a răspuns pozitiv.

Donald l-a întrebat dacă ştia de unde veneau sunetele, iar când clientul a spus că nu, el a explicat:

– Este şansa care bate la uşă. Ar fi bine să nu o lăsaţi să plece!

Clientul a început să râdă destul de tare şi a spus că era o metodă extraordinară, pur şi simplu nu-i venea să creadă că un agent de vânzări putea face aşa ceva. Iar Donald l-a întrebat din nou dacă vrea să facă o comandă. Clientul a spus:

– Trebuie să fie un produs bun dacă aţi făcut ce aţi făcut. Îl cumpăr.

Banal? Da! Creativ? Sigur că da! Dar această idee banală şi creativă l-a făcut pe David să aibă succes.

Acum ţineţi minte că Donald îşi cunoştea clientul. Aflase multe despre el de-a lungul anilor. Donald era de asemenea dornic să încerce ceva diferit, în special pentru că implica şi ceva umor. Şi cel mai important lucru era că totul a mers spre cererea comenzii şi încheierea vânzării.

A CERE ŞI A PRIMI

Deşi există sute de moduri de a cere comanda, eu vă încurajez să vă concentraţi asupra a trei dintre ele. F.S. – Fă-o simplă! – este strigătul de luptă de când oamenii cavernelor îşi vindeau beţe de foc între ei. Da, sigur că puteţi şti o sută de moduri de a cere comanda, dar sunteţi atât de stăpân pe ele încât să le folosiţi la momentul potrivit şi în mediul potrivit?

Dacă veţi folosi unul sau toate cele trei moduri de a cere comanda timp de nouăzeci de zile, atunci veţi încheia mult mai multe vânzări – Şi veţi fi pregătiţi să formulaţi trei expresii personale, pe baza experienţei pe care o veţi căpăta. Cheia este să nu încercaţi să reinventaţi roata, să învăţaţi din experienţa altora, să puneţi la baza carierei voastre aceste trei metode.

Ţineţi minte că poate vindeţi motivul pentru care un adolescent trebuie să păstreze liniştea şi să fie atent la lecţie, motivul pentru care un pacient trebuie să continue un tratament anume, motivul pentru care un angajat trebuie să dorească să vină la timp la birou, motivul pentru care soţia voastră nu trebuie să vă părăsească. Procesul de convingere este mereu acelaşi, iar cu sensibilitate, iubire, grijă, puteţi cere comanda indiferent de produs sau serviciu, folosind aceste idei.

RECAPITULAREA A TREI ÎNTREBĂRI

Am vorbit mai devreme despre trei întrebări pe care le folosesc agenţii de vânzări de succes atunci când cer comanda. Sper că le reformulaţi cu cuvintele voastre. Să le recapitulăm mai jos:

- „Înţelegeţi unde _____ ?" Completaţi cu beneficiul de bază (economie de bani, mai mult timp cu familia etc.) care îl face pe client să cumpere.
- „Sunteţi interesat să _____ ?"
- „Dacă ar fi să începeţi să _____, când credeţi că ar fi momentul cel mai potrivit?"

Aveţi mai multe detalii la capitolul unde am discutat despre asta, acum ţineţi minte doar că puteţi completa cu orice motiv de cumpărare atât timp cât este motivul dominant pe care l-aţi analizat şi conştientizat împreună cu clientul, în primele faze ale procesului de vânzări.

ÎNCHEIEREA PROBABILITĂŢII

O dată ce clientul a ajuns în momentul adevărului, îi puteţi pune următoarele întrebări pentru a obţine ordinea informaţiilor pe care trebuie să le organizaţi.

– Dle Client, pe o scară de la 1 la 10, unde 10 înseamnă că sunteţi gata să faceţi comanda, unde credeţi că vă aflaţi acum?

Observaţi subtilităţile întrebării, alegeţi cu atenţie cuvintele: nu am spus că 1 înseamnă „nu sunt interesat". Nu vă doriţi să plantaţi seminţele lipsei de interes.

Aşteptaţi răspunsul şi când l-aţi primit, continuaţi:

– Dacă acum sunteţi la .... (numărul spus de client), ce v-ar face să ajungeţi la 10?

Dacă la prima întrebare cifrele sunt sub 7, atunci aveţi probleme cu primele etape ale procesului de vânzare. Acest model de încheiere este cel mai util când vă apropiaţi de primirea comenzii, dar simţiţi o rezistenţă pe care trebuie să o depăşiţi. Rezolvarea acestei rezistenţe (obiecţiile) este atât de importantă încât i-am dedicat un întreg capitol (cap. 11), problema este că nu puteţi lupta cu o obiecţie pe care nu o cunoaşteţi. Acest model pune problemele pe tapet şi vă ajută să le rezolvaţi corespunzător.

ÎNCHEIEREA REZUMATIVĂ

Acest model poate să vi se pară foarte simplu, dar nu subestimaţi importanţa a ceea ce pare evident. În acest caz recapitulaţi acele subiecte din prezentare care au aprins beculeţul clientului şi apoi cereţi comanda. De exemplu:

– Dle Client, spuneaţi că trebuie să învăţaţi să fiţi mai bun la încheierea vânzărilor. Spuneaţi de asemenea că dacă v-aţi putea învăţa oamenii mai multe tehnici de încheiere a vânzărilor, atunci afacerile ar merge mult mai bine. Şi mai spuneaţi că *Arta vânzării* v-a oferit exact ce vă trebuia. Aşa este?

Primiţi un răspuns afirmativ şi continuaţi încrezători:

– Dle Client, din moment ce doriţi să creşteţi vânzările în compania dvs, pot să completez o comandă pentru 250 de cărţi?

În timpul procesului de vânzare, clienţii îşi aprind focul cu gazul şi chibriturile voastre. În timpul procesului de vânzare, focul se poate stinge din diferite motive sau chiar din neatenţie. Rezumând ceea ce a făcut ca focul să ardă puternic, reaprindeţi flacăra în momentul în care le cereţi clienţilor să investească. Cu cât sunt mai „aprinşi" în acest moment, cu atât veţi încheia mai multe vânzări.

„BATEREA ÎN CUIE"

După ce clientul v-a dat comanda, una din cele mai eficiente metode de a-l „BATE ÎN CUIE" definitiv este să îl întrebaţi:

– Dle Client, mi-aţi fi de mare ajutor şi aş lua-o ca pe o favoare personală dacă mi-aţi spune încă o dată ce vă atrage atât de mult la ________ (produsul acesta)!

În acest moment, nu trebuie să ezitaţi să cereţi o favoare. Clienţii tocmai au cumpărat de la voi, şi unul din motivele pentru care au făcut-o este că vă plac. Clienţii vor fi dornici şi chiar nerăbdători să vă facă această favoare. Relaţia se va întări, iar vânzarea va fi şi mai sigură.

Nu vă temeţi că poate nu ştiu ce au cumpărat. Dacă oamenii ar cumpăra doar pentru că „aşa au simţit" şi nu ar fi în stare să vă dea nici un motiv raţional, atunci aţi rata vânzările şi aţi avea numai clienţi nemulţumiţi. Dacă trebuie să le amintiţi de ce sunt atât de mulţumiţi, este foarte bine. Aveţi şansa ideală de a enumera beneficiile logice şi atractive de care se vor bucura clienţii prin posesia acelui produs. „BATEREA ÎN CUIE" vă permite să încheiaţi procesul de vânzare într-o notă foarte înaltă!

FIECARE VIZITĂ ÎNSEAMNĂ O VÂNZARE

Chiar dacă directorii de vânzări cei mai lipsiţi de sensibilitate nu se aşteaptă să încheiaţi cu o vânzare 100% din vizitele pe care le faceţi (deşi trebuie să cereţi comanda în 99,9% din aceste vizite), fiecare vizită înseamnă o vânzare. Faptul că nu aţi completat formularul de comandă NU înseamnă că vânzarea a fost ratată.

Fiecare interviu înseamnă o vânzare. Îi convingeţi pe posibilii clienţi că au nevoie de produsele/serviciile voastre şi că au nevoie de ele acum – şi atunci tranzacţia este încheiată – sau clienţii vă „vând" faptul că nu au nevoie de produsele/serviciile voastre sau că nu au nevoie de ele acum.

Teoretic, şansele sunt de partea voastră, căci sunt puţini consumatori care citesc cărţi, merg la cursuri sau ascultă casete despre cum să nu cumpere. Voi, prin simplul fapt că citiţi acestă carte, faceţi un efort serios pentru a învăţa cum să îl faceţi pe client să spună „da". Dar pentru a încheia vânzarea trebuie să existe două „da"-uri:

Clientul trebuie să spună „Da, îl vreau".

Agentul de vânzări trebuie să spună: „Da, vrea să îl vând."

La prima vedere, cel din urmă pare uşor ridicol, dar conduita, lipsa de profesionalism, negativismul, lipsa de integritate, multe alte lucruri mă fac să cred că există agenţi de vânzări care chiar nu îşi doresc să vândă sau nu se aşteaptă să vândă, iar în ambele cazuri rezultatul este acelaşi.

Acum înţeleg pe deplin că sunt vizite la posibili clienţi care nu trebuie să se încheie cu o vânzare. Din când în când, discut cu oameni care vând produse ce nu răspund nevoilor sau dorinţelor mele. Adevăratul profesionist recunoaşte şi îşi asumă această realitate. În aceste condiţii, este de o mie de ori mai bine să nu închei vânzarea decât să închei o vânzare nepotrivită (de pe urma căreia să nu benficieze pe termen lung nici clientul şi nici agentul). Singurul lucru mai rău decât ratarea unei vânzări în care existau şi nevoia şi capacitatea de a cumpăra este să închei o vânzare în care nu există nevoie şi nici produsul nu răspunde perfect nevoilor clientului. Este o situaţie în care referinţele şi posibilităţile de vânzări viitoare dispar – iar în meseria noastră, singurul mod în care putem supravieţui, fără a ne mai gândi la prosperitate, este să avem clienţi care devin asistenţi de agenţi de vânzări şi ne aduc posibili clienţi şi recomandări.

ADEVĂRATUL SECRET AL ÎNCHEIERII UNEI VÂNZĂRI

La sfârşitul prezentării – indiferent dacă răspunsul este da, nu, sau poate – profesionistul de succes îi cere clientului numele altor persoane care ar putea beneficia de produsul/serviciul ce tocmai a fost descris. Dacă nu sunteţi dispuşi să puneţi această întrebare, trebuie să vă verificaţi nivelul de încredere în ceea ce vindeţi. Aceste referinţe costă mai nimic, dar ajută compania să economisească mult. Şi mai mult, îl ajută pe agentul de vânzări să rămână în domeniu. Ţineţi minte, nu contează cât de bun este produsul vostru sau cât de minunată este prezentarea pe care o faceţi, dacă nu aveţi cui să îi spuneţi povestea sunteţi falimentar şi aţi ieşit din afacere. La începutul carierei mele, am avut norocul să am un director de vânzări excepţional, Bill Cranford (căruia i-am dedicat *Secrets of Closing the Sale*). Bill m-a ajutat să înţeleg acest subiect extrem de important.

Am primit unul dintre cele mai frumoase complimente din viaţa mea în timp ce îi ceream unui client nou referinţe despre alţi posibili clienţi. Încercam să îi explic faptul că nu voi face presiuni asupra prietenilor şi cunoştinţelor ei, că atunci când vizitam persoane care îmi erau recomandate făceam prezentarea şi apoi era OK şi dacă doreau să cumpere şi dacă refuzau, eu nefăcând nici un fel de presiune asupra lor. Clienta m-a întrerupt aici şi a spus:

– Da, sunt sigură că aşa este. Sunteţi cel mai amărât agent de vânzări din câţi am văzut.

Partea amuzantă este că persoana în cauză cumpărase tot ce era de vânzare la compania noastră. Dar cuvintele cheie erau „Clientul a CUMPĂRAT." Nu se simţea PĂCĂLITĂ, şi cred că aici este cheia succesului. Rolul vostru este să deveniţi un asistent al cumpărătorului şi să îl ajutaţi pe client să cumpere – nu să îl faceţi să se simtă de parcă tocmai l-aţi înşelat.

ÎNAPOI LA HORACE-JUDECĂTORUL

Am început capitolul vorbind despre fratele meu, mi se pare corect să îl închei în acelaşi mod. Pe lângă faptul că era cel mai tare la încheierea vânzărilor, fratele meu era puţin actor. Avea instinctul încheierii unei vânzări (ştia când să ceară comanda) şi mai avea convingerea că ceea ce vindea el era cel mai tare produs pe care îl putea cumpăra vreodată un client.

Când era vorba de încheierea vânzării, noi doi eram fiecare la câte un capăt al drumului, deşi aveam rezultate asemănătoare. Deşi în ultimul an lucrasem numai în vânzări directe şi încheiasem cu vânzare peste 90% din vizitele pe care le făcusem, el tot avea curajul de a mă acuza că sunt îngrozitor de slab la încheierea vânzărilor! Diferenţa era stilul şi nu rezultatele. Horace „sărea la carotidă" şi era convins că dacă nu cerea comanda – şi dacă nu o cerea foarte des – le făcea un deserviciu clienţilor. Convingerea mea era că dacă aduceam destulă logică şi destul sentiment în prezentare, atunci dorinţa clientului de a avea obiectul va fi atât de mare încât în momentul în care îl întrebam dacă vrea să cumpere şi credeam că va cumpăra, vânzarea venea de la sine. Lecţia pe care trebuie să o trageţi voi de aici este că trebuie să lucraţi respectându-vă personalitatea şi să nu renunţaţi la lucrul de bază – CEREŢI ÎNTOTDEAUNA COMANDA!

JUDECĂTORUL ŞI AVOCATUL

Într-o seară, fratele meu Judecătorul (cunoscut şi sub numele de Horace!) a vizitat un avocat şi pe soţia acestuia. Mintea avocatului era ca cimentul, adică un conglomerat ce părea solid. I-a spus fratelui meu că nu cumpără nimic şi i-a dat şi un motiv. Judecătorul a răspuns obiecţiei aduse şi a cerut comanda. Avocatul a găsit altă obiecţie, şi fratele meu a răspuns şi la aceasta şi a cerut din nou comanda. şi tot aşa de vreo douăsprezece ori. Eu stăteam şi mă uitam la ei, întrebându-mă de ce fratele meu îşi mai pierde timpul. Pentru mine era evident că acest om nu avea nici o intenţie să cumpere ceva.

Lucraţi respectându-vă personalitatea şi nu renunţaţi la lucrul de bază – CEREŢI ÎNTOTDEAUNA COMANDA!

Când avocatul a mai venit cu o obiecţie, fratele meu a sărit brusc în picioare şi i-a spus:

– Ticălosule! Ar trebui să te împuşc!

Expresia de pe faţa avocatului trăda uimire, şoc şi neîncredere. S-a înroşit puţin la faţă şi a spus:

– Ce vreţi să spuneţi?

Fratele meu a răspuns:

– Acum înţeleg ce faceţi. Vreţi să vedeţi până unde rezist. Vreţi să aflaţi răspunsurile la toate obiecţiile din carte, şi să le folosiţi apoi în procese.

Horace a râs şi a continuat:

– Omule, îmi plac tipii ca tine, care ştiu ce vor, dar lecţia de vânzări s-a cam terminat. Scoate carneţelul de cecuri şi completează cecul pentru comandă. Apoi îţi mai povestesc despre vânzări, dar până atunci nu mai scot nici un sunet.

Nici până în ziua de azi nu am înţeles de ce a cumpărat avocatul. Nu pledase vinovat la acuzaţiile fratelui meu, deşi au mai stat puţin de vorbă după ce a completat cecul. Am plecat lăsând în urmă un cuplu fericit şi un avocat căruia încă nu-i venea să creadă ce păţise.

Confesiune: Eu aş fi ratat o vânzare ca asta. Şi cred că 99% dintre agenţii de vânzări ar fi ratat-o. Mesajul pentru voi este clar – indiferent de condiţii, cunoştinţe tehnice, tip de client, experienţă, investiţii, sau orice altceva, CEREŢI ÎNTOTDEAUNA COMANDA!

ŞI DACĂ SPUN NU?

Când clienţii spun nu, motivul cel mai frecvent este că încă nu „ştiu" destule pentru a spune da. Există o metodă care vă va permite să aflaţi ce informaţii le-ar mai trebui pentru a încheia vânzarea. Această metodă este prezentată în capitolul 11, din care veţi afla cum să depăşiţi negaţia prin informarea clientului.

PARTEA A IV-A DIN PROCESUL DE VÂNZARE: SATISFACEREA NEVOII

1. C.I.C. = Cereţi întotdeauna comanda; agenţii de vânzări pierd 100% din vânzările la care nu au cerut comanda.

2. Metoda din trei întrebări vă ajută să cereţi comanda:
A. „Înţelegeţi cum produsul/serviciul meu vă __________ (completaţi cu cel mai important beneficiu care l-ar face pe client să cumpere.)
B. „Sunteţi interesaţi de __________?
C. „Dacă ar fi să începeţi să __________, când credeţi că ar fi momentul cel mai bun?"

3. Metoda probabilităţii îl ajută pe client să înţeleagă cât de aproape este de încheierea vânzării:
A. „Pe o scară de la 1 la 10, unde 10 înseamnă că sunteţi gata să faceţi comanda, unde credeţi că vă situaţi acum?"
B. „Ce v-ar face să ajungeţi la 10?"

4. Metoda rezumativă poate să pară simplă, dar nu vă lăsaţi păcăliţi de simplitatea ei:
A. Rezumaţi toate motivele pe care vi le-a dat clientul în favoarea cumpărării şi CEREŢI COMANDA! Reaprindeţi focul prin reluarea motivelor.

5. Cereţi clientului să vă spună de ce s-a hotărât să cumpere, pentru a „bate în cuie" vânzarea.

CAPITOLUL UNSPREZECE

VÂNZĂRI MAI MULTE ŞI MAI DESE

Metodă pentru depăşirea obiecţiilor

La începutul carierei mele, clienţii mă întrebau uneori de ce era nevoie să depună o sumă anume înainte de a cumpăra produsele. Explicaţia general valabilă era că acest depozit era un act de bună credinţă. Continuam şi spuneam că firma trebuie să investească în ambalarea şi trimiterea mărfurilor, aşa că trebuia să fie sigură că era vorba despre un client serios şi o comandă fermă.

Din când în când, câte un client mă întreba:

– De fapt, aceşti bani sunt ai tăi, nu-i aşa?

Ceea ce dorea el să spună era că eu îl împingeam să cumpere pentru că acei bani îmi reveneau mie. După ani de zile am descoperit un răspuns care îmi permitea să sparg gheaţa, să îmi fac noi prieteni şi să închei vânzarea. Mă uitam fix în ochii clientului şi îi răspundeam fără să clipesc:

– Nu, depozitul nu este al meu, dar ştiu că în alte companii aşa se întâmplă. Eu trimit această sumă la firmă şi primesc restul de bani!

Clientul râdea mai întotdeauna şi aşa începea relaţia de afaceri dintre noi.

Odată, un client mi-a spus:

– Vrei să cumpăr ca să cîştigi tu mai mulţi bani.

Şi cum afirmaţia era spusă pe un ton foarte serios, răspunsul meu a fost:

– Dle Client, dacă 100% din investiţia pe care o faceţi ar ajunge la mine, nu ar acoperi decât o foarte mică parte din cheltuielile mele lunare. Dacă acesta ar fi motivul pentru care vând, nu aş mai face mulţi pui în domeniu. Peste câteva zile – sau chiar ore – profitul meu din această tranzacţie o să dispară, dar beneficiile dvs de pe urma folosirii acestui produs vor dura tot restul vieţii. Iată întrebarea mea: sincer vorbind, dacă încheiem tranzacţia, cine credeţi că va fi cel mai în câştig?

CEL MAI BUN PRIETEN AL AGENTULUI DE VÂNZĂRI

Cel care vinde elefanţi se loveşte de trei obiecţii: unde doarme chestia asta? Ce mănâncă? Cine face curat după el?

Poate că nu vindeţi elefanţi, dar toţi agenţii de vânzări au de-a face cu întrebări şi obiecţii. Unora le este teamă că aceste întrebări şi obiecţii îl conduc pe client către atât de temutul „nu" din finalul discuţiei. De fapt, OBIECŢIILE SUNT CEI MAI BUNI PRIETENI AI NOŞTRI.

Când cineva pune o întrebare sau face o obiecţie, arătă că este interesat sau că îi pasă de ce se întâmplă. Gândiţi-vă la un domeniu care nu vă interesează deloc. Indiferent dacă este vorba despre baschet, operă, pescuit, golf, televiziune, balet, maşini de curse, nu aveţi nici o întrebare şi nici o obiecţie dacă subiectul nu vă interesează. Pentru mine, ar fi vorba de pescuit. Indiferent de calitate, marcă, staţiune, orice altceva, pur şi simplu nu-mi pasă de pescuit, deci nu sunt un posibil client. Agentul de vânzări din acest domeniu şi-ar pierde mult timp cu mine, pentru că eu i-aş răspunde politicos, dar fără nici o şansă de a cumpăra ceva.

Cu totul altfel stă treaba cu agentul care vinde echipament de golf. Dacă începe discuţia despre meritele mânerului de cauciuc faţă de cel din piele, voi intra în joc, îmi voi da cu părerea şi voi pune întrebări. Coadă de oţel vs. coadă de grafit? Ia să vedem... Cum iubesc golful, şansa de a mă „agăţa" sentimental este mult mai mare decât atunci când era vorba despre pescuit.

Puneţi întrebări despre lucruri sau idei care nu vă interesează? Dacă ar începe o discuţie despre ceva ce vă pasionează, nu aţi simţi nevoia să vă spuneţi părerea? Profesioniştii adevăraţi abia aşteaptă întrebările şi obiecţiile, pentru că ei înţeleg că puţine vânzări se încheie dacă clienţii nu au fost atât de interesaţi încât să pună întrebări şi să ridice obiecţii.

SCHIMBAREA NEGAŢIEI ÎN CUNOAŞTERE

Bun, acum sunteţi convinşi că este bine pentru clienţi să pună întrebări şi să aducă obiecţii, dar ce se va întâmpla când răspunsurile nu sunt mulţumitoare şi clienţii spun „nu"?

Poate veţi fi surprinşi, dar o dată ce au spus nu, nu-şi vor schimba părerea şi nu vor cumpăra de la voi. Veteranii vă vor spune că majoritatea vânzărilor lor au avut loc după ce clienţii au spus „nu", iar mai înainte, v-am arătat chiar eu nişte statistici în care 60% dintre vânzări avuseseră loc după ce clientul spusese „nu" de cinci ori. Dar acum îmi susţin punctul de vedere: clienţii nu se vor răzgândi şi nu vor cumpăra de la voi.

Cu toate acestea, clienţii vor LUA O NOUĂ DECIZIE PE BAZA UNOR INFORMAŢII ADIŢIONALE. Adică, atunci când clienţii spun „nu", agentul de vânzări înţelege că această negaţie înseamnă de fapt că ei „nu ştiu" destul pentru a lua hotărârea corectă. Nu vă certaţi cu ei. Trebuie doar să înţelegeţi că încă nu v-aţi terminat treaba şi acceptaţi responsabilitatea de a o lua de la capăt, oferind informaţiile de care este nevoie. Cu aceste informaţii, clienţii vor „şti" destul pentru a lua o nouă hotărâre (favorabilă, de această dată).

MĂ REPET

Ben Feldman, marele agent de asigurări de viaţă, a spus următorul lucru în mai multe moduri: „Vânzarea începe când clienţii spun nu. În multe cazuri, acest lucru înseamnă că posibilii clienţi spun „nu" pentru că nu «ŞTIU» destule pentru a spune „da". Ceea ce spun ei în realitate este «Trebuie să spun „nu" pentru că îmi evaluez banii ca fiind mai valoroşi decât beneficiile tale.»"

METODA I.P.I.E.T.

Să vedem acum conceptul care vă va permite să faceţi faţă obiecţiilor într-un mod eficient şi rapid, astfel încât să încheiaţi mai multe vânzări.

Fiecare literă din formula de mai sus ascunde un cuvânt care vă va permite să vă ajutaţi clienţii să adune destule informaţii pentru a-şi depăşi obiecţiile.

Când auziţi o obiecţie, atunci trebuie să vă opriţi şi să vă gândiţi la următorul proces:

I. Începeţi cu o ÎNTREBARE.

P. Trebuie să puneţi astfel de Întrebări încât să PRICEPEŢI obiecţia.

I. O dată ce aţi priceput obiecţia, trebuie să o IDENTIFICAŢI.

E. Pentru a identifica obiecţia (şi a nu fi înşelat de o obiecţie falsă), trebuie să intraţi în EMPATIE cu clientul.

T. Dacă empatizaţi în loc să simpatizaţi cu clientul, atunci sunteţi gata să TESTAŢI obiecţia. Când Testaţi obiecţia şi vedeţi că este reală, puteţi elimina grijile clientului şi puteţi creşte mult şansele de a încheia vânzarea.

ÎNTREBĂRI

Această carte a pus mult accentul pe întrebări, iar întrebările pe care trebuie să le puneţi aici sunt asemănătoare cu cele pe care le-aţi învăţat până acum. Veţi pune întrebări închise, pentru că doriţi să îl ţineţi pe client într-o anumită zonă de posibile răspunsuri. Pot exista ocazii şi pentru întrebări „da sau nu".

Seminarul nostru de trei zile, „Născut pentru a câştiga", are loc de şase ori pe an aici, în Dallas, Texas. Ţin cursuri în fiecare zi şi apoi fac vizite cu participanţii în timpul pauzelor şi al prânzului. Staff-ul nostru „antrenează" participanţii pentru personalizarea principiilor în viaţa de zi cu zi. Acest exerciţiu se face prin interacţiuni în grupuri mici. Taxa este de 595 de dolari, sumă foarte mică (ţinând cont de faptul că include evaluare personală detaliată, sesiuni de formare în conducere, multe materiale de informare) pentru majoritatea companiilor care sunt obişnuite să plătească între 1.500 şi 3.000 de dolari pentru un seminar de trei zile. Cu toate acestea, există persoane sau familii care nu urmează cursuri de formare în mod regulat, şi atunci sunt surprinse de sumă. Ce înseamnă surprins? Exact asta trebuie să aflăm prin întrebările pe care le punem.

Persoana care invită oamenii la seminarul ZZC le spune oamenilor că este vorba despre un curs de trei zile, care se desfăşoară în Dallas şi costă doar 595 de dolari. Reacţiile pe care le primeşte sunt diferite. Şi ce poate înţelege acest om dintr-o propoziţie de genul:

– Uau! 595 de dolari? Uau!

Până când nu pune câteva întrebări, nu înţelege nimic. Una din Întrebările închise ar fi:

– Ce părere aveţi despre această investiţie?

O posibilă Întrebare „da sau nu":

– Este o sumă foarte mică pentru un seminar de trei zile, nu-i aşa?

Îniante de a afla dacă „uau" înseamnă extrem de mult sau incredibil de puţin, nu ştiţi încotro să o luaţi în procesul de vânzare.

În general ştiţi!

Da, recunosc faptul că în general ştiţi dacă veţi primi sau nu obiecţii referitoare la preţ. Iau exemplul de mai sus pentru a vă explica puţin. Care este rolul Întrebării din formula I.P.I.E.T.? Profesionistul pune întrebarea pentru a Pricepe şi a Identifica obiecţia.

După cum am spus şi mai devreme, unul dintre cele mai eficiente moduri de a pune o întrebare referitoare la obiecţii legate de preţ este să transformaţi afirmaţia clientului într-o întrebare. Când acesta spune:

– Preţul este prea mare!

Voi faceţi o pauză, coborâţi tonul şi răspundeţi:

– Preţul (pauză) este prea mare?

De fapt, nu ştiţi exact ce înseamnă „preţul este prea mare". Obiecţiile referitoare la preţ pot să însemne: „Nu am bani acum; este dificil să scot bani din cont; nu avem buget pentru astfel de cheltuieli; micile tale beneficii nu justifică suma mea mare de bani; sau pur şi simplu nu înţeleg de ce costă atât de mult." Fiecare motiv al unei obiecţii legate de preţ trebuie să fie tratat diferit, iar dacă vă lansaţi într-un răspuns gata pregătit pentru obiecţiile legate de preţ în general, atunci nu veţi avea atâta succes pe cât vă doriţi.

*P*RICEPEREA ŞI *I*DENTIFICAREA OBIECŢIILOR

Întrebările pe care le puneţi vă vor conduce către Priceperea şi Identificarea obiecţiilor. Să vă dau un exemplu. Don Jarrell din Garden Grove, California, vinde înscrieri la o şcoală post liceală foarte bună din Long Beach, California. Este un tip total dedicat şcolii. Cu mulţi ani în urmă, la el la birou au venit un bărbat şi cele trei fiice ale sale, pentru a discuta despre înscrierea la şcoală. Costul total era de 16.000 de dolari. Clientul ezita, pe bună dreptate.

Don făcuse Analiza Nevoii, Conştientizarea Nevoii şi Soluţionarea Nevoii şi avea toate informaţiile necesare pentru a cere comanda (Satisfacerea Nevoii). Don descoperise că bărbatul din faţa lui îşi putea permite investiţia. Când clientul s-a arătat ezitant (exista o obiecţie neidentificată), Don a aplicat metoda I.P.I.E.T. şi l-a Întrebat pe client dacă investeşte la bursa de mărfuri. După răspunsul afirmativ al omului, Don a continuat:

– Consideraţi banii necesari pentru ca fetele să îşi continue studiile o investiţie sau o cheltuială?

Bărbatul a răspuns că taxa era o investiţie, iar Don l-a întrebat:

– Şi cam cât valorează fiicele dvs ca investiţie?

Cu această întrebare, Don l-a făcut pe client să se gândească la cât de mult îşi preţuia şi iubea fiicele, la viitorul lor, la faptul că orice investiţie pălea în faţa investiţiei în viitorul lor. Căci o investiţie la bursa de mărfuri poate să aducă profit sau nu, dar o investiţie în educaţia copiilor aduce un rezultat garantat care va continua să producă dividende de-a lungul anilor.

Această abordare atât de simplă şi totuşi atât de profundă a produs rezultate care au făcut din Don Jarrell un câştigător, din tată un câştigător, din cele trei fiice trei câştigătoare! Abordarea lui Don era una de „câştig – câştig – câştig", deoarece răspunsul final a fost că cele trei fete au fost înscrise la colegiu. Sunt bucuros să vă spun că cele trei fete au terminat şcoala şi lucrează.

Don a avut succes pentru că a pus Întrebările care l-au ajutat să Priceapă şi să identifice obiecţiile clientului – legate de lipsa de cunoştinţe referitoare la dobânda la investiţii. Folosind principiile din formula sus-menţionată, Don l-a făcut pe client să înţeleagă că nu „cheltuia" bani atunci când le trimitea pe fete la şcoală, ci „investea" bani în viitorul lor.

Oare ar fi făcut omul investiţia dacă Don nu ar fi pus întrebarea potrivită? Răspunsul este că nu vom şti niciodată. Mulţi oameni acţionează pozitiv pentru că un profesionist (care vindea produse şi servicii de calitate) i-a convins să acţioneze în interesul lor. Din nefericire, ştiu că mulţi oameni nu iau hotărârile potrivite pentru că nu au de a face cu un profesionist, care să le pună întrebările corecte şi să îi conducă spre decizia cea mai bună. Ca profesionişti, avem responsabilitatea de a ne dezvolta şi a ne pregăti în continuare, pentru a fi şi mai de folos celorlalţi.

EMPATIE VS. SIMPATIE

Don putea să simtă înţelegere pentru client şi să spună:

– Da, vă înţeleg ezitarea, şi eu sunt în aceeaşi situaţie. Am copii şi când mă gândesc că vor trebui să meargă la facultate... Taxele sunt îngrozitor de mari, nu-i aşa?

Dar în loc să simtă ceea ce simţea clientul (simpatie), Don a înţeles ce simţea acesta fără să simtă şi el acelaşi lucru (empatie), fapt care i-a permis să încheie vânzarea.

Profesionistul pune întrebarea pentru a Pricepe şi a Identifica obiecţia.

Dacă faceţi o croazieră cu nişte prieteni şi unul dintre ei se simte rău şi vomită, atunci veţi înţelege prin ce trece. Sunt multe şanse ca şi voi să fi trecut cândva prin asta. Când înţelegeţi ce simte cineva pentru că „şi voi aţi trecut prin asta", atunci aveţi empatie pentru acea fiinţă. Dar dacă atunci când prietenul vostru vomită vă apucă şi pe voi răul de mare, atunci sentimentul se numeşte simpatie şi pot să adaug că nu îl va ajuta deloc pe prietenul cu problema. Dacă sunteţi empatici, vă veţi duce la el cu o cârpă umedă, îl veţi şterge pe faţă şi îi veţi da o pastilă pentru dureri de stomac.

Empatia peste mări şi ţări

Empatia este una din condiţiile unei cariere de succes în vânzări. O dată cu empatia, vă veţi dezvolta abilităţi de psiholog şi veţi avea tot felul de intuiţii despre oameni, care vor avea efect asupra rezultatelor voastre. De multe ori, experienţa este necesară, dar dacă vă străduiţi să vă dezvoltaţi sensibilitatea naturală – ascultând ce are de spus clientul dincolo de cuvintele pe care le foloseşte – atunci vă dezvoltaţi abilităţi de vânzare empatică.

K.J. Hartley, din Cheshire, Anglia, a vizitat un cuplu tânăr pentru a-i vinde soţiei o asigurare de viaţă. Soţul avea o astfel de asigurare, dar soţia nu avea nimic. K.J. ştia despre cuplu că avea un copil încă mic şi mai aştepta încă unul, aşa că nevoia era evidentă. Obiecţia pe care o repetau cei doi era:

– Nu ne putem permite.

Şi asta deşi prima lunară era de numai 12 lire sterline (mai puţin de 21 de dolari la rata de schimb de azi). Punând Întrebări pentru a Pricepe şi a Identifica problema, K.J. a descoperit că familia hotărâse că 10 lire pe lună era limita maximă pe care şi-o puteau permite. Multe din celelalte cheltuieli erau acoperite cu suma de 10 lire, aşa că făcuseră un blocaj mental la acest nivel şi nu doreau să plătească nimic ce ar fi putut depăşi această sumă.

K.J. începuse să îşi strângă dosarele şi să se pregătească de plecare, când a înţeles că era pe punctul de a simpatiza cu clienţii. S-a oprit brusc şi s-a întrebat dacă ascultase ce spuneau cei doi sau auzise doar cuvintele pe care le rosteau. Întrebarea lui a fost:

– Credeţi că 3 lire *pe săptămână* v-ar pune vreo problemă?

Cei doi au căzut de acord că era o sumă rezonabilă şi au dovedit astfel că nu aveau probleme financiare. Singura barieră era suma lunară de 10 lire.

K.J. a înmulţit cele 12 lire cu douăsprezece luni, ajungând la 144 de lire. A împărţit numărul la cincizeci şi două de săptămâni şi a ajuns la prima săptămânală perfect acceptabilă de 2,76 lire. Obiecţia faţă de 12 lire pe lună redusă la cifre mai uşor de acceptat îi adusese pe toţi la încheierea vânzării.

Sigur că 2,76 pe săptămână şi 12 lire pe lună înseamnă acelaşi lucru. Dar vă rog să observaţi că K.J. nu îşi înşela oamenii, el nu făcea decât să le rezolve nevoile într-un mod acceptabil din punct de vedere psihologic. Familia avea nevoie de protecţie. Aveau banii necesari. Tot ce le trebuia era un agent de vânzări empatic, capabil să înţeleagă ce simţeau şi să le arate o manieră de a acţiona, manieră confortabilă pentru ei, pentru copiii lor, pentru viitorul lor. K.J. Hartley a folosit metoda I.P.I.E.T. şi a sfărâmat o barieră psihologică (nu puteau face un pas *mare* de 12 lire pe lună, dar puteau face cu uşurinţă un pas *mic* de 2,76 lire pe săptămână) pentru un cuplu care avea o problemă ce necesita soluţia pe care o avea el.

TESTAREA OBIECŢIILOR

Există clienţi care nu vor *spune* adevărata obiecţie şi există şi clienţi care nu *ştiu* adevărata obiecţie. În ambele cazuri, ei acţionează adeseori la nivelul sentimentelor. Clientul care se ruşinează să recunoască faptul că nu are bani sau nu înţelege oferta poate să nu admită adevărata obiecţie. El se simte sărac sau lipsit de educaţie, iar mândria sau ego-ul lui îi cer să spună că nu îl interesează.

Praf stârnit de gorile

Profesioniştii din vânzări recunosc obiecţiile false ca fiind „praf stârnit de gorile". Poate aţi văzut reportaje TV în care sunt prezentate comportamentele şi obiceiurile gorilelor sălbatice. Când doi masculi încing o bătaie, este un adevărat spectacol. Ei se rotesc unul din jurul celuilalt, timp în care iau cu mâinile pământ sau nisip, pe care îl aruncă apoi în aer, provocând adevărate furtuni de praf sau perdele de fum. Acesta este „praf de gorile", iar mulţi clienţi trec prin procese similare.

Poate aţi auzit bancul cu tipul care nu voia să îi împrumute vecinului maşina de tăiat iarba. Când a fost întrebat de ce, el a spus pur şi simplu:

– Pentru că toate avioanele pleacă azi cu întârziere.

– Ce motiv mai este şi ăsta? a întrebat indignat vecinul.

– Nu prea este un motiv bun, dar dacă nu vrei să faci ceva şi nu o să faci lucrul respectiv, orice motiv este bun.

Pentru profesionişti, NU orice motiv este bun, aşa că încercaţi să descoperiţi adevăratele obiecţii, prin Testare.

Testul lui „Să zicem că"

Există două tipuri de teste care vă vor ajuta să identificaţi diferenţa dintre „praful provocat de gorile" şi adevăratele obiecţii. Aceste teste îl ajută şi pe clientul care nu înţelege exact ce are de obiectat, dar ştie că hotărârea de a cumpăra nu îi vine chiar la îndemână.

Există clienţi care nu vor *spune* adevărata obiecţie şi există şi clienţi care nu *ştiu* adevărata obiecţie.

Primul test este testul „Să zicem că".

– Dle Client, să zicem că această condiţie nu ar exista. Atunci aţi cumpăra serviciul/produsul meu?

- „Să zicem că ______ nu ar exista, atunci aţi cumpăra?"
- „Să zicem că v-ar face plăcere să ______, atunci aţi cumpăra?"
- „Să zicem că ______, atunci aţi lua o hotărâre pozitivă?"

Dacă puteţi identifica obiecţia, atunci puteţi avansa spre depăşirea ei sau puteţi pleca la următorul client în loc să mai pierdeţi timpul cu eliminarea „prafului provocat de gorile" sau cu încercarea de a încheia o vânzare care nu va fi niciodată încheiată.

Testul „Izolează şi validează"

Al doilea test este „Izolează şi validează" şi este un proces în doi paşi care arată dacă aţi descoperit sau nu adevăratele obiecţii. Primul pas este cel în care întrebaţi:

– Există vreun *alt* motiv care vă opreşte să profitaţi de oferta mea chiar azi?

Obiectivul vostru este să îl faceţi pe client să mai spună şi ale obiecţii. Unul dintre cele mai frustrante lucruri care i se pot întâmpla unui agent de vânzări este să rezolve competent şi profesionist o obiecţie şi între timp să mai apară una. După ce aţi răspuns la două obiecţii, trebuie să întrebaţi clar în legătură cu a treia:

– Acesta este singurul lucru care stă între dvs şi produs sau mai este şi altceva?

Nu trebuie să daţi impresia că veţi sta toată ziua cu clientul până când acesta va găsi o obiecţie la care să nu puteţi răspunde.

O dată ce aţi obţinut răspunsul negativ, atunci veţi rezuma totul pentru a valida rezultatul:

– Deci, dle Client, vreţi să spuneţi că dacă nu ar fi ______ şi ______ aţi cumpăra chiar azi?

Acum sunteţi pregătit să încheiaţi vânzarea.

Povestea clasică

Una dintre poveştile mele preferate referitoare la Testul „Izolează şi Validează" a fost inclusă în *Secrets of Closing the Sale*. O reiau aici, pentru că este un exemplu foarte bun pentru metoda I.P.I.E.T. de încheiere a vânzărilor.

Jay Martin, un prieten de-al meu din Memphis, Tennessee, este preşedintele National Safety Associates, o companie care vinde detectoare de fum şi foc. Într-o seară lucra cu unul dintre dealerii tineri, care făcuse o prezentare şi ajunsese în faza în care cerea comanda. Şi Jay descrie scena:

– Zig, bătrânul acesta, care probabil că nu terminase şcoala generală, s-a lăsat cu scaunul pe spate, şi-a pus mâinile în sân şi a spus „Băiete, ai auzit cu siguranţă de falimentul meu!" şi cum tânărul nu auzise de aşa ceva, clientul a început să îi povestească.

Aşa că formula I.P.I.E.T. i-a fost aplicată asociatului lui Jay fără ca măcar să i se pună Întrebarea. Din fericire, Jay şi tânărul agent de vânzări au ascultat pentru a Pricepe şi a Identifica. Ei au ascultat cuvintele pe care clientul le pronunţa şi ceea ce spune el când explica:

– Acum câteva luni, soţia mea şi cu mine mergeam cu maşina pe o autostradă, iar tântălăul ăsta intrase pe contrasens şi ne-a lovit frontal, ne-a făcut maşina praf şi ne-a băgat pe amândoi în spital. Eu am stat internat aproape două săptămâni, şi glezna mea stângă este încă înţepenită. Şi cum lucrez la bucată, nu am reuşit să vizitez multă lume, aşa că venitul meu este la pământ. Şi asta chiar că este o problemă! Soţia mea a stat în spital şase săptămâni, ceea ce a făcut ca firma pentru care lucra să îi desfiinţeze postul, aşa că nici măcar nu mai lucrează. Şi când eşti obişnuit cu două surse de venit şi rămâi brusc cu un singură, băiete, atunci să vezi problemă! Nota de plată de la spital pentru amândoi a fost de 20.000 de dolari. Ştiu că o să plătească în cele din urmă compania de asigurări, dar între timp ne cam ţine în stres! Şi ca să pună capac la toate, săptămâna trecută ni s-a întors băiatul din armată şi în prima noapte acasă a luat o curbă prea tare, a sărit peste bara de protecţie, a intrat într-o benzinărie, a distrus cealaltă maşină pe care o aveam şi a făcut bucăţi un semnalizator al companiei petroliere, care valora 6.000 de dolari. Ştiu că pentru maşină plăteşte compania de asigurări, dar nu ştiu dacă plăteşte şi semnalizatorul. Pentru că, îţi spun sincer, dacă trebuie să scoatem acum 6.000 de dolari, atunci chiar că ne scufundăm de tot şi nu ştiu ce se alege de noi! Şi parcă asta nu ar fi destul, ieri am internat-o pe soacra mea în cel mai scump sanatoriu din zonă. Singura rudă de-a ei care mai trăieşte este un frate, care sigur nu ar face nimic. Nu a mai primit nici o veste de la el de un an de zile, şi chiar dacă am şti unde este, nu ar merita nici măcar să îi tragi un glonţ în cap. Ştiu că eu o să am de tras totul.

Aţi simpatiza sau aţi empatiza?

Dacă aţi fi agentul de vânzări din această vizită şi aţi simţi multă simpatie, atunci probabil că aţi spune:

– Doamne, este îngrozitor, şi cred că în realitate este şi mai rău! Nu vreţi să îmi spuneţi mai mult ca să nu mă simt prost! Dar staţi să vă întreb ceva: guvernul nu face nimic? Dar Crucea Roşie? Dar vecinii? Şi biserica nu poate să contribuie şi ea cu ceva? Măcar să primiţi bonuri de masă!

Asta înseamnă simpatie, dar după părerea lui Jay Martin acest agent de vânzări nu simţea simpatie, ci empatie.

Cu empatie, te detaşezi emoţional de problemă, astfel încât să poţi oferi soluţii. Te muţi de pe locul tău în locul clientului. De fapt, acesta este momentul în care se încheie vânzarea, iar şansele de a o face cresc simţitor, căci din locul clientului poţi face prezentarea din punctul lui de vedere.

Profesioniştii izolează şi validează

Tânărul nostru erou s-a uitat fix în ochii clientului şi i-a spus:

– Spuneţi-mi, domnule, pe lângă toate aceste lucruri, ar mai fi şi alte motive pentru care nu puteţi să vă protejaţi familia prin instalarea de detectoare de fum şi foc în casă?

Ce curaj! Credeţi că aţi avea tupeul să întrebaţi un client care are atâtea probleme dacă ar mai fi şi altceva care nu-i permite să cumpere? Ei bine, exact asta a făcut asociatul lui Jay, iar clientul era la fel de şocat ca mine atunci când am auzit povestea pentru prima oară. Pur şi simplu se tăvălea pe jos de râs, se plesnea peste picioare, şi spunea:

– Păi, cred că astea sunt singurele motive pentru care nu puteam să cumpărăm alarmele azi. Ha, ha, ha! (Şi în acest moment cred că ar fi bine să spunem că nu se mai considera client.)

De asta aţi intrat în afaceri – ca să vindeţi

Din punct de vedere strategic, agentul de vânzări şi-a făcut foarte bine treaba. Profesionistul scoate la iveală cât mai repede toate obiecţiile, pentru a le rezolva eficient. Şi chiar ia adeseori obiecţia – motivul pentru a nu cumpăra – şi o transformă în motiv pentru cumpărarea produsului. Observaţi cum acest lucru s-a întâmplat în situaţia de mai sus.

Când agentul de vânzări a aflat că nu mai exista nici un motiv pentru a nu cumpăra aparatele, nu a mai ezitat şi a scos din cutia cu mostre un detector. L-a ţinut la nivelul peretelui, ca să vadă clientul cum ar sta fixat, şi a spus:

– Domnule, după câte văd, acum aveţi circa 30.000 de dolari (pauză) şi cred că încă 300 nu au cum să vă strice.

Şi-a coborât vocea, s-a uitat fix în ochii omului şi a spus:

– Domnule, focul, în orice condiţii, este devastator. Dar în cazul dvs, pur şi simplu v-ar şterge de pe faţa pământului!

Tehnica era profesionistă, logica era sănătoasă. Obţinuse vânzarea.

OBIECŢII PE CARE LE VEDEM TOŢI

Obiectivul unei prezentări de vânzări este să ajute clienţii, căci *poţi* avea totul în viaţă dacă îi ajuţi pe ceilalţi să aibă ceea ce vor. Obiecţiile vă dau o imagine mai profundă asupra clienţilor, astfel încât să le puteţi rezolva nevoile şi dorinţele.

Obiecţiile fac parte din viaţa oricărui profesionist din vânzări. Atitudinea noastră faţă de ele au o influenţă foarte puternică asupra eficienţei pe care o vom avea în rezolvarea obiecţiilor. Dennis Landrum din Bryan, Texas, conduce o companie care oferă servicii de afaceri, inclusiv consultanţă pentru utilizarea microcomputerelor. Cele două obiecţii pe care le întâlneşte cel mai des sunt cele pe care orice agent de vânzări le întâlneşte de sute, sau chiar mii de ori în carieră. Cred că o să apreciaţi modul în care răstălmăceşte cuvintele.

Pentru răspunsul standard:

– Avem un prieten (văr, profesor universitar, unchi) care ne ajută atunci când avem astfel de probleme.

Iată reacţia lui Dennis (fiţi atenţi la alegerea cuvintelor):

– Ce noroc că aveţi pe cine să chemaţi. Dar noi suntem aici pentru a vă oferi modalităţi de a vă îmbunătăţi afacerea. Şi mai mult, vom fi aici şi în viitor, pentru a vă ajuta pe măsură ce afacerea se dezvoltă, şi nu vom aştepta să ne chemaţi când aveţi nevoie. Imediat ce aflăm că există ceva ce vă poate fi de folos, fiind treaba noastră şi interesul dvs, vă vom contacta. Tot ce ne interesează pe noi este să ajutăm oamenii de succes ca dvs, aşa că ne dedicăm timpul şi eforturile afacerilor ca cea pe care o conduceţi, şi cred că acesta este serviciul de care aveţi nevoie şi pe care îl doriţi, nu-i aşa, dle Client?

BLOCAJUL CEREBRAL

La bine cunoscutele „Aş vrea să mă mai gândesc" sau „Daţi-mi câteva zile să mă mai gândesc la asta", Dennis are o replică la fel de atrăgătoare:

– De-a lungul carierei mele, m-am aflat adeseori în faţa unui agent de vânzări şi i-am spus şi eu exact acelaşi lucru. După ceva vreme, am înţeles că dacă ceream timp „să mă mai gândesc", de fapt doream să spun unul din aceste trei lucruri: în primul rând, poate chiar doream să mă mai gândesc, pentru că aveam nişte întrebări la care nu primisem răspuns. Dacă asta vreţi să spuneţi, voi fi bucuros să vă răspund la orice întrebare chiar acum. În al doilea rând, poate chiar doream să spun că „nu mă interesează absolut deloc", dar nu voiam să îl rănesc pe agentul de vânzări, deşi nu aveam nici o intenţie de a mă mai gândi la propunere. Vă respect decizia, şi dacă acesta este cazul atunci vă rog să îmi spuneţi acum şi să economisim timpul amândurora. Sau poate că ceream ceva „timp de gândire" pentru că de fapt aveam altă obiecţie. Din nou, vă rog să îmi spuneţi şi să îmi daţi şansa de a vă răspunde la orice obiecţie sau întrebare.

Subliniez faptul că aceste răspunsuri la obiecţii comune scot la iveală problemele, astfel încât acestea din urmă să fie rezolvate eficient şi profesionist şi să se ia o hotărâre imediat. La urma urmei, dacă hotărârea este pozitivă, atunci şi voi şi compania voastră şi clientul puteţi să vă bucuraţi de beneficii încă de ACUM! Dacă răspunsul este negativ, puteţi să vă canalizaţi energia şi atenţia către următorul client, cu conştiinţa împăcată că nu aţi lăsat o comandă să zacă pe o masă.

MĂ ÎNTORC IMEDIAT

Tim Jones, din Campbellsville, Kentucky, a descoperit un mod foarte interesant de a rezolva obiecţiile din familia lui „mă mai gândesc". După ce face prezentarea şi culege toate informaţiile, pune întrebarea cu pricina. În cazul în care clientul mai cere timp de gândire, Tim zâmbeşte, se ridică şi spune:

– Bine, eu mă duc să beau o cafea. Mă întorc peste un sfert de oră, aşa că aveţi timp să vă gândiţi.

Şi înainte ca acesta să aibă timp să mai zică ceva, Tim iese pe uşă şi lasă toate materialele pe masă.

Când se întoarce, reia discuţia acolo unde o lăsase şi spune:

– Deci care este metoda pe care aţi ales-o pentru a primi aceste sume economisite – lunar, prin verificare automată sau prin prime anuale?

De cele mai multe ori încheie vânzarea.

PISTOLARUL

Unor agenţi de vânzări le place să se joace prea mult cu obiecţiile. Îşi lasă eul să intre în peisaj şi ajung chiar să încurajeze exprimarea obiecţiilor pentru a-şi demonstra inteligenţa şi măiestria. Agenţii de vânzări devin atunci ca pistolarii, puşi pe luptă:

– Hai, mişcă-te, client nenorocit! Am răspuns pentru orice întrebare de-a ta!

PREŢUL ESTE PROBLEMA?

Înainte de a termina cu obiecţiile, daţi-mi voie să vă mai dau un exemplu clasic pentru cum trebuie să reacţionaţi la „Este cel mai bun preţ pe care mi-l puteţi oferi?" sau „Haide, scoate creionul şi mai calculează o dată, ştiu că poţi mai mult!"

Larry Spevak din Maplewood, Minnesota, răspunde cam aşa:

– Nu, nu este cel mai bun preţ.

Clientul cască ochii mari, apoi deschide şi gura, iar Larry continuă:

– Pot să vă ofer un preţ mai mic, dar ar fi o minciună, şi nu cred că v-aţi dori asta.

Larry spunea că la un moment dat un client „s-a uitat senin la mine, aparent copleşit de explicaţia mea candidă, şi cu o privire care exprima multă uşurare, mi-a întins mâna şi mi-a spus:

– Larry, eşti un tip onest, apreciez asta. Scrie comanda!"

Este clar că Larry tocmai încasase o dobândă de credibilitate la o investiţie făcută cu ceva timp în urmă.

ŞI ÎN CELE DIN URMĂ....

Larry avea şi un mod extraordinar de a rezolva altă problemă des întâlnită: clientul care îl avertizează pe agentul de vânzări că NU VA CUMPĂRA nimic azi. Scuzele variază de la „întotdeauna îmi trebuie ceva timp de gândire" până la „întotdeauna discut cu cumnatul meu orice hotărâre".

Odată, după obişnuitele politeţuri, clientul i-a spus lui Larry:

– Uite ce este, Larry, vreau să îţi spun de la bun început că nu cumpărăm nimc în seara asta pentru că niciodată nu cumpărăm de la prima prezentare. Dacă nu vrei să ne laşi o ofertă şi să ne dai timp ca să ne mai gândim, atunci să ştii să pierzi timpul. (Larry vinde decoraţiuni interioare.)

Larry explică:

– Se aştepta să închid geanta şi să plec, dar l-am luat prin surprindere. M-am uitat în ochii lui şi i-am spus serios şi hotărât: „dle. Client, aveţi perfectă dreptate. Sunt de aceeaşi părere cu dvs, nici mie nu îmi place să cumpăr de prima dată, dar (şi am subliniat DAR-ul) când văd ceva ce îmi place cu adevărat şi ştiu că îmi va rezolva problemele, şi mai are şi un preţ bun, atunci mă gândesc foarte serios să fac o excepţie. Acum, dacă îmi permiteţi, vă voi arăta dvs şi soţiei ce poate face acest produs."

Cele de mai sus au reprezentat o Punte între prezentare şi încheierea vânzării. Larry l-a scos pe om din defensivă şi i-a deschis mintea, astfel încât să poată asculta prezentarea. Larry explică:

– Am căzut de acord cu el, aşa că imaginea mea de tip simpatic s-a îmbunătăţit, deci nu era greu să îi conving pe amândoi, fiind prietenul lor, că produsul meu le rezolva problema.

Larry a făcut o demonstraţie convigătoare, care nu a mai lăsat loc pentru obiecţii. Cu puţină fineţe, a reuşit să îi transforme pe soţ şi soţie din cumpărători frustraţi în cumpărători bucuroşi. Şi după cum spune chiar el:

– Dacă te laşi intimidat de o declaraţie de tipul „nu cumpăr azi", atunci prezentarea devine monotonă şi nu mai are forţă, aşa că sfârşeşti prin a-i permite concurenţei să vândă.

PERICOL

Ţineţi minte, obiectivul vostru nu este să dovediţi la câte obiecţii puteţi face faţă, ci să arătaţi în ce măsură produsele/serviciile voastre îi pot fi de folos clientului.

IMPORTANT

Vânzarea nu se încheie când aţi depăşit obiecţiile şi clientul spune „da". De fapt, vânzarea abia atunci începe. Următorul capitol vă va ajuta să înţelegeţi cum trebuie să vă purtaţi cu clienţii fericiţi şi cu cei nefericiţi.

Un pericol mare în rezolvarea obiecţiilor (şi în multe alte părţi din procesul de vânzare) este trecerea de la „atent/agresiv" la „enervant/dur". Cum să rămâneţi interesat de clienţi şi să le menţineţi încrederea trează fără a-i îndepărta – iată despre ce este vorba în capitolul 12!

CAPITOLUL DOISPREZECE

DINCOLO DE „SERVIREA" CLIENŢILOR, CĂTRE „SATISFACEREA" LOR

Renunţaţi sau mergeţi mai departe?

Pe la începutul vânzărilor, un comis-voiajor bătrân şi un comis-voiajor tânăr se întorceau cu trenul acasă la sfârşitul săptămânii, şi purtau o discuţie foarte serioasă. Tânărul se văicărea de cât de rău fusese tratat toată săptămâna. Afacerile mergeau prost, oamenii erau nepoliticoşi, fusese insultat de nenumărate ori. Comis-voiajorul mai bătrân a rămas pe gânduri puţin şi apoi a spus:

– Da, ştii ceva, mie mi s-a întâmplat să mi se trântească uşa în nas, să fiu poftit să plec şi încurajat să nu mă mai întorc, să fiu certat, înjurat, scuipat, dar să fiu INSULTAT nu mi s-a întâmplat niciodată!

MAI BINE SĂ PREVII...

Zilele „servirii clienţilor" la cele mai înalte standarde au trecut de mult! Azi, TOATĂ LUMEA vorbeşte despre importanţa „servirii" clienţilor. Pe piaţa de azi, atât de competitivă, singurul mod de a merge înainte (şi uneori singurul mod de a supravieţui) este de a trece dincolo de servirea clienţilor, către satisfacerea lor.

Cel mai bun mod de a preveni nefericirea clientului este să oferiţi servicii extraordinare ÎNAINTE să apară problemele. După cum spuneam, în norvegiană *a vinde* se spune *selje*, adică „a servi, a sluji". Întrebarea este simplă: este aceasta o strategie de vânzări bună? Carl Sewell este convins că servirea este cheia. În cartea lui *Customers for Life* (Clienţi pe viaţă), ne oferă explicaţii despre acest concept. Se pare că pentru el a funcţionat, căci acum are o reţea de dealeri auto de 250 de milioane de dolari, în Dallas, Texas.

Dl Sewell s-a gândit că un om merită să investească într-o viaţă 322.000 de dolari în maşini, şi sigur că îşi doreşte ca aceşti bani să fie cheltuiţi la unul din distribuitorii lui. Ce face compania pentru a asigura a doua, a treia, a patra vânzare? Păi, să începem cu un parc de 250 de maşini puse la dispoziţia celor care vin să-şi repare maşina la centrele lui. Iar agentul de vânzări va aduce personal maşina cea bună la casa omului şi o va lua pe cea cu probleme. Probleme pe drum? Dacă aţi cumpărat maşina de la această companie, atunci este de ajuns să sunaţi la numărul de urgenţe şi un tehnician va face tot ce îi stă în putinţă, de la o cheie nouă la adusul unei canistre cu benzină sau schimbarea unei roţi.

Merită clientul acest răsfăţ? Răspuns: un agent de vânzări mediu de la un dealer mediu vinde între şase şi opt maşini pe lună, dar Carl Sewell aşteaptă de la profesioniştii lui să vândă cincisprezece automobile de lux. La urma urmei, au un ajutor de nădejde în departamentul de relaţii publice şi, cel mai important, în departamentul de service. Dacă cei de la service fac o treabă sub nivelul perfecţiunii, atunci trebuie să o refacă, în timpul lor liber. Simt ei acest lucru? Dimpotrivă. Simt că sunt parteneri de afaceri, iar directorul service-ului este probabil cel mai bine plătit din zonă, dacă nu chiar din ţară. El obţine 10% din creşterile de profit anuale ale departamentului, şi un venit de 150.000 de dolari este ceva obişnuit.

Unii vor spune că Sewell a depăşit nu doar cu o milă, ci cu zece mile. Dar el nu este mulţumit să fie azi la fel de bun cum a fost ieri, aşa că studiază şi învaţă de la experţi cum să fie şi mai bun. De la oamenii care lucrează la Disney a învăţat să fie atent la orice detaliu, cât de mic. Podelele sclipesc de curăţenie. Dacă este ceva pe jos, primul impuls este să se aplece şi să îl ia chiar el. Stanley Marcus de la Neiman-Marcus l-a învăţat importanţa de a spune „da" în faţa clienţilor. W. Edwards Deming, consultantul de origine japoneză care este considerat cel mai mare specialist în management, l-a învăţat valoarea măsurării tuturor lucrurilor. Pe scurt, este un agent de vânzări care crede că păstrarea unui client este doar 1/5 din investiţia pe care o faci ca să câştigi unul nou.

VÂND MAŞINI

De ani de zile, Tom Armstrong era cel mai bun dealer de Cadillac-uri din Texas. Lucra pentru Sewell Village Cadillac şi vindea peste plan cu circa 7 milioane, şi asta se întâmpla când maşinile costau cu 40% mai puţin decât azi. Cam 80% din vânzări erau către clienţi anteriori. Tom este un tip care ştie ce vrea de la viaţă şi de la afaceri. Este un om care lucrează în cartierul cu chirii mari, are un venit anual format din şase cifre şi nu are de gând să îşi deschidă propria afacere pentru că nu vrea să îşi reducă veniturile.

Se învârte în cercuri înalte, şi când este întrebat în ce domeniu lucrează (spre supărarea unor prieteni) spune simplu:

– Vând maşini.

Nu include în răspuns calificativul prestigios de „Cadillac". Subliniază faptul că în general agenţii de vânzări care se ocupă de maşini nu sunt prea bine priviţi, dar spune:

– Sunt mândru de succesul meu. Muncesc pentru asta şi îmi place. De aceea spun că vând maşini – şi atât.

Într-un singur an a vândut 326 de maşini Cadillac, adică o grămadă! Sponsorizează propria echipă de baseball din Little League, care poartă pe tricouri „Cadillac Armstrong".

Ce vinde de fapt? Tom spune:

– Vând visul american. Cadillac-ul reprezintă încă pentru multă lume ideea de succes.

Munceşte mult şi se bucură mai ales atunci când vinde o maşină unor oameni care au muncit ani de zile şi au pus ban pe ban ca să-şi cumpere maşina viselor. Ţine mult să le aducă noilor proprietari o maşină care să strălucească pe toate feţele. Proprietarii de Cadillac-uri noi se simt atunci ca nişte regi şi regine, căci Tom crede că exact asta şi sunt. Este poate agentul de vânzări cel mai puternic orientat către servirea clienţilor şi lucrează pentru dealerul cel mai puternic orientat către servirea clienţilor.

Tom s-a mutat de curând la reprezentanţa Lexus a lui Carl Sewell şi vinde acum limuzine de lux Lexus, cu aceeaşi atitudine referitor la servirea clienţilor.

VÂNZAREA NU SE TERMINĂ O DATĂ CU SEMNAREA CONTRACTULUI

În primele douăzeci şi patru de ore după furnizarea maşinii pe un covor roşu, Tom face o vizită la noii proprietari să se asigure că totul merge cum trebuie şi că toată lumea este mulţumită. El ştie de asemenea că acesta este cel mai bun moment pentru a găsi noi clienţi (ceea ce în general se şi întâmplă). Le spune foarte clar oamenilor că dacă apare vreo problemă, să îl sune imediat. Tom subliniază faptul că el şi directorul service-lui muncesc împreună cu un singur ţel în minte: să servească clienţii!

Tom este unul dintre cei mai serioşi lucrători din câţi veţi întâlni vreodată. Munceşte mult nu pentru că trebuie, ci pentru că îi place la nebunie. Începe ziua de muncă la ora 6 dimineaţa, când ajunge la reprezentanţă şi timp de trei ore studiază dosarele de service pentru maşinile cumpărate de la el. Pe la ora 10 se concentrează asupra listei de clienţi care include cumpărători anteriori, oameni care au vizitat showroom-ul, dar nu au cumpărat nimic, referinţe de la alţi clienţi. Face cel puţin zece vizite pe zi. Îşi ţine clienţii la curent cu valoarea de piaţă a maşinilor cumpărate. Nu munceşte în showroom, ci în birou. Majoritatea afacerilor se fac prin vizite fixate dinainte, şi în general cam într-o oră vânzarea este încheiată.

Nu mai este nevoie să vă spun că are de-a face cu oameni foarte bogaţi, şi iată ce ne spune în acest sens:

– Clienţii bogaţi nu sunt chiar atât de diferiţi de ceilalţi oameni. Dar nu trebuie să jucaţi cartea durităţii. Ceea ce îi impresionează este aerul de încredere – ei îl au şi vor să îl aveţi şi voi, dacă vreţi să cumpere ceva.

El ştie de asemenea că oamenii nu cumpără o maşină pentru ceea ce este, ci pentru ceea ce face şi ce reprezintă. Nu insistă pe detaliile tehnice ale maşinilor şi nu ridică niciodată capota.

– Ceea ce îi interesează cel mai mult, spune el, este ce înseamnă pentru ei un mijloc de transport de prima clasă.

PREŢUL „UMFLAT” ŞI SERVIREA CLIENTULUI

Un fermier a intrat într-o zi într-un magazin auto pentru a cumpăra una din „cele trei maşini din ofertă”. Până să încheie cumpărarea tuturor opţiunilor, preţul crescuse cu mult peste cel iniţial. S-a gândit la asta ceva vreme şi iată că într-o zi agentul de vânzări care îi vânduse maşina a venit să cumpere o vacă de la el.

Fermierul i-a spus că vaca este 275 de dolari, iar agentul a fost mulţumit:

– Bine, o iau.

Fermierul s-a scuzat pentru o clipă, trebuia să completeze chitanţa. Când s-a întors, i-a dat hârtia agentului, spunându-i:

– Uite, este gata, costă 805 dolari plus 64 taxele, deci un total de 869 dolari.

Agentul de vânzări era uluit:

– Dar parcă mi-aţi spus 275 de dolari!

Fermierul a spus că acesta era preţul pentru o vacă standard, dar cea pe care o lua el avea ceva îmbunătăţiri.

– De exemplu, frumoasa asta este împachetată într-o piele minunată de două tone, ţesălată de mână, care costă 175 de dolari. Are un implant de fertilizare, adică încă 95 de dolari. Două coarne clasice la 30 de dolari fiecare, deci 60 de dolari în total. Patru distribuitoare de lapte, 10 dolari fiecare, adică 40 în total. Un stomac sănătos de 95 de dolari, o paletă de muşte de 65 de dolari, deci un total de 805 dolari, plus taxele de 64 de dolari. Total general: 869 dolari.

Sunt convins că mulţi dintre noi s-au simţit frustraţi când au cumpărat aspiratorare, computere, asigurări de sănătate, automobile, servicii de curăţenie în casă şi o grămadă de alte lucruri şi au descoperit că atunci când erau adăugate toate acele „îmbunătăţiri", preţul creştea mult peste cel anticipat. Vă rog să nu mă înţelegeţi greşit. De multe ori, aceste îmbunătăţiri fac diferenţa între distracţie şi eficienţă, şi cu siguranţă merită banii în plus. Primul motiv pentru care am adus acest exemplu este ca să vă atrag atenţia asupra faptului că avem responsabilitatea de a le oferi clienţilor noştri acele lucruri care să le facă viaţa mai uşoară, să îi facă pe ei mai productivi şi mai eficienţi, dar să nu uităm întrebarea următoare „Recomand acest produs pentru beneficiul clientului sau pentru beneficiul meu personal?" Recunosc că este destul de greu de răspuns. Nu suntem în postura de a lua o hotărâre în locul clientului. În multe cazuri, oferirea unei opţiuni este potrivită pentru vânzare, dar trebuie să fie o opţiune şi o ofertă de care să ne simţim mândri. În acelaşi timp, avem o responsabilitate în faţa clientului.

Un caz clasic cu un agent de vânzări care nu acţionează în interesul clientului s-a întâmplat pe când eram la începutul carierei. Muncisem mult pentru a vinde unui tânăr diriginte de poştă dintr-un oraş de provincie o asigurare de viaţă. Bărbatul nu avea nici o asigurare, era căsătorit şi avea un copil mic. A fost una dintre cele mai dificile vânzări din viaţa mea, şi suma totală era de 5.000 de dolari. S-a întâmplat de mult, dar 5.000 de dolari nu însemnau mare lucru nici atunci. Prima pentru dublă indemnizaţie în caz de deces prin accident însemna doar câţiva dolari în plus, dar mă temeam că dacă deschid discuţia, voi pierde vânzarea. Vă mărturisesc că atunci mă gândeam la faptul că voi pierde vânzarea şi nicidecum la interesul clientului. Nu i-am oferit dubla indemnizaţie. Peste un an, a trebuit să-i duc tinerei văduve un cec cu o sumă extrem de mică, care ar fi putut fi de două ori mai mare dacă eu aş fi avut curajul şi grija de a căuta să fac ce este mai bun pentru client. Nu am uitat niciodată lecţia învăţată atunci. Tragedia cea mai mare era că biata văduvă a plătit pentru educaţia mea.

Mesaj: dacă opţiunile sunt în interesul clientului, aveţi responsabilitatea profesională de a le oferi şi de a îi încuraja pe clienţi să acţioneze pe baza lor.

ASTA ÎNSEAMNĂ VÂNZĂRILE

Interesul pe care îl arătaţi faţă de clienţi după ce s-a încheiat vânzarea are un rol foarte important în ajutorul pe care îl veţi primi de la ei pentru a face şi alte vânzări. În 1985 ne-am construit casa viselor noastre, cu vedere spre al cincisprezecelea stâlp de golf din Glen Eagles Country Club, în Plano, Texas. Eram extrem de mulţumiţi de casă şi la fel suntem şi azi. Din nefericire, am construit-o exact când piaţa de imobiliare a început să se deterioreze simţitor. Dobânzile erau foarte mari, iar pe piaţă era aproape imposibil să vinzi o casă gata făcută.

Penny Magid, o agentă imobiliară profesionistă, se ocupa de vânzarea vechii noastre case (în care locuisem timp de şaptesprezece ani). Penny şi asociaţii ei se bazau pe un client sigur, căruia i-au şi vândut în cele din urmă. Dar nu despre asta este vorba aici.

La doi ani după ce am cumpărat casa viselor, dobânzile au scăzut. Într-o zi a apărut la uşa noastră Penny, entuziasmată de faptul că găsise rate mai bune pentru un împrumut. Ne-a pus în legătură cu cel care împrumuta banii şi am reuşit să luăm un nou împrumut în condiţii mult mai bune decât cel iniţial. De atunci, Roşcata şi cu mine am ajutat-o pe Penny să vândă cel puţin o casă, sau poate chiar două-trei. De ce am făcut-o? Foarte simplu. Nu ne gândeam la ea ca la un agent de vânzări, deşi era cu siguranţă un agent de vânzări minunat. Ne gândeam la ea ca la o prietenă. Prin interesul ei continuu pentru noi, ne demonstrase că era acel gen de persoană pe care te bucuri să o recomanzi şi altora.

Profesionistul interesat să îşi facă o carieră nu va uita clienţii o dată ce a încheiat vânzarea. El va găsi o metodă pentru a-şi aminti de ei şi pentru a-i contacta dacă mai apare ceva ce i-ar putea interesa. Penny Magid este un exemplu minunat pentru acel credo al agentului de vânzări deja menţionat în carte: POŢI SĂ AI TOT CE VREI ÎN VIAŢĂ DACĂ AJUŢI DESTUI OAMENI SĂ OBŢINĂ CE VOR.

POVESTEA CONTINUĂ

Povestea lui Penny Magid mai are un capitol. În 1991, dobânzile au scăzut iar, iar Penny a găsit o altă ofertă care era şi mai bună decât cea din 1987! Între timp Penny a avut un infarct şi a fost declarată în moarte clinică. Din fericire, după o operaţie extrem de grea, şi-a revenit şi acum este în curs de recuperare.

Chiar acum, în timp ce scriu aceste rânduri, Penny are una din cele mai bune luni din cariera ei. Cum asta, parcă era în spital la recuperare... Răspunsul este foarte simplu: Penny nu este doar o prietenă bună a familiei noastre, ci şi a tuturor clienţilor şi asociaţilor ei. Toate afacerile de care se ocupa în momentul operaţiei (inclusiv cea a fiului şi a soţiei lui) o aşteaptă să se întoarcă din spital. Clienţii ei au cerut asta, iar Forester-Clements, firma de imobiliare cu care lucra, plus toţi colegii ei de la companie, sunt bucuroşi să se ocupe de documente până când Penny îşi va reveni complet. Da, chiar aşa. Când eşti persoana potrivită, devii agentul de vânzări potrivit!

MICI COMPLIMENTE

La data de 15 februarie 1991, trebuia să plec din Orange County, California, spre Dallas, cu zborul 538. Prefer să stau pe scaunul dinspre culoar, dar toate erau ocupate când mi-am făcut rezervarea. I-am explicat agentei de la îmbarcare că dacă se elibera vreun loc, aş fi vrut să îl iau eu. Mi-a notat numele şi a spus că va fi atentă dacă se va elibera ceva.

POŢI SĂ AI TOT CE DOREŞTI ÎN VIAŢĂ DACĂ AJUŢI DESTUL DE MULŢI OAMENI SĂ OBŢINĂ CEEA CE VOR.

Am urcat în avion, m-am aşezat şi am început să lucrez când am auzit o voce bărbătească plăcută:

– Domnul Ziglar?

M-am uitat în sus şi am văzut mâna întinsă a lui Geoffrey M. Gregor. S-a prezentat ca fiind directorul pentru servicii speciale de la American Airlines şi mi-a spus că găsise pe cineva care dorea să schimbe locul cu mine. În acest moment a intrat în peisaj Don Wilhelm, care avea loc la margine. I-am mulţumit pentru amabilitate şi am făcut schimbul.

În timpul zborului, Don a trecut pe lângă mine şi l-am întrebat dacă lucra pentru compania aeriană. M-a asigurat că nu şi atunci am insistat să aflu cum venise vorba despre faptul că doream un scaun la margine. Mi-a spus că îl cunoaşte pe Geoffrey de multă vreme şi că aşa era el, îi plăcea să le facă servicii oamenilor.

Poate o să spuneţi că nu este mare lucru, şi chiar că nu este. Dar diferenţa dintre oamenii care au o carieră de succes şi cei care nu au cariere este că cei dintâi fac întotdeauna pasul în plus. Adică vânzare profesionistă! Sigur că pasul făcut de Geoffrey nu va schimba spectaculos veniturile companiei American Airlines şi nici nu îi va îmbunătăţi cariera în mod dramatic, dar sunt convins că are acest post foarte bun tocmai pentru că se poartă aşa cu oamenii.

SERVICII DE VÂNZARE

Bob Dunsmuir din Victoria, British Columbia, are unul dintre cele mai mari service-uri din lume. Şi mai are şi nişte idei unice, extrem de eficiente în lumea vânzărilor, a servirii, a convingerii. În momentul în care o maşină trage în dreptul unei pompe, lângă ea apar patru angajaţi. Unul umple rezervorul, altul se uită sub capotă, al treilea spală geamurile, al patrulea dă cu aspiratorul în maşină şi goleşte scrumierele. Chiar când benzinăria este plină ochi cu maşini şi este coadă la toate pompele, veţi avea cel puţin o persoană care va intra în acţiune şi va oferi acel tip de serviciu pe care toţi îl aşteaptă de la Bob.

Dunsmuir Shell are una din cele mai mari viteze la schimbarea personalului din toată Canada. Să nu mă înţelegeţi greşit, tinerilor le place ce fac şi sunt recunoscători pentru ce face Dunsmuir pentru ei. Dar pentru majoritatea scopul principal în viaţă nu este să lucreze într-un service auto. Aşa că Bob Dunsmuir îi formează şi îi inspiră să trateze fiecare om cu respect şi amabilitate sinceră, să-şi facă mai mult decât datoria în ceea ce priveşte service-ul, să fie entuziaşti, veseli, politicoşi. Bob îi învaţă exact ce şi cum să spună pentru a-şi atinge obiectivele. Apoi le spune că poate motociclistul care va trage acum în parcare poate să fie viitorul lor şef. Mulţi din cei care îşi caută oameni deosebiţi în acel orăşel, pur şi simplu se duc la Dunsmuir şi acolo găsesc persoanele motivate şi entuziaste de care au nevoie.

Şi iată un fenomen interesant: Dunsmuir a devenit un loc de formare pentru multe companii din oraş. Relaţia lui Bob cu aceste companii este excelentă. Nu există resentimente de nici o parte, deşi companiile mai mari îi iau oamenii. De fapt, Bob este foarte bucuros să continue să le arate tinerilor care caută de lucru la benzinăria lui că dacă „îşi depăşesc datoria profesională" şi dau tot ce pot la serviciu, pot primi în schimb şansa unui post mult mai bun.

SINGURA FILOZOFIE DE VÂNZARE ŞI SERVIRE

Nu este asta destulă filozofie? Nu dovedeşte încă o dată că „poţi să ai tot ce vrei în viaţă dacă ajuţi destui oameni să obţină ce vor"? Oferirea de servicii de calitate nu este o situaţie „câştig-câştig"? Munca într-un service auto nu este un exemplu clasic pentru cum un individ poate transforma o situaţie aparent negativă într-una dintre cele mai pozitive din lume? Bob Dunsmuir a dovedit că cei care au o atitudine potrivită în vânzări pot transforma eşecurile vieţii în succese.

O altă lecţie vitală pe care trebuie să o învăţăm de la Dunsmuir Shell Service Station este că trebuie să faci tot ce îţi stă în putinţă, indiferent de cât de simplă sau de nefericită ar părea situaţia. În primul rând este răspunderea ta să faci tot ce poţi. Ai obţinut postul, acum munceşte şi munceşte cum trebuie. În al doilea rând, fiecare loc de muncă este o şansă. În peste şaizeci şi cinci de ani de viaţă, pot să vă spun din experienţă şi din observaţii directe că cei care muncesc aşa cum trebuie nu trebuie să îşi găsească de lucru – ei sunt cei găsiţi! Poate nu atât de repede pe cât ar vrea, dar SUNT căutaţi şi găsiţi. Dacă doriţi cu adevărat un loc de muncă mai bun decât acum, atunci munciţi aici cât puteţi de bine. Ori ceea ce faceţi acum va deveni cel mai bun loc de muncă, ori locul pe care îl căutaţi va veni la voi!

Notă pentru ambiţioşi: Dacă nu puteţi să faceţi cu entuziasm şi eficienţă o muncă „umilă" şi de nivel scăzut, atunci de ce ar trebui ca şeful actual sau viitor să creadă că puteţi face ceva mult mai greu?

PRINDE-I CÂND FAC BINE TREABA!

Când Ken Blanchard a publicat *The One Minute Manager*, avea perfectă dreptate când ne încuraja să „îi prindem pe cei din jurul nostru când fac bine ceva". Aceeaşi filozofie se aplică şi în lumea vânzărilor, indiferent dacă ajutăm un client neliniştit, nefericit, supărat şi nervos sau dacă îl ajutăm să nu ajungă în starea asta.

De prea multe ori cei implicaţi într-o vânzare grea sau într-o situaţie conflictuală au tendinţa de a-şi dovedi superioritatea şi de a arăta unde greşeşte clientul. Nu spun neapărat că „un client are întotdeauna dreptate", dar spun cu toată convingerea că treaba noastră ca şi agenţi de vânzări – şi mai ales ca profesionişti orientaţi către servire – este să muncim mult pentru a-l prinde pe CLIENT FĂCÂND CEVA BINE.

Ken Blanchard: „Să îi prindem pe oamenii din jurul nostru făcând ceva bine."

Haideţi să ne mutăm repede de partea celaltă a mesei şi să ascultăm totul din punctul de vedere al clientului, să vedem de ce simte ce simte, să îl ascultăm cu atenţie. În timpul conversaţiei trebuie să vă întrebaţi:

– Care este diferenţa?

De pildă, să zicem că voi „câştigaţi" şi respingeţi cererea clientului de modificare sau despăgubire. Cât vă costă? Dacă problema clientului poate fi exprimată în penny sau în câţiva dolari, atunci poate veţi dori să vă gândiţi la ce ar însemna pentru voi bunăvoinţa clientului. De ce să nu evaluaţi (la rece) cât ar fi însemnat viitoarea afacere? Chiar doriţi să câştigaţi bătălia şi să pierdeţi războiul? Nu găsiţi nici o modalitate de a vă înţelege? Puteţi recunoaşte, fără a vă compromite standardele, că şi clientul are dreptate şi că merită să vă gândiţi la asta? Sunteţi atât de înţelept încât să îi puneţi clientului întrebarea fermecată:

– Cum credeţi că ar fi cinstit să procedăm?

EGO VS. ATENŢIE, COMPASIUNE, GRIJĂ

În multe, multe cazuri, clientul pur şi simplu vrea să fie ascultat. Toată lumea vrea să aibă dreptate, dar este şi mai sigur că toată lumea doreşte să fie înţeleasă. Când clienţii ştiu că sunt înţeleşi, atunci vor face o modificare în avantajul vostru. Iar când se întâmplă acest lucru, este înţelept să le permiteţi clienţilor să câştige cât se poate de mult. Faceţi mai mult decât o modificare, câştigaţi inima şi mintea clientului la cauza voastră. Faceţi şi concesii cu zâmbetul pe buze, repetând cât de mult apreciaţi tranzacţia şi cât de mulţumiţi sunteţi că au avut încredere în voi şi în compania pentru care lucraţi.

„NE PERMITEM" SĂ AVEM CLIENŢI NEFERICIŢI?

Când daţi peste un individ bădăran, pus pe harţă, nefericit, atunci reacţionaţi şi voi în acelaşi mod sau vă amintiţi că aveţi şansa de a alege? Puteţi alege să fiţi prietenos şi amabil, sau puteţi alege să fiţi nepoliticos şi războinic.

PRINDEŢI CLIENTUL FĂCÂND CEVA BINE.

Voi fi primul care va recunoaşte că este adeseori mai uşor de spus decât de făcut, dar ţineţi-vă aproape, pentru că vreau să vă arăt moduri în care puteţi face cel mai des alegerea cea bună.

În mod mai specific, cum vă simţiţi când cineva din firmă a comis un păcat îngrozitor (nu a trimis coletele la timp, a trimis altă culoare, a făcut o factură greşită etc.) şi i-a produs astfel clientului probleme înfiorătoare? Ce credeţi când, deşi voi nu aveţi nici o legătură directă cu problema, pentru că eraţi doar agentul de vânzări, clientul vă crede responsabil de toată nebunia creată? Modul în care vă comportaţi cu acea persoană are o influenţă foarte mare asupra succesului pe care îl veţi avea în carieră.

Conform cercetărilor, circa 90% din clienţii noştri nefericiţi pur şi simplu nu mai fac afaceri cu noi, fără să ne mai contacteze în vreun fel. Din nefericire, îşi contactează prietenii, rudele, vecinii, pe oricine altcineva. Întrebare: Ne putem permite să avem clienţi nefericiţi?

Putem fi toţi amabili, drăguţi, politicoşi, prietenoşi, entuziaşti şi optimişti cu clienţii care ne fac comanda, se poartă frumos cu noi şi sunt „normali". Dar, dacă asta este tot ce puteţi face, atunci ţineţi minte că firma la care lucraţi poate angaja pe oricine în locul vostru (şi i-ar plăti mult mai puţin). Valoarea pe care o reprezentaţi în firmă provine din abilităţile pe care vi le dezvoltaţi pentru a lucra cu toată lumea, inclusiv cu clienţii supăraţi şi trişti, într-o manieră eficientă şi profesionistă.

APTITUDINI „UMANE" DE BAZĂ

Cum puteţi fi siguri că vă purtaţi cum trebuie cu oamenii? Amintiţi-vă că toată lumea vrea să aibă dreptate, să fie înţeleasă, şi atunci aţi făcut deja un pas în direcţia cea bună. Sigur că nu este posibil ca toţi să aibă dreptate, dar atunci când vă purtaţi cum trebuie cu oamenii (profesionist, politicos, demn), este mult mai simplu să stabiliţi o relaţie corectă cu ei. Încercaţi să vă amintiţi că dacă aţi fi în locul lor probabil că aţi fi la fel de nefericiţi.

CONTROLAŢI-VĂ CORPUL!

În loc să îl scuturaţi bine – prima reacţie când aveţi de a face cu un om nervos –, relaxaţi-vă, faceţi un efort să vă ţineţi mâinile pe lângă corp, şi ASCULTAŢI-L PE OMUL ACELA. Nu-l întrerupeţi, este foarte important şi subliniez acest mod de a vă comporta cu oamenii nervoşi.

Indiferent de cât de supărat este cineva, îi vine greu să EXPRIME această supărare în cuvinte sau acţiuni pentru mai mult de două minute. Dacă nu mă credeţi, încercaţi şi voi. Enervaţi-vă cât vreţi, ţipaţi, urlaţi, trântiţi, faceţi tot ce vreţi pentru a vă exprima supărarea/nervozitatea. Dacă veţi asculta până când supărarea a trecut, veţi reuşi să scoateţi cam toată presiunea din cel cu care aveţi treabă. *Când îl întrerupeţi, îi daţi voie să-şi ia din nou avânt şi să o ia de la capăt!*

ASCULTAŢI-L PÂNĂ LA CAPĂT.

Aţi mai văzut multe cazuri în care discuţiile ajung la un ping-pong de „Ba da" – „Ba nu". În loc să ajungeţi aici, mai bine ASCULTAŢI. Cum să rezolvaţi o problemă pe care nu o înţelegeţi complet? Când ascultaţi, îi faceţi o favoare clientului şi aveţi şi avantajul de a obţine informaţii despre problema sau situaţia respectivă.

VOCE ŞI DICŢIE

Când presiunea a fost eliberată, următoarea strategie este să coborâţi vocea şi să articulaţi fiecare cuvânt clar şi răspicat. Atenţie, persoana cu care lucraţi este într-o stare psihică extrem de fragilă. Prea mulţi *urcă* până la nivelul supărării celuilalt. Este o greşeală să vă agitaţi, să vorbiţi tare gălăgios, să nu mai ştiţi ce spuneţi, aşa cum face clientul. Dacă vă relaxaţi fizic, ascultaţi problemele celuilalt şi apoi răspundeţi încet, articulând fiecare cuvânt, îl veţi aduce şi pe el la nivelul vostru de calm.

Poate nu sunteţi de acord cu ce spune, şi aveţi tot dreptul, dar exprimaţi-vă corect. Dacă se poate, începeţi prin a-i mulţumi. Ştiu că vă veţi întreba cum să mulţumiţi calm cuiva care mai are puţin şi vă mănâncă de viu. Păi, nu prea este uşor! Cel mai bun mod de a rămâne calm este să vă delimitaţi sentimental de situaţie. Nu este o problemă personală. Şi dacă devine personală, delimitaţi-vă fizic. Când spuneţi calm „ Dle Client, doresc să vă mulţumesc că mi-aţi împărtăşit sentimentele dvs.”, nu vă compromiteţi nici pe voi şi nici firma. Şi nici nu i-aţi dat motive clientului să creadă că are dreptate. Doar l-aţi informat că vă veţi ocupa de problema lui cu profesionalism şi amabilitate.

Continuaţi să liniştiţi clientul pe care îl veţi ajuta şi îi spuneţi că totul este sub control. Dacă reuşiţi să reţineţi textul de mai jos, veţi putea să îl folosiţi în majoritatea cazurilor în care veţi fi puşi în faţa unei persoane nervoase:

„Dle Client, vă mulţumesc că mi-aţi împărtăşit sentimentele dvs. Este important să ştiţi că doresc să vă ajut. Înţeleg prin ce treceţi şi aveţi tot dreptul să fiţi supărat. Vreţi să mă ajutaţi şi să găsim împreună o soluţie la această problemă stânjenitoare?”

Cu această mini-prezentare de vânzări aţi arătat bună credinţă fără să renunţaţi la experienţă şi autoritate. Nu i-aţi dat dreptate; dar i-aţi permis să îşi exprime sentimentele, lucru la care toţi avem dreptul.

Ţineţi minte, în timp ce căutaţi o soluţie la problemă, că foarte puţini sunt cei care chiar se enervează, şi chiar mai puţini reuşesc să rămână supăraţi în faţa unei persoane care încearcă sincer să le rezolve problema.

RECUNOAŞTEŢI-VĂ GREŞELILE

Când cineva a făcut o greşeală, nu intraţi în defensivă. Recunoaşterea greşelii este un pas important în îndreptarea lucrurilor şi liniştirea clientului. Iar dacă greşeala nu a fost a companiei, este şi mai important să treceţi prin toate fazele enumerate mai sus. De multe ori plângerea, nervozitatea, supărarea sunt rezultatul altor evenimente din viaţa clientului: abuzuri, neglijare, comportament urât din partea altora, probleme personale. Cu toate acestea, printr-o atitudine cordială puteţi şterge supărarea şi nu doar păstra un client, ci chiar câştiga un prieten.

Ce se întâmplă când clienţii se răcoresc şi îşi adună gândurile? În acest moment îi puteţi reţine ca şi clienţi şi vă puteţi creşte vânzările. Este un pas vital în oferirea de servicii pentru clienţi, dar şi în îmbunătăţirea afacerii. După confruntare şi rezolvarea problemei, dacă clienţii sunt cei care au greşit, îşi vor da seama de asta şi se vor simţi stânjeniţi. Şi este foarte important să reveniţi la ei veseli şi optimişti pentru a le mulţumi încă o dată pentru deschidere şi încredere. Spuneţi-le cât de importanţi sunt.

ASCULTAŢI!

Această abordare întăreşte relaţiile cu clienţii. Altfel, cum au greşit, pot fi atât de stânjeniţi încât să plece şi să nu mai lucreze cu voi. Avem iar aici vechiul principiu al milei în plus, aplicat în viaţă şi în vânzări. După cum au spus de multe ori formatorii din domeniu, trebuie să reînviaţi principiul lui „şi încă ceva". Când a-ţi făcut tot ce se aşteaptă de la voi ca agenţi de vânzări „şi încă ceva", atunci fiţi siguri că vă clădiţi o carieră extraordinară.

UN GEST DE ÎNALTĂ CLASĂ

Una dintre trăsăturile clare ale unui profesionist şi cea care îl va conduce către succes este clasa. Dicţionarele spun aşa: *clasă* = poziţie înaltă în societate, grad, sau calitate. Un gest de înaltă clasă este un gest deosebit. Un profesionist din vânzări are clasă, şi cel mai uşor observăm asta din modul în care se comportă cu cineva care nu are clasă. Ce faceţi când sunteţi puşi în situaţia de a lucra cu oameni mai puţin norocoşi sau cu mai puţină clasă decât voi? Vă coborâţi la nivelul lor şi vă purtaţi cu ei aşa cum se poartă şi ei cu voi, probabil necioplit, zgomotos, fără minte? Sau vă demonstraţi clasa şi faceţi eforturi pentru a vă menţine ţinuta şi demnitatea şi îi urcaţi pe ei la nivelul vostru?

„NU POT SĂ CRED CĂ AI SPUS AŞA CEVA!"

Unul din actele cele mai lipsite de clasă este să răspunzi la bădărănii cu bădărănie. Primul motiv pentru înjurături este un deficit de vocabular, adeseori relevat prin imaturitate şi lipsa controlului. Cei care folosesc un astfel de limbaj spun de fapt că nu au inteligenţa sau controlul pentru a vorbi aşa cum trebuie la un moment dat.

Agentul de vânzări trebuie să întrebe „cum pot lucra cel mai eficient cu cineva care vorbeşte astfel?" Din moment ce în opt din zece cazuri agentul este înjurat la telefon, aceste sfaturi sunt scrise din perspectiva convorbirii prin telefon, dar ele se pot aplica şi pentru întâlnirile faţă în faţă.

Pentru început, amintiţi-vă că în majoritatea cazurilor cuvintele nu trebuie luate ca un afront personal. Clientul poate nici nu ştie cum să facă o jignire personală. Ceea ce trăiţi voi este doar defularea frustrărilor.

Al doilea pas este să nu faceţi NIMIC. Nu spuneţi nimic. Această tăcere absolută îl va surprinde şi, cel mai important lucru, îl va calma pe omul nervos. Cei care înjură o fac de obicei pentru a provoca şi a stârni o luptă verbală. De ce să le faceţi jocul? Păstraţi tăcerea până când vă întreabă: „Mai eşti acolo?" Acum, dacă vreţi să vă amuzaţi puţin şi să câştigaţi clientul de partea voastră, repetaţi o parte din tiradă, partea cea mai ridicolă şi mai exagerată. Spuneţi „După cum văd, problema dvs este _____ ". Şi repetaţi clar şi concis ce aţi auzit mai devreme. Sunt şanse ca cel de la capătul firului să recunoască, ruşinat, că poate nu a fost chiar atât de porcos.

Acum sunteţi pe drumul cel bun către o soluţie. Aţi câştigat clientul de partea voastră, şi oare nu acesta este de fapt sensul vânzării?

Întrebare: Câte vânzări aţi câştigat prin „învingerea" clientului? DAR asta nu înseamnă că trebuie să acceptaţi limbajul abuziv sau degradant. Citiţi mai departe.

REACŢIA DUPĂ CE AŢI ASCULTAT

Iată o altă prezentare pe care o puteţi învăţa pe dinafară sau nota într-un carneţel – este potrivită pentru cazurile în care cineva vă înjură.

„Dle Client, când îmi vorbiţi aşa, simt că nu vă mai pot fi de folos. Dacă lucraţi alături de mine şi vă concentraţi asupra problemei, cred că vom găsi o soluţie. Dar dacă veţi continua să utilizaţi acest limbaj abuziv, integritatea mea îmi va cere să închei conversaţia."

„Dle Client, vă mulţumesc că mi-aţi împărtăşit sentimentele dvs. Este important să ştiţi că doresc să vă ajut. Înţeleg prin ce treceţi şi aveţi tot dreptul să fiţi supărat. Vreţi să mă ajutaţi şi să găsim împreună o soluţie la această problemă stânjenitoare?"

Dacă înjurăturile continuă, faceţi cum aţi promis. Dacă vorbiţi la telefon, daţi-i celui în cauză ceva timp să se răcorească şi sunaţi din nou. Mai mult ca sigur îi va fi ruşine de purtarea de mai înainte şi veţi lucra mai uşor cu el. Şi dacă starea voastră de spirit este bună şi sunteţi supăraţi sau răzbunători, atunci aveţi şanse să încheiaţi vânzarea sau să întăriţi relaţia. Şi iată de ce: clientul simte că a greşit *faţă de* voi, aşa că trebuie acum să facă ceva *pentru* voi. Acest „ceva" include scuze, dorinţa de a asculta, chiar dorinţa de a se revanşa prin cumpărarea unui produs de la voi.

PRINCIPII CHEIE

Pentru a lucra eficient cu persoanele nervoase, ţineţi minte principiile de mai jos:

NIMENI NU VĂ POATE „INTRA SUB PIELE" ŞI ENERVA FĂRĂ PERMISIUNEA VOASTRĂ, AŞA CĂ:

- ASCULTAŢI-I, LĂSAŢI SUPĂRAREA SĂ ERUPĂ.
- AVEŢI RĂBDARE.
- PROCEDAŢI CU TACT.
- EMPATIZAŢI.
- RECUNOAŞTEŢI IMPORTANŢA LOR.
- EXPRIMAŢI-VĂ CLAR, RAR ŞI ATENT.
- NU LE PERMITEŢI SĂ VĂ CONTROLEZE!

REALITĂŢILE VIEŢII

Este o realitate că dacă vreţi să lucraţi mult în vânzări veţi întâlni nemulţumiri şi neînţelegeri. Sunt inevitabile. Modul în care le rezolvaţi vă influenţează puternic lungimea carierei şi succesul pe care îl veţi avea. Dar ţineţi minte şi proverbul arab care spune că „Soarele a creat deşertul.” Adică nu vă veţi dezvolta niciodată deplin abilităţile şi tehnicile şi nu veţi reuşi să creşteţi de la mediocritate către înălţimile succesului decât dacă veţi întâmpina şi dificultăţi. Priviţi aceşti clienţi nemulţumiţi şi nefericiţi ca pe nişte şanse de a vă dezvolta şi de a deveni şi mai buni în ceea ce faceţi.

CAPITOLUL TREISPREZECE

STRĂLUCIREA DRUMULUI

Un mit al meseriei noastre

După cum ştiţi deja, eu cred că totul este vânzare. Pastorul Rex Hensley de la biserica baptistă din Addyston, Ohio, povesteşte cum un tânăr şi-a imprimat CV-ul pe douăzeci şi cinci de tricouri, pe care le-a dus personal la douăzeci şi cinci de companii diferite. Pe marginea fiecărui tricou scrisese următoarele cuvinte:

– Cred că sunt perfect pentru compania voastră.

A fost chemat la douăzeci de interviuri. Mulţi l-au chemat doar să îl vadă, căci nu aveau nici un post liber. Dar cel mai important lucru este că a avut de unde să-şi aleagă!

PROBLEMA CĂLĂTORIILOR

Ideea de călătorie a fost idealizată încă de când s-a inventat roata. Multă lume vrea să ştie ce este „acolo, la linia orizontului" şi atunci este dispusă să cheltuiască bani şi timp pentru a afla. Dacă am avea ocazia să vedem care sunt dorinţele celor mai mulţi dintre noi, atunci am descoperi călătoriile undeva pe primele locuri.

Dar, aşa cum este cazul şi cu alte lucruri în viaţă, călătoriile trebuie privite din două perspective diferite.

PERSPECTIVA POTRIVITĂ

Cei doi nu mai primiseră de câteva săptămâni veşti de la fiica lor, aşa că s-au bucurat când au văzut scrisoarea mult aşteptată. Pe măsură ce o citeau, bucuria lor se transforma în panică.

„Dragă mamă şi dragă tată, iertaţi-mă că nu am mai scris de atâta vreme. Vreau să vă spun de la început că totul este în regulă şi că mă refac destul de bine după accident. A fost un incendiu în cămin şi încercând să ies pe fereastra de la cameră, care este la etajul doi, am alunecat, am căzut şi am suferit o comoţie. Din fericire, un tânăr care trecea pe acolo m-a văzut în ce stare eram, m-a luat la el acasă şi m-a îngrijit cu multă atenţie. Medicii spun că nu am rămas cu sechele.

Binefăcătorul meu s-a dovedit a fi unul dintre cei mai drăguţi şi iubitori oameni din câţi am întâlnit. Provine dintr-o familie minunată şi vă veţi bucura să aflaţi că ne-am hotărât să ne căsătorim foarte curând. Întotdeauna v-aţi dorit nepoţi, aşa că să ştiţi că peste câteva luni veţi primi vestea cea mare. Ecografia arată că este un băieţel şi că totul este în ordine. O să vă mai scriu despre ce facem.

Cu drag, fiica voastră Sally.

P.S. Nu a fost nici un incendiu, nu am făcut o comoţie, nu locuiesc la un tânăr acasă, nu veţi avea nici un nepot. Dar am luat un 3 şi un 4 la ultimele examene şi vroiam să vedeţi notele din perspectiva potrivită."

CELE DOUĂ FEŢE ALE MONEDEI

Să fii departe de activităţile vieţii de zi cu zi, să mănânci la restaurante unde mâncarea o fac alţii şi tot alţii spală şi vasele, să dormi în hoteluri unde ţi se face patul, să vizitezi locuri pline de istorie, pe unde au trecut cei care au făurit această ţară, să zbori cu avioane cu reacţie, să conduci limuzine super rapide, să treci prin regiuni cu peisaje ca cele pe care le-ai văzut doar pe vederi – da, beneficiile vieţii de turist sunt vii în imaginaţia multora.

Din nefericire, viaţa unui om care călătoreşte în „interesul serviciului" trebuie văzută dintr-o cu totul altă perspectivă. Luăm cu noi activităţile de zi cu zi, mâncăm „pulpe de pui" şi iar „pulpe de pui", care nu prea diferă de la un restaurant la altul, indiferent de cine pune şi strânge masa, dormim în hoteluri în care citim cărţi la lumina veiozei şi ne întrebăm DACĂ aşternuturile au fost schimbate după plecarea ultimului vizitator, vedem pe „fast forward" peisaje, în timp ce suntem târâţi de la aeroport la şedinţă sau birou, vorbim cu încă un însoţitor de bord, şofer, agent de la compania de închirieri maşini anticipând momentele în care ne vom rătăci sau vom înţelege greşit un semn de circulaţie – da, ochii unui călător „în interesul serviciului" văd lucrurile total diferit de cei ai turistului.

Ironia este că cei care călătoresc mult urăsc drumurile, iar cei care nu pot călători iubesc iluzia drumului. Atitudinea noastră este adeseori controlată de perspectiva din care privim, şi în acest moment începem să învăţăm cum să ne obişnuim cu călătoriile şi cum să ne bucurăm de şansele ce ni se oferă.

„CAPUL FAMILIEI" PLEACĂ LA MUNCĂ

Încă de la începutul istoriei au existat confuzii şi prejudecăţi referitoare la ceea ce se întâmplă când „capul familiei" pleacă de acasă pentru o perioadă mai lungă de timp. Cel care rămâne acasă se simte adeseori „îndepărtat" de la distracţie şi emoţii. Şi deşi există şi oameni care se luptă cu rigorile drumului, majoritatea agenţilor de vânzări care călătoresc se simt ca eroul nostru din povestea următoare.

UN CĂLĂTOR, MAI MULTE PERSPECTIVE

Când Chris s-a apropiat de tejghea, patronul magazinului l-a recunoscut ca fiind agentul lui de vânzări preferat.

– Chris, ce mai faci, omule? a întrebat el tare.

– Minunat, dle O'Connor, dar dumneavoastră?

– Bine, eu fac doar bine. Probabil că şi şi eu aş face minunat dacă tocmai m-aş întoarce de la Las Vegas.

– Haideţi, dle O'Connor, doar ştiţi că am fost la o conferinţă de vânzări, şi în plus a trebuit să plec cu o zi înainte, ca să mă duc la Chicago şi să mă întâlnesc cu unul dintre clienţii noştri cei mai importanţi.

– Chris, a continuat O'Connor, ignorând eforturile acestuia de a explica ce căutase de fapt la Las Vegas şi la Chicago, am auzit că Las Vegas este minunat, poate o să am şi eu o dată şansa de a vedea „luminile oraşului".

– Da, trebuie să recunosc că nu am văzut nimic atât de frumos în altă parte. Cazinourile sunt deschise toată noaptea, iar spectacolele sunt absolut extravagante. Costumele, muzica, atmosfera sunt atât de extraordinare încât este uşor de înţeles de ce se spune că Las Vegas-ul este oraşul fără somn!

Dl O'Connor chicotea mulţumit:

– Da, şi am auzit şi de Windy City că n-ar fi rău. La cine ai fost în Chicago?

– La firma Sears, la care am ajuns mai greu decât ajung la dvs, dle O'Connor. A trebuit să iau un lift etanşeizat până la etajul nouăzeci şi opt în Sears Tower.

– Etajul nouăzeci şi opt! Probabil este cea mai înaltă clădire din lume!

– Cam aşa ceva, are 110 etaje, la fel ca cel mai înalte din cele două turnuri de la World Trade Center din New York. Ultima oară când am fost acolo un client mi-a spus că lucrează peste douăsprezece mii oameni în turn.

Dl O'Connor spuse gânditor:

– Chris, ce noroc ai să te plimbi prin atâtea locuri. Eu sunt însurat cu magazinul ăsta 12-14 ore pe zi, tot anul. Chiar dacă magazinul este închis, avem tot felul de hârţoage de făcut, inventare, ştii tu. Uneori mă gândesc că nu o să scap niciodată de aici.

Chris nu dorea să îi distrugă bietului om balonul de săpun, aşa că nu i-a spus „adevărul şi numai adevărul", ci şi-a început prezentarea:

– Da, sunt oraşe minunate! Nu te plictiseşti niciodată acolo. Ştiţi ce, am un produs nou despre care aş vrea să vă povestesc câteva lucruri, dar mai înainte de toate spuneţi-mi dvs cum au mers vânzările la ultimul transport pe care vi l-am trimis.

NU DOAR CLIENŢI

Nu era prima oară când Chris avea de a face cu păreri greşite despre „minunea de a călători". Când a ajuns acasă, soţia, deşi era clar bucuroasă să îl vadă, avea câteva întrebări pentru el:

– Bine ai venit, dragul meu! Cum a fost?

– Pat, n-o să-ţi vină să crezi! Să vezi Caesar's Palace! Iluminarea nocturnă este extraordinară! Şi turul de la Ferma de cai arabi a lui Wayne Newton, ce animale frumoase! Prezentatorul de la Compania Zig Ziglar a fost sufletul conferinţei de vânzări. Şi cea mai bună veste – vineri am încheiat vânzarea cu Sears şi probabil că în curând vom vedea nişte comisioane grăsuţe! Şi tu ce ai mai făcut? mai spuse Chris, după o pauză.

– Păi, am hotărât să tai iarba şi să fac eu toată treaba în grădină, pentru că nu puteam să te aştept să te întorci. Kelly a făcut o infecţie la ureche şi educatoarea ei m-a sunat de trei ori la birou. Am reuşit să ajung cu ea la doctor miercuri, dar medicamentul nu a avut cine ştie ce efect, aşa că biata de ea a plâns şi s-a văicărit toată săptămâna. A sunat şi mama ta, părea cam deprimată. Cred că m-a întrebat de trei ori când trecem să o vedem. Miercuri seară, la biserică, toţi au întrebat de tine, dar am plecat repede, Kelly nu mai avea răbdare! Chris, crezi că am putea merge împreună la Las Vegas dacă iei comisionul pentru Sears? Un weekend prelungit ne-ar face bine.

– Sigur, Pat, a răspuns Chris, verificând corespondenţa. Auzi, dar fratele tău a sunat ca să mergem la film mâine seară?

MERGEM ÎMPREUNĂ

În următoarea călătorie am mers împreună. La întoarcere, vecinii vor să ştie totul despre marea excursie:

– Chris, Pat, ce bine că v-aţi întors sănătoşi! Cum a fost vacanţa? Aţi fost în Denver, nu-i aşa? Doamne, ce-mi plac munţii ăia!

– De fapt, a început Pat, nu a fost chiar o vacanţă. Întâlnirile de vânzări ale lui Chris aveau loc o dată cu un târg naţional şi o şedinţă, aşa că am vrut să îl ajut şi am muncit amândoi câte optsprezece ore pe zi.

– Da, sigur, vreţi să spuneţi că doar aţi muncit şi nu v-aţi distrat şi voi puţin, acolo …

– Dacă o plimbare cu canoe şi un picnic în unsprezece zile pot fi considerate distracţie, atunci ne-am şi distrat, a replicat Chris. Da, a fost minunat, dar nu prea am văzut nimic din Colorado. Excursia a fost o schimbare de ritm, dar sunt rupt de oboseală! Am nevoie de o vacanţă ca să îmi revin după vacanţă!

ADEVĂRUL DESPRE CĂLĂTORII

Profesioniştii de azi înţeleg că strălucirea călătoriilor se şterge după câteva plecări şi veniri, iar ce rămâne este doar muncă multă, după metoda clasică! Dar nu vreau să creez o imagine negativă pentru agenţii care trebuie să călătorească. Dacă vedeţi lucrurile din perspectiva potrivită, atunci puteţi transforma situaţia aceasta potenţial negativă într-una extrem de pozitivă!

Şi de ce să nu luaţi unul din „medicamentele" noastre şi să încercaţi Metoda Ben Franklin, despre care am vorbit mai devreme, pentru a examina subiectul „călătorii". Vă veţi aminti că am împărţit foaia în două şi am scris în dreapta părţile negative şi în stânga pe cele pozitive.

VARIETATE

Atât agenţii tineri cât şi veteranii pe care i-am intervievat pentru această carte au spus că ceea ce le place cel mai mult în profesia lor este varietatea experienţelor. „Nu sunt două zile la fel." „În fiecare zi eşti provocat să înveţi ceva nou." „Oricum, numai plicticoasă nu este!" Această varietate pur şi simplu nu este posibilă în multe locuri (şi nici chiar în posturi din vânzări care nu te solicită să călătoreşti). Să punem „varietatea" pe lista de plusuri.

COMPETIŢIE

Profesionistul care învaţă să călătorească regulat şi să câştige din aceste călătorii, să îşi reprezinte bine compania, să păstreze echilibrul în familie este cel care îşi păstrează o poziţie competitivă pe piaţa de muncă. Persoana care funcţionează bine în aceste domenii aduce valoare organizaţiei şi îşi câştigă de asemenea o reputaţie bună în domeniu şi în profesie în general. Această poziţie competitivă îi permite companiei să vă plătească mai bine (dacă nu, competiţia sigur o va face). Şi cum sunteţi adeseori singurele persoane din companie cu care se întâlneşte clientul, voi SUNTEŢI compania! Conducerea unor companii stabile vă recunoaşte importanţa, ceea ce aduce după sine un salariu mai bun şi o siguranţă mai mare a locului de muncă.

Să punem şi „poziţia competitivă" la plusuri.

OPORTUNITĂŢI EDUCAŢIONALE

Timpul pe care îl petreceţi în avion sau în maşină poate fi foarte bine folosit pentru a asculta sau citi lucruri interesante – nu puteţi face aşa ceva lucrând într-un birou. Am primit scrisori de la agenţi de vânzări care îmi spuneau că au făcut facultatea, au învăţat planificare financiară şi limbi străine, şi-au îmbunătăţit vocabularul şi au studiat cam tot ce se poate studia. Unii au devenit experţi în domeniul în care lucrează. Alţii s-au specializat în alte subiecte, aparent fără nici o legătură cu vânzările, care i-au făcut mai buni şi le-au lărgit orizonturile, transformându-i în colegi mai buni, părinţi mai buni, şi nu în ultimul rând angajaţi mai buni. Când aveţi oportunităţi educaţionale, timpul petrecut departe de casă devine o situaţie „câştig – câştig", din care profită compania, angajaţii, familia!

Alt plus pe lista noastră.

ÎMBOGĂŢIRE CULTURALĂ

Când călătoriile de afaceri vă duc în zone de interes cultural, vă puteţi lărgi baza culturală şi îmbunătăţi astfel viaţa voastră şi a familiei voastre. În plus, îmbogăţirea culturală va face din voi un element şi mai valoros din companie. Cheltuielile sunt mici, pentru că firma plăteşte pentru hotel şi transport, aşa că este nevoie de puţină organizare ca să nu rataţi oportunităţi care altfel nu s-ar fi ivit în viaţa voastră.

Cine ar fi crezut că un băieţel din Yazoo City, Mississippi, va ajunge să stea pe un deal şi să privească spre punctul unde verdele Oceanului Indian se întâlneşte cu albastrul Oceanului Pacific, să vorbească de la acelaşi microfon cu preşedintele ţării (şi cu foşti sau viitori preşedinţi), să ţină discursul de deschidere la Congresul Internaţional Jaycees din Suedia (doar regele Suediei a vorbit înaintea mea), să se plimbe călare pe un struţ în Africa de Sud, să facă jogging în parcul din faţa Buckingham Palace şi apoi să sară în Australia, pământul urşilor koala şi al cangurilor, şi să se bucure de toate aceste oportunităţi culturale alături de familie? Lista de plusuri creşte.

ABILITĂŢI SOCIALE

Călătoriile vă forţează invariabil să folosiţi zilnic acele comportamente sociale care dormitează când lucraţi într-un birou. Prezentarea oamenilor, respectarea etichetei la masă, numele oamenilor, alegerea cadourilor, trimiterea felicitărilor şi a scrisorilor de mulţumire, purtarea unor conversaţii politicoase, toate acestea şi multe altele sunt adevărate obligaţii pentru un profesionist care călătoreşte.

Abilităţile sociale pe care le învăţaţi devin un mod de viaţă şi vă permit să vă descurcaţi mult mai bine decât majoritatea oamenilor.

FORMA FIZICĂ

Prea mulţi colegi din vânzări spun că numărul prea mare de călătorii este cauza formei lor fizice care lasă de dorit, în loc să facă din asta un motiv de succes. De ani de zile, îmi fac în aşa fel programul încât să pot să alerg înainte de prezentare. Nu doar că mă înviorează, dar îmi dă timp să mă concentrez asupra prezentării şi asupra celor care vor fi de faţă. Mai mult, corpul meu eliberează endorfine, hormoni care cresc energia şi creativitatea, calmând în acelaşi timp durerea şi neliniştea. Sincer să fiu, când faceţi jogging „în deplasare" aveţi mai puţine şanse să fiţi întrerupţi decât atunci când sunteţi acasă. Problema este că mulţi oameni nu îşi planifică să facă şi ceva mişcare când sunt plecaţi.

Unii spun că este foarte greu, dacă nu chiar imposibil, să îţi controlezi greutatea când eşti plecat. Este o minciună spusă minţii şi pe care corpul o acceptă. Adevărul este că ai mai puţină tragere de inimă să îţi iei ceva de mâncare din frigiderul de la hotel decât din cel de acasă. Şi în zilele noastre este mult mai uşor să îţi comanzi ceva potrivit la restaurant (multe marchează felurile cu nivel scăzut de grăsimi/colesterol/calorii, sau cele pentru bolnavii de inimă). La un bufet cu autoservire vă puteţi face plinul cu legume şi alte produse sănătoase, care să vă menţină în formă. În avion puteţi comanda mâncare specială, fără să plătiţi nimic în plus. Călătoriile pot chiar să vă dezveţe de obiceiurile proaste deprinse acasă. Un alt plus.

Aceasta este o problemă foarte importantă, aşa că i-am dedicat mai mult spaţiu în capitolul 16, unde vorbesc despre forma fizică a unui agent de vânzări. Poate cei care nu călătoresc nu vor citi atent acest capitol, dar toţi avem nevoie să fim în formă.

Vă mai dau două surse de informaţii pentru acest domeniu. Shirley Billingmeier a scris o carte numită *Inner Eating: How to Free Yourself Forever from the Tyranny of Food* (Mâncarea interioară: cum să te eliberezi pentru totdeauna de tirania mâncării) – care cred că este una dintre cele mai bune din câte am văzut, vorbind despre motivele pentru care mâncăm mai mult decât ne trebuie şi despre cum putem scăpa de acest obicei. Şi cartea (dr.) Ken Cooper, *The Aerobic Program for Total Well-Being* (Programul de aerobic pentru sănătate deplină) este o sursă minunată de inspiraţie. Cumpăraţi-le înainte de următoarea călătorie şi citiţi din ele timp de zece minute ÎNAINTE de cină, vă garantez că veţi fi extrem de încântaţi de ce o să învăţaţi!

SINGURĂTATE

Mari campioni în vânzări (şi campionii din alte domenii) tot laudă virtuţile singurătăţii. Călătoriile îţi dau şansa de a te concentra puţin asupra propriei persoane şi de a petrece ceva timp în singurătate şi contemplare.

Cincisprezece minute de singurătate de două ori pe zi vă pot ajuta mult în rezolvarea problemelor. Singurătatea aduce calmul interior, acesta aduce un somn mai bun, iar dacă sunteţi odihniţi vânzările vor sări prin tavan.

TIMP CREATIV

Timpul de gândire sau de creaţie este altceva decât singurătatea. Când sunteţi singur, nu vă faceţi nici un plan; când intraţi în segmentul de timp creativ, vă concentraţi asupra unui client anume, asupra unei situaţii, unei griji, unui scenariu.

Timpul creativ se petrece în singurătate sau cu clienţii. Când interacţionează oameni creativi pe teme legate de afaceri, marketing sau produse, sar scântei! Aceste scântei creative pot incendia o pădure de idei inovatoare. Unul dintre beneficiile majore ale călătoriilor este schimbul de idei.

Nu vă temeţi să emiteţi idei care îi pot ajuta pe clienţi să aibă mai mult succes. O atitudine pozitivă şi deschisă va face ca toate ideile bune să vină la voi. Profesioniştii care ştiu să fie pe fază vor vedea că multe dintre soluţiile cele mai bune la problemele lor profesionale vin din partea celorlalţi, ca rezultat al interacţiunii. Este o veste bună, care înseamnă că nu trebuie să veniţi voi cu toate răspunsurile.

RĂMÂNEŢI ACEEAŞI PERSOANĂ

Ne-am concentrat până acum pe plusuri, dar să ştiţi că există şi zone periculoase. Primul pericol este să începeţi să aveţi personalităţi multiple. Sigur, nu vorbesc de dr. Jekyll şi dl. Hyde, dar există pericolul să duceţi o altă viaţă decât duceţi acasă.

Acum ceva ani, exista un serial TV care se numea „Trei vieţi paralele". Personajul principal era agent FBI, spion KGB şi cetăţean american de condiţie medie. Dramatismul era dat de faptul că omul trăia întotdeauna situaţii în care putea fi descoperit de unul sau mai mulţi dintre cei pentru care lucra. Adevărul este că nimeni nu ar putea duce o astfel de viaţă!

Cei care călătoresc mult cad adeseori în capcana de a juca roluri multiple: în weekend-uri sunt familişti convinşi, stâlpii comunităţii; în călătorii sunt animalele dezlănţuite care nu ratează nici o petrecere şi se bat pe spate cu toată lumea; la şedinţele de la sediu sunt soldaţii distinşi, articulaţi şi creativi din armata de vânzări.

Când sunteţi într-un oraş necunoscut şi cunoaşteţi puţini oameni aveţi o anumită libertate, dar Vă cunoaşteţi pe VOI ÎNŞIVĂ şi trebuie să trăiţi împreună cu VOI. William Shakespeare spunea „Ţie însuţi să-ţi fii credincios." Şi eu adaug că dacă vreţi să jucaţi în viaţă un rol dintr-un film cu pătrăţel roşu, atunci este ca şi cum aţi fi condamnaţi pe viaţă. Sper că vă daţi seama că vorbesc aici de comportamente care, scoase la iveală, v-ar strica relaţiile cu firma şi familia. Mentorul meu, directorul Fred Smith, acum pensionar, spune că cele mai mari eşecuri sunt cele ale *caracterului.* Sunt de acord cu el. Opriţi-vă înainte de a începe. Dacă aţi început, opriţi-vă chiar acum. Ţineţi minte că nu veţi reuşi în carieră decât dacă veţi face lucrurile care vă fac plăcere, vă dau un sentiment de confort şi vă ajută să vă dezvoltaţi personal şi profesional.

După o vreme, oamenii îşi dezvoltă faţete nebănuite ale personalităţii. Fenomenul este minunat, căci puteţi fi azi mai mult decât aţi fost ieri, dar nu chiar atât de mult pe cât veţi fi mâine. Pe scurt: Fiţi cea mai bună versiune a propriei voastre persoane, dar fiţi VOI. După doi ani de muncă de consilier, o prietenă bună mi-a spus că cel mai bun lucru pe care îl învăţase fusese să aibă încredere în propriile sale instincte. Faceţi şi voi la fel!

O PROVOCARE SPECIALĂ

Cel mai problematic şi provocator moment al zilei unui agent de vânzări plecat de acasă este seara, când ţi-ai consumat forţele pentru munca zilei şi acum trebuie să te hotărăşti cum îţi vei petrece timpul rămas. Multe hoteluri organizează tot felul de activităţi seara, sau chiar dau de băut pe gratis. Aceasta face ca multe căsătorii să se destrame, multe cariere să întâmpine momente dificile sau chiar să eşueze. Vă sfătuiesc să vă hotărâţi dinainte cu privire la modul în care veţi petrece aceste momente libere, astfel încât să nu fiţi puşi în situaţii neplăcute. Dacă mergeţi într-un bar pentru persoane necăsătorite şi vă luaţi ceva de băut, înseamnă că împingeţi limitele tentaţiei până dincolo de gradul de rezistenţă al multor oameni. Este momentul în care disciplina, dăruirea şi responsabilitatea au de înfruntat imaginaţia şi sentimentele. Singurul mod de a învinge este să hotărâţi dinainte exact ce veţi face serile.

În această lume „raţională” în care „totul este posibil” pare să fie un mod de viaţă, există mulţi oameni care zâmbesc şi fac cu ochiul când este vorba de infidelitate. Doar „toată lumea o face”, aşa că atunci a devenit un mod de viaţă normal. În primul rând, nu toată lumea împinge tentaţia până acolo unde cazi victimă imaginaţiei şi sentimentelor. Mulţi agenţi de vânzări se dovedesc curajoşi şi hotărâţi PLANIFICÂNDU-ŞI DINAINTE ce vor face seara. Şi cum ştiu exact ce vor face în fiecare moment al călătoriei, nu vor fi puşi în situaţii pe care să le regrete mai târziu.

În al doilea rând, preţul plătit pentru prostie este foarte mare. Da, ştiu că sună cam dur, dar când vă gândiţi ce impact are lipsa de minte asupra familiei şi a carierei, atunci se poate spune că indiscreţia este o prostie.

Sindromul televizorului

Am fost de curând la Houston, Texas, pentru o conferinţă, şi spre surprinderea şi întristarea mea, recepţionistul mi-a dat împreună cu cheia şi un bileţel pe care scria: „Atenţie la oamenii prietenoşi din hol şi din lifturi. Un tâlhar circulă prin hotelurile din Houston pozând drept o persoană foarte drăguţă. Urcă în lift cu dvs. şi vă întreabă dacă nu cumva vă ştiţi de undeva. Aşteaptă să apăsaţi dvs. pe buton şi spune că merge la acelaşi etaj. Vă ţine de vorbă, vă conduce până la uşa camerei, intră după dvs. şi vă jefuieşte. Dacă bate cineva la uşă şi vă cere mărunţi pentru distribuitorul de sucuri sau cartea de telefoane, pe motivul că la ei în cameră nu au, nu deschideţi sub nici o formă.”

Tâlhari şi mincinoşi există de ani de zile, iar agenţii de vânzări trebuie să fie extrem de atenţi când călătoresc. Dar cel mai mare hoţ nu este persoana cu pistolul, ci televizorul.

Să nu mă înţelegeţi greşit. Cred că televizorul este un instrument nemaipomenit pentru educare şi relaxare. Dar recunosc şi faptul că acest aparat are calităţi hipnotice puternice. Tuturor ni s-a întâmplat să deschidem televizorul, să fim prinşi de vreo „prostie” şi să ne trezim peste o jumătate de oră sau o oră şi jumătate fără să ne dăm seama când a trecut timpul. Iar cu numărul mare de reclame incluse în filme (mai ales în filmele cu pătrăţel roşu), chiar că ni se fură timpul. Mai mulţi colegi mi-au spus că le vine foarte greu să renunţe la filmul de după miezul nopţii. Iar unul chiar se temea că devenise dependent de pornografie şi credea că motivul era filmele pe care le urmărea când era plecat de acasă.

Fericirea vine din interior

Iată ce spune prietenul meu Cavett Robert: „Caracterul este abilitatea de a duce la îndeplinire o hotărâre la mult timp după ce cheful de moment a trecut." Vă propun să nu deschideţi televizorul decât după ce aţi consultat programul şi aţi hotărât ce vreţi să vedeţi. Dacă dedicaţi un timp anume unui program anume – adică veţi deschide şi închide televizorul la momentul potrivit – veţi face televizorul să lucreze pentru voi şi nu invers. V-aţi hotărât? Veţi fi o persoană cu caracter şi vă veţi ţine promisiunea? Cred că da, şi veţi vedea ce mulţumit veţi fi de rezultate!

Lista de seară a călătorului

Aşa, deci cum vă petreceţi serile? Răspunsul este simplu. Puteţi face o mulţime de lucruri folositoare. În primul şi în primul rând, puteţi avea grijă de nevoile voastre fizice: o cină uşoară, urmată de o plimbare în pas vioi, de jogging sau de exerciţii la o sală. Restul serii este liber pentru a continua procesul de curtare a partenerului de viaţă. Este minunat să îi daţi un telefon sau să îi scrieţi o scrisoare şi să îi povestiţi ce aţi mai făcut. Vă concentraţi astfel pe persoana iubită, pe angajamentul luat, şi timpul trece mai repede.

În al doilea rând, puteţi rezolva problemele referitoare la vânzări, astfel încât atunci când ajungeţi acasă în weekend să nu mai aveţi treabă şi să vă dedicaţi familiei timpul, energia şi atenţia.

În al treilea rând, vă puteţi ocupa de dezvoltarea personală. Puteţi citi o carte bună sau o revistă, puteţi asculta o casetă. Poate că mai este în oraş un coleg de acelaşi sex – îl puteţi vizita, pentru a face cu el o sesiune de formare, un brainstorming, o sesiune de vânzare, astfel încât să fiţi mai bine pregătiţi a doua zi.

În ultimul rând, puteţi să vă culcaţi devreme şi să vă odihniţi pentru activităţile din ziua ce urmează.

Fericire vs. Plăcere

Există o diferenţă uriaşă între plăcere şi fericire. Plăcerea este temporară, pe când fericirea durează. Urmând procedurile sugerate, veţi asigura stabilitatea căsniciei dvs, fericirea căminului, progresul în carieră. Când veţi sosi acasă în weekend, familia va fi în culmea fericirii să vă vadă, iar singurătatea din timpul săptămânii va pune şi mai bine în lumină mulţumirea şi fericirea de a fi cu partenerul de viaţă. Vă veţi putea privi copiii şi pe omul drag în ochi, veţi fi gata să le dăruiţi tot timpul, toată energia şi atenţia. Beneficiile sunt uriaşe.

OCHII MAI MARI DECÂT BURTA

Un alt pericol pentru profesioniştii din vânzări este tendinţa de a vrea să facă totul. Îşi fixează foarte sus ştacheta pentru vizite, vânzări, dolari câştigaţi, muşcând mai mult decât pot să mestece. Deşi cred cu putere în fixarea unor ştachete înalte care să te facă să te întinzi, unii îşi fixează ştacheta pe marginea prăpastiei.

Agentul care are nevoie cam de patruzeci şi cinci de minute pentru o prezentare şi care îşi propune să facă zece prezentări pe zi, între orele 8 dimineaţă şi 6 seara, nu gândeşte limpede. Drumul, prânzul, pauzele, timpul pentru completarea hârtiilor, toate astea intră şi ele undeva. Pe hârtie, pare că este timp pentru toate vizitele, dar este mai realist să vă propuneţi între şase şi opt vizite.

Alt subiect interesant este cum să vă folosiţi timpul cât mai eficient. În capitolul 15 vom vorbi despre diferenţa dintre eficacitate şi operativitate. Acum să spunem doar că veţi dori să vă întindeţi pentru că, asemenea unei benzi de cauciuc, care se întinde şi rămâne aşa, fără a-şi mai reveni la forma şi mărimea iniţială, şi voi puteţi deveni mai buni prin „întindere". Dar uneori benzile de cauciuc se rup. Pentru a preveni astfel de accidente, începeţi cu obiective realiste care pot fi atinse, apoi creşteţi regulat. Nu vă propuneţi să doborâţi din prima zi recordul mondial. Dacă stabiliţi destule recorduri personale, puteţi apoi să vă încercaţi puterile şi cu cel mondial.

COMUNICARE

Trăim în secolul faxurilor, telefoanelor mobile, al e-mailului, şi al multor altor forme de comunicare instantanee. Radioul de purtat la încheietură al lui Dick Tracy va deveni în curând realitate, cu singura diferenţă că va fi un telefon celular şi nu un radio cu ultrascurte. Deja se testează prototipurile. Indiferent de tehnologie, produsul este la fel de bun ca utilizatorul.

Din experienţa mea pot să afirm un lucru sigur: călătoriile întăresc comunicarea. Oportunităţile de comunicare dintr-un birou nu sunt atât de evidente şi pe drum. Aici eşti forţat să scrii şi să citeşti notiţe, să foloseşti mailul şi telefoanele mobile.

Comunicarea cu familia este foarte importantă. Când sunt pe drum, o sun pe Roşcată ÎN FIECARE seară. Da, este cam scump. Da, sun să vorbesc cu Roşcata. Şi da, vorbesc şi cu alţi membri din familie care se întâmplă să fie în vizită. Da, conversaţiile pot deveni redundante, dar rămân interesante şi utile. Nu, nu stau mult la telefon. Nu, nu sun la ore cu tarif maxim.

Iată cheia: timp de cincisprezece minute sau mai mult, în fiecare seară când sunt plecat, sunt atent cu familia mea. Elimin orice mă poate distrage. Ca negustor de vorbe profesionist şi ca pictor de imagini, trebuie să vă folosiţi talentul mai ales cu cei dragi. Vindeţi-vă PE VOI ÎNŞIVĂ şi IUBIREA pe care le-o purtaţi – şi apoi notaţi comunicarea la plusuri.

RETRAGEREA

Una dintre cele mai dificile părţi într-o călătorie este de fapt momentul în care plecaţi. Dacă ai trecut vreodată prin scene de genul „Tati, te rog, nu pleca!" sau „Mami, nu poţi să stai azi cu mine?", atunci înţelegeţi agonia plecării. Şi de ce exact cu un sfert de oră înainte de plecare soţul/soţia tocmai a început o discuţie extrem de serioasă? Toţi suferim din când în când de durerea asociată cu „retragerea" sau plecarea într-o călătorie.

Ca şi în multe alte domenii ale vieţii, cheia succesului este şi aici PREGĂTIREA. Lăsaţi la fiecare membru al familiei traseul complet, adresele şi telefoanele. Hotărâţi dinainte cum se vor rezolva urgenţele. Spuneţi-le copiilor lucrurile de bază: unde, când, cât timp, cu cine, de ce. Prietena mea, asociată şi colegă de prezentări Mamie McCullough (Doamna „Pot") ţine pe frigider un calendar al călătoriilor. Subliniază cu o anumită culoare zilele când este acasă şi cu altă culoare zilele când este plecată. Copiii ei au o imagine clară a programului mamei lor chiar dacă nu ştiu încă să citească.

Un alt coleg joacă un joc de geografie cu copiii lui. Are o hartă uriaşă a Statelor Unite în birou şi mai are una acasă. Înainte de a pleca, stă cu copiii şi marchează traseul cu ace de gămălie colorate. Când sună în timpul săptămânii şi vorbeşte cu copiii, aceştia ştiu exact unde se află Tati. (Şi aşa învaţă şi geografie şi comunicare.)

O jumătate de oră petrecută cu familia înainte de a pleca pentru mai multe zile – iată un timp petrecut cu folos. Discutaţi traseul, vorbiţi despre oamenii pe care îi veţi întâlni, despre lucruri plăcute care se vor întâmpla cât sunteţi plecaţi, despre întrebările pe care le veţi pune la întoarcere („O să vreau să ştiu cel mai bun lucru care vi s-a întâmplat în fiecare zi, aşa că să vă gândiţi ce o să îmi spuneţi când sun.")

Pentru aceia care călătoresc şi au copii mici, vă sfătuiesc să le înregistraţi poveşti, expresii de iubire şi alte lucruri care să le amintească de ce sunteţi mândri de ei. Dar nu încercaţi să le fixaţi programul pentru perioada cât sunteţi plecaţi. Mesajele trebuie să fie calde, prietenoase, cu încurajări şi sprijin. Este bine să le cumpăraţi câte o carte sau să le înregistraţi câte o poveste pentru fiecare zi de călătorie. În fiecare seară, soţul/soţia va pune caseta, iar copiii se vor bucura de vocea voastră şi de poveste şi vor şti că vă gândiţi la ei.

DECOMPRESIA

Sunt şi momente când întoarcerea poate fi mai grea decât plecarea.

„Drumul" are ritmul şi tonul lui şi rar se întâmplă să fie acelaşi cu cel al activităţilor de acasă.

Asemenea unui meteor care se grăbeşte spre pământ, agentul nostru de vânzări călător este mai predispus la coliziuni decât s-ar putea gândi cineva. Oare se întreabă el cum a fost săptămâna celor care nu au călătorit, sau povesteşte el ce i s-a întâmplat pe unde a fost? Daţi voi tonul unei conversaţii sau răspundeţi atunci când se porneşte o conversaţie?

Un cuplu care a recunoscut că primele două ore după întoarcerea soţului plecat cu treabă reprezentau un pericol a găsit şi o soluţie. După expresiile de bun venit extrem de SCURTE, POLITICOASE şi TANDRE, călătorul se ducea în baie şi, indiferent de oră, făcea un duş lung şi relaxant. În acest interval de timp, călătorul îşi umplea mintea cu gânduri pozitive despre soţie şi casă, în timp ce îşi aducea aminte fragmente din călătorie pe care să le discute cu soţia care fusese atât de răbdătoare în tot acest timp.

Soţia stătea şi asculta muzică instrumentală de atmosferă, concentrându-se şi ea pe aceleaşi subiecte – gânduri pozitive despre soţ, casă şi activităţile din timpul săptămânii. De fiecare dată începea să povestească primul cel care povestise al doilea ultima oară, şi după şase luni „cea mai serioasă" ceartă (şi de fapt nu fusese o ceartă) era legată de cine să înceapă să povestească!

Un alt agent care călătoreşte foloseşte drumul de la aeroport până acasă ca pe o cameră de „depresurizare". A găsit un drum care o ia departe de peisajul citadin, într-o zonă rurală, cu copaci, pârâuri şi raţe. În timp ce conduce, ascultă casete cu valurile oceanului sau cu zgomotul ploii. Călătoria durează cu mai puţin de zece minute peste timpul pe care l-ar fi făcut pe drumul direct, şi datorită faptului că ajunge cu spiritul relaxat, i se pare că merită chiar dacă ar dura cu treizeci de minute mai mult.

Cheia este relaxarea şi înţelegerea potenţialelor pericole. Dacă discutaţi cu partenerul care rămâne acasă şi cu copiii despre acest pericol ÎNAINTE DE A PLECA şi găsiţi idei potrivite pentru „depresurizare", veţi descoperi că întoarcerea acasă poate fi un eveniment semnificativ şi pozitiv în loc să fie un chin groaznic.

V-am spus toate cele de mai sus pentru ca să înţelegeţi că ar trebui să aveţi o înţelegere cu partenerul de viaţă ca atunci când vă întoarceţi acasă să discutaţi MAI ÎNTÂI despre aspectele pozitive şi plăcute ale celor întâmplate vouă şi familiei în timpul absenţei. După o vreme, această abordare îi va face pe toţi membrii familiei să se convingă de faptul că va fi minunat să vă aibă din nou acasă. PUNCT CRITIC: o dată ce s-a stabilit întoarcerea în condiţii plăcute şi lucrurile au intrat pe făgaşul normal (nu mai devreme de strângerea farfuriilor după cină), este bine să se discute calm şi liniştit „problemele" apărute cât timp aţi fost plecaţi.

Sunt convins că planificarea şi urmarea acestor proceduri vă vor îmbogăţi viaţa personală şi de familie, vă vor îmbunătăţi şi prelungi cariera, vă vor aduce un plus în căsnicie şi în viaţă.

PLĂCEREA DE A CĂLĂTORI

Dacă privim din perspectiva potrivită, putem face din călătoria de afaceri o adevărată plăcere. O mare parte din modul în care simţim depinde de modul în care privim circumstanţele date. Dacă ne uităm la lista făcută pentru călătoriile de afaceri, vedem că punctele pozitive le depăşesc cu mult pe cele negative. Varietate, competitivitate, formă fizică, singurătate, timp creativ, toate acestea sunt motive foarte bune pentru a considera călătoria de afaceri ca fiind o parte pozitivă a vieţii voastre.

ATENŢIE

Dacă suntem atenţi la pericolele potenţiale la care ne expunem, putem PLANIFICA, ne putem PREGĂTI şi apoi AŞTEPTA să CÂŞTIGĂM în călătoriile noastre. Dacă ne păstrăm felul de a fi şi ne întrebăm „Oare aş face asta acasă?" vom reuşi să rămânem în călătorii aceiaşi oameni care suntem şi acasă.

Aproape toată lumea a auzit că „planificarea prealabilă bună previne performanţele slabe", şi că prin planificare putem învăţa să nu muşcăm mai mult decât putem mesteca şi să comunicăm cu oamenii potriviţi la momentul potrivit.

Planificarea ne ajută şi în momentele de „retragere" şi „decompresie" (ieşirea în lume şi întoarcerea acasă), astfel încât aceste momente dificile să fie depăşite într-o manieră care să creeze armonie şi nu catastrofe.

UN GÂND FINAL – ŞI IMPORTANT – DESPRE CĂLĂTORII

De mulţi ani includ în prezentările mele o poveste despre comis-voiajorul care se gândea mereu la familia lui când era plecat, iar când era acasă se gândea numai la serviciu. Demonstrez acest concept spunând:

– Când era pe teren, mintea lui era acasă (şi traversez scena în fugă). Când era acasă, mintea lui era pe teren (şi iar traversez scena în fugă). Şi le spunea prietenilor, vecinilor, clienţilor, rudelor, tuturor celor care îl ascultau, că nu are timp să facă nimic din ceea ce îşi doreşte. Păi nici nu este de mirare, doar călătorea în continuu!

Datorită faptului că alergam în toate părţile pe scenă şi faptului că am trecut toţi prin asta, publicul râdea din toată inima – şi cel mai important, învăţa lecţia. Şi chiar cu riscul de a părea pseudoterapeut, daţi-mi voie să vă sfătuiesc „să trăiţi momentul". Când sunteţi acasă, FIŢI ACOLO! Când sunteţi plecaţi, munciţi cu spor şi folosiţi orice moment liber pentru a face tot ceea ce trebuie, ca atunci când vă întoarceţi acasă să puteţi FI ACOLO. Concentraţi-vă pe sarcinile care vă sunt la îndemână. Când sunteţi acasă, acordaţi-le toată atenţia partenerului de viaţă, copiilor, prietenilor. Nu o să vă treacă niciodată prin cap să faceţi o vizită de vânzare fără a planifica dinainte ce veţi face. Aşa că de ce să vă petreceţi o zi cu familia fără a avea nici un plan? Asta nu înseamnă că fiecare zi trebuie să fie plină cu excursii, evenimente importante, sau aventuri extraordinare. Puteţi planifica lucruri simple, cum ar fi o conversaţie. Vă puteţi planifica să petreceţi ceva timp singur cu fiecare membru al familiei. Sau să fiţi la dispoziţia lor (atenţie, aceasta nu este o scuză ca să nu mai planificaţi nimic).

Iată ce vreau de fapt să spun. Un poet a spus aşa: „Viaţa este ceea ce ţi se întâmplă când eşti ocupat să-ţi faci alte planuri." Viaţa este prea fragilă şi prea scurtă pentru a pierde vreun moment. Sigur că trebuie să vă opriţi şi să mirosiţi trandafirii, nu vorbesc aici despre un plan drastic pe care să îl impuneţi celorlalţi până la a le crea un disconfort. Prindeţi clipa! Trăiţi fiecare oră a fiecărei zile ca şi cum ar fi ultima, căci va veni cândva şi această ultimă oră. A fost ultima oră una bună? Aţi prins orice moment preţios? Dar ora asta, care se scurge chiar acum?

Când sunteţi acasă, FIŢI ACOLO!

Trăiţi fiecare zi la maxim oriunde v-aţi afla şi trăiţi cu un scop, cu pasiune şi cu stăruinţă!

CAPITOLUL PAISPREZECE

SISTEMUL DE SPRIJIN PENTRU VÂNZĂRI DE SUCCES

Cum pot biroul şi familia să vă ajute în carieră

La intrarea în vama din Toronto, Ontario, există o plăcuţă pe care sunt trecute „Cele trei limbi oficiale din Canada". Iar mai jos scrie „Alegerea vă aparţine dumneavoastră. Iar plăcerea de a vă servi ne aparţine nouă!" Asta da vânzare.

CONSTRUIREA UNEI CARIERE

Pentru a construi o carieră în vânzări, veţi avea nevoie de sprijinul şi de cooperarea multor oameni. Să începem cu membrii echipei de la firmă: departamentul clienţi, departamentul facturare, departamentul expediere, departamentul service, poate şi departamentul relaţii publice. Deşi în majoritatea cazurilor ordinea este primit, procesat, expediat şi rezolvat fără nici un fel de probleme, întârzieri sau defecte, există şi cazuri în care parcă totul merge pe dos. Fapt valabil mai ales dacă procesul cere o doză de obişnuinţă.

Când ceva merge prost, poate că nu are nici o legătură cu voi, agenţii de vânzări, dar cum firea umană este aşa cum este, din moment ce voi sunteţi cei care l-aţi convins pe client să acţioneze şi să comande, fiţi siguri că omul în cauză va crede că voi sunteţi vinovaţi. Indiferent dacă vina vă revine sau nu, dacă apare ceva şi vânzarea este ratată, comisionul, bonusul, salariul, postul sau cariera vă vor fi afectate de această tranzacţie. Din această cauză agentul de vânzări care se gândeşte la cariera lui va fi extrem de atent la defecţiunile ce pot să apară în timpul operaţiunii. Un client nemulţumit va vorbi cu mai multă lume despre problema lui decât un client mulţumit, care va lăuda modul minunat în care aţi rezolvat totul. Fapt cu atât mai adevărat în cazul în care un client este tratat nepoliticos de către vreo persoană implicată în desfăşurarea procesului.

LUMEA REALĂ

Am fost IMPRESIONAT când am avut prilejul de a vizita centrul de sprijin pentru clienţi al Hewlett-Packard din Atlanta, Georgia! Din momentul în care

Tom Walsh m-a luat de la hotel şi până când m-a dus la aeroport, am fost absolut tulburat de spiritul de echipă şi de unitatea acesteia.

Directorii acestui centru, Joe Lingle şi David Halford, s-au ocupat de mine şi mi-au relatat cu entuziasm şi mândrie povestea de succes a satisfacerii clienţilor H-P. Pe măsură ce Joe şi David explicau cu mândrie diferitele sisteme şi proceduri, începeam să înţeleg de ce Data Pro Survey, o organizaţie independentă, cota H-P ca fiind echipa numărul unu din industria informatică în ceea ce priveşte satisfacţia clienţilor. Ascultând conversaţiile dintre clienţii care aveau nevoi şi inginerii şi personalul de service care era acolo pentru a rezolva aceste nevoi, am înţeles de asemenea de ce Hewlett-Packard este o organizaţie de mai multe miliarde de dolari, aflată în continuă creştere.

Julie Huntington m-a impresionat cel mai tare prin modul în care a rezolvat nevoile clientului ei. O urmăream şi era clar că acesta din urmă nu îi dădea nici o şansă lui Julie să îi răspundă la întrebare sau să îi dea vreun sfat sau vreo sugestie. Julie asculta răbdătoare şi încerca să răspundă, dar aproape imediat era întreruptă. Deşi au fost cel puţin şase întreruperi în timpul unei singure convorbiri telefonice, expresia lui Julie, care arăta interes, grijă şi concentrare, nu s-a schimbat niciodată. Nici cel mai mic semn de plictiseală, iritare, frustrare, sau mânie. Cele câteva cuvinte pe care a reuşit să le rostească au fost atente, controlate, pronunţate pe un ton plăcut.

TOŢI SUNT LA FEL?

În cazul în care credeţi că Julie Huntington este o excepţie (deşi eu bănuiesc că este un star), daţi-mi voie să vă mai prezint un element din angajamentul Hewlett-Packard în faţa clienţilor. În efortul de promovare a satisfacţiei clienţilor, H-P păstrează un exemplar funcţional din toate modelele pe care le-a construit vreodată firma. În timp ce majoritatea apelurilor de la clienţi sunt rezolvate aparent uşor în doar câteva momente, întrebările şi problemele mai complicate sunt rezolvate de profesionişti care lucrează la un computer identic cu cel pe care îl foloseşte clientul. Ei re-creează problema şi apoi ingineri extrem de bine pregătiţi încep să caute soluţii. În cele mai multe cazuri trec doar câteva minute şi clientul este sunat pentru a primi soluţia. Dar, oricât de grea ar fi problema, oamenii pe care i-am urmărit dovedeau aceeaşi răbdare şi grijă menţionate mai înainte – şi îl sunau ÎNTOTDEAUNA pe client pentru a-i oferi soluţia.

Să vă dau un exemplu: pe 21 martie 1991, la ora 16.15, a sunat clientul John V., care avea o problemă cu un plotter. Problema i-a fost dată lui Fred Cardinal, din Atlanta. La două minute după apelul clientului, el avea soluţia la problemă. Peste şaisprezece minute şi paisprezece secunde, clientul a sunat şi a spus:

– Totul este în ordine! Mulţumesc mult pentru ajutor. Dacă Hewlett-Packard are un panou de onoare, atunci ar trebuie să fiţi trecut acolo!

Aşa se contruieşte o afacere!

INGINERI ENTUZIAŞTI

Inginerii erau plini de entuziasm când vorbeau despre meseria şi profesia lor. Mulţi ingineri sunt introvertiţi – tăcuţi, demni, fără să se entuziasmeze prea repede. Dar acest grup părea să nu respecte regula, căci locul unde lucrau semăna mai degrabă cu o cameră de achiziţii decât cu una de service! Şi pe măsură ce problemele erau rezolvate, pe feţele tuturor apărea zâmbetul echivalent lui „bate palma", care spunea:

– Am făcut-o şi pe asta – bună treabă!

Şi iată mesajul: când toate departamentele unei firme arată aceeaşi atitudine entuziastă faţă de servirea clientului şi de menţinerea stării lui de fericire, atunci nu trebuie să ne mai facem griji cu privire la importuri, balanţe comerciale, sau alte probleme economice din societatea noastră.

Cum puteţi fi voi de folos în acest domeniu atât de important? Înţelegând exact cine sunt clienţii voştri.

CLIENŢII INTERNI

Aţi stat vreodată puţin pe loc să vă gândiţi că de fapt aveţi două categorii de clienţi? Clienţii şi posibilii clienţi în faţa cărora faceţi prezentările sunt clienţii externi – cei din afara firmei. Al doilea grup include clienţii INTERNI care lucrează *pentru* firmă. Este clar că nu le vindeţi ambelor grupuri aceleaşi produse şi servicii, dar le vindeţi!

Doar pentru că aceeaşi persoană care vă semnează statele de plată îl semnează şi pe cel al recepţionistei nu înseamnă că el sau ea nu este clientul vostru. Contabilul, funcţionarul de la expediere, echipa de la secretariat, directorii de service – tuturor li se datorează (şi toţi merită) acelaşi respect (dacă nu mai mult) pe care îl arătaţi clienţilor. Gândiţi-vă puţin! V-aţi purta cu un client aşa cum vă purtaţi cu un coleg de birou? Cum puteţi să vă folosiţi „talentul extraordinar la lucrul cu oamenii" în afara biroului şi să îl uitaţi de îndată ce intraţi în clădirea firmei? Când nu vă trataţi colegii de muncă la fel de politicos şi de respectuos ca pe clienţi, plătiţi preţul pe care îl plătesc toţi agenţii de vânzări rataţi pentru că au uitat cine sunt adevăraţii clienţi.

APLICAREA PRINCIPIILOR „SERVIRII CLIENŢILOR" LA *TOŢI* CLIENŢII

Am descoperit că o clientă nemulţumită care este tratată nepoliticos va povesti incidentul altor unsprezece oameni, dar nu va povesti – la modul general – nici unei persoane care ar putea face ceva, adică directorului individului cu care a avut de-a face. Lucrul mai trist este că aceşti unsprezece oameni care au auzit despre incident vor povesti fiecare, în medie, altor cinci oameni. Luaţi un creion şi calculaţi. Înseamnă cincizeci şi cinci de oameni care au aflat în mod negativ despre numele vostru şi al firmei pentru care lucraţi. Şi nu este nevoie de o mulţime de clienţi nemulţumiţi pentru a scoate o firmă din lumea afacerilor şi a distruge o carieră de agent de vânzări.

Acelaşi principiu se aplică şi când trataţi un coleg de muncă într-un mod nepoliticos sau nechibzuit. În general, el va povesti altor unsprezece colegi, care vor povesti fiecare altor cinci. Chiar dacă este vorba despre firme mari, nu trece mult timp până să vă creaţi o reputaţie negativă.

Procedura ce trebuie urmată pentru a rezolva astfel de probleme este asemănătoare cu cea folosită pentru rezolvarea altor probleme ale clienţilor. În clipa în care a apărut problema şi aţi aflat de ea, atacaţi-o cât se poate de repede. Clienţii tipici (interni sau externi) nu caută scuze, ci soluţii la problemele lor. Nu vor să vă cereţi scuze sau să daţi vina pe altcineva. Nu-i interesează găsirea vinovatului – ei vor rezolvarea problemei! Dacă vă cereţi rapid scuze pentru neplăcere şi/sau întârziere şi vă apucaţi să lucraţi la găsirea soluţiei, veţi face paşi uriaşi către construirea unei reputaţii „interne" solide.

Descoperiţi de ce este nevoie pentru a vă face colegul fericit şi aduceţi soluţia. O dată ce problema este rezolvată, reveniţi peste o zi-două şi verificaţi că „lipiciul" a fost bun şi colegul este fericit. Peste o săptămână, trimiteţi o notă scrisă de mână şi veţi primi o bilă albă în plus. Adevărul este că un agent de vânzări profesionist şi agresiv va folosi aceste oportunităţi pentru a „câştiga prieteni şi a influenţa oameni". Şi cum tocmai vorbim despre acest principiu al lui Dale Carnegie...

O SCUZĂ NECESARĂ

Cu mulţi ani în urmă, pe când lucram cu Dale Carnegie în New York, am învăţat un truism care mi-a fost de folos în multe cazuri. Echipa lui Carnegie m-a învăţat că atunci când ai ouat, trebuie să te dai un pas înapoi şi să îţi admiri oul. Şi mai mult, trebuie să povesteşti că tocmai ai făcut un ou.

Gerry Clonaris din Charlotte, Carolina de Nord, îi dă o nouă semnificaţie acestui sfat într-o poveste personală. El spune că frica numărul unu a celor care lucrează într-o firmă de vânzare cu amănuntul este să nu cheltuiască prea mult din contul „deschis spre cumpărare". Într-o firmă bine organizată, o dată ce contul acesta este consumat, cumpărătorul nu mai poate lua nimic până când contul nu este aprovizionat, ceea ce poate însemna abia sezonul următor. Gerry povestea că odată tocmai încheiase prezentarea unei colecţii de poşete în faţa unuia dintre cei mai mari vânzători din Japonia şi brusc şi-a dat seama că nu mai avea nimic în contul „deschis spre cumpărare". Investise toţi banii pe care îi avea. Curajos, Gerry a spus că vina o purta el, pentru că fusese neatent când îşi planificase acţiunile (nu se învinovăţea, ci doar *recunoştea* problema pentru a ajuta la *soluţionarea* ei).

Gerry avea o problemă. Cum putea să îi spună revizorului firmei despre situaţia în care era, mai ales când ştia că acesta nu era prea înţelegător şi drăguţ cu cei care nu-şi planificau bine acţiunile? Gerry a folosit o tehnică pe care v-o recomand şi vouă în rezolvarea acestei probleme. A scris întâi o propoziţie în care a rezumat situaţia nefericită în care era. După ce a restrâns situaţia la o propoziţie, nu i s-a mai părut atât de dificilă şi a reuşit să se concentreze pe găsirea unei soluţii în loc să se lase sufocat de problemă.

Iată ce a scris Gerry: „Problemă: cum să-l abordez pe revizor în situaţia în care sunt şi cum să îi explic că am nevoie de bani în plus pentru contul „deschis spre cumpărare" când ştiu că acest domn mănâncă de vii cumpărătorii care cer dolari în plus pentru „DSC"?

Vă rog să nu minimalizaţi importanţa scrierii pe o bucată de hârtie a ceea ce vi se pare evident. Notarea ideilor pe o hârtie ne face să ne uităm la informaţie în lumina rece a realităţii, în timp ce păstrarea informaţiilor în minte poate maximiza (sau minimiza) informaţia necesară. În minţile noastre, o situaţie nefericită se măsoară în sentimente şi imaginaţie. Pe hârtie, logica îşi spune cuvântul.

O SOLUŢIE NECESARĂ

După ce a examinat cu atenţie situaţia şi s-a mai uitat o dată peste problemă, Gerry a găsit următoarea soluţie:

„Am intrat în biroul revizorului arătând toată frustrarea şi supărarea prin care treceam şi i-am spus:

– Ray, am o problemă. Am dat-o în bară rău de tot!

– Ei, care e problema? a replicat Ray. Iar Gerry a început să îi spună povestea, cum dezvoltase o nouă linie de produse doar pentru a răspunde unei oportunităţi, pentru că terminase banii din contul „deschis spre cumpărare" cu alte planuri nu tocmai fericite.

– Ascultă, a spus Ray, nu eşti primul care depăşeşte măsura cu banii pentru cumpărări. Dar cel puţin tu recunoşti. Hai să ne uităm la planul tău şi să vedem ce putem face.

Ray a găsit ceva bani în plus pentru noua linie, care, întâmplător, s-a dovedit un succes.

După cum spunea chiar el, Gerry a învăţat rapid că atunci când faci o greşeală trebuie să foloseşti abordarea umilă sau de tipul „Mă puteţi ajuta?" În această situaţie, Gerry a învăţat o mulţime de lucruri despre firea umană. În general, când avem de a face cu oameni despre care se ştie că sunt duri – şi când ne apropiem de ei în modul potrivit – descoperim nu doar că sunt gata să ne ajute, ci că sunt de fapt nişte tipi blânzi, care probabil şi-au construit o „platoşă" pentru a supravieţui mai uşor.

Trebuie să cereţi *voi* ajutorul cuiva? Există vreun client intern care are nevoie (şi poate merită) scuzele voastre? Aveţi curajul de a face un pas înapoi, de a admira oul pe care l-aţi făcut şi de a-l arăta şi celorlalţi? Dacă vă trataţi colegii, angajaţii şi şefii cu aceeaşi compasiune pe care o arătaţi unui client care dă bani, atunci veţi fi în stare să depăşiţi 99,9% din toate problemele care pot să apară în timp ce construiţi un „sistem de sprijin de nota zece" pe drumul către succesul în vânzări!

DAR MIE NU-MI PLAC TOŢI OAMENII ĂŞTIA

Toţi îl iubesc pe cel cu vino-ncoa. Nu este nevoie de talent pentru a ţine la o persoană care ţine la tine. Un succes elementar în viaţă – şi în vânzări – este să învăţaţi să ţineţi la cei pe care nu-i iubeşte nimeni. Şi sincer vorbind este în regulă să nu vă placă toţi oamenii. Dar veţi descoperi că atunci când îi veţi trata politicos şi adecvat pe toţi cei pe care îi veţi întâlni de-a lungul vieţii, atunci şi voi veţi avea parte de un tratament „de calitate".

Asta nu înseamnă că trebuie să îi lăsaţi pe oameni să vă trateze nepoliticos şi „să vă calce în picioare". Nu este cazul să îi lăsaţi pe ceilalţi să vă jignească verbal sau fizic. Puteţi ieşi din astfel de situaţii într-un mod politicos şi demn (şi vă veţi simţi mult mai bine), obţinând rezultatele dorite fără să vă pierdeţi controlul. Când îi vedeţi pe cei din jurul vostru ca pe nişte făpturi vii, din „carne şi sânge" şi îi trataţi cu respect, chiar dacă nu observă asta, voi o veţi face – şi vă veţi respecta pe voi înşivă, lucru care pe termen lung este mult mai important decât respectul lor pentru voi.

Poate aţi mai auzit aceste cuvinte: „Orice act neplăcut este un strigăt de ajutor!" Dacă le puteţi acorda celorlalţi beneficiul îndoielii şi le puteţi permite să îşi păstreze demnitatea, îi veţi ajuta să câştige şi veţi câştiga şi voi. Şi aceasta este situaţia de „câştig dublu" despre care aţi auzit atâtea.

CUM SĂ ÎI IMPLICAŢI ÎN ACŢIUNE

O metodă simplă pe care o puteţi folosi pentru a vă strânge echipa de sprijin şi pentru a fi siguri că trageţi toţi de acelaşi capăt al frânghiei (şi nu trageţi fiecare de alt capăt, adică unii împotriva celorlalţi) este să încercaţi să creaţi „proprietatea împărţită".

Gerry Clonaris, despre care v-am povestit mai devreme, dădea şi el acelaşi exemplu: „La un moment dat, pe când lucram la Sears, împărţeam activitatea de cumpărări pentru o linie importantă cu alţi doi tipi inteligenţi şi simpatici. Toţi trei cumpăram practic aceeaşi linie cu mici modificări de stil şi de clientelă. Dar exista o diferenţă majoră. Vânzările mele le depăşeau întotdeauna pe cele ale colegilor mei, mai ales când se introducea un produs nou.

Acum, când mă uit în urmă, simt că de multe ori produsul prezentat de ceilalţi doi colegi era uneori superior produsului meu din punct de vedere al stilului. Dar vânzările la produsul meu păreau întotdeauna să exceleze. Secretul era că de câte ori aveam un produs nou de prezentat, implicam în proces directorul de vânzări cu amănuntul, directorul de vânzări prin catalog, directorii regionali, directorii de publicitate, şi aşa mai departe. Îi implicam pe toţi cei care îmi treceau prin faţa uşii. Rezultatul era că toţi angajaţii din birou şi tot personalul de teren era „vândut" liniei în cauză ÎNAINTE CA PRODUSUL SĂ AJUNGĂ ÎN MAGAZIN.

Cu această expunere atât de bine planificată, deoarece fusesem „ajutat" de directorul de publicitate la crearea liniilor (ca să nu mai vorbesc de ajutorul directorilor de vânzări cu amănuntul şi prin catalog), succesul noii linii de produse era ca şi garantat. Puteam obţine un preţ mai mic la produse, datorită volumului mare pe care îl puteam garanta vânzătorului. Iar clienţii din magazine nu aveau decât să cumpere produsele noii linii, căci oriunde se întorceau dădeau cu ochii de ele. Era o modalitate minunată de a vinde."

Unul din lucrurile extraordinare pe care le putem învăţa de la Gerry este că atunci când împărţim responsabilitatea pentru un proiect, ceilalţi îşi însuşesc şi aplică ideile cu mai mult entuziasm şi sprijin, indiferent despre ce proiect este vorba.

În treacăt, pot să spun că este un sfat foarte bun pe care îl putem aplica indiferent de munca pe care o facem sau de firma pentru care lucrăm, la serviciu sau acasă, cu familia. Implicaţi-i pe toţi în proiect şi şansele de succes vor creşte simţitor.

FAMILIA

În 1990 am luat o hotărâre importantă care a influenţat mult afacerile şi cariera mea în vânzări. Am hotărât ca Zig Ziglar Corporation să redevină o

„afacere de familie". La un moment dat schimbasem comitetul director dintr-un comitet de familie (Roşcata, cele trei fiice ale noastre, un fiu, un contabil şi avocatul nostru) într-unul format din Roşcată, eu şi alţi membri ce nu făceau parte din familie. Şi deşi aveam motive întemeiate pentru această schimbare, comitetul nu a funcţionat niciodată la fel de eficient ca înainte, aşa că în 1990 am revenit la comitetul de familie, în care se cerea de la fiecare membru o implicare şi mai serioasă. Rezultatele au fost mult mai bune decât ne aşteptam, iar viitorul ZZC ca firmă de training pare mai strălucitor ca niciodată!

Fiica mea ce mare, Suzan Witmeyer, citeşte şi studiază în mod constant, aşa că reprezintă o comoară de cunoştinţe practice. Şi cum a moştenit şi intuiţia mamei ei, sfaturile şi părerile ei cu privire la problemele companiei sunt extrem de utile. S-a hotărât să îşi dedice „timpul profesional" creşterii celor doi copii minunaţi şi îndeplinirii funcţiei de director de cămin. Soţul ei, Chad, este vice-preşedintele nostru şi director de operaţiuni, ocupând una dintre funcţiile cele mai importante şi cu mai mare răspundere din companie.

A doua fiică, Cindy Oates, locuieşte cu soţul ei, Richard, în California. Păstrăm legătura cu ei prin telefon şi scrisori, iar în 1991 am instaurat obiceiul unor teleconferinţe săptămânale, sâmbătă după-amiază, când avem şi alţi membri ai familiei în vizită, pentru a auzi ce părere au despre probleme legate de afaceri sau de familie. Cindy are şi ea o perspicacitate înnăscută, iar experienţa ei în vânzări şi afaceri o face un membru de valoare în comitetul director şi un partener de afaceri pe măsură. Ne rugăm la Dumnezeu ca Cindy şi Richard, care lucrează la o firmă de construcţii foarte mare, să se întoarcă în Dallas astfel încât să se poată implica mai mult în afacerile firmei noastre.

Fiica cea mai tânără, Julie Norman, care şi-a început de curând cariera în mod competent şi modest, este şi ea mult implicată. Ca *toţi* copiii noştri (şi nu mă laud, prezint doar faptele aşa cum sunt), are talentul de a înţelege oamenii şi comportamentul lor. Este o persoană foarte pricepută la lucrul cu ceilalţi, are o inimă devotată şi dorinţa de a face tot ce se poate pentru a duce o treabă la bun sfârşit. Soţul ei, Jim, este CEO şi preşedintele ZZC din iunie 1990. Jim Norman a adus cu el o bogăţie de experienţă în afaceri, un „simţ practic" şi o abordare sănătoasă a afacerilor, lucruri extrem de preţioase în lumea companiilor mari.

Fiul nostru, Tom, şi-a început cariera la ZZC, lucrând în depozite şi la departamentul expedieri. Mai târziu, ca să „simtă" toate etapele afacerii, s-a mutat la vânzări, iar acum face o treabă minunată ca administrator de vânzări. Tom este calm şi rezervat, dar are şi el abilităţi extraordinare când este vorba de lucrul cu oamenii. Mintea lui ascuţită şi instinctul pe care îl are pentru vânzări şi management atât în interiorul cât şi în exteriorul firmei îl fac un angajat valoros şi un membru al comitetului de părerea căruia ţinem cont. Soţia lui, Chachis, lucrează la departamentul clienţi, unde supraveghează procesarea comenzilor. Este o tânără frumoasă şi inteligentă din Campenche, Mexic, şi este o adevărată bucurie să o avem în familie. Ca şi ceilalţi membri ai familiei noastre, este o persoană caldă şi afectuoasă, ceea ce face ca atunci când ne întâlnim toată familia avem nevoie de cinci minute să ne îmbrăţişăm de „bună ziua" şi de alte cinci minute să ne îmbrăţişăm de „la revedere".

Mi-ar plăcea să spun că ereditatea şi mediul sunt cauza succesului copiilor noştri, dar de câte ori fac asta mă gândesc la un incident pe care una din fetele noastre îl repetă pentru a mă face să tac. Când a luat o notă proastă la o lucrare de matematică (în ciuda faptului că are un IQ apropiat de cel al geniilor) a venit la mine şi m-a întrebat ce credeam: motivul pentru nota proastă era ereditatea sau mediul?

ŞI CEA MAI BUNĂ...

Cu siguranţă că cel mai important membru al echipei de conducere şi al comitetului director este Roşcata. Îmi este şi mi-a fost întotdeauna prietenă, tovarăşă de drum, confidentă, parteneră, ajutor şi dar de la Dumnezeu, toate astea de peste patruzeci şi cinci de ani. Este binecuvântată cu toate calităţile pe care le au copiii noştri. Şi cel mai important lucru, ca soţie, este doamna mea „deplină". Mă inspiră, mă încântă, mă încurajează. Indiferent de ce mi se întâmplă „în afară", ştiu că la întoarcerea acasă voi fi Numărul Unu pentru ea, şi că va fi de partea mea. Nu, asta nu înseamnă că este întotdeauna de acord cu ce spun şi fac, dar înseamnă că atunci când am probleme ştiu că pot conta pe ea până la capăt. Nu mi-ar trece niciodată prin cap să iau vreo decizie importantă fără să o consult. Şi ce rău îmi pare că nu am ascultat-o încă de la început! Şi ce bine îmi pare că începe să joace un rol din ce în ce mai important în firmă! Şi o ascult nu numai când este vorba despre părerile ei, ci şi când este vorba despre sentimente.

IMPLICAŢI-I PE TOŢI

Dacă vă întrebaţi de ce vorbesc despre implicarea familiei mele în firmă, o să vă răspund chiar acum. Ca profesionist de succes, trebuie să ţineţi minte că sunteţi proprietarul propriei voastre afaceri. După cum am spus şi în primul capitol al cărţii, „sunteţi în vânzări pentru voi, dar nu singuri". Membrii familei vor avea o influenţă importantă asupra succesului vostru, aşa că IMPLICAŢI-I PE TOŢI! Nu vă pot spune cât de importantă este afirmaţia, dar o voi repeta: IMPLICAŢI-VĂ FAMILIA ÎN AFACERI!

SPUNEŢI-LE TOTUL

Majoritatea celor care lucrează în vânzări au un optimism înnăscut, care îi face să le prezinte membrilor familiei o imagine complet falsă asupra activităţii lor. De exemplu, unul dintre lucrurile pe care le-am aflat după ce se consumase deja a fost că propriii noştri copii rar ştiau când avem probleme, când trebuia să luăm o hotărâre importantă sau când aveam dificultăţi financiare. Din moment ce noi îi ţineam departe de realitate, ei bănuiau că totul este în regulă, ori situaţia era complet altfel. Apărându-i, nu îi învăţam cum să facă faţă greutăţilor vieţii. Mai pe scurt, nu îi pregăteam pentru unele dintre problemele cu care urmau să se confrunte mai târziu, probleme pe care le aveam şi noi.

Pe când scriam această carte, am descoperit un lucru surprinzător. Am implicat întreaga familie în conceperea textului – Roşcata, cele trei fiice şi fiul meu. La un moment dat discutam despre carte, ne uitam pe fragmentele aduse de fiicele mele Julie Norman şi Suzan Witmeyer, când s-a întâmplat să rămân o jumătate de oră singur cu Julie. Spre surprinderea mea, Julie a început să îmi povestească despre câteva din temerile ei de pe vremea când era copil. Se temea că o să cad cu avionul sau o să păţesc ceva şi nu o să mă mai întorc acasă. Aşa că ţinea foarte mult să mă îmbrăţişeze şi să mă sărute de la revedere înainte ca eu să plec în vreo călătorie de afaceri. Dacă se întâmpla să nu mă vadă înainte să plec, stătea cu teamă până mă întorceam. Toate astea m-au şocat, căci eu plecam întotdeauna de acasă cu convingerea că mă voi întoarce. Nu mi-am făcut niciodată griji pentru propria mea persoană, şi nici nu mi-a trecut prin cap că vreun membru al familiei ar fi putut fi îngrijorat.

Dragi părinţi, iată ce vreau să vă spun: dacă plecaţi din oraş cu treabă sau dacă plecaţi dimineaţă de acasă şi vă întoarceţi seara, nu uitaţi cele câteva secunde în care să vă îmbrăţişaţi tovarăşul de viaţă şi copiii şi să le spuneţi cât de mult îi iubiţi. Nu strică, ci chiar aduce rezultate foarte bune – inclusiv o relaţie mai strânsă. Această simplă acţiune poate elimina sau cel puţin reduce temerile familiei.

EXPLICAŢI ŞI COMUNICAŢI

În momentul în care toată familia este implicată în cariera agentului de vânzări, acesta nu doar se sfătuieşte cu ei, ci împarte şi rezultatele eforturilor sale. Vorbesc aici, de pildă, despre concursurile frecvente al căror rezultat este o excursie sau un premiu. Poate că necesită un efort în plus în desfăşurarea muncii şi absenţe mai lungi de acasă. Agentul de vânzări trebuie să fixeze o şedinţă de vânzări, să prezinte familiei detaliile concursului, să le ceară ajutorul, să îi implice, să le asculte părerile, şi apoi să împartă cu ei recompensa.

Câştigătorii pot primi o excursie de câteva zile într-o staţiune luxoasă, excursie doar pentru soţ şi soţie. Important este să îi faceţi pe copii să ajute la câştigarea unui premiu de care nu se vor bucura. Un premiu care de fapt îi va lăsa singuri câteva zile. Întrebare: cum îi puteţi mobiliza să vă ajute? Răspuns: spuneţi-le că dacă luaţi premiul vă veţi întări poziţia în vânzări şi veţi câştiga mai mult în viitor, lucru de care vor beneficia şi ei. Aceasta este prioritatea numărul unu. În al doilea rând, iniţaţi chiar voi mici concursuri, astfel încât copiii să vadă de pe acum beneficiile. Luaţi un circuit auto de jucărie, cu două maşinuţe, şi împărţiţi traseul în atâtea săptămâni cât durează concursul, apoi puneţi una din maşinuţe acolo unde trebuie să ajungeţi, iar pe cealaltă în poziţia unde sunteţi acum. De câte ori depăşiţi planul săptămânal, recompensaţi copiii cu un mic premiu sau cu dulciuri, iar dacă ieşiţi primul în concurs, luaţi-le şi lor un premiu mai consistent. Nu mărimea premiului contează, cât conceptul de implicare şi recompensare.

Îi mai puteţi implica pe cei mici în citit şi cercetare. Puneţi-i să caute citate şi sloganuri de încurajare, pe care să le lipească în locurile strategice din casă. Toate aceste acţiuni nu fac decât să îi împingă pe copii să tragă pentru voi şi să „vă tragă" în direcţia câştigării concursului. Copiii vor fi „factori de motivare" şi directori de vânzări.

CĂLĂTORIILE ŞI SISTEMUL DE SPRIJIN AL FAMILIEI

În ultimul capitol m-am concentrat pe modul în care vă puteţi organiza călătoriile. Următoarele principii se aplică la toate călătoriile, indiferent dacă sunt rare sau dese; ele se aplică şi dacă nu călătoriţi deloc.

Există, evident, şi excepţii de la regulă, dar în majoritatea situaţiilor care includ călătorii şi copii mici, bărbatul este cel care călătoreşte. Îi recomand soţiei care rămâne acasă să nu transforme Tatăl într-un „răzbunător" care, atunci când se întoarce acasă, trebuie să le împartă pedepse copiilor sau să facă dreptate. Se întâmplă frecvent ca soţia să facă în timpul săptămânii o listă cu greşelile şi poznele făcute de copii în timpul săptămânii, cu ameninţarea că o să aibă grijă Tata de ele când se va întoarce acasă.

Am cunoscut personal multe familii în care Tatăl primea o listă cu toate lucrurile pe care copilul le făcuse greşit – sau nu le făcuse deloc –, fără nici un semn despre lucrurile pe care le făcuse bine. Prin urmare, Tata vine acasă cu sabia şi joacă rolul justiţiarului. Şi de multe ori, fără să ştie, are de a face cu un copil „rău" în locul unui copil care poate că a făcut „ceva rău". Adăugaţi faptul că Tata poate fi foarte obosit şi stresat, şi veţi înţelege de ce copiii ajung să se teamă de întoarcerea lui, pentru că ştiu că se va purta aspru cu ei. Vă veţi imagina de asemenea ce impact au toate astea asupra copiilor, a Tatălui şi a relaţiei dintre tată şi copii. Şi mai reţineţi doar că impactul asupra familiei şi a carierei în vânzări poate fi dezastruos.

Există şi excepţii, dar în general Mama este cea care trebuie să rezolve problema. Dacă este o chestiune gravă, ce pune în pericol viaţa, sau o încălcare a legii, este de ajuns să dea un telefon pentru a discuta despre ce trebuie făcut. Apoi ea le poate spune copiilor: „Am vorbit cu tatăl vostru la telefon şi, sinceră să fiu, nu am ajuns la o concluzie referitoare la ce vom face. Când se întoarce, vom discuta mai pe larg şi vom hotărî ce trebuie să facem."

PEDEAPSĂ VS. DISCIPLINĂ

Îi sfătuiesc pe părinţi să-şi aducă aminte că există o diferenţă mare între pedeapsă şi disciplină. Pedeapsa *i-o dai copilului*, disciplina o faci *pentru copil*. De multe ori copilul este pedepsit când părinţii sunt supăraţi. Moment prost ales.

Vă sfătuiesc să vă „răcoriţi" înainte de a hotărî ce măsură disciplinară veţi lua. Dacă este o infracţiune minoră, nu trebuie să existe nici urmă de mânie. Pentru a evita problemele viitoare, puteţi rezolva problema calm, repede şi fără agitaţie. În cartea mea *Raising Positive Kids in a Negative World* (Cum să creştem copii buni într-o lume negativă) vorbesc mai pe larg despre diferenţa dintre disciplină şi pedeapsă.

AMÂNAŢI PEDEAPSA

Dacă au fost probleme serioase cât Tata a fost plecat într-o călătorie de afaceri, îl sfătuiesc la întoarcere să amâne pedeapsa sau măsura disciplinară pentru a doua zi. Lăsaţi momentul întoarcerii să fie unul pe care copiii să-l aştepte cu drag. Tata trebuie să reintre în activităţile normale ale casei şi în rutina vieţii de familie. Este un moment care cere multă afecţiune şi tandreţe.

În acest mod, copilul va înţelege clar faptul că, deşi Tata şi Mama vor discuta probabil cu el a doua zi, o vor face doar din dragoste şi datorită grijii pe care o au pentru el. Pe scurt, daţi-i acel sentiment de dragoste şi siguranţă care îl va face să înţeleagă că orice veţi face mai apoi va fi din dragoste şi grijă pentru el. Dacă cel care deschide discuţia este copilul, este bine să spuneţi „Vom discuta mâine despre asta, după ce stau de vorbă cu mama şi hotărâm ce trebuie să facem. Până una alta, hai să ne petrecem seara asta cât mai plăcut, pentru că rămâi copilul meu orice ai fi făcut, şi acum este momentul pentru distracţie."

PLANIFICARE FINANCIARĂ

Profesionistul de succes are de înfruntat unul dintre cele mai mari pericole ale vieţii personale şi profesionale când face un plan financiar. VĂ ROG SĂ NU TRECEŢI PESTE ACESTE RÂNDURI FĂRĂ SĂ LE CITIŢI! Mulţi ani am fost în situaţia în care, dacă aş fi citit prima frază din paragraf, aş fi căutat următorul titlu de capitol. Şi ca urmare, am avut de-a lungul carierei multe suişuri şi coborâşuri financiare. Învăţaţi din experienţa mea şi refuzaţi să faceţi greşelile trecutului.

Problemele financiare sunt principala cauză a tensiunilor în viaţa personală şi profesională. Succesul vostru depinde în mare măsură de modul în care vă rezolvaţi problemele financiare. Nu vorbesc despre eforturile de a deveni multimilionar, ci despre buna gospodărire a banilor pe care îi câştigaţi.

Permiteţi-mi să vă dau mai jos o „minilecţie" de contabilitate, care multora li se va părea extrem de simplă. Cu toate acestea, mai puţin de 10% din oamenii care ne înconjoară vor urma aceşti paşi. De fapt, vă iau pe voi drept garant: dacă veţi urma aceşti paşi timp de doi ani, majoritatea problemelor financiare vor dispărea, iar dacă îi veţi urma de-a lungul întregii cariere, vă veţi bucura de independenţa financiară.

PLANURI PENTRU SUCCES

Pentru a scăpa de grijile şi problemele financiare:

1. ÎNCEPEŢI DE AZI. Teoria lui „mâine vine prea devreme" le dă bătăi de cap financiare multor oameni inteligenţi. Începeţi chiar de azi să citiţi cărţi, să ascultaţi casete, să mergeţi la seminarii referitoare la veniturile voastre. Porniţi de la lucrurile de bază, creaţi-vă un fundament, construiţi apoi orice tip de „construcţie" financiară pentru voi şi familia voastră.

Citiţi *The Richest Man in Babylon* (Cel mai bogat om din Babilon) de George S. Clason, o carte clasică în care veţi găsi idei noi pentru bani şi linişte sufletească în domeniul financiar.

Lynn Robbins şi Dennis Webb au un seminar audio minunat, numit „Managementul banilor personali", pe care îl recomand cu căldură. Lynn Robbins a mai scris *Uncommon Cents: Benjamin Franklin's Secrets to Achieving Personal Financial Succcess* (Bani neobişnuiţi: Secretele lui Benjamin Franklin pentru a dobândi succesul financiar personal).

Ron Blue este un consilier financiar desăvârşit, înţelept şi perspicace.

Puteţi citi reviste cum ar fi *Consumer Reports, Money, Changing Time, Sylvia Porter's Personal Finance Magazine.*

Nu vă pierdeţi timpul încercând să stabiliţi la cine sau unde să mergeţi mai întâi. Începeţi AZI!

2. FACEŢI PLANUL ÎMPREUNĂ CU SOŢIA/SOŢUL. Finanţele familiei trebuie să fie o problemă a familiei. Veţi hotărî împreună cu partenerul de viaţă cine va ţine evidenţa contabilă a familiei, dar treaba o veţi face ÎMPREUNĂ. Chiar dacă unul are doar rolul de observator, faceţi totul împreună.

Feriţi-vă de două capcane des întâlnite. În primul rând, nu cădeţi în capcana lui „o să mă uit eu mai târziu peste" cecuri, extrase de cont, facturi. De cele mai multe ori nu o să vă mai uitaţi niciodată! Necunoaşterea aduce după ea frustrare şi teamă. În al doilea rând, nu vă „protejaţi" partenerul de viaţă de informaţii neplăcute. Spuneţi-i întotdeauna totul.

3. FOLOSIŢI UN SISTEM DE PĂSTRARE A DOCUMENTELOR FINANCIARE. Ţineţi toate documentele financiare în acelaşi loc. Un caiet cu arc este minunat pentru aşa ceva. Mai important decât CE folosiţi este să vă HOTĂRÂŢI să folosiţi ceva şi să începeţi imediat. Toate hârtiile trebuie păstrate în acelaşi loc, în mod organizat, astfel încât în caz de urgenţă cei care au nevoie de numărul de cont, informaţii despre cardul de credit sau despre investiţii, bani disponibili sau datorii, să poată afla imediat tot ce le trebuie.

Şi apropo de urgenţe, vă sfătuiesc să vă faceţi imediat testamentul în caz că nu l-aţi făcut deja. O bună prietenă de familie şi-a pierdut soţul într-un accident, iar timp de trei ani copiii au fost sub tutela statului, nu au reuşit să intre în posesia documentelor financiare şi au avut multe probleme. Copiii locuiau cu ea şi datorită influenţei personale reuşea să îşi plătească facturile, dar lipsa de planificare îi afecta negativ întreaga viaţă. Aţi auzit toate poveştile de groază – dacă ţineţi cu adevărat la cei dragi, faceţi-vă testamentul. Problemele legate de menţinere în viaţă pe cale artificială sau de donarea de organe trebuie rezolvate cu calm şi la momentul potrivit, şi nu în momente de durere şi disperare.

4. STABILIŢI PRIORITĂŢILE PENTRU CHELTUIELI. Discutaţi cu partenerul de viaţă cele mai importante cheltuieli. Studiaţi ce TREBUIE să cumpăraţi şi ce VREŢI să cumpăraţi. Acest pas vă va ajuta să ţineţi oarecum sub control cumpărăturile provocate de emoţii sau de impulsuri nechibzuite. Dacă vă notaţi priorităţile şi vă uitaţi pe această listă de câte ori trebuie să achitaţi facturile, veţi fi extrem de mulţumit să observaţi impactul pe care îl va avea această acţiune asupra planificării financiare şi asupra relaţiei cu partenerul de viaţă. Planificarea financiară NU vă va despărţi. Hotărârile financiare greşite duc la divorţuri. Dacă planificaţi, vă organizaţi şi visaţi ÎMPREUNĂ, veţi depăşi problemele financiare şi veţi ajunge la un control al veniturilor şi cheltuielilor.

5. ŢINEŢI MINTE ACESTE CONCEPTE-CHEIE. Mai mulţi bani nu vă rezolvă problemele. Sistemul de credite american ne încurajează să cheltuim cel puţin 10% mai mult decât câştigăm, indiferent de venitul nostru.

Planificarea financiară este percepută ca fiind restrictivă, când de fapt este singura soluţie pentru a fi liberi.

Situaţia financiară personală nu este una asupra căreia să nu aveţi control, ci se bazează pe hotărârile pe care le-aţi luat CHIAR VOI de-a lungul timpului.

Cu toate acestea, unii oameni ajung să aibă nevoie de ajutor profesional şi de expertiză. Dacă este cazul vostru, contactaţi firmele şi organismele specializate, care vă pot ajuta să rezolvaţi problemele.

FAMILIA IMPLICATĂ ÎN VÂNZĂRI

Ţinând cont de faptul că această carte despre vânzări vorbeşte despre întreg procesul de vânzări şi despre toate laturile vieţii agentului de vânzări – personală, de familie, profesională – aş vrea să vă mai dau un exemplu de situaţie în care abilităţile din vânzări sunt folosite eficient în relaţiile cu membrii familiei. Angie Logan din Lubbok, Texas, subliniază faptul că nici ea şi nici soţul ei nu lucrează în vânzări, dar principiile din acest domeniu i-au ajutat în viaţă şi în special în viaţa de familie.

Angie povesteşte o experienţă pe care a avut-o cu fiica ei Danielle, care are trei ani şi este foarte inteligentă şi independentă. (Vă sună familiar, dragi părinţi?) De fiecare dată când o rugau pe Danielle să facă ceva, lucrurile evoluau în aşa fel încât totul se termina cu certuri şi chiar cu pedepse care îi făceau pe toţi membrii familiei nefericiţi. Angie şi Danny simţeau că nu îi mai pot permite unei fetiţe de trei ani să îi manipuleze sau controleze, aşa că s-au hotărât să apeleze la câteva metode demodate, de bun simţ, din vânzări.

Ei au înţeles prea bine că nimănui nu îi place să i se comande, deci au început să o lase pe Danielle să hotărască singură ce trebuie să facă. Nu, asta nu înseamnă că i-au dat întreaga responsabilitate unei puştoaice de trei ani, ci că pur şi simplu au lăsat-o să aleagă. În loc să spună „Danielle, i-aţi tractoraşul de aici", îi spuneau „Vrei să îţi duci tractoraşul sus în camera ta sau să te joci cu el aici?" Iar Danielle sărea cât şapte şi striga „Mă joc cu el!" şi dispărea. Au folosit această metodă în multe situaţii diferite, pentru a încuraja comportamentul potrivit, şi totul a mers perfect. Familia a economisit cantităţi impresionante de vină, supărare şi frustrare, învăţând-o în acelaşi timp pe Danielle să facă „alegeri". Şi aproape imediat s-a simţit o schimbare în atmosfera din familie.

Ambii părinţi spun că Danielle are din ce în ce mai puţine accese de încăpăţânare şi că devine un copil fericit, entuziast, disciplinat. Iar momentul care a încununat tot acest proces a venit când Danielle şi-a întrebat fratele mai mic:

– Michael, vrei să îmi dai păpuşa mea Barbie sau să o pui pe pat?

Iar Michael a pus păpuşa pe pat.

CUM SĂ ÎI FACI PE CEILALŢI SĂ VREA SĂ FIE CONDUŞI DE TINE

Lecţia cea mai importantă pe care trebuie să o învăţăm de la Angie şi Danny este că în multe cazuri *conducerea* şi *vânzarea* sunt sinonime. În acest caz, Danielle a sfârşit prin a face ceea ce doreau părinţii ei şi chiar prin a face acest lucru cu plăcere. Dwight Eisenhower, comandantul suprem al Corpului Expediţionar Aliat din al doilea Război Mondial şi mai târziu chiar preşedinte al Statelor Unite, a definit *capacitatea de a conduce* ca fiind „arta de a a face pe cineva să facă ce vrei tu pentru că aşa vrea el". Convingerea prin metode blânde este eficientă în toate sferele vieţii, pentru că păstrează demnitatea individului. Aşa se cresc copii, se fac prieteni, se construiesc cariere în vânzări.

REZUMAT

Pentru a construi un sistem de sprijn al vânzărilor, începem prin a înţelege că există clienţi *interni* (colegii de serviciu), care sunt la fel de importanţi ca şi clienţii *externi* (clienţii şi posibilii clienţi). O dată ce am înţeles importanţa clienţilor interni, ne dăm seama şi de faptul că familia este mai importantă decât orice client intern sau extern.

Când avem de a face cu clienţi interni şi familie, putem deveni mai eficienţi dacă folosim în mod regulat cinci principii de bază.

1. Nu fiţi niciodată siguri de clienţii interni şi de familie. Familiaritatea nu trebuie să aducă după ea dispreţul. Reamintiţi-vă zilnic cât de importanţi sunt aceşti oameni pentru voi.

2. Recunoaşteţi de câte ori aţi greşit. Toată lumea greşeşte. Ţineţi cont de faptul că sunteţi oameni şi recunoaşteţi-vă greşelile.

3. Iubiţi-i pe cei pe care nu-i iubeşte nimeni. Nu-ţi trebuie talent să îi iubeşti pe cei pe care îi iubeşte toată lumea; adevărata cheie pentru o viaţă plină de succes este să îi iubeşti pe cei care, prin tot ce fac, ne îndepărtează de ei. Ţineţi minte: orice gest neplăcut şi respingător este un strigăt de ajutor.

4. Implicaţi-i. Ceea ce gândesc ceilalţi este întotdeauna plin de înţelepciune. Aflaţi ce gândesc cei din jur. Una din nevoile de bază ale omului este să se simtă important. Când îi implici pe ceilalţi, îi poţi ajuta să îşi satisfacă această nevoie.

5. Explică şi comunică. Profită de orice şansă de a povesti, explica, arăta, întreba. Toată lumea îşi doreşte să ştie. Transmite informaţiile!

6. Străduieşte-te să elimini presiunile financiare. Colegii de muncă şi membrii familiei au probleme financiare. Putem fi toţi mai eficienţi în rezolvarea acestor presiuni financiare dacă urmăm câţiva paşi simpli: a) Începeţi chiar azi planificarea financiară; b) Faceţi planurile împreună cu soţul/soţia; c) Folosiţi un sistem de păstrare a documentelor financiare; d) Stabiliţi-vă priorităţile pentru cheltuieli; şi e) Eliberaţi-vă de miturile financiare.

CHEIA PENTRU CONSTRUIREA UNUI SISTEM DE SPRIJIN AL VÂNZĂRILOR ESTE SĂ ACCEPTAŢI RESPONSABILITATEA PERSONALĂ PENTRU HOTĂRÂRILE PE CARE LE LUAŢI.

CAPITOLUL CINCISPREZECE

ORGANIZARE ŞI DISCIPLINĂ

Controlaţi-vă timpul şi viaţa

Încercaţi să vă disciplinaţi astfel încât să faceţi ceea ce trebuie atunci când trebuie, şi veţi vedea că va veni şi ziua când veţi putea face ceea ce vreţi atunci când vreţi!

CUM SĂ DEVENŢI UN PROFESIONIST CARE NU RATEAZĂ NIMIC

O sută şaptezeci şi cinci de directori din primele cinci sute de companii americane au fost soldaţi în marina SUA. Nu este nevoie să vă mai spun că în Marina Statelor Unite se învaţă organizarea, disciplina, dăruirea. Se învaţă de asemenea loialitatea, responsabilitatea personală, rezistenţa spirituală şi fizică. În lumea vânzărilor, aceste calităţi te duc departe. De fapt, adăugaţi la toate astea cunoaşterea domeniului, o atitudine atentă, abilităţi sociale potrivite, şi voi fi gata să vă pun eticheta de profesionist care nu ratează nimic.

ÎNCREDERE ŞI COMPATIBILITATE

Luaţi aceste calităţi şi legaţi-le de un produs în care credeţi şi cu care sunteţi compatibili – acum puteţi să porniţi la treabă! Am vorbit deja despre importanţa încrederii în ceea ce vindeţi. Până acum probabil v-aţi dat seama de rolul pe care îl joacă acest factor. Poate nu la fel de clar este factorul compatibilitate. Ca să vă dau un exemplu, vă spun că eu ar trebui să muncesc mai mult pentru a vinde un produs extrem de tehnic sau cu prea multe detalii mecanice. Încă de foarte tânăr aveam probleme cu tehnica şi pur şi simplu nu reuşeam să înţeleg detaliile tehnice şi mecanice care păreau atât de clare pentru ceilalţi. Pe de altă parte, mă simt foarte în largul meu când trebuie să vând programe educaţionale sau produse palpabile de aproape orice tip. Când văd ce beneficii aduc ele pentru client, mă entuziasmez imediat indiferent de produs sau serviciu.

CEL MAI BUN MOMENT

Disciplina de care avem toţi nevoie poate fi atinsă. Mai exact, dacă vedem care sunt beneficiile pe care le avem dacă ne începem ziua la momentul potrivit

– ÎN MOD REGULAT – atunci vom fi înclinaţi să facem tot ce ne stă în putinţă în acest sens.

Walter Hailey, un uriaş al vânzărilor, spune că studiile au arătat că 70% din vânzări sunt încheiate între orele 7.00 şi 13.00, 20% între 13.00 şi 16.00, iar 10% după ora 16.00. Când oamenii sunt plini de energie şi tocmai şi-au început ziua de lucru, sunt cu siguranţă într-o stare optimistă şi impresionabilă. În plus, aceste rezultate ale vânzărilor se datorează şi faptului că agenţii de vânzări sunt mai în formă şi mai motivaţi.

Disciplina şi organizarea schimbă mult lucrurile în vânzări. Dacă e să daţi lovitura, atunci este clar că o veţi face devreme. Există o singură excepţie – vânzările directe, în care vizitele se fac seara, dar la acest început de mileniu chiar şi cei din domeniile mai tradiţionale (cum ar fi asigurările) au ajuns la concluzia că lucrul pe lumină naturală este mai productiv.

NU VĂ PĂCĂLIŢI SINGURI

Agenţii de vânzări au atâta independenţă şi libertate, încât nu mai reuşesc întotdeauna să judece la rece şi să fie integri profesional. Nu ajung întotdeauna la timp la serviciu sau la prezentări, nu fac chiar toate vizitele pe care pretind că le fac, nu duc până la capăt toate treburile, nu lucrează chiar atâtea ore câte trec în rapoarte. Ajung chiar să-şi păcălească directorii şi subalternii. Pentru un director este absolut imposibil să cunoască toate gândurile şi toate acţiunile tuturor agenţilor de vânzări pe care îi coordonează. Sigur că vă puteţi păcăli şefii sărind peste una-două activităţi, dar oare cui îi faceţi rău? Pe cine păcăliţi în realitate? Care sunt urmările asupra *veniturilor* voatre?

Încercaţi să vă disciplinaţi astfel încât să faceţi ceea ce trebuie atunci când trebuie, şi veţi vedea că va veni şi ziua când veţi putea face ceea ce vreţi atunci când vreţi!

După spusele lui Terrence Patton, consultant pe probleme de criză în domeniul vânzărilor, din Roanoke, Virginia, 20% dintre vânzările raportate nu au loc, iar 15% din vizitele de vânzări au loc fără nici o pregătire prealabilă. Tragic. Prostesc. Şi scump – pentru agentul de vânzări, pentru familia lui, pentru firmă.

CÂND FACI CE?

Când este vorba despre modul în care îşi împart timpul agenţii de vânzări, cifrele pot varia foarte mult. Mulţi au calculat că îşi petrec mai puţin de două ore zilnic cu activităţi de vânzare propriu-zisă. În restul timpului merg de la un client la altul, aşteaptă în diferite birouri, caută loc de parcare, rezolvă probleme administrative, dau telefoane în interes profesional şi mai fac o grămadă de alte lucruri. Este clar că unele dintre ele sunt importante şi trebuie făcute în mod regulat.

Întrebarea pe care trebuie să şi-o pună un agent de vânzări profesionist este următoarea: pot să rezolv această problemă în mod eficient şi rapid în orele pe care nu le dedic vânzării? Mă refer aici la redactarea raporturilor, la îndeplinirea sarcinilor administrative, la obţinerea rapoartelor de credit, la rezolvarea problemelor personale (mersul la dentist, cumpărarea de haine noi, vizitarea prietenilor, achitarea facturilor etc.).

Ce faceţi când maşina este în service – creaţi în mod deliberat un număr de sarcini administrative de care să vă ocupaţi ca să nu pierdeţi ziua, sau închiriaţi o maşină şi vă continuaţi procesul de vânzare, lăsând partea administrativă pentru orele nepotrivite pentru vânzări? Răspunsul depinde în general de firma în care lucraţi (şi lipseşte frecvent la producătorii „medii"). Sunteţi surprinşi să aflaţi că adevăraţii profesionişti din vânzări, care au la fel de mult timp ca agenţii de vânzări medii, petrec de două ori mai mult timp în faţa posibililor clienţi decât fac aceştia din urmă? Ei încheie vânzări nu pentru că au abilităţi de vânzare ieşite din comun, ci pentru că au dat prioritate activităţilor cu adevărat importante din programul lor zilnic.

REŢETA PENTRU SUCCES ÎN VÂNZĂRI

În general, un profesionist care vinde mult munceşte mai mult decât unul care are vânzări medii. Adevărul este că este de ajuns să vă epuizaţi concurenţii pentru a intra în eşalonul superior al vânzărilor. Nu este vorba despre săptămâna de lucru de 80 –90 de ore. O singură oră pe zi în care aveţi o activitate bine plătită vă permite să îi depăşiţi cu mult pe colegii de breaslă şi să vă miraţi singuri de câţi oameni aţi ajutat şi câţi bani aţi câştigat.

Mai adăugaţi aici integritate, disciplină, organizare conform reţetei, şi veţi fi catapultat direct în primii 10% din agenţii de vânzări. Mai puneţi o dorinţă permanentă de a învăţa şi a afla cum puteţi deveni un agent de vânzări „şi mai bun" pe măsură ce adoptaţi noile metode şi tendinţe din domeniu, şi veţi intra în primii 5%.

Şi mă refer aici la folosirea tuturor resurselor – fizice, intelectuale, spirituale – şi la atenţia pe care trebuie să o acordaţi tuturor laturilor vieţii.

„MOMENTUL" PENTRU SUCCES

Fiecare dintre noi este unic. Fiecare agent de vânzări are calităţi şi trăsături, particularităţi, metode şi obiceiuri diferite de ale celorlalţi. Cu toate acestea, agenţii de vânzări excepţionali au multe lucruri în comun.

O trăsătură comună este modul în care înţeleg timpul. Profesioniştii ştiu că toţi avem aceeaşi „cantitate" de timp – douăzeci şi patru de ore – şi că, de fapt, una dintre cheile succesului este modul în care folosim acest interval de timp.

Prin păstrarea cât mai îngrijită a documentelor profesionale, profesioniştii din vârful piramidei ştiu exact cât timp au petrecut cu clienţii, cât timp au aşteptat şi cât timp au petrecut călătorind dintr-un loc în altul. Nu este o coincidenţă că cei care chiar vor să aibă succes transformă călătoriile într-un interval productiv, ascultând înregistrări motivaţionale şi educaţionale, sau făcând exerciţii de dicţie pentru următoarea prezentare. Ei ştiu de asemenea cum să îşi folosească intervalul de timp (adeseori prea lung) în care „fac cuie”aşteptând să intre la un client. Adeseori îşi recapitulează sau îmbogăţesc informaţiile despre clientul la care vor intra.

Profesioniştii din vânzări nu măsoară timpul, ci îl fac să lucreze pentru ei. Agenţii de vânzări independenţi care ajung să se disciplineze şi să ţină documente profesionale cât mai precise sunt mai productivi, iar firmele care cer rapoarte de vânzări detaliate au o forţă de vânzare mai productivă.

STRIGAŢI DUPĂ AJUTOR

Faptul că tocmai v-aţi amintit că trebuia să faceţi ceva, sau că ceilalţi vă roagă să faceţi ceva, nu înseamnă că trebuie neapărat să vă schimbaţi planul de acţiune. Când v-aţi fixat clar direcţia şi vă îndreptaţi spre un obiectiv bine definit, sunt mai puţine şanse să îi lăsaţi pe prieteni, vecini sau rude care au timp de pierdut să vi-l piardă şi pe al vostru.

Gândiţi-vă puţin la activităţile total inutile pe care agentul de vânzări neprofesionist le acceptă şi la faptul că majoritatea celor din vânzări petrec prea mult timp făcând lucruri neproductive şi veţi înţelege de ce se estimează că în jur de 80% din timpul acestor oameni se scurge pe activităţi care nu duc direct la vânzări. Primul motiv pentru care profesioniştii îşi păstrează o documentaţie foarte amănunţită este pentru a fi siguri că îşi petrec majoritatea timpului în situaţii legate de vânzări şi service, care duc direct sau indirect la creşterea profitului.

OPERATIVITATE VS. EFICACITATE

Aţi mai auzit că „operativitate” înseamnă să faci bine lucrurile, iar „eficacitate” înseamnă să faci lucrurile bune.

Unul dintre cei mai operativi şi eficienţi oameni pe care îi cunosc este Dave Linigier, fondatorul firmei Re/Max Realtors. El a reuşit să creeze o atmosferă care îi face pe cei din jur să folosească timpul cât mai eficient şi să dea tot ce au ei mai bun în ei.

Dave a descoperit că 47% dintre primii 100 de producători de la Re/Max aveau asistenţi personali care rezolvau unele probleme „nelegate de vânzări”. Aceste „ajutoare” erau implicate în activităţi cum ar fi ridicarea şi punerea semnelor „De vânzare” şi „Vândut”, asigurarea service-ului la maşini, telefoane de rutină, ridicarea rufelor de la curăţătorie, trimiterea scrisorilor, şi alte 1001 de detalii care iau mult timp.

Delegarea acestor sarcini care nu au legătură directă cu vânzările îl eliberează pe agentul de vânzări şi îi permite să petreacă mai mult timp cu clienţii, fapt care duce la mai multe vânzări. Vânzări mai multe înseamnă creştere a economiei şi a venitului asociatului Re/Max. Alt lucru interesant este că în timp ce aceşti producători de vârf lucrează mai mult decât orice alt om din vânzări, tot ei sunt cei care îşi iau cele mai lungi vacanţe – uneori chiar patru săptămâni pe an.

Concluzia este clară: cu cât îţi foloseşti timpul mai bine, cu atât vei produce mai mult venit; şi cu cât produci mai mult venit, cu atât vei avea mai mult timp pentru tine şi pentru familia ta şi pentru câteva excursii atât de frumoase. Pe scurt, agenţii de vânzări care câştigă mult muncesc într-un mod mai deştept, şi nu neapărat mai intens, şi îi folosesc pe ceilalţi oameni mai eficace şi mai operativ, astfel încât toată lumea să câştige!

ATENŢIE

Vă rog să arătaţi grijă faţă de partenerul de viaţă atunci când îl însărcinaţi cu probleme nelegate de vânzare. Multe familii prosperă muncind umăr la umăr în acest domeniu, iar multe frustrări groaznice şi chiar despărţiri devastatoare au fost provocate de aşteptări nerealiste. De prea multe ori se aşteaptă ca partenerul care rămâne acasă să facă TOTUL! Munca în casă, mai ales dacă implică şi îngrijirea copiilor, ESTE o muncă de normă întreagă.

La acest început de secol, în majoritatea familiilor lucrează ambii soţi. Şi atunci ambii vor avea sarcini care nu ţin de „profit". Vă rog SĂ DISCUTAŢI şi să găsiţi împreună cea mai bună metodă pentru a păstra „echilibrul", astfel încât să nu fie favorizată mereu (o singură persoană) cariera unei singure persoane.

Dacă aţi avut astfel de probleme, vă recomand să citiţi *CUM SĂ ÎI FACEŢI CURTE DUPĂ CE V-AŢI CĂSĂTORIT: Povestea de dragoste poate dura toată viaţa.* Modestia nu îmi permite să vă spun numele autorului, dar să ştiţi că atât numele lui de familie cât şi prenumele încep cu Z.

ŞI ALTE CÂTEVA TRĂSĂTURI DE CARACTER CU ŞI MAI MARE SUCCES ÎN VÂNZĂRI

La acest început de mileniu mai mult ca niciodată, găsim câteva trăsături comune tuturor profesioniştilor de succes. Una este convingerea că dacă aşteptăm de la clienţi să ne devină loiali trebuie să le oferim un service de calitate superioară. Vânzarea unui produs fără service echivalează cu sinuciderea firmei. Iar cu nivelul ridicat al aşteptărilor pe care le au clienţii de azi, opţiunea „fără service de calitate" nu mai există.

De pildă, agentul de vânzări care vinde un produs ce necesită instrucţiuni sau are un mod de utilizare mai dificil îl va suna pe client peste câteva zile pentru a se asigura că acesta a înţeles cum să folosească produsul astfel încât să obţină beneficii maxime. Am cumpărat odată un aspirator cu 287 de piese anexe (şi să ştiţi că nu exagerez decât foarte puţin!). Totul părea extrem de simplu în demonstraţia agentului de vânzări, dar când acesta a plecat, nici Roşcata şi nici eu nu ne mai aminteam modul de folosire decât pentru câteva dintre piesele anexe. Ce bine şi ce înţelept ar fi fost din partea agentului să mai treacă pe la noi peste câteva zile şi să ne mai explice câte ceva cât eram încă foarte curioşi... Am fi avut numai de câştigat şi cu siguranţă că i-am fi recomandat şi alţi posibili clienţi.

Cele de mai sus se leagă din nou de filozofia pe care o prezint în toate cărţile pe care le-am scris şi pe care le voi mai scrie: „Poţi să ai tot ce vrei în viaţă dacă îi vei ajuta pe ceilalţi să aibă ce vor!" Am vrut să obţinem maximum de la aspirator; agentul vroia să încheie mai multe vânzări. Nu ne-a ajutat să avem ce ne doream şi nu ne-a cerut alte nume de posibili clienţi, aşa că ambele părţi au pierdut ca urmare a lipsei lui de grijă, service, interes pentru ce se mai întâmplase după vânzare.

Parte integrantă din service-ul pentru client este iubirea agentului de vânzări pentru oameni şi pentru profesia de a vinde, plus convingerea că produsul este „exact ce îi trebuie" clientului. Următoarea poveste explică mai bine ce vreau să spun.

CUM SĂ ÎI AJUŢI PE CEILALŢI SĂ OBŢINĂ CE VOR

Într-o seară de iarnă a anului 1990, Roşcata şi cu mine ne plimbam prin Mall-ul Prestonwood, din North Dallas. Am trecut prin faţa magazinului de confecţii bărbăteşti Marvin D. Anthony, care expunea în vitrină cele mai frumoase haine de caşmir negru pe care le văzusem în viaţa mea – şi era reducere, aşa că preţul era uluitor. Ne-am oprit, Roşcata a început să-şi dea cu părerea despre haine, şi tocmai atunci „s-a întâmplat" să iasă şi Marvin în pragul magazinului. A recunoscut-o pe soţia mea, căci îmi cumpărase de ziua mea nişte produse din magazinul lui. Nu mai este nevoie să vă spun că Marvin ne-a invitat înăuntru plin de entuziasm.

Ce să mai lungesc vorba, am cumpărat haina şi gata. Şi la ce bun cea mai minunată haină „din lume" – ca să repet vorbele spuse de Marvin cu atâta modestie – dacă nu are alături şi o pereche de pantaloni potriviţi, sau chiar două? Am cumpărat. Dar piesa de rezistenţă era cravata. Marvin este un profesionist adevărat, ce îşi foloseşte personalitatea pentru a aplica la maxim metodele din vânzări. Este uşor teatral, foarte entuziast, extrem de sincer. Cu o mică fluturare şi fără nici o ezitare, a făcut nod la cravata care se potrivea la fix cu haina, şi efectul a fost năucitor – dragoste la prima vedere! Preţul deja nu mai conta. Deşi costa de două ori mai mult decât orice altă cravată pe care mi-o luasem vreodată, am cumpărat-o. Şi iată de ce: mi-a plăcut, am vrut-o, completa foarte bine restul hainelor. În plus (şi acesta era factorul hotărâtor), sunt convins, iar Roşcata este şi mai convinsă, că Marvin chiar dorea ca eu (şi nimeni altcineva) să am acea cravată. Pe tot parcursul procesului şi al discuţiilor, pe măsură ce Marvin tot mai scotea câte ceva la iveală, Roşcata spunea:

– Ştii ce, dragul meu, este o cravată minunată, iar Marvin chiar vrea să o porţi tu. Cred că ar trebui să o cumperi.

Am cumpărat-o.

Două concluzii: iubesc acea cravată şi am primit o grămadă de complimente pentru ea de când o am. Iar convingerea lui Marvin că era cravata „mea" şi sinceritatea lui când îmi spunea că vrea să am eu acea cravată au fost factorii determinanţi în hotărârea mea de a cumpăra cravata.

Mesaj: interesul vostru sincer pentru a face ceea ce este mai bine pentru client, plus convingerea că ceea ce îi oferiţi răspunde acestui criteriu vor fi factorii determinanţi în multe, multe hotărâri pozitive.

„IMAGINEA" SUCCESULUI

Înveliţi acum acest portret al agentului cu adevărat profesionist (o persoană care ştie valoarea timpului, este orientată către servicii, crede în produs şi îşi iubeşte profesia) în INTEGRITATE, mai adăugaţi IUBIRE SINCERĂ PENTRU OAMENI, şi veţi obţine o fundaţie solidă pentru succesul în vânzări.

Când aveţi toate aceste trăsături, veţi găsi întotdeauna o cantitate impresionantă de informaţii despre produs şi de metode de vânzare amestecate în formulă. Gândiţi-vă puţin: dacă vă iubiţi profesia, ţineţi cu adevărat la oameni, credeţi în produsul pe care îl vindeţi, atunci veţi simţi o responsabilitate morală de a convinge oamenii să cumpere pentru propriul lor beneficiu. Nu vă veţi putea opune zelului misionar pe care îl veţi căpăta şi credinţei că dacă toată lumea ar şti ce ştiţi şi voi despre produs atunci toţi l-ar cumpăra. Acest sentiment se transferă la un număr din ce în ce mai mare de posibili clienţi, care devin rapid clienţi siguri pentru că „vânzarea este un transfer de sentimente". Aşa este. Puteţi transfera acest „sentiment" posibililor clienţi prin metodele profesionale pe care vi le oferim noi, apoi posibilii clienţi vor deveni clienţi dacă posiblitatea ca ei să deţină acel produs este în limitele realităţii.

PRIVIŢI ŞI ASCULTAŢI

Agentul de vânzări foarte productiv este de asemenea un privitor şi un ascultător profesionist, care acordă atenţie tututor detaliilor unei vizite de vânzări, observă comportamentul clientului, se adaptează la ritmul de vorbire al acestuia. Dacă posibilul client este un vorbitor calm, încet, metodic, atunci şi agentul de vânzări va folosi acelaşi stil. Dacă primul are tendinţa de a vorbi şi de a se mişca mai rapid, atunci şi agentul de vânzări va face la fel şi va fi compatibil cu comportamentul şi modul de vorbire al clientului.

Cu alte cuvinte, un profesionist adevărat face toate eforturile necesare pentru a se armoniza cu clientul şi a stabili un raport cu acesta.

Ceea ce vreau să spun este că în vânzări cariera se construieşte înainte, în timpul şi după ce s-a încheiat vânzarea. După cum se spune pe la noi, „Chiar şi un porc orb mai găseşte din când în când câte o ghindă bună." Este de asemenea adevărat că şi agenţii de vânzări nepricepuţi vor încheia câte o vânzare ocazională, doar făcând o simplă vizită de vânzări.Dar vă garantez că nu îşi vor construi o carieră de succes pe baza acestui proces aleatoriu.

CAIEŢELUL CU NOTIŢE DESPRE SINE

Unul dintre motivele pentru care această carte s-a bucurat de atâta interes printre agenţii de vânzări cu care am vorbit a fost că mulţi dintre ei sunt profund nemulţumiţi de productivitatea muncii lor. Au reuşit să înţeleagă că multe din lucrurile pe care le fac şi din metodele pe care le urmează au devenit rutină, nu mai sunt eficiente şi poate au devenit inutile, chiar dăunătoare. De aceea este atât de importantă „auto-analizarea".

Este vorba despre un procedeu minunat, creat pentru a păstra o „contabilitate" foarte documentată a activităţilor şi pentru a vă permite să vă puneţi din când în când câteva întrebări: „Trebuie să fac această activitate, sau trebuie să o fac altfel? Pot creşte productivitatea prin creşterea eficienţei? Chiar trebuie să lucrez atât de mult?"

Nu mă înţelegeţi greşit. Sunt convins că mai mulţi agenţi de vânzări au eşecuri pentru că nu muncesc destul decât pentru că muncesc prea mult. Cu toate acestea, când mă gândesc la oameni care muncesc din greu, primul care îmi vine în minte este prietenul meu Randall Manning din Winston-Salem, Carolina de Nord. Randy s-a pensionat, dar a fost multă vreme unul dintre cei mai productivi oameni de la Pitney-Bowes. Probabil că făcea mai multe vânzări pe oră decât orice alt profesionist pe care îl cunosc. Era expert în *lucrul în rețea* înainte să se fi inventat expresia. Era un om minunat și oamenii îl plăceau și aveau încredere în el instinctiv.

Oricât de importante erau faptul că lumea îl plăcea și avea încredere în el – și aceste trăsături sunt cele mai importante LA ÎNCEPUT – productivitatea lui venea de la o planificare extrem de minuțioasă. Nu pleca de acasă decât dacă știa foarte clar unde se duce, la ce oră ajunge, ce oameni urmează să viziteze, în ce condiții, ce prezentare urmează să facă, ce abordare urma să folosească. Știa de asemenea care sunt interesele principale ale clientului și lucra întotdeauna în direcția creării unei relații pe termen lung.

FORȚA DE VÂNZARE A CLIENȚILOR

Pentru aceste motive, clienții îi erau loiali lui Randy și făceau tot ce puteau pentru a-l ajuta să mai încheie și alte vânzări. Motivul este foarte simplu: el avea grijă de ei ca de ochii din cap pentru că era cel mai bun și cel mai deștept lucru pe care îl putea face. Randy știa că succesul lui în găsirea noilor clienți și a noilor vânzări depindea în mare măsură de succesul pe care îl avea în satisfacerea clienților pe care îi avea deja. Îl transforma pe fiecare într-un asistent de agent de vânzări. Și au fost puțini clienți la care să nu se fi întors să vândă iar și iar de-a lungul carierei sale.

Randy a mai înțeles un lucru pe care trebuie să îl înțeleagă toți agenții de vânzări de succes: costă de cinci ori mai mult să găsești un client nou decât să îi păstrezi pe cei pe care îi ai. Așa că muncea mult să îi păstreze pe cei pe care îi avea.

AȘTEPTĂRILE FIRMEI

Cu accentul atât de mare care se pune azi pe productivitate, nu este de mirare că primesc multe întrebări referitoare la ce este de făcut când cerințele firmei depășesc domeniul realului. Problema este sensibilă și, sincer să fiu, firmele și reprezentanții acestor firme au transformat-o într-o problemă afectivă. Vă sfătuiesc să citiți cele de mai jos, indiferent dacă sunteți o firmă care are nevoie de mai multă productivitate din partea angajaților, sau un agent de vânzări care are nevoie de mai puțină presiune din partea firmei.

Recomandările mele sunt să mutați discuția din domeniul afectiv în cel logic, prin verificare științifică. Subiectele cheie ce trebuie evaluate spre a fi validate sunt activitatea, „conducta" și rezultatele. Activitatea = „cum îți folosești timpul", „conducta" = numărul de cumpărători competenți cu care s-a lucrat, rezultatele = „numărul de vânzări generate."

ACTIVITATEA

Una dintre cele mai pline de sens activități în care am fost implicat a fost crearea unui grafic de analiză a timpului. Trebuie să recunosc că în momentul în care am auzit prima oară de „îndosarierea timpului" am crezut că am fost condamnat la închisoare pe viață. Mulți ne simțim prost când ni se cere să justificăm ce anume am făcut în fiecare clipă. Așa că de ce să nu începem să ținem un „dosar" al timpului înainte să ni-l ceară cineva?

Data:..........................

PROGRAMUL ÎNVINGĂTORULUI

Instrucţiuni: coloanele SARCINĂ (ceea ce faceţi) şi REFERITOR LA (la ce proiect/domeniu se referă sarcina) se vor completa *pe măsură ce* activităţile au loc. Coloana PRIORITATE se va completa la sfârşitul zilei cu 1,2 sau 3. 1 = *foarte bine*, activităţi ce aduc câştig; 2 = *potrivit*, dar dacă fac asta în fiecare zi nu-mi ating obiectivele; 3 = *slab*, prea multe din astea mă lasă trist şi fără slujbă

	SARCINĂ	REFERITOR LA	PRIORITATE
7.00			
7.15			
7.30			
7.45			
8.00			
8.15			
8.30			
8.45			
9.00			
9.15			
9.30			
9.45			
10.00			
10.15			
10.30			
10.45			
11.00			
11.15			
11.30			
11.45			
12.00			
12.15			
12.30			
12.45			
13.00			
13.15			
13.30			
13.45			
14.00			
14.15			
14.30			
14.45			
15.00			
15.15			
15.30			
15.45			
16.00			
16.15			
16.30			
16.45			
17.00			
17.15			
17.30			
17.45			

Orice firmă care vrea să aibă succes pe termen lung vă va cere să ţineţi documente clare despre activităţile de vânzare pe care le desfăşuraţi. Dar „Orarul Învingătorului" vă permite să ştiţi exact ce aţi făcut în fiecare moment al zilei. Dacă reuşiţi să completaţi acest tabel timp de două săptămâni, viaţa vi se va schimba radical. Veţi descoperi (la fel ca mine) că petreceţi puţin mai mult de două ore în activităţi generatoare de venit. Cel mai mult timp petreceţi „pregătindu-vă" pentru activităţile generatoare de venit. Obiectivul nu este să vă judecaţi aspru sau critic, ci să vedeţi ce activităţi puteţi şterge sau adăuga.

Tabelele mele au arătat că petreceam enorm de mult timp la telefon. Am fost şocat să văd că în anumite zile când îmi propuneam să scriu îmi petreceam de fapt jumătate de dimineaţă la telefon. Întreruperile (telefonul, sau alte lucruri) deveneau deranjante şi îmi furau două-trei ore pe zi. Vă rog să înţelegeţi că existau şi întreruperi pe care abia le aşteptam – ca atunci când Roşcata venea să mă îmbrăţişeze. (În plus, această îmbrăţişare mă inspira.) Menţionez acest lucru doar pentru a spune că dacă telefoanele şi întreruperile pe care le notaţi vi se par OK, atunci puteţi să le savuraţi fără nici o grijă. Nu vă lăsaţi prins în ceea ce psihologii numesc „comportamentul de tip A"– găsiţi timp şi pentru activităţile ce vi se par importante. Unul dintre lucrurile extraordinare pe care le puteţi descoperi şi ameliora este timpul petrecut cu familia.

Şi iată ce vroiam să spun de fapt: „Orarul Învingătorului" nu este un factor limitativ, ci unul eliberator. Cum vă puteţi corecta obiceiurile proaste pe care nu le cunoaşteţi? Cum puteţi deveni conştient de modul în care vă folosiţi bunul cel mai de preţ – timpul? Cum puteţi fi siguri că păstraţi echilibrul potrivit în viaţă? „Orarul Învingătorului" este răspunsul.

Studenţii cei mai buni *se apucă* de învăţat. Studenţii mediocri sau slabi pierd o grămadă de timp *pregătindu-se* de învăţat. Agenţii de vânzări foarte buni îşi fac planurile şi toate pregătirile necesare în afara orelor de vânzări. Când vine momentul pentru vânzare, ei ridică receptorul, servieta, sau mostrele şi încep să vândă. În plus, adevăraţii profesionişti nu pierd nici o oportunitate – aşteptată sau neaşteptată – să vândă, vândă, vândă! Exemplul de mai jos vă va arăta ce vreau să spun.

Kilometri de diamante

Vânzările sunt o profesie care ne face să profităm de orice oportunitate, aproape fără să ţinem cont de situaţia în care suntem. Leonard Allen din Eau Claire, Wisconsin, vinde electrozi de sudură pentru industria de întreţinere. Între clienţii ţintă se află şi fermierii, care au o grămadă de maşini pe care le repară singuri pentru ca treaba să meargă fără pauze. Leonard vizita o cooperativă locală, unde clientul era interesat, dar foarte ocupat. În timp ce încerca să îl asculte pe Leonard, era tot timpul întrerupt de telefoane – cât el vorbea la telefon, Leonard discuta cu fermierul mai în vârstă, care era îmbrăcat în salopetă şi „doar după cizme îţi dădeai seama că lucra la fermă". Leonard numeşte următorul concept „Încheierea Barnyard".

A început o conversaţie cu fermierul, a deschis cutia pentru demostraţii şi i-a arătat electrozii, care rezistau la rugină, murdărie, la tot ce mai poate fi întâlnit la o fermă. Fermierul era foarte bine informat, vorbea articulat şi punea întrebări foarte hotărât. Leonard s-a ales cu o comandă frumuşică, pentru că a reuşit să răspundă la toate întrebările tehnice ale fermierului.

Între timp directorul încheiase şi el discuţia la telefon şi i-a spus lui Leonard că fermierul în chestiune era unul dintre cei mai bogaţi şi mai respectaţi din regiune. Dorea să ştie ce comandase. Leonard i-a spus ce şi de ce cumpărase, iar directorul a spus că va cumpăra şi el, din respect pentru fermier. Două vânzări înainte de ora 9.00 erau un început promiţător pentru ziua lui Leonard Allen!

Lecţie: pe când eram copil cântam la biserică „Luminează colţul în care stai". Agenţii de vânzări trebuie să vândă în orice colţ s-ar afla. Ei trebuie de asemenea să îşi folosească timpul cu maximă eficacitate. Ar fi fost uşor pentru Leonard să îl ignore pe fermier sau să înceapă o discuţie oarecare. În schimb, el a prins oportunitatea, a făcut un serviciu şi, ca urmare a eforturilor sale, a încheiat două vânzări.

CONDUCTA

Construirea conductei este cheia pentru obţinerea unor rezultate bune în vânzări. Pericolul este că, dacă ne uităm la definiţia dată mai sus, acestă „conductă" este oarecum subiectivă. „Numărul de cumpărători *competenţi* cu care *s-a lucrat*" ne cere să definim mai exact *competenţi* şi *s-a lucrat*. Va trebui să lucraţi cu superiorul direct sau cu directorul pentru a defini împreună aceşti termeni.

Pentru scopurile noastre, vom spune că un cumpărător competent este cel care are autoritatea şi resursele (de obicei dolari) de a lua o hotărâre pozitivă. Lucrul cu clientul înseamnă că la această hotărâre se poate ajunge în următoarele treizeci de zile. Veţi lucra cu mulţi clienţi potenţiali în afara intervalului de treizeci de zile, dar îmi place să îi numesc pe aceştia persoane contactate. Sunt ei mai puţin importanţi decât clienţii care vor cumpăra în treizeci de zile? Sigur că nu! Cer o altă cantitate de timp şi de muncă? Sigur!

Nu vă lăsaţi prinşi în capcana semanticii! Poate nu veţi încheia nici o vânzare în treizeci de zile. Parametrii definiţiilor VĂ APARŢIN şi TREBUIE SĂ ÎI FIXAŢI VOI. Verificaţi doar că ÎNAINTE de a începe aţi căzut de acord cu superiorul sau cu directorul asupra sensurilor cuvintelor.

REZULTATE

Directorii cei mai buni încep prin a lucra cu rezultatele. Dacă acestea nu există, lucrează şi formează pe probleme de tehnici şi aptitudini. Când tehnica şi aptitudinile nu aduc rezultate, directorii excepţionali se concentrează pe activitate. Adică, atunci când obţineţi rezultate bune căutaţi să înţelegeţi în ce mod şi de ce aveţi succes, astfel încât să îl puteţi repeta. Nimic nu este mai trist decât un agent de vânzări care „a intrat în priză" şi vinde tuturor celor care îi ies în cale. Apoi, într-o zi, „se ofileşte". Nimeni nu mai cumpără nimic. Ce s-a întâmplat? Când pot să „intru din nou în priză"? Singurul răspuns la aceste întrebări este să evaluaţi activitatea, conducta şi rezultatele.

Când a cumpărat ultimul client de la voi? De unde venea? Cât v-a luat să încheiaţi vânzarea? A durat mai puţin sau mai mult decât de obicei? Câte nume aţi primit de la acest client mulţumit? Care este procentajul actual de vânzări încheiate? Dar cel de săptămâna trecută? De luna trecută? De anul trecut?

Poate că unii vă gîndiţi că dacă ar fi să staţi şi să răspundeţi la toate aceste întrebări, nu aţi mai vinde nimic. Vă rog să mă iertaţi dacă voi fi prea direct pentru unii dintre voi, dar aceasta este o reacţie de om leneş, încăpăţânat şi încuiat la minte. (Acuma chiar că v-am atras atenţia!) Agenţii de vânzări de acest tip sunt neprofesionişti care fac numai rău reputaţiei acestei meserii. Mă grăbesc să adaug că din când în când toţi cădem în acest păcat. Sunt primul care recunoaşte că ţinerea la zi a documentelor şi notarea tuturor detaliilor nu este cea mai veselă activitate din lume. Dar, dacă vrem să fim profesioniştii care trebuie să fim, atunci este de datoria noastră să găsim un nivel de confort. Cu o evaluare corectă a activităţii vă garantez că veţi găsi mai mult timp decât vă trebuie pentru a răspunde la întrebările care încălzesc apa mediocrităţii şi o transformă în apa fierbinte a succesului.

PARTIZANUL DISCIPLINEI

Toţi avem nevoie de o metodă, o tehnică, un sistem de contabilizare. În sport, tabela de marcaj spune cine a câştigat şi cine a pierdut. În afaceri, unii spun că cecurile ne dau aceste informaţii. Nu sunt de acord nici într-un caz, nici în celălalt. Echipa cea mai bună nu este întotdeauna pe tabelă, aşa cum cele mai grase cecuri nu le aparţin întotdeauna oamenilor din vârful ierarhiei.

Adevăraţii profesionişti (în toate domeniile de activitate) au acea linişte sufletească ce vine din faptul că ştiu că au făcut tot ce puteau cu ceea ce aveau la un moment dat. Ei ştiu că sunt credincioşi sistemului de valori în care cred. Acest lucru se poate îndeplini numai printr-un sistem care le permite oamenilor care vor să aibă succes să îşi asume responsabilitatea sarcinilor şi a obiectivelor.

Nimeni nu poate controla timpul. Dar toţi putem răspunde de modul în care folosim această bogăţie. Nu putem controla gândurile şi acţiunile celorlalţi, dar putem alege cum să ne petrecem timpul şi ce obiective să urmărim.

„Agenda de succes" este răspunsul nostru la întrebările: „Cum o să ştiu când am succes?" şi „Există vreun mod în care pot deveni mai responsabil şi mai organizat?" Am creat „Agenda de succes" ca pe un fel de profesor de disciplină, care să ne permită să notăm sarcinile şi rezultatele în timp ce planificăm obiectivele.

SISTEMUL CORECT

Da, „Agenda de succes" este un produs disponibil la Zig Ziglar Corporation, dar să nu credeţi că trebuie neapărat să aveţi aşa ceva pentru a avea succes. Cred, totuşi, că aveţi un sistem de contabilizare a activităţilor pe care le desfăşuraţi. Multe firme oferă calendare şi alte sisteme care să vă ajute să folosiţi la maxim timpul pe care îl aveţi. Un creion şi o bucată de hârtie pot fi începutul unui sistem de contorizare personal. Cel mai important lucru nu este să folosiţi un sistem anume, ci să aveţi un sistem!

COMPONENTELE CHEIE

Indiferent dacă vă luaţi un sistem sau vă creaţi unul personal, componentele sale de bază sunt un calendar (unul singur pentru toate sferele vieţii), o listă cu lucruri „de făcut" (un „depozit de idei" în care puteţi nota toate proiectele şi sarcinile de viitor) şi o secţiune pentru fixarea şi urmărirea obiectivelor. Dacă puteţi avea câte un caiet pentru fiecare componentă de mai sus şi dacă puteţi purtaTOT TIMPUL acest caiet cu voi, veţi vedea că va avea o influenţă minunată asupra vieţii voastre.

Cel mai important lucru nu este să folosiţi un sistem anume, ci să aveţi un sistem!

În ceea ce priveşte vânzările, veţi include o secţiune alfabetică pentru clienţi (ţineţi fişele clienţilor în ordine alfabetică, iar când aveţi o întâlnire notaţi numele de familie sau numele firmei pe agendă). Astfel nu veţi mai căuta disperat vreo informaţie dacă se întâmplă să vă sune clientul înainte de întâlnire. Puteţi să mai puneţi o secţiune alfabetică în care să includeţi toate numerele de telefon de care aveţi nevoie tot timpul.

Înţeleg că unii dintre voi aveţi cam mulţi clienţi de cărat după voi tot timpul. În acest caz, este clar că veţi păstra la birou fişele alfabetice, dar le veţi pune de acord cu calendarul şi cu lista cu lucruri de făcut.

Mai includeţi o secţiune pentru notiţe şi idei. Un „jurnal" vă va permite să notaţi conceptele cheie care vă vor ajuta să aveţi succes în viitor (după cum am mai spus deja).

CEA MAI FRECVENTĂ „PĂRERE GREŞITĂ"

Prea multe persoane cred că organizarea şi disciplina blochează spontaneitatea, dar adevărul este exact pe dos. Când profesioniştii din vânzări fac paşii necesari pentru a deveni şi mai organizaţi şi mai disciplinaţi, ei se îndreaptă de fapt către folosirea la maxim a timpului şi a efortului, care duce la o libertate deplină! Vă garantez şi vă asigur de un lucru: dacă veţi urma paşii recomandaţi în acest capitol timp de treizeci de zile (exact cum sunt prezentaţi aici), vă veţi creşte nivelul de productivitate şi de distracţie cu de cel puţin zece ori preţul pe care l-aţi dat pe această carte! Vă mai provoc să îmi scrieţi după cele treizeci de zile şi să îmi spuneţi ce succese aţi avut. După cum spunea o reclamă TV de demult: „Încercaţi-l. O să vă placă!"

CAPITOLUL ŞAISPREZECE

GĂSIŢI PERSOANA POTRIVITĂ

Găsiţi persoana potrivită, şi abia apoi găsiţi agentul de vânzări potrivit

Dr. William James, părintele psihologiei americane, spune că „Cea mai importantă descoperire a timpurilor noastre este înţelegerea faptului că ne putem schimba viaţa prin schimbarea atitudinii."

DIRECTORUL OCUPAT

Unii dintre voi vă veţi identifica poate cu directorul ocupat care a venit acasă cu o servietă plină cu documente la care mai avea de lucrat. Fiul său de şase ani ar fi vrut să stea cu el, dar cum termenele limită erau aproape, tatăl i-a spus că avea cam mult de lucru în acea seară şi că asta era mai important.

Băiatul ieşea trist din cameră când s-a întâlnit cu mama lui, care l-a întrebat:

– Ce s-a întâmplat?

– Tata are mult de lucru şi nu poate să se joace cu mine! s-a plâns micuţul. Oare de ce are tot timpul atât de mult de muncă acasă?

Cu înţelepciunea şi răbdarea maternă, mama a răspuns:

– Tatăl tău are o funcţie importantă la firma unde lucrează şi are mult de lucru, aşa că nu îşi poate termina treaba la birou.

Băiatul s-a dovedit mai înţelept decât arăta numărul anilor:

– Atunci de ce nu îl pun într-o grupă cu mai puţină treabă?

INSISTENŢA

Cum era un băiat insistent, s-a dus din nou la tatăl său, iar întrebarea „Dar acum poţi să te joci, tati?" nu mai era doar dureroasă, ci şi enervantă.

Dar până la urmă tânărul agent de vânzări a avut o idee genială. Avea în faţă harta lumii, pe care a început să o rupă în bucăţi mici, pe care le dădea băiatului, spunându-i că se vor juca atunci când va termina puzzle-ul. Tânărul spera că aşa va reuşi să obţină o jumătate de oră de linişte, dar fiul lui l-a chemat peste câteva minute să se uite la hartă. Avea dreptate, harta era perfectă. Tatăl şi-a întrebat fiul cum a reuşit să o aranjeze atât de repede, iar acesta din urmă i-a explicat că pe spatele hârtii era o poză cu un bărbat, şi când a găsit imaginea cu bărbatul atunci a ştiut că şi imaginea lumii era gata.

GĂSIREA PERSOANEI POTRIVITE

În lumea vânzărilor, este mult mai uşor să găsim agentul potrivit după ce am găsit persoana potrivită. Până când nu deveniţi VOI persoanele potrivite, nici LUMEA VÂNZĂRILOR VOASTRE nu va fi potrivită. Iar secretul este să vă „corectaţi" atitudinea. Intenţia mea în această carte este să vă dau informaţiile necesare pentru a face alegerile bune în toate domeniile vieţii, astfel încât în cele din urmă să ajungeţi la succes!

Nimeni nu poate delimita strict viaţa de familie, viaţa personală şi cea profesională. Ceea ce se întâmplă acasă (bebeluş bolnav, copil dependent de droguri, probleme cu soţul/soţia) are un impact major asupra performanţelor profesionale. Un articol din *USA Today* (din 8 ianuarie 1990) arăta că în firmele cu o sută de angajaţi sau mai puţin, dificultăţile în cuplu erau prima cauză de scădere a productivităţii la locul de muncă; urmau alcoolul şi apoi drogurile. Tot aşa, ceea ce se întâmplă la locul de muncă (promovări sau concedieri) are efect asupra relaţiilor de acasă.

O PROFESIE SOLICITANTĂ

Dintre toate meseriile din lume, poate doar exceptând psihiatria, consilierea, meseria de preot, cele din domeniul vânzărilor sunt cele mai solicitante în ceea ce priveşte păstrarea unei atitudini mintale corecte. Din multe puncte de vedere, atitudinea din vânzări este chiar mai importantă şi mai la risc decât cea din alte profesii, căci în celelalte cazuri „clienţii" vin să ceară ajutor. În vânzări ne căutăm singuri clienţii şi de multe ori vizitele noastre vin în momente nepotrivite sau la persoane care nu au chef de noi.

Adăugaţi şi faptul că mulţi nu au nevoie sau nu sunt interesaţi foarte tare de produsul pe care îl vindem, aşa că şansele să le putem prezenta marfa chiar şi foarte rapid sunt şi mai scăzute, iar despre o prezentare completă nici nu poate fi vorba. Când această situaţie se repetă de mai multe ori în aceeaşi zi, agentul de vânzări este la risc să îşi piardă complet respectul de sine, iar o atitudine negativă poate deveni o problemă gravă.

O „VACCINARE" PENTRU ATITUDINE?

Cum vă puteţi vaccina şi proteja contra atitudinii greşite? Sincer să fiu, nu există nici un mod în care să vă puteţi construi o carapace care să vă protejeze total împotriva frustrării, a dezamăgirii, a fricii. Dacă ar exista, atunci NU aţi mai fi un agent de vânzări de succes. Motivul este simplu: suntem toţi fiinţe „emoţionale" şi avem o mulţime de sentimente. Dacă nu am fi dezamăgiţi când un client refuză să cumpere „cel mai bun produs din lume", nu ne-am mai bucura când vindem. Pentru a avea succes în vânzări, trebuie să avem capacitatea de a ne simţi atât „sus" cât şi „jos".

Din moment ce nu suntem imuni la aceste sentimente de „jos", întrebarea este următoarea: „Ce putem face pentru a le limita frecvenţa, lungimea, gravitatea?" Preluarea controlului este importantă, pentru că atitudinea noastră este cea care decide câte vizite facem, când începem, cum terminăm, şi rezultatele pe care le obţinem în fiecare zi.

SĂNĂTATE MINTALĂ

După o stare bună din punct de vedere emoţional, urmează să vedeţi cum vă puteţi păstra şi sănătatea mintală pe direcţia bună.

Întrebări: Aţi fost vreodată la un film la care aţi râs? Aţi fost vreodată la un film la care aţi plâns? Sunt şanse cel puţin patru mii la una să răspundeţi afirmativ la ambele. Altă întrebare: Chiar credeţi că aţi simţit ce aţi simţit pentru că vi se pusese ceva în scaune? Sau pentru că se pusese ceva pe ecran, ceva care v-a intrat în minte şi v-a afectat gândirea şi simţirea? Ceea ce vă puneţi în minte are impact asupra voastră. Din fericire, puteţi alege ce anume să puneţi în minte.

Atitudinea este foarte importantă, aşa că trebuie să studiem atent ce putem face pentru a evita „gândirea nesănătoasă", care duce la „înăsprirea atitudinilor".

Acum trebuie să vă spuneţi cam aşa:

– Bine, dle Ziglar, ce pot eu să fac în timpul meu limitat pentru a-mi păstra acea atitudine mentală pozitivă care mă ajută să îmi tratez clienţii puşi pe harţă cu aceeaşi eleganţă cu care îi tratez şi pe cei prietenoşi? Cum pot să fiu drăguţ cu soţul/soţia, copiii, vecinii, cunoştinţele întâmplătoare, dacă am avut o zi îngrozitoare?

Răspunsul este simplu, dar nu uşor: NU PUTEŢI CONTROLA SITUAŢIILE DIN VIAŢA VOASTRĂ, DAR EXISTĂ MULTE LUCRURI PE CARE LE PUTEŢI FACE PENTRU A VĂ CONTROLA ATITUDINEA MENTALĂ ÎN TIMP CE VĂ LOVIŢI DE ACELE SITUAŢII!

Începeţi prin a încerca să înţelegeţi că: Sunteţi ceea ce sunteţi şi acolo unde sunteţi datorită celor ce v-au intrat în minte, şi puteţi schimba ce sunteţi şi unde sunteţi prin schimbarea celor ce vă intră în cap. Pe scurt, alegeţi ce CITIŢI, ASCULTAŢI şi VEDEŢI. Detaliile sunt mai jos.

PRESIUNE, STRES ŞI SUFERINŢĂ

Este indubitabil că unul dintre aspectele cele mai importante ale unei cariere în vânzări este sănătatea agentului de vânzări. Presiunea din meseria noastră poate deveni copleşitoare. Gândiţi-vă doar la câţiva factori de stres: nevoia de a face planul, introducerea de noi produse, creşterea competitivităţii pentru banii consumatorului, aspectele high-tech din multe faze ale vânzării, un accent din ce în ce mai mare pus pe servirea clienţilor şi pe calitatea produselor, influenţa alcoolului şi a altor droguri asupra calităţii muncii împreună cu presiunea socială spre băutură şi droguri, circulaţia dificilă la orele de vârf (care vă face să consumaţi mai mult timp în drumul de acasă la birou şi apoi la clienţi), familiile în care sunt două cariere şi care necesită, dacă mai există şi copii, baby-sitter, creşe, şcoală, multe alte elemente ce complică situaţia. Toate astea, plus o grămadă de alte „motive de suferinţă" fac să crească pe zi ce trece presiunea fizică, mentală şi spirituală sub care se zbate agentul de vânzări.

Într-un astfel de climat, cum mai puteţi să aveţi grijă de voi? După cum am mai spus-o, omenirea este tridimensională: fizică, mentală, spirituală. Răspunsul la întrebarea voastră se află în evaluarea pe care v-o faceţi pentru cele trei laturi.

SIMPLU, DAR NU UŞOR

Sfatul pe care aş vrea să vi-l dau este relativ simplu, dar urmarea lui poate să devină destul de complicată. Să începem cu un sfat dat de un adevărat superstar în vânzări, un om despre care am vorbit deja, Walter Hailey. Walter s-a îmbogăţit vânzând asigurări de viaţă şi apoi şi-a vândut compania lui K-Mart, pentru o sumă ce se apropia de 78 de milioane (o apropiere destul de bună!). Deci făcuse o mulţime de vânzări mici, iar în final făcuse una uriaşă. Este un om plin de energie, de entuziasm, de poftă de viaţă, şi toate astea te fac să crezi că este cu douăzeci de ani mai tânăr decât cei şaizeci de ani pe care îi are.

Walter spune că un număr extrem de mare de oameni îşi petrece timpul „uitându-se cu mânie în urmă şi cu teamă înainte". Şi cu această povară dublă, a mâniei şi a urii, ajungi să îţi „ipotechezi viitorul" (pentru a folosi cuvintele lui Walter). Mânia pentru cele ce s-au întâmplat în trecut produce frica de cele ce s-ar putea întâmpla în viitor. Şi chiar şi oamenii cu potenţial de succes rămân paralizaţi în prezent.

SĂNĂTATEA SPIRITUALĂ

Deci, care este soluţia? *Pasul numărul unu*: daţi vina pe cei care v-au nedreptăţit sau jignit, sau voi mai ştiţi ce, pentru toată nefericirea şi problemele pe care le-aţi suferit până acum. Prietenii mei psihiatri spun că este bine să dai vina pe altcineva pentru problemele tale. Aşa că daţi vina chiar acum pe mama, tata, unchiul Charlie, fostul şef, fostul coleg, fostul asociat – şi pe oricine vă mai vine în minte – pentru *toate* problemele voastre.

Pasul numărul doi: Acum, după ce i-aţi învinuit de toate problemele voastre, iertaţi-i pentru ce au făcut. În anumite cazuri este foarte greu şi aveţi chiar nevoie de consiliere. Mă gândesc la abuzuri fizice, emoţionale, sexuale. Dacă simţiţi nevoia de ajutor, căutaţi-l! Mi se pare că iertarea este foarte importantă, pentru că aceşti oameni vor juca un rol major în viitorul vostru dacă „rămân" acolo şi nu îi iertaţi pentru ce au făcut. Şi vor face ca viitorul vostru să nu fie tot ce ar putea fi. De fapt, ar putea fi un viitor cam întunecat, dar puteţi schimba asta învăţând să iertaţi.

Iertarea nu înseamnă neapărat uitare. Archibald Hart, un psiholog creştin, defineşte *iertarea* astfel: „renunţarea la dreptul de a răni şi tu pe cineva care te-a rănit". Când ierţi pe cineva, eşti de acord să renunţi la orice răzbunare care ţi se părea necesară. Poţi să ţii minte faptele, dar nu le mai dai puterea de a te controla, te eliberezi de dorinţa de a-l răni pe cel care le-a făcut. Nu este vorba de un proces instantaneu, ci, conform părerii dr. Hart, de un proces care poate dura o perioadă lungă de timp.

Pasul numărul trei: După ce aţi dat vina pe alţii pentru trecutul vostru şi i-aţi şi iertat, trebuie SĂ VĂ ASUMAŢI RESPONSABILITATEA PENTRU VIITOR. Până nu vă asumaţi această responsabilitate, veţi trăi în trecut şi veţi repeta greşelile deja făcute. Una din frazele cele mai pline de miez pe care le-am rostit în ultimii cinci ani a fost: EŞECUL ESTE UN EVENIMENT, NU O PERSOANĂ. Da, poate aţi eşuat, dar asta nu înseamnă că sunteţi nişte rataţi.

Când citiţi această frază şi *înţelegeţi* logic şi emoţional că „ziua de ieri s-a încheiat noaptea trecută şi azi este prima zi din restul vieţii", începeţi să vă asumaţi cu adevărat responsabilitatea pentru sănătatea spirituală. Vă încurajez cu toată forţa să vă uitaţi cu speranţă către viitor! După cum spunea şi prietenul meu John Maxwell, „Dacă avem SPERANŢĂ în viitor, avem şi PUTERE în prezent."

Pentru mine, sănătatea spirituală este în mâinile lui Dumnezeu. În nici un fel nu încerc să vă impun valorile mele, dar în peste şaizeci de ani de viaţă, am învăţat că sănătatea spirituală vine dintr-o relaţie personală pe care o avem cu Creatorul nostru. Fiecare are posibilitatea de a alege. Eu am ales să îl slujesc pe Dumnezeu prin Isus Christos, cu puterea Duhului Sfânt.

Strângeţi toate informaţiile posibile despre aspectele spirituale ale vieţii şi faceţi alegerea voastră personală. Când ştiţi şi înţelegeţi acest aspect al sănătăţii, veţi coordona mai uşor şi celelalte aspecte ale vieţii.

GĂSIREA ŞI PĂSTRAREA ATITUDINII SPIRITUALE CORECTE

Iată câţiva paşi clari pe care puteţi să îi urmaţi în dezvoltarea atitudinii corecte:

Numărul unu: Acceptaţi faptul că vă PUTEŢI controla atitudinea.

Numărul doi: Promiteţi-vă că veţi face tot ce este nevoie pentru a VĂ controla atitudinea.

Numărul trei: Evaluaţi cu o întrebare fiecare carte, program TV, film, casetă video, înainte de a începe să o citiţi / îl vedeţi: „Oare o să mă ajute în viaţa personală, profesională sau de familie, sau aş putea să fac ceva mai util în acest timp, ceva care să mă ajute în domeniile de mai sus?"

Numărul patru: Învăţaţi în fiecare zi un cuvânt nou. Veţi obţine rezultate uimitoare în mai puţin de cinci minute pe zi. Americanul mediu învaţă doar douăzeci şi cinci de cuvinte noi pe an, iar vocabularul lui include cinci sute de cuvinte. Un cuvânt nou pe zi înseamnă că într-un an veţi avea un avantaj net faţă de mulţi din cei cu care lucraţi; peste cinci ani veţi avea un avantaj COLOSAL – nu pentru că ştiţi cuvintele, ci pentru că aceste cuvinte vă dau o capacitate mai largă şi mai adâncă de înţelegere, care vă va îmbogăţi zilnic viaţa. Altă veste bună este că fiecare cuvânt are o „familie", deci învăţaţi un cuvânt şi de fapt vă îmbogăţiţi vocabularul cu mult mai multe!

Compania International Paper a dovedit foarte clar că există o legătură directă între venit şi vocabular. La treizeci şi şapte de ani, Vince Robert (care îşi încheiase studiile în clasa a cincea) era şofer de taxi. Petrecea multe ore aşteptând clienţi la hoteluri şi aeroporturi. Într-o zi el a avut ideea de a cumpăra un dicţionar micuţ. L-a pus lângă el şi a început să înveţe cuvinte. O dată cu numărul de cuvinte, i-au crescut şi încrederea şi cunoştinţele, aşa că a început să investească la bursă. Informaţia de bază este că a cumpărat compania de taximetre Eighteen Cab Car. Azi le ţine oamenilor cursuri despre cum să aibă succes. Un cuvânt pe zi poate schimba multe, foarte multe chiar, în viaţa voastră personală, profesională, de familie.

Numărul cinci: Citiţi ceva folositor personal şi profesional cel puţin douăzeci de minute pe zi – ceva informativ, educaţional, ceva care să vă inspire. Dacă sunteţi un cititor mediu (citiţi 220 de cuvinte pe minut), într-un an veţi citi douăzeci de cărţi de 200 de pagini fiecare. Americanul mediu citeşte doar două cărţi pe an, deci în ceea ce priveşte competiţia ieşiţi iar mult în avantaj. Veţi fi în situaţia extraordinară de a vă sfătui competent clienţii despre ce trebuie să facă pentru a câştiga.

Gândiţi-vă la avantajul competiţional enorm pe care îl veţi avea. Cărţile pot fi despre profesie, dezvoltare personală, psihologie, fire umană, despre orice credeţi că v-ar fi de folos. Toate cărţile mele au bibliografie, pe care vă rog să o studiaţi. Căutaţi titluri care „vă sar în ochi" şi citiţi-le, fie ele reviste sau cărţi, vă vor ajuta să deveniţi mai profesionist.

Numărul şase: Transformaţi-vă maşina în Universitate – Auto U. Don Hutson, formator în vânzări, spune că agentul de vânzări tipic petrece peste cinci sute de ore pe an în maşină. Adică în jur de zece ore pe săptămână. În zece ore pe săptămână puteţi deveni cel mai bun profesionist din lume. Vă puteţi specializa în rezolvarea obiecţiilor, găsirea clienţilor, convingerea lor, prezentări, încheierea vânzărilor. Puteţi să vă lărgiţi vocabularul, să învăţaţi o limbă străină, să deprindeţi secretele comunicării, să deveniţi expert în Biblie.

Există nenumărate surse de materiale, de la biblioteci publice şi universităţi până la firme care au drept scop oferirea de înregistrări recente, motivaţionale şi informative. Aici intră şi firma noastră. Am petrecut doi ani la University of Southern California, ca profesor invitat, şi acolo am citit un studiu în care se spunea că dacă locuieşti într-o zonă aproape de un oraş şi conduci în jur de 20.000 de kilometri pe an, atunci ai timp să studiezi în maşină cât ai studia în doi ani de facultate. Puteţi citi chiar şi cărţi de clasa a cincea, nu este nici o scuză pentru a nu vă educa.

Cel mai important beneficiu pe care îl obţineţi ascultând casete în maşină este purul impact motivaţional pe care îl primiţi. De ani de zile aud agenţi de vânzări că între două vizite „bagă" repede o casetă de-a mea şi se remontează. Sincer, am crezut întotdeauna că vorbeau doar despre o remontare psihologică, dar pe lângă asta mai primeau şi una fiziologică.

Pentru a obţine rezultate maxime din tot ce v-am spus, începeţi fiecare zi ascultând o casetă motivaţională. Psihologii spun că prima întâlnire din zi are o influenţă mai mare asupra atitudinii decât următorii cinci oameni întâlniţi. Dacă aţi ascultat timp de cinci minute – o jumătate de oră ceva care vă bagă în priză, atunci sunteţi gata de prima vizită a zilei. Al doilea moment pentru o infuzie de energie este după prânz. Ascultarea unei înregistrări bine alese vă mobilizează iar endorfinele şi vă creşte astfel energia şi creativitatea.

Întăriţi efectul casetei cu o lectură adecvată – încurajantă şi educativă – chiar înainte de culcare. Ultimul lucru care vă intră în subconştient în fiecare seară este materia pe care o va digera creierul peste noapte. Dacă vă „hrăniţi" cu informaţii potrivite, atunci vă puteţi schimba cariera.

Numărul şapte: Alegeţi-vă cu grijă asociaţii. Cu mulţi ani în urmă, *Los Angeles Times* a făcut un studiu despre câţiva oameni care au avut un succes ieşit din comun în viaţă şi a descoperit un lucru comun la toţi aceşti oameni: la un moment dat hotărâseră să ridice nivelul celor cu care lucrau şi îşi petreceau timpul liber. Toţi spun că a fost un factor esenţial în succesul care a urmat. De aceea vă spun că este bine să vă gândiţi la acest subiect.

SĂNĂTATEA FIZICĂ

Al treilea aspect al căutării atitudinii potrivite este sănătatea fizică. Iar aspectele fizice, spirituale şi mentale nu pot fi separate. Voi vorbi mai mult despre sănătatea fizică, pentru că mulţi o neglijează. Există un număr mare de cărţi care vă dau informaţii pe acestă temă.

Eu sunt devotat exerciţiilor fizice încă din anii '70 şi pot să vă spun că atenţia pe care o daţi sănătăţii vă va fi răsplătită însutit cu energie maximă şi zile puţine de boală. Energia maximă va aduce venituri mai mari pentru familie. Nu veţi putea calcula niciodată miliardele de dolari pe care le pierd americanii în fiecare an. Gândiţi-vă ce se întâmplă dacă un agent de vânzări este prea obosit să pornească treaba dis-de-dimineaţă, rămâne fără benzină înainte de terminarea vizitelor sau are „acea slăbiciune inevitabilă" de după un prânz copios. Pentru aceşti oameni, „încă o prezentare" până la sfârşitul zilei este ceva imposibil de realizat fizic. Rezerva lor de energie a secat.

„CUM SĂ" PENTRU PROBLEME FIZICE

Există deci soluţii pentru a-ţi păstra sănătatea fizică? Să începem cu DISCIPLINA, care este de bază, dar complet neglijată. O sută cincizeci de directori din lista Fortune 500 au activat înainte în marina SUA. Şase din ultimii şapte preşedinţi au activat în marină, iar douăzeci şi şase din preşedinţii SUA au activat în armată. Aceste servicii te învaţă disciplina, loialitatea, dăruirea, responsabilitatea personală, şi multe alte calităţi. După cum spuneam: „Când îţi impui să faci lucrurile pe care trebuie să le faci atunci când trebuie să le faci, atunci va veni şi ziua când vei putea face lucrurile pe care vrei să le faci atunci când vei vrea să le faci."

ÎNCEPEŢI-VĂ ZIUA PROFESIONIST

Disciplina începe cu trezirea devreme. Idealul este ca ambii parteneri să se trezească o dată. Câteva minute pentru planificarea activităţilor zilei, pentru a fi împreună şi a vă relaxa pot face minuni pentru relaţia dintre voi, şi de asemenea va face minuni pentru modul în care veţi începe ziua. Dacă nu aveţi copii, atunci puteţi pleca împreună cu partenerul de viaţă la o plimbare scurtă, o tură de jogging, sau vă puteţi bea cafeaua împreună. Aici depinde de ce fel de persoană sunteţi – unii sunt „oameni de dimineaţă", alţii sunt „oameni de noapte". În cartea mea *Courtship After Marriage: Romance Can Last a Lifetime* (Cum să îi faceţi curte după ce v-aţi căsătorit: Povestea de dragoste poate dura toată viaţa), vă împărtăşesc câteva idei despre cât de importante sunt aceste momente petrecute împreună şi cum se poate profita de ele la maxim, dar baza este următoarea: dacă vă începeţi ziua într-un mod potrivit, atunci veţi da tonul cel bun pentru întreaga zi. Astfel vă asumaţi responsabilitatea pentru sănătatea mintală, fizică şi spirituală.

LA UN PAS DE SUCCESUL ÎN VÂNZĂRI

Stabilirea tonusului zilei vă va ajuta să urmăriţi cel mai important aspect al programului de sănătate fizică. Cheia pentru o inimă sănătoasă (centrul unui corp sănătos) este aceasta: de mai multe ori pe săptămână trebuie să alegeţi o activitate care vă face inima să bată cu o viteză din „categoria ţintă" recomandată de medicul vostru şi să o lăsaţi să lucreze câteva minute. Ştiu că poate sună cam neclar, dar vă rog să citiţi mai departe – viaţa voastră (şi succesul) depinde de atenţia pe care o acordaţi acestor rânduri!

NU vă luaţi după tabelele din cărţile despre acest subiect care vă indică „categorii ţintă" pe baza vârstei, a constituţiei, a nivelului de pregătire fizică. Nu ne pricepem la auto-diagnosticare, aşa că întrebaţi-vă doctorul care ar trebui să fie „categoria" voastră pentru exerciţiu. Medicul trebuie să vă poată ajuta să alegeţi o activitate care să se potrivească atât cu personalitatea voastră cât şi cu stilul de viaţă – o activitate care să vă accelereze inima într-un mod sănătos.

O dată acest lucru hotărât, veţi *lucra spre* a vă ţine ritmul bătăilor inimii între anumite limite pentru acea perioadă de timp recomandată de medic. Cei câţiva dolari şi cele câteva minute pe care le INVESTIŢI în discuţia cu medicul vă vor aduce multe beneficii. Dr. Ken Cooper este expertul în care am încredere deplină, iar el spune că pentru a ne menţine în formă trebuie să facem exerciţii de trei ori pe săptămână; pentru a observa schimbări minore după un interval de timp trebuie să exersăm de patru ori pe săptămână, iar pentru a face schimbări maxime în forma noastră fizică trebuie să tindem (nu să începem cu asta) să exersăm de cinci ori pe săptămână.

Dr. Cooper mă face să îmi menţin ritmul inimii până la douăzeci de minute, iar activitatea mea preferată este jogging-ul. Alerg timp de treizeci-patruzeci de minute zilnic (niciodată pentru distanţă, întotdeauna pentru timp) folosind primele patru-opt minute pentru accelerarea bătăilor inimii până la categoria ţintă, următoarele douăzeci de minute pentru menţinere, iar ultimele patru-opt minute pentru „relaxare" (timp în care inima mea revine puţin câte puţin la normal). Fac tot ce pot pentru a alerga trei zile consecutiv, apoi iau o zi pauză, alerg din nou două zile, şi fac iar pauză o zi. La vârsta mea şi cu obiceiurile pe care le am (inclusiv o pasiune deosebită pentru dulciuri, pe care o limitez la un desert mare o dată pe săptămână şi câteva ciuguliturі între), cinci zile de exerciţiu fizic reprezintă soluţia optimă.

Chiar acum, când scriu aceste rânduri, mă simt extrem de bine deoarece – cu aproximativ o oră în urmă – mi-am încheiat tura de alergare aici, în Chattanooga, Tennessee. Vremea era minunată, cu o temperatură în jur de 30 de grade. Dacă ar fi fost prea frig sau dacă ar fi plouat, aş fi alergat în sala de bal a hotelului, aş fi sărit coarda în camera mea, sau m-aş fi dus în sala de sport şi aş fi lucrat la aparatele de acolo. Pe scurt, o dată ce ţi-ai luat angajamentul şi ai început să te disciplinezi pentru a face aceste lucruri, ele devin un obicei, şi ce obicei minunat!

Mulţi directori de vânzări îşi rezervă prima parte a pauzei de prânz pentru a mărşălui sau pentru a alerga puţin, ceea ce le permite să se simtă plini de energie pentru restul după amiezei. În cazul meu, valul de energie de după alergare ţine între două şi patru ore, iar creativitatea mea merge ascendent. Nivelul de energie este mai ridicat, la fel şi rezistenţa. Exerciţiul fizic nu este o acţiune care îţi ia timp, ci o acţiune în care INVESTEŞTI timp – cu rezultate uluitoare atât imediat cât şi pe termen lung!

CUM ESTE ZIUA VOASTRĂ?

În loc să-şi dea ritmul pentru ziua ce urmează şi să îşi programeze exerciţiile, ce fac majoritatea oamenilor? Prea mulţi fac exact ca vecinii voştri (ştiu că VOI nu v-aţi începe aşa dimineaţa), care se trezesc în ultima clipă – fug să îşi trezească şi copiii, să îi îmbrace, să îi posteze în faţa televizorului cu un bol de cereale cu mult zahăr deasupra, aşa încât corpul şi mintea să le fie distruse în acelaşi timp.

Soţul şi soţia aleargă de nebuni prin casă ţipând, de multe ori plângând, tânguindu-se, scrâşnind din dinţi, bându-şi cafcaua sau mâncându-şi gogoaşa sau sandvişul în timp ce se îmbracă, se bărbieresc sau se machiază. În momentul în care ar trebui să fie la birou, soţii îşi înghesuie copiii în maşină şi se năpustesc în trafic. Vai celui care îndrăzneşte să le iasă în cale în timp ce se grăbesc să îşi lase copiii la grădiniţă – lucru pe care îl fac uneori încetinind, deschizând portiera şi lăsând copiii să coboare.

Şi toate astea ca să-şi înceapă complet ameţiţi programul de opt-douăsprezece ore, ajutaţi de trei-opt ceşti de cafea care „le menţin tonusul". Din cauza timpului prea scurt şi a ritmului prea rapid imprimat dis-de-dimineaţă, singura opţiune pentru prânz este ceva frugal înghiţit din goană la un fast-food, după care oamenii noştri o iau din nou la goană în toate direcţiile, pentru a-şi face vizitele de după-amiază.

La sfârşitul zilei, procesul se repetă în sens invers. Iau copiii, fuga acasă, poate îşi mai iau ceva de la un fast-food în drum sau, dacă nu, mănâncă ceva îngheţat (acum dezgheţat graţie cuptorului cu micro-unde) în faţa televizorului. Şi cum mâncarea este „uşoară", „fără grăsime", „sănătoasă", totul este perfect – cel puţin în mintea lor, dacă nu şi în corp. Cina este „savurată" în timp ce se urmăresc ştirile de seară.

Cam pe la ora de culcare, cei doi vor mai lua o gustare, ceva cu multe calorii, mult colesterol şi multă grăsime. Apoi, cam la o oră şi jumătate după ce ar fi trebuit să doarmă deja, se duc şi ei la culcare extenuaţi. Nu este chiar cel mai bun mod de a-ţi petrece ziua.

VORBIND SERIOS ACUM...

Dacă aţi căzut în această capcană, vă rog să vă opriţi chiar acum şi SĂ VĂ GÂNDIŢI! Imaginaţi-vă unde vă va duce această viaţă, măcar peste un an, dacă nu peste cinci sau zece. Ceva, pe undeva, nu va mai merge. Poate va fi vorba de căsătorie, de copii, de sănătate, dar sigur va exista ceva care să cedeze. „Dacă o să tot faci ce faci acum, atunci o să tot primeşti ce primeşti acum." Poate nu este o frază foarte elevată, dar din punct de vedere practic se potriveşte la fix.

Unii oameni, în efortul lor de a scăpa de stres şi de presiunea exercitată de propriile lor obiceiuri proaste, încep cu o bere rece sau un cocktail, ca să se relaxeze, apoi îşi mai iau ceva de băut, şi tot aşa. Şi cum ştim că din zece persoane care beau ocazional, una va sfârşi prin a avea probleme cu băutura, atunci ne dăm seama că acest stil de viaţă ascunde un pericol. Nu mă bag în viaţa voastră, vă rog doar să studiaţi ce anume doriţi în acest domeniu.

În primul rând, oare băutura vă aduce beneficiile pe care le căutaţi? I-aţi recomanda unui prieten stresat sau unei rude care are probleme să se trateze cu ceva de băut? Dacă ar fi să faceţi o prezentare, cum i-aţi vorbi soţiei sau oricui altcuiva despre avantajele băutului social sau ocazional? Care sunt cele trei lucruri care vă plac cel mai mult când beţi? Banii cheltuiţi pe produs? Dobânda la investiţie? Influenţa pe care o aveţi asupra copiilor voştri?

Nu, nu vreau să vă ţin o lecţie sau să mă joc de-a tatăl înţelept. Vă încurajez doar să vă gândiţi, pe termen lung, la ce este mai bun pentru viaţa voastră personală, profesională şi de familie. Vă provoc să găsiţi o persoană, o singură persoană care a băut primul pahar de alcool din viaţa lui cu intenţia declarată de a deveni alcoolic. De asemenea, vă provoc să supuneţi alcoolul la testul „Ben Franklin". În stânga paginii treceţi „beneficiile potenţiale", iar în dreapta „costurile posibile". P.S. Nu uitaţi să includeţi şi faptul că în 90% din divorţuri, 70% din abuzurile asupra soţiei şi copiilor, 69% din morţile prin înecare, 50% din morţile datorate accidentelor auto, alcoolul joacă un rol important.

STILUL DE VIAŢĂ „PE FUGĂ"

Când vă evaluaţi stilul de viaţă zilnic, descoperiţi că trăiţi cam „pe fugă"? Cum v-aţi petrecut ultimele trei luni, şase luni, sau chiar ultima jumătate de viaţă? Oare nu ar fi util să vă opriţi chiar acum, să evaluaţi situaţia în care sunteţi şi să vedeţi încotro vreţi să mergeţi?

Poate că veţi spune:

– Zig, *am* un program de groază, dar viaţa este grea. Trebuie să îmi hrănesc copiii, să plătesc rata la casă şi la asigurări, situaţia mea financiară nu este tocmai roz, şi mai sunt o mulţime de lucruri pe care nu le înţelegi. Dacă nu mă „grăbesc", atunci nu îmi pot rezolva angajamentele, care sunt extrem de importante.

Aşa este. Nu am spus niciodată că este uşor să ajungeţi un agent de vânzări sănătos şi plin de succes, aşa cum v-aţi dorit când aţi început să citiţi această carte. Dar pot să vă spun că deşi puteţi fi temporar productivi cu acest program agitat şi nedisciplinat, la sfârşitul anului nu veţi fi făcut la fel de multe vânzări, nu veţi fi câştigat la fel de mulţi bani, nu vă veţi fi distrat la fel de mult, nu veţi fi adus la fel de mulţi bani familiei ca atunci când aţi fi urmat un program mai cuminte.

BENEFICIILE GREŞITE

Programul pe care l-am descris mai devreme vă va împinge să deveniţi nerăbdător şi să vreţi totul *acum*, chiar când este vorba despre comanda clientului. Veţi avea tendinţa să nu vedeţi micile semnale pe care vi le dă clientul sau să nu ascultaţi cu atenţie ce vă spune acesta. Va exista un anumit număr de lucruri care vor juca un rol important în stabilirea unei relaţii permanente personale şi profesionale.

Clienţii au mai multă încredere în agentul de vânzări calm, încrezător, care va mai petrece cinci minute pentru a le spune că au făcut mişcarea potrivită (sau că ar trebui să facă mişcarea potrivită). Aceeaşi răbdare care vă ajută să începeţi un program regulat de exerciţii fizice vă va ajuta şi să lucraţi cu pricepere atât cu clienţii cât şi cu posibilii clienţi.

SUNTEŢI CEEA CE MÂNCAŢI

Medicii Furman şi Cooper vă pot da sfaturi importante asupra produselor pe care ar trebui să le mâncaţi. Dar eu vă încurajez să urmaţi regulile de bază, care funcţionează de atâţia ani. Mâncaţi la micul dejun ca nişte regi, la prânz ca şi cum firma la care lucraţi face concedieri şi nu ştiţi dacă nu cumva sunteţi următorii pe listă, iar la cină ca şi cum tocmai v-au dat afară. Şi vă sfătuiesc, în mod special, să nu cădeţi în capcana „meselor rapide".

În loc să vă repeziţi într-un fast-food şi să vă umpleţi stomacul cu grăsimi, mai bine vă puneţi pe o felie de pâine neagră nişte salată de pui, ton sau curcan, şi adăugaţi fruct la desert. Multe firme de fast-food oferă acum feluri de mâncare cu nivel scăzut de colesterol şi grăsimi, aşa că aveţi de unde alege. Totul este să faceţi *alegerea* corectă.

Închideţi uşa biroului sau ieşiţi într-o zonă necirculată. Staţi jos, mâncaţi încet şi savuraţi ceea ce mâncaţi. Dacă este posibil, plimbaţi-vă puţin după ce aţi mâncat. Cinci minute de plimbare vor face minuni pentru reducerea stresului şi vă vor permite să vă gândiţi la după-amiaza care vă aşteaptă.

ELIMINAREA OTRĂVURILOR

Pe lângă o mâncare sănătoasă şi exerciţii fizice regulate, sănătatea fizică depinde în mare măsură şi de eliminarea (sau evitarea) otrăvurilor. Mă gândesc în primul rând la alcool şi tutun. Sper că nu veţi fi ca acei oameni care au citit atât de multe despre pericolele tutunului şi ale alcoolului încât au renunţat... la citit!

Serios vorbind, v-aţi gândit vreodată că de câte ori aprindeţi o ţigară luaţi hotărârea de a muri cu paisprezece minute mai devreme decât aţi fi murit fără ţigară? În 1989, 432.000 de americani au murit prematur din cauza fumatului. Conform *U.S. News and World Report*, încă 40.000 – 50.000 de americani au murit prematur pentru că au stat în preajma unor fumători. Aceste numere dau de gândit.

Trebuie să mărturisesc aici că sunt uşor influenţat de prejudecăţi. Dintre cei unsprezece fraţi şi surori din familia mea, diferenţa longevitate între cei care fumează şi cei care nu fumează este de treisprezece ani – chiar atât de mare. Şi cu cât trec anii, cu atât diferenţa aceasta creşte, în favoarea celor patru care am rămas în viaţă. Tutunul ucide.

În lumea de azi, pătrunsă de spiritul concurenţei, agentul de vânzări care îşi aprinde o ţigară are toate şansele de a rata o vânzare. Şi îl citez din nou pe prietenul meu Walter Hailey, care susţine că acum, când ştim atâtea lucruri despre urmările acestui obicei, el nu ar face niciodată afaceri cu fumători, deoarece este clar că nu sunt foarte deştepţi. Ştiu că unii dintre voi se vor simţi jigniţi, dar dacă tot v-am atras atenţia, daţi-mi voie să subliniez faptul că *fumatul ucide*. Chiar acum, sunt profund preocupat de faptul că am rude care fumează. La sfârşitul lui 1990 l-am condus pe ultimul drum pe fratele meu mai tânăr, care a murit din cauza fumatului.

Dacă sunteţi fumători, vă sfătuiesc să vă lăsaţi. Mai mult ca sigur aţi încercat deja şi nu aţi reuşit. Studiile pe care le-am citit indică faptul că cei care reuşesc să se lase definitiv o fac după a treia încercare. Vă reamintesc că „Eşecul este un eveniment, şi nu o persoană."

Când vă veţi lăsa (sau veţi alege să nu vă apucaţi), veţi respira mai uşor, veţi răspândi un miros mai plăcut şi nu veţi mai deranja nici o fiinţă de pe pământ (cu excepţia firmelor producătoare de ţigări, dar la urma urmei le-aţi finanţat destul, nu-i aşa?). Vânzările în plus pe care le veţi încheia vor avea un rol important în economia noastră. Dacă sunteţi căsătoriţi, familia vă va aplauda eforturile. Vă veţi putea vinde maşina pentru mai mulţi bani. Veţi cheltui mai puţin cu reparaţiile din casă. Veţi economisi o sumă mare de bani şi vă veţi salva viaţa.

Eşecul este un eveniment, şi nu o persoană

Mai mult, nu găsesc nici un beneficiu pe care să îl aducă fumatul într-o carieră de vânzări. Nu am văzut nici o vânzare încheiată *datorită* fumatului, dar am văzut multe vânzări ratate *din cauza* fumatului. Fumatul este un obicei viclean, care ne cuprinde când suntem tineri (în majoritatea cazurilor) şi se ţine de noi atâta timp cât îl lăsăm să ne controleze viaţa. Pentru viaţa voastră, pentru familia voastră, pentru cariera voastră – GĂSIŢI UN MOD de a vă lăsa de fumat. Şi dacă nu fumaţi, vă rog să nu vă apucaţi.

DIN CE ÎN CE MAI MULŢI MORŢI

A doua otravă ce trebuie evitată este alcoolul. Peste 110 *milioane* de americani beau, şi peste 18 milioane de oameni au probleme serioase cu băutura. Un studiu prezentat în *Atlanta Journal and Constitution* arată că din cei 104.000 de morţi din 1987 (din cauza bolilor şi a accidentelor provocate de alcool), media de ani pierduţi de americani a fost de douăzeci şi doi. Şi este un preţ extrem de mare.

Vă rog să mă credeţi că şi eu înţeleg presiunile extrem de mari ce se fac pentru a împinge oamenii să bea. Dar este un lucru pe care l-am observat întotdeauna – oamenii care au curajul şi tăria de caracter de a refuza să bea o bere sau un cocktail câştigă respectul universal al celor care şi-ar dori să aibă şi ei disciplina, voinţa şi curajul de a spune nu.

Aş dori să subliniez faptul că mie nu mi se pare o chestiune morală, deşi cred că aş putea scoate un caz interesant de aici. Când ne uităm la problemele economice provocate de alcool şi tutun, de numărul de cariere scurtate sau distruse, de numărul de vieţi curmate, ne dăm seama cât de rău fac aceste otrăvuri carierelor şi viitorului nostru, şi înţelegem că este vorba despre o problemă concretă.

NU ŢINEM LA EA DECÂT DUPĂ CE AM PIERDUT-O

Sănătatea pare să fie unul din acele lucruri la care începem să ţinem extrem de tare din momentul în care există şansa să le pierdem – şi pe care le considerăm drept sigure atâta timp cât le avem. Vă încurajez să vă gândiţi la sănătatea voastră înainte de a fi în primejdie!

DROGURI ILEGALE

Nu am pomenit drogurile ilegale deoarece intră sub jurisdicţia legii şi nu ar trebui să fie un factor determinant. Comparativ vorbind, drogurile ilegale nu provoacă nici pe departe atâtea probleme câte provoacă cele legale. De pildă, în 1989 „doar" 20.000 – 25.000 de oameni au murit din cauza drogurilor ilegale, pe când 432.000 au murit din cauza tutunului şi peste 100.000 din cauza alcoolului.

Combinaţi acum această informaţie cu cele ce urmează: conform numărului din 11 septembrie 1989 al revistei *U.S. News and World Report*, rar se întâmplă ca o persoană care foloseşte droguri ilegale să nu fi folosit ca drog de „început" tutunul şi/sau alcoolul.

ALT STUDIU EXTRAORDINAR

Forest Tennant, doctor în medicină, este poate autoritatea numărul unu la nivel mondial în ceea ce priveşte drogurile. Când Howard Hughes şi Elvis Presley au murit, rezultatele autopsiilor au fost trimise la Dr. Tennant pentru evaluare. A lucrat ca şi consultant pe problema drogurilor pentru NFL, Ministerul de Justiţie, NASCAR, Los Angeles Dodgers, Abbot Laboratories, Texaco şi mulţi alţii.

Dr. Tennant a participat la un seminar pe care îl conduceam în Anaheim, California. Înainte să îmi încep prezentarea, el a luat mostre de sânge de la cinci participanţi (de fapt, ei i-au dat sânge). Peste patru ore, când seminarul s-a încheiat, a luat iar sânge de la cele cinci persoane. Nivelul endorfinelor şi al cortizonului crescuseră cu 300%. De atunci, dr. Tennant a făcut şi alte experimente şi a descoperit lucruri fascinante.

Dr. Tennant şi-a prezentat unele din descoperiri în numărul din mai 1989 al revistei *Meetings & Conventions*. Iată mai jos descoperirile confirmate ştiinţific:

> Există o explicaţie biochimică pe baza căreia putem explica de ce aceşti oameni se simt bine după cursuri. Există ceva care, atunci când auzim vorbindu-se despre succes, ne face să ne încărcăm emoţional şi să eliberăm aceşti produşi chimici în fluxul sanguin, prin urmare corpul nostru funcţionează mai bine. Şi cum aceste efecte durează doar câteva ore, „înghiţirea" unor doze regulate de motivare va avea ca efect o sănătate mai bună, o stare de fericire aproape permanentă şi mult mai multe realizări.

Sunt prieten cu Dr. Tennant de mulţi ani şi în discuţiile noastre particulare mi-a spus că aceste descoperiri dovedesc faptul că putem stoca energia, creativitatea şi rezistenţa. Între două vizite de vânzări ascultă caseta unui prezentator în care ai încredere; ai grijă să fie o înregistrare făcută în faţa publicului.

Permiteţi-mi să mai subliniez ceva. Vă puteţi educa şi informa cu ajutorul casetelor, dar dacă doriţi să beneficiaţi pe deplin de inspiraţie, entuziasm şi motivaţie, atunci alegeţi o înregistrare făcută în faţa publicului. Pentru a repeta spusele dr. Tennant, „activitatea de ascultare a cuiva care îţi vorbeşte despre succes plin de entuziasm activează glanda supra-renală care, la rândul ei, hrăneşte sistemul cu endorfine, dopamină, norepinefrină, şi alţi neuro-transmiţători." Când acest fenomen are loc, pur şi simplu stocaţi energie, creativitate şi rezistenţă.

Sunt perfect convins că statisticile pe care le-am prezentat mai devreme (70% din vânzări au loc între orele 7.00 şi 13.00, şi doar 10% din vânzări sunt încheiate după ora 16.00) sunt exacte, deoarece motivaţia agentului de vânzări a scăzut şi la fel şi nivelul său de energie.

Când sunteţi plini de energie fizică şi de încredere mentală, atunci aveţi două ingrediente în plus la modul vostru de abordare a vieţii şi a vânzărilor. Iar pe parcursul procesului veţi putea rezolva problema care îi costă cel mai scump pe agenţii de vânzări şi distruge cele mai multe cariere: lipsa de acţiune. Starea de sănătate fizică şi psihică vă va permite să vă concentraţi asupra acelor lucruri care merg bine şi nu asupra celor care merg prost. În loc să suferiţi de „paralizia analizei", după cum o numeşte prietenul meu Cavett Robert, veţi acţiona şi veţi face vizitele de vânzări. Când rataţi o vânzare, firea voastră optimistă – hrănită cu carburantul potrivit – vă va forţa să înţelegeţi că o vânzare ratată nu face decât să vă apropie de o vânzare pe care o veţi încheia.

Sănătatea fizică şi psihică vă ajută şi în alt domeniu critic. Când sunteţi plini de energie şi încredere, tendinţa naturală de a nu suna la uşile oamenilor bogaţi şi faimoşi scade puţin câte puţin, până dispare de tot. De asemenea, veţi numi cu mai multă încredere domeniul în care lucraţi. Sau chiar veţi spune ca prietena şi colega mea de prezentări Rita Davenport: „când cineva mă întreabă ce meserie am, eu răspund:

– Iertaţi-mi lipsa de modestie, dar lucrez în vânzări."

Beneficiile găsirii persoanei potrivite şi *apoi* a agentului de vânzări potrivit sunt uriaşe. Începeţi chiar acum să lucraţi acele obiceiuri care vă vor permite să vă păstraţi acea atitudine corectă care va aduce după ea viaţa de succes pe care o meritaţi!

CUM PĂSTRAŢI ATITUDINEA CORECTĂ?

În lumea de azi, impregnată de competiţie şi mereu pusă de fugă, dacă ne străduim să îi batem întotdeauna pe ceilalţi şi să fim numărul unu, după o vreme preţul poate deveni extrem de mare. Şi asta se întâmplă în special dacă, oricât ne-am strădui, nu reuşim să atingem ţinta pe care ne-am fixat-o. În ciuda faptului că ne trezim devreme şi ne culcăm târziu; a faptului că suntem elevi silitori şi studiem, învăţăm şi practicăm mereu tehnici noi; în ciuda faptului că facem toate lucrurile prezentate în această carte şi în alte cărţi de succes, tragem întotdeauna băţul cel mai scurt şi nu ne atingem ţelul de a fi numărul unu. Care este răspunsul?

Cred că problema stă în definiţia *succesului* în meseria noastră. Cred sincer că fiecare din noi poate fi pe primul loc. Nu, asta nu înseamnă că putem fi toţi cei mai mari, cei mai rapizi, cei mai puternici, cei mai deştepţi, cei mai convingători, cei mai productivi, cei mai competenţi; dar cred că EŞTI NUMĂRUL UNU atunci când te poţi uita sincer în oglindă la sfârşitul zilei şi poţi spune: „Mi-am folosit talentul astăzi. Am făcut cât am putut de bine." Pe scurt, îţi dai seama că adevăratul succes nu înseamnă să învingi pe altcineva; adevăratul succes, adevărata bucurie vin din folosirea propriului talent. Succesul nu este determinat de învingerea celuilalt; adevăratul succes se măsoară atunci când îţi foloseşti propriul talent.

VERIFICAŢI CĂ AVEŢI PERSOANA POTRIVITĂ

Dacă urmaţi paşii pe care i-am indicat, veţi fi extrem de mulţumiţi de rezultate. Totuşi, chiar dacă aveţi atitudinea corectă, vor exista şi situaţii când clienţii nu vor cumpăra de la voi. Nu-mi place deloc să spun acest lucru, dar este adevărat: unele persoane vor spune nu!

Oamenii nu cumpără pentru că noi le spunem sau le arătăm ceva anume. Ceea ce îi împinge să cumpere este faptul că ei cred în ceea ce le spunem sau le arătăm. Este o realitate faptul că posibilii clienţi îi cred pe cei în care AU ÎNCREDERE! Fără ÎNCREDERE oamenii nu ascultă, şi fără ÎNCREDERE oamenii nu cumpără.

Din moment ce totul pe lumea asta este vânzare şi toţi suntem agenţi de vânzări, pentru a fi eficienţi trebuie ca ceilalţi să aibă încredere în NOI TOŢI. Profesorul în care elevii au încredere este de o mie de ori mai eficient. Atletul trebuie să aibă încredere în antrenor înainte de a accepta şi urma instrucţiunile acestuia cu tot efortul de care este capabil.

Ceea ce ştiţi este important. Persoanele pe care le cunoaşteţi sunt şi ele importante, dar CEEA CE SUNTEŢI este cel mai important lucru, în special în lumea vânzărilor.

ÎNCREDEREA NECESARĂ PENTRU A VINDE CU SUCCES

În martie 1991 luam prânzul cu Bob Forrest, primarul oraşului Carlsbad, din statul New Mexico. Deţine mai multe reprezentanţe de vânzare de cauciucuri în acea zonă a statului şi este a treia generaţie de proprietari. Bob spune că „nu încercăm să fim competitivi prin preţ, dar încercăm să fim mai mult decât competitivi prin servicii." Reputaţia familiei lui este bine stabilită de trei generaţii, iar serviciile pe care le oferă sunt de nădejde. Oamenii ştiu din instinct, pe baza anilor de experienţă, că Bob vinde exact ceea ce spune. Cred că acest factor va juca un rol din ce în ce mai important în anii ce vor urma. Noi (consumatorii) ne vom orienta spre oameni în care putem avea încredere.

Gândiţi-vă puţin. Tuturor ne place să facem afaceri cu oameni în care putem avea încredere. Vă puteţi imagina mergând la un doctor fără să aveţi încredere în tratamentul pe care vi-l recomandă acesta? Vă vedeţi făcând afaceri cu o instituţie financiară pe care o suspectaţi de neseriozitate? Aţi putea fi fericiţi cu un tovarăş de viaţă în care nu aveţi încredere? În nici un caz.

Aceeaşi regulă se aplică şi în vânzări. Dacă oamenii chiar au încredere în voi, dacă tot restul este măcar aproape de perfecţiune, atunci vor face afaceri cu voi.

DAR DE CE SPUN CLIENŢII NU?

După cum am susţinut aproape de la începutul carierei, există cinci motive pentru care oamenii nu cumpără de la voi:

Nu au Nevoie
Nu au Bani
Nu se Grăbesc

Nu simt Dorinţa
Nu au Încredere

Ultimul din cele cinci – Nu au Încredere – este cel mai greu de înţeles şi cel mai important de stăpânit. Singurul mod de a separa respingerea personală de refuzul profesional – când un posibil client spune nu – este înţelegerea importanţei pe care o joacă ÎNCREDEREA în relaţia de vânzări. Oamenii TREBUIE să aibă încredere în voi înainte de a cumpăra de la voi, şi dacă nu sunteţi persoana potrivită, oamenii nu vor cumpăra nici bunurile şi nici serviciile voastre.

Dacă un client nu cumpără de la voi din cauza lipsei de încredere, oare nu aveţi toate motivele să vă simţiţi respins ca persoană? În nici un caz! Când vi se spune „NU!"aveţi motive doar pentru a examina motivele acestui răspuns. A avut vreodată cineva încredere în voi în vreo problemă? Vă vedeţi ca fiind persoane în care nu se poate avea încredere? Lucraţi cu un produs sau serviciu de bună calitate şi în care credeţi sincer? Ce „semnale tăcute" i-aţi putea trimite clientului prin limbajul corpului sau mimică? Chiar fără să vă cunosc personal, îmi asum riscul şi spun că vă bănuiesc a fi persoane de încredere. Poate că nu îi comunicaţi şi clientului această încredere, şi cheia este chiar această lipsă de comunicare.

„Tipul de persoană" în care intraţi este factorul determinant în cariera de vânzări pe care o veţi urma, şi din moment ce încrederea atârnă cel mai greu în hotărârea clientului de a spune da sau nu, haideţi să privim mai îndeaproape la factorul încredere de-a lungul procesului de vânzări. Cineva a spus cândva: „O minciună te poate împinge în faţă, dar nu te va aduce înapoi." Altfel spus, „Poţi tunde o oaie o dată pe an, dar nu o poţi jupui decât o dată în viaţă."

DE CE VEŢI VINDE ÎN VIITOR?

Pentru ca voi să încheiaţi vânzarea şi pentru ca posibilul client să se mute de pe piciorul „nu" pe piciorul „da" (să se mute de la o minte complet închisă – „Nu am nici nevoia şi nici dorinţa de a face afaceri cu tine deoarece suma pe care mi-o ceri este mai mare decât beneficiile pe care le voi primi" – la o faţă zâmbitoare, o minte deschisă şi un stilou în mână gata să semneze comanda –„Îl iau!"), trebuie să treceţi printr-o serie de paşi (reprezentaţi mai jos printr-o serie de puncte).

„NU!" .... „DA!"

Seria de paşi mărunţi pe care trebuie să îi urmaţi pentru a face mişcarea şi a încheia vânzarea include procesul de a-l face pe client să vă placă şi să aibă încredere în voi. Clientul trebuie să vă placă înainte de a avea încredere în voi, şi trebuie să aibă încredere în voi înainte de a cumpăra de la voi.

DEZVOLTAREA ÎNCREDERII

Din moment ce ÎNCREDEREA este un element atât de important în procesul de vânzări, haideţi să vedem o serie de paşi care vă vor permite să dezvoltaţi încredere în acel mod care să vă permită să încheiaţi vânzări mai multe şi mai dese. Încrederea începe cu o primă impresie favorabilă. Crearea unei prime impresii favorabile, după cum am spus şi mai devreme, începe cu înfăţişarea exterioară. Purtarea unor haine potrivite (atât la vizitele personale cât şi în cazul contactului telefonic) are o influenţă puternică asupra sentimentelor voastre şi asupra senzaţiei pe care o lăsaţi clientului. Toate studiile arată că dacă sunteţi îmbrăcaţi la nivelul clientului – repet, indiferent dacă faceţi vizite sau vorbiţi la telefon – atunci şansele de a încheia vânzarea cresc în mod semnificativ în condiţiile în care toţi ceilalţi factori sunt egali.

A DOUA ŞANSĂ

Adeseori, agenţii de vânzări mai puţin pregătiţi, dar cu un „coeficient pozitiv la înfăţişarea generală" vor vinde mult mai eficient decât cei care sunt mai bine pregătiţi, dar nu iau testul înfăţişării generale. Ţineţi minte, potrivirea este cheia. Cum se îmbracă cei la uşa cărora sunăm? Şi deşi propoziţia următoare a devenit un clişeu, ea este încă extrem de adevărată: „Nu mai ai a doua şansă pentru a face prima impresie."

RESPECTABILITATE ŞI ÎNCREDERE

Dacă aţi trecut „inspecţia", următoarea judecată pe care o face clientul are loc atunci când deschideţi gura. Acesta este momentul în care începeţi să vă arătaţi nivelul de RESPECTABILITATE, iar respectabilitatea este al doilea factor în câştigarea încrederii.

Înfăţişarea dă indicii, iar cuvintele şi tonul vocii sunt „cireaşa de pe tort". În cartea sa *Silent Messages* (Mesaje tăcute), dr. Albert Mehrabian explică faptul că 55% din atitudinile şi sentimentele noastre sunt exprimate prin aptitudini *nonverbale*, incluzând aici înfăţişarea, poziţia, gesturile; 38% din atitudini şi sentimente sunt exprimate prin *tonul* vocii, iar 7% din atitudini şi sentimente sunt exprimate prin *cuvintele* pe care le alegem. Ce are mai mare impact: ceea ce spuneţi (7%) sau cum o spuneţi (39%)?

Cu riscul de a vă jigni prin simplificarea exagerată a procesului, veţi încheia mai multe vânzări dacă veţi face ceea ce vă spunea mama în copilărie: „Stai drept, uite-te în ochii oamenilor şi vorbeşte răspicat!" CEI MAI BUNI profesionişti din vânzări se întorc la lucrurile fundamentale; acţiunile mici aduc rezultate mari; SUCCESUL VOSTRU depinde de întoarcerea la lucrurile fundamentale şi de atenţia pe care o daţi acţiunilor mărunte.

ÎNCREDEREA ŞI FIRMA VOASTRĂ

Primesc multe scrisori de la oameni care răzbesc cu greu ca agenţi de vânzări, iar unul din factorii comuni este alegerea organizaţiei în care lucrează. Dacă firma voastră nu este credibilă şi demnă de încredere,vă va fi foarte greu să fiţi credibili şi demni de încredere. Dacă firma voastră este credibilă şi demnă de încredere şi voi nu CREDEŢI că este aşa, voi (şi clientul vostru) aveţi o problemă. Asiguraţi-vă că seminţele îndoielii, din care cresc buruieni, sunt bune. Puneţi-le întrebări celor care sunt răspunzători de aducerea la realitate; oferiţi idei departamentelor cu deficienţe evidente; nu confundaţi „radio şanţul" cu Biblia.

cia este să alegeţi o firmă în care să puteţi crede. În timpul interviului, şi voi iteţi chestionaţi, dar şi voi chestionaţi compania. Aceasta se aplică chiar şi în azul organizaţiilor cu o reputaţie bună, solidă. Am lucrat cu multe firme din ulte domenii, aşa că vă pot spune din experienţă că imaginea exterioară a unei firme este total diferită de imaginea interioară.

u vă temeţi să puneţi întrebări grele (cu atitudinea potrivită) în timpul interviului – indiferent de cât de tare aţi avea nevoie de un loc de muncă! Puteţi obţine un post, dar în domeniul atât de important al vânzărilor credibilitatea şi încrederea merg mână în mână. Dacă aveţi îndoieli, cariera (şi mai ales salariul) va fi afectată. Arătaţi-vă puternici şi căutaţi-vă firma potrivită – o firmă care să se potrivească perfect cu convingerile şi valorile voastre.

Dacă sunteţi deja într-o firmă despre care aveţi îndoieli, asumaţi-vă rolul de exemplu pentru schimbare făcându-vă treaba foarte bine. Să munceşti într-o firmă pentru a o face mai bună este una dintre cele mai mari provocări pe care le ţi primi din punct de vedere profesional. În momentul în care vedeţi că nu iteţi lucra din interior pentru a îmbunătăţi atât organizaţia cât şi pe voi înşivă, otărârea este luată; nu aveţi altă alegere decât să căutaţi alt loc de muncă.

NCREDEREA ŞI RECOMANDĂRILE

Când veniţi la un nou prieten (*străin* este un cuvânt atât de dur) la recomandarea unui prieten mai vechi, creaţi o stare de încredere. Din punctul de vedere al încrederii, recomandările aduc mult acelui agent de vânzări care le cere. Puneţi-vă în locul unui posibil client. Gândiţi-vă la numele celui mai bun şi mai vechi prieten al vostru. Dacă acest prieten v-ar ruga să staţi de vorbă cu cineva – chiar cu cineva care vinde perioade de închiriere a unei vile de vacanţă în Irak – aţi fi probabil dispuşi să îl ascultaţi.

– Da, ideea mi se pare complet aiurea, dar _________ (introduceţi numele prietenului) este cel mai vechi şi mai bun prieten al meu (sau are o judecată sănătoasă în domeniul afacerilor etc.), aşa că bănuiesc că ar trebui să ascult.

Recomandările vă sunt de mare folos vouă, firmei şi clienţilor voştri.

ÎNCREDEREA ŞI „LUCRURILE MĂRUNTE"

Multe elemente aparent minore pot afecta sentimentele de încredere ale clientului faţă de voi. În cazul meu, dacă cineva încearcă să îmi vândă ceva când sunt obosit fizic, şansele sunt mult scăzute, mai ales dacă este vorba despre o investiţie majoră. Cu mulţi ani în urmă am recunoscut că atunci când sunt foarte obosit nu sunt în starea psihică cea mai bună, aşa că indiferent de cât de atractivă este oferta, voi spune aproape întotdeauna nu. Asta până în momentul în care sunt odihnit şi o pot studia cu toată atenţia. Clientul vostru poate fi un astfel de om şi atunci, deşi faceţi totul ca la carte, aţi picat într-un moment nepotrivit.

Sensibilitatea este un factor cheie în procesul de vânzări. Dacă simţiţi că există factori asupra cărora nu aveţi nici un control, mai bine vă fixaţi o altă dată pentru prezentare. Dar vă atrag atenţia asupra pericolului de a vă juca de-a „psihologul" la fiecare prezentare: există riscul de a renunţa din ce în ce mai des la prezentări, pe motiv de moment nepotrivit, şi ştiţi unde duce asta. Secretul încheierii vânzării este să deschideţi mintea clientului.

ÎNCREDERE ŞI REPUTAŢIE

Cu mulţi ani în urmă, pe când făceam parte din comitetul director al unui liceu mic dintr-o zonă rurală din Texas, s-a luat o hotărâre referitoare la achiziţionarea unui aparat de aer condiţionat pentru una dintre clădiri. Bugetul era la limită iar fondurile extrem de reduse. Dar nu aveam de ales – trebuia să corectăm o situaţie intolerabilă. Din nefericire, am avut doar doi participanţi la licitaţie. Diferenţa de preţ era uriaşă, deşi era practic aceeaşi muncă şi aceleaşi echipamente care respectau cerinţele fixate de comitet. Cu toate acestea, fără nici o ezitare şi fără nici o amânare, comitetul a votat în unanimitate pentru oferta mai scumpă. Motivul: cealaltă firmă avea reputaţia de a face o treabă de mântuială, iar cât priveşte urmărirea după montare, service-ul era ca şi inexistent.

Ceea ce vreau să subliniez, indiferent dacă sunteţi mai noi sau mai vechi în vânzări, este că dacă aveţi un produs aproape identic cu produsul altcuiva, atunci voi – agenţii de vânzări – puteţi face diferenţa. Daţi-le clienţilor toate motivele să aibă încredere în voi, adică fiţi demni de încredere, şi aceştia vor găsi o scuză pentru a cumpăra de la voi.

ADEVĂRATA MOTIVAŢIE

De curând am fost într-o excursie şi am stat lângă un domn care lucra de zor ceva pe nişte hârtii. Eu eram cufundat în lectura unei cărţi, aşa că nici vorbă de conversaţie. Când însoţitorul de zbor ne-a adus mâncarea, ne-am lăsat amândoi deoparte treburile şi am început să mâncăm. El a comentat:

– Ce carte citiţi? Este bună?

I-am răspuns plin de entuziasm că este o carte bună. Am continuat spunând că terminasem cartea cu o seară înainte, iar acum reciteam pasajele pe care le subliniasem. În timpul acestui proces, am observat că făcusem note pe multe pagini, aşa că le-am numărat – erau 125 de sublinieri. Am explicat că după părerea mea o carte valoroasă face întotdeauna două lucruri. În primul rând, îţi dă informaţii care te inspiră, sunt interesante, pot fi puse în practică şi îţi sunt de folos. În al doilea rând, îi provoacă cititorului gânduri şi idei. Această carte îmi provocase 125 de idei şi gânduri.

După cum probabil ştiţi deja, *a motiva* înseamnă „a scoate" sau a aduce la lumină ceea ce se află înăuntru. *Arta vânzării* a fost scrisă pentru „a vă motiva" pe voi, convingătorii de profesie, (1) să vedeţi ceea ce deja ştiţi; (2) să vă dea informaţii noi; şi (3) să vă inspire să combinaţi cele două astfel încât să aveţi idei noi şi mult mai creative pentru a vă îmbogăţi viaţa.

Scopul vostru nu trebuie să fie să „scăpaţi" de carte cât de repede cu putinţă, ci să „scoateţi" din carte ceea ce se află în ea şi, lucru mult mai important, să lăsaţi cartea SĂ SCOATĂ DIN VOI CEEA CE SE AFLĂ ACOLO!

Vă rog să nu înţelegeţi greşit. Nu vreau să spun în nici un caz că dacă aveţi atitudinea şi motivaţia potrivite veţi fi tot timpul „în al nouălea cer". Singurii oameni care ating acest obiectiv sunt cei care ajung „în al nouălea cer" ajutaţi de CEVA – iar acest „ceva" le va scurta într-un final atât vieţile cât şi carierele. Eu vorbesc despre o atitudine echilibrată, cu o înclinaţie accentuată spre optimism şi partea pozitivă a lucrurilor. Nu cred că gândirea pozitivă vă va permite să faceţi „orice", dar ştiu că vă va permite să faceţi totul mai bine decât în cazul gândirii negative. Gândirea pozitivă vă va permite să folosiţi talentele pe care le aveţi, pe când gândirea negativă vă va pune beţe în roate. Folosiţi talentul pe care îl aveţi pentru a aplica principiile pe care le-aţi învăţat, iar succesul şi profesionalismul în vânzări vor fi ale VOASTRE!

ANEXĂ

Rezumatul deprinderilor necesare în vânzările de succes

Partea I. Inventar personal

Vă rog să completaţi afirmaţiile de mai jos cât puteţi de bine pentru punctul în care sunteţi acum în vânzări.

1. Am ales să lucrez în vânzări deoarece ______________________
2. Am ales această firmă deoarece ______________________
3. Lucrul care îmi place cel mai mult în vânzări este ______________________
4. Lucrul care îmi place cel mai puţin vânzări este ______________________
5. Familia mea crede despre vânzări că ______________________
6. Procentajul meu de încheiere a vânzărilor este (număr de vânzări împărţit la număr de prezentări) ______________________
7. Numărul de încercări pe care trebuie să le fac pentru a obţine şansa de a face o prezentare este ______________________
8. Numărul de prezentări pe care trebuie să le fac pentru a obţine o vânzare este ______________________
9. Pentru a-mi atinge obiectivele financiare, ZILNIC trebuie să am ________ clienţi şi să fac ________ încercări; ceea ce va duce la ________ prezentări.
10. Numărul de prezentări trecut la întrebarea 14 va aduce în medie ________ vânzări în 30 de zile, adică ________ dolari.
11. Echipamentele high-tech pe care le folosesc în vânzări sunt ______________________
12. Cea mai bună metodă pe care am descoperit-o pentru a găsi clienţi noi este ______________________
13. Rezolv cazurile de frică de vizite (la clienţi noi) sau de respingere (când mi se spune nu) prin ______________________
14. În lumea mea de vânzări, călătoriile înseamnă ______________________

15. Personalul care mă ajută în vânzări este format din ______________
16. Referitor la profesia din vânzări, peste un an voi câştiga ______________
17. Referitor la profesia din vânzări, peste cinci ani voi câştiga ______________
18. Referitor la cariera mea în vânzări, peste un an voi ocupa poziţia de ______________
19. Referitor la cariera mea în vânzări, peste cinci ani voi ocupa poziţia de ______________
20. Ţelul final în ceea ce priveşte cariera mea este ______________

Partea a II-a. Evaluarea abilităţilor de vânzare.
Evaluaţi-vă în fiecare din domeniile strategice de mai jos pe o scară de la 1 la 5. Apoi adunaţi cifrele pentru a vedea la ce Nivel de abilităţi de vânzare aţi ajuns.
1 = Fără abilităţi evidente
2 = Abilităţi abia începând să se dezvolte
3 = Abilităţi lipsite de coerenţă şi care au nevoie de exerciţiu
4 = Abilităţi puternice
5 = Abilităţi excelente

_____1. ENTUZIASM. Emoţia vânzării vine din interior. Sunt mândru că sunt agent de vânzări şi îmi face o deosebită plăcere să le spun şi celorlalţi ce fac şi ce vând.

_____2. ÎNCREDERE. Dincolo de încrederea în ceea ce vând, cred cu putere în mine însumi şi în abilitatea mea de a vinde.

_____3. CARACTER. Îmi urmez planul chiar după ce emoţia momentului în care mi-am luat angajamentul a trecut. Fac ceea cee spun că fac. Perseverez.

_____4. INTEGRITATE. Îmi vând produsele şi serviciile doar celor despre care cred sincer că vor avea beneficii de pe urma lor. Vând pentru avantajele pe care le au ceilalţi dar şi pentru bunăstarea mea personală, folosind banii ca pe o tabelă de marcaj şi nu ca pe un scop al vânzărilor.

_____5. SINCERITATE. Spun ceea ce gândesc (cu tact) şi gândesc ceea ce spun. Sunt sincer cu mine însumi şi cu clienţii mei. Evaluez cu atenţie comentariile. Promit mai puţin şi fac mai mult.

_____6. MOTIVARE. Ştiu de ce fac ceea ce fac. Îmi evaluez cu grijă motivele şi scopurile pentru toate fazele acţiunii.

_____7. AŞTEPTĂRI POZITIVE. Caut ceea ce este mai bun în toţi oamenii şi în toate situaţiile. Mă aştept să fiu tratat corect şi cu respect. Nădăjduiesc să îi tratez şi eu pe ceilalţi la fel.

_____8. INIŢIATIVĂ. Fac lucrurile să se întâmple în loc să aştept ca lucrurile să se întâmple. Îmi asum responsabilitatea pentru atitudinea şi acţiunile personale. Sunt mai degrabă proactiv decât reactiv.

_____9. ATITUDINE. Sunt vesel şi optimist. Înţeleg că gândirea pozitivă este importantă şi credinţa pozitivă este şi mai importantă. Mi se întâmplă rar să critic sau să mă plâng.

_____10. ZÂMBET. Înţeleg că nu sunt niciodată perfect îmbrăcat dacă nu zâmbesc. Zâmbesc şi „zâmbesc cu toată gura" pentru a le arăta oamenilor că mă bucur să îi întâlnesc şi sunt fericit să îi salut. Le dăruiesc un zâmbet celor care nu au zâmbetul lor personal.

_____ 11. ÎNFĂŢIŞARE. Mă îmbrac potrivit, ţinând cont de nivelul de îmbrăcăminte al clienţilor şi posibililor clienţi. Îmi planific dinainte cu ce mă îmbrac şi sunt întotdeauna îngrijit şi curat.

_____ 12. AUTO-ANALIZA. Notez totul cu mare grijă şi ştiu de unde îmi vin vânzările şi de ce oamenii cumpără de la mine. Ştiu cum m-am descurcat anul trecut, cum mă descurc anul ăsta, şi cum îmi planific anul viitor.

_____ 13. ORGANIZARE. Ştiu cum îmi folosesc timpul. Ştiu care sarcini şi activităţi sunt cele mai eficiente pentru a-mi atinge scopurile. Ştiu, înţeleg şi acţionez pe baza celor mai importante zece lucruri de făcut pentru a avea succes în fiecare zi.

_____ 14. SISTEMUL DE SPRIJIN. Lucrez cu familia şi colegii de lucru cu tact şi diplomaţie, implicându-i de câte ori se iveşte ocazia. Înţeleg că familia şi colegii de lucru sunt clienţii mei *interni* şi sunt la fel de importanţi ca şi clienţii mei *externi*.

_____ 15. CĂLĂTORII. Înţeleg pericolele şi avantajele călătoriilor şi sunt pregătit să le înfrunt eficient.

_____ 16. SATISFACEREA CLIENTULUI. Înţeleg că teoretic oricine este capabil să îşi servească clientul şi că, pentru a avea succes în vânzări, trebuie să trec dincolo de servirea clientului, la satisfacerea acestuia. Am un plan de acţiune clar pentru satisfacerea clientului.

_____ 17. VÂNZAREA PRIN TELEFON. Mă bucur de avantajele pe care mi le oferă telefonul în vânzări. Nu sufăr de „teroarea telefonului" şi abia aştept să folosesc acest instrument pentru a-i suna pe cei care m-au sunat, pentru a suna eu şi a economisi timp şi bani, şi pentru a răspunde la orice apel prompt şi politicos.

_____ 18. REZOLVAREA OBIECŢIILOR. Înţeleg ce obiecţii voi primi în mod regulat, şi am metode pregătite dinainte pentru rezolvarea acestora. Am de asemenea o metodologie pentru rezolvarea obiecţiilor „surpriză".

_____ 19. REZOLVAREA RESPINGERII. Ştiu diferenţa dintre respingerea personală şi refuzul unei afaceri. Depersonalizez respingerile şi adeseori transform motivul clientului pentru a nu cumpăra într-un motiv pentru a cumpăra.

_____ 20. PICTAREA IMAGINII. Înţeleg că sunt un negustor de cuvinte şi un pictor de imagini şi că pentru a avea succes trebuie să îmi aleg cu atenţie cuvintele care zugrăvesc imaginile cele mai vii pentru client.

_____ 21. ÎNCHEIEREA. Ştiu cum să închei o vânzare, când să închei o vânzare, şi ce tehnici de încheiere a vânzării sunt cele mai eficiente atât pentru mine cât şi pentru produsul/serviciul meu. Cer întotdeauna comanda.

_____ 22. OBIECTIVE. Înţeleg că un obiectiv este un vis spre care am voinţa de a mă îndrepta acţionând. Îmi împart obiectivele în bucăţi mărunte şi mă străduiesc să le ating prin munca de zi cu zi.

_____ 23. ASCULTAREA. Ştiu şi demonstrez prin propriile mele acţiuni că „a spune înseamnă a da, dar a asculta înseamnă a îngriji". Ascult la fel de atent cu urechile, dar şi cu ochii şi inima.

_____ 24. EDUCAŢIE. Citesc şi ascult în mod regulat informaţii recente, pline de surse de inspiraţie şi de informaţii, care mă ajută să devin şi mai profesionist. Ştiu că educaţia este un proces permanent şi continuu de care mă voi bucura de-a lungul întregii mele cariere.

_____ 25. SIMŢUL REALITĂŢII. Înţeleg că simţul realităţii nu este ceva răspândit pe toate drumurile. Mă străduiesc să trec toate informaţiile prin filtrul simţului realităţii. Planific pentru a câştiga, mă pregătesc să câştig, şi prin urmare am tot dreptul să mă aştept să câştig în lumea vânzărilor!

_______ SCOR TOTAL

NIVELUL ABILITĂŢILOR DE VÂNZARE

0 - 50 = Eşti în locul potrivit la momentul potrivit! Vestea cea bună este că anii tăi cei mai buni în vânzări abia urmează. Cealaltă veste bună este că deţii toate informaţiile necesare pentru a avea succes!

51 – 75 = *Arta vânzării* este pentru TINE! Ai o bază solidă pe care îţi poţi construi o carieră în vânzări, şi cu informaţiile pe care le ai aici vei reuşi să ajungi în vârf! Citeşte şi analizează zilnic aceste informaţii (în timpul în care nu vinzi).

76 – 99 = Baţi la uşa succesului! Încă un mic bobârnac şi vei reuşi să faci ceea ce îţi doreşti în viaţa profesională. Această carte este cireaşa de pe tort pentru tine şi te va ajuta pe măsură ce vei înainta spre succes, pentru a avea şi mai mult succes!

100 – 125 = Ar fi trebuit să scrii tu cartea! Acum nu te umfla prea mult în pene şi nu lăsa deoparte lucrurile de bază. Unul din motivele pentru care ai succes este că ai recunoscut importanţa educaţiei continue. Felicitări!

EPILOG

Mesaj personal

Am auzit cândva o persoană înţeleaptă care spunea:

– Contează nu locul de unde pleci, ci locul unde ajungi.

Şi cum am început cartea cu povestea primei mele vânzări, care nu avea nimic spectaculos, atunci poate trebuie să o închei cu „sfârşitul poveştii", cel puţin cu ce s-a mai întâmplat între timp (eu cred că încă nu am văzut totul!)

Include aceste informaţii personale pentru că, deşi există trei mici excepţii, de-a lungul vieţii şi carierei mele am fost pus în toate situaţiile prin care au trecut cititorii acestei cărţi.

Prima excepţie – situaţia unei persoane suferind de o boală gravă, fizică sau psihică. Am avut norocul să mă bucur de o sănătate de fier în ambele direcţii, aşa că sincer vă spun că nu ştiu prin ce treceţi.

A doua excepţie – situaţia celor care şi-au pierdut soţia/copilul în urma unui divorţ sau din cauza morţii acestora din urmă. Am avut noroc şi aici, am patru copii sănătoşi şi puternici şi sunt căsătorit de peste patruzeci şi cinci de ani cu o femeie frumoasă şi iubitoare.

A treia excepţie – cazul celor care nu au fost iubiţi în viaţă. Am fost mai mult decât binecuvântat cu iubire toată viaţa. Prima a fost mama, care m-a iubit şi şi-a exprimat această iubire în mod repetat. Apoi fraţii şi surorile mele, care m-au iubit şi sprijinit întotdeauna. Fraţii şi surorile mai mari mi-au acoperit multe din nevoile fizice şi financiare de după moartea tatălui meu, survenită când eu aveam doar cinci ani. Şi apoi iubirea Roşcatei, o iubire trainică, de nădejde, fără limite de-a lungul acestor ani de căsnicie. Mai mult, am iubirea copiilor şi a nepoţilor mei, exprimată şi demonstrată şi ea din plin. În cele din urmă, m-am bucurat de iubirea oamenilor la care am putut ajunge prin profesia mea de-a lungul anilor.

Pentru aceste trei situaţii în care v-aţi putea afla voi, eu aş putea spune „ştiu prin ce treceţi", dar de fapt nu aş şti nimic.

ASEMĂNĂRILE VĂ POT SURPRINDE

Sunt totuşi multe situaţii prin care am trecut. Ştiu cum este să fii în derivă în faţa lui Dumnezeu şi să te întrebi oare ce se va întâmpla când vei închide ochii pentru ultima oară. Ştiu cum este să fii falit. Am trecut prin asta de multe ori. Ştiu cum este să te simţi disperat şi căzut. Ştiu cum este să simţi că nu ai nici un scop în viaţă şi nici un viitor.

Cred că am fost la fel de dator, de falit, de îngrijorat pentru soarta finanţelor mele ca şi 99,9% dintre cititorii acestei cărţi. Da, chiar am fost în situaţia voastră.

Vă spun toate astea pentru că, citindu-mi cărţile, ascultând casetele mele sau auzindu-mă vorbind, unii vor rămâne poate cu impresia că am luat un pix şi am început să scriu, am luat microfonul şi am început să vorbesc, am pornit casetofonul şi am făcut înregistrări. Nu este aşa. Dacă mă pricep la aceste lucruri, mă pricep pentru că am acceptat darurile de la Dumnezeu şi am investit mult timp, efort şi muncă pentru a dezvolta aceste talente.

Am făcut prezentări fără bani pentru tot felul de organizaţii, Lion's Club, Rotary Club, Jaycees, ca să nu mai vorbesc de şcoli, biserici, închisori, centre de reabilitare a utilizatorilor de droguri, o mulţime de alte organizaţii non-profit, Armata Salvării sau armată. Am vorbit în şedinţe de vânzări la reprezentaţe auto, francize de ustensile de bucătărie, companii care vând aspiratoare, agenţii imobiliare, multe alte firme. Am condus mii de kilometri pe banii mei pentru a ţine conferinţe chiar şi în faţa unui grup format din douăsprezece persoane şi m-am întors în aceeaşi noapte pentru că nu aveam bani de hotel.

Vă spun toate astea pentru că vreau să ştiţi atunci când vă dedicaţi carierei nu este întotdeauna uşor, dar cred că dacă faceţi eforturile fizice, mentale şi spirituale necesare, puteţi învăţa acele abilităţi de care aveţi nevoie pentru a vă atinge obiectivele.

Sigur unii sunt mai talentaţi, dar talentul nedezvoltat sau folosit la întâmplare nu va rezolva problemele din vânzări sau din viaţă.

CÂND ELEVUL ESTE PREGĂTIT, APARE ŞI PROFESORUL

În viaţă, vor exista multe cazuri când persoana potrivită vă va ieşi în cale şi vă va schimba viaţa. Cred că această carte poate schimba multe, dar numai dacă lecţiile din ea sunt învăţate şi puse în practică. Îmi amintesc de parcă era ieri de ocaziile când m-am întâlnit cu acel profesor. După doi ani şi jumătate de vânzare, creditul mi se terminase, îmi pierdusem răbdarea, mă simţeam din ce în ce mai frustrat, creditorii mei nu prea erau mulţumiţi de cum mergea treaba, chiar Roşcata se întreba dacă nu cumva îmi alesesem profesia greşită. Nu a spus-o niciodată cu voce tare, dar ceva mă făcea să cred că era îngrijorată.

Apoi, într-o zi, m-am dus la o reuniune, am petrecut ziua în Charlotte, Carolina de Nord, la un curs de formare, şi nu am învăţat nimic. M-am întors în Lancaster, Carolina de Sud, târziu spre seară şi am condus o demonstraţie. În cele din urmă m-am întors în apartamentul nostru micuţ, pe la 23.30, unde bebeluşul a plâns toată noaptea. A doua zi dimineaţă, la 5.30, ceasul deşteptător (nu ştiam pe atunci că era, de fapt, „ceasul şanselor") a sunat pentru a mă avertiza că era timpul să mă întorc în Charlotte pentru încă două zile de curs.

M-am ridicat din pat datorită forţei obiceiului, dar când am văzut zăpada care căzuse peste noapte şi mica mea maşinuţă Crosley fără încălzire, am hotărât să fac ceea ce ar fi făcut orice om inteligent – să mă întorc în pat. Dar imediat ce m-am băgat sub pătură, mi-am amintit cuvintele mamei mele:

„Băiete, dacă te-ai băgat în ceva, du-o până la capăt. Dacă nu, ieşi definitiv din chestia aia. Dacă nu ai de gând să faci toate eforturile necesare, înseamnă că nu eşti cinstit nici cu omul pentru care lucrezi şi nici cu tine."

Mi-am amintit că îmi trebuiseră vreo două luni ca să îi conving pe directorii firmei să îmi dea postul. Nu credeau că sunt în stare sâ vând, şi timp de doi ani şi jumătate tot ce făcusem era să le dovedesc că avuseseră dreptate. Dar le promisesem că voi merge la toate şedinţele şi cursurile de vânzări, iar în doi ani şi jumătate nu ratasem nici o şedinţă şi nici nu întârziasem la vreuna. M-am smuls din pat şi am plecat spre curs – în acea zi viaţa mea s-a dat complet peste cap.

Dl P.C. Merrell, eroul meu, omul care stabilise toate recordurile din lume şi scrisese programul de formare, era „vinovat" de această zi. Când cursul s-a terminat, el m-a tras pur şi simplu într-un colţ şi mi-a spus:

– Zig, te urmăresc de doi ani şi jumătate. Păcat de tine şi de talentul tău.

Sigur că mi-a atras imediat atenţia şi l-am întrebat ce vrea să spună. Mi-a răspuns că după părerea lui aveam talent, puteam fi campion naţional, puteam ajunge în vârf, puteam chiar deveni director în firmă dacă începeam să lucrez după un program şi să cred în mine însumi.

Mi se spusese de la început să lucrez după un program bine stabilit, dar când eşti „un băiat de la ţară care nu o să facă nimic în viaţă", te gândeşti că „ce rost are să îmi bat capul când oricum n-o să mi se întâmple nimic bun în viaţa asta?" Iar acum, un om în care aveam ÎNCREDERE şi căruia îi eram CREDINCIOS, un om de ale cărui INTEGRITATE şi CARACTER nu mă puteam îndoi nici o secundă, îmi spunea că puteam fi campion naţional. L-am crezut.

CE MULTE SE POT SCHIMBA ÎNTR-O ZI!

În drum spre casă, micuţa mea Crosley abia atingea pământul! Aveam în acea zi o demonstraţie pentru trei clienţi, iar lor nici nu le trecea prin cap ce urma să li se întâmple. Nu mai aveau de a face cu un băieţel de la ţară care va lupta toată viaţa ca să reuşească. Aveau acum în faţă un campion naţional, un om al cărui destin era să ajungă în vârf, care putea chiar să ajungă director dacă îşi punea în gând să facă asta.

Nu am vândut doar celor trei clienţi în acea seară, ci am terminat anul pe locul doi la nivel naţional, din peste şapte mii de oameni, primind şi cea mai bună promovare din companie. Am schimbat Crosley-ul cu o maşină adevărată, iar în anul ce a urmat eram cel mai bine plătit om din companie la nivel naţional. Peste trei ani ajungeam cel mai tânăr director de divizie din istoria companiei şi stabileam recorduri neegalate nici până azi.

Mă grăbesc să vă spun încă ceva. Când m-am întâlnit cu dl Merrell, eram un agent de vânzări „format". Ştiam cum să găsesc clienţi, cum să îmi fixez întâlniri, să fac demonstraţii, să răspund la obiecţii, să închei vânzările. Dl Merrell a găsit un agent de vânzări pregătit. Şi exact asta vreau să scot în evidenţă aici. Pot să îl învăţ pe un puşti de doisprezece ani toate procedeele şi tehnicile necesare pentru a avea succes în vânzări. Pot să iau cel mai mare hoţ din oraş şi să îl învăţ tehnici de vânzare, dar nici puştiul şi nici hoţul nu vor avea succes în carieră. Primul nu va fi credibil – credibilitatea ar trebui să îi vină abia peste câţiva ani. Al doilea s-ar autodistruge în scurt timp, poate vânzând bine la început dar redevenind el însuşi în cele din urmă şi distrugând încrederea celor cu care lucrează. Tipul de om din spatele agentului de vânzări joacă cel mai important rol în construirea unei cariere în vânzări.

Mai vreau să subliniez că tot la sugestia dlui Merrell mi-am propus să vizitez întotdeauna primul client al zilei la aceeaşi oră. Acest nou concept mi-a schimbat complet eficienţa muncii. În ciuda faptului că am ieşit pe locul doi la nivel naţional, din şapte mii de agenţi de vânzări, nu am fost niciodată în primii douăzeci dintr-o săptămână sau dintr-o lună, dar nici nu am avut vreo săptămână în care să nu vând nimic. Succesul meu s-a datorat efortului continuu depus tot anul.

VĂ TRANSMIT ŞI VOUĂ MESAJUL DLUI. MERRELL

Înainte de a vorbi în faţa unui public, Îl rog pe Dumnezeu să mă transforme într-un P.C. Merrell pentru fiecare din persoanele în faţa cărora o să apar. Fac asta indiferent dacă este vorba despre cei peste 23.000 de tineri frumoşi de la Future Farmers sau despre un grup de zece predicatori baptişti pensionari.

Unul din lucrurile care nu îmi plac în profesia pe care mi-am ales-o este că nu ajung să cunosc oamenii mai îndeaproape. De obicei sosesc în oraş în ziua prezentării şi plec a doua zi. Rare sunt cazurile când stau două nopţi în acelaşi loc, poate doar când vine şi Roşcata cu mine şi avem ocazia să petrecem două sau trei zile împreună. Şi când se întâmplă aşa, nu mai este nevoie să vă spun că tot timpul meu liber îl petrec alături de ea. Nici chiar în timpul seminariilor Born to Win, care durează trei zile şi au loc lunar aici, în Dallas, nu prea am ocazia să petrec mult timp cu oamenii, dar ţin să dau mâna cu toţi, să stau cu ei la masă, să mai discutăm în pauzele dintre sesiuni, astfel încât să îi cunosc măcar puţin. Dar vă daţi seama că asta nu înseamnă că punem bazele unei relaţii.

Mă tot întreb cum ar fi să pot petrece mai mult timp cu toţi cei care au venit la seminariile mele, mi-au citit cărţile, sau mi-au ascultat casetele. Realist vorbind, este un vis imposibil de realizat. Dar vă rog să vă folosiţi imaginaţia creatoare şi să mă vedeţi chiar acum stând în faţa voastră, vorbindu-vă şi spunându-vă câteva din lucrurile pe care dl Merrell mi le-a spus mie, alături de gânduri personale, toate cu speranţa că vor avea un impact asupra vieţilor voastre aşa cum cuvintele dlui Merrell au avut impact asupra mea.

MESAJ PORNIT DIN INIMĂ

Aş vrea să vă spun fiecăruia dintre voi următoarele lucruri:

„Tu, dragă ________, eşti o fiinţă unică, specială, importantă. Poţi schimba vieţile celorlalţi oameni. Până acum au trăit pe pământ peste zece miliarde de oameni, dar nu a existat, nu există şi nici nu va exista un altul ca tine. Vocea ta este diferită de orice altă voce de pe pământ, amprentele tale sunt complet diferite, genele tale au o structură complet diferită de genele oricărui om care a trăit vreodată. Eşti o făptură specială. Dezvoltă-ţi această unicitate; pune-o în aplicare folosind principiile pe care le-am discutat, fă un efort pentru a deveni un om care le schimbă vieţile celorlalţi oameni."

Aş încheia aici gândurile mele pentru voi spunându-vă:

„Sper că participaţi activ la procesul electoral din Statele Unite. Sper că votaţi în alegerile naţionale, locale, orăşeneşti, de district. Indiferent dacă este vorba de judecătorul de pace local sau de preşedintele ţării, votul vostru este important şi poate schimba lucrurile.

Dar acum, dragă _________, îţi voi da şansa de a vota pentru un lucru mult mai important decât toate cele de mai sus. Vei vota în taina minţii tale, şi cum impactul acestui vot poate fi extrem de puternic asupra vieţii altora, impactul cel mai mare va fi până la urmă asupra propriei tale vieţi.

Şi cum acest vot este atât de important, te voi ruga să faci cele de mai jos IMEDIAT CE TERMINI DE CITIT ACESTE RÂNDURI. Închide ochii şi, în gând, trage perdelele de la cabina de vot, căci acest vot este extrem de important şi foarte personal. Uită-te acum atent în cabină şi vei vedea câteva mânere, fiecare în dreptul unui nume pentru care poţi să votezi. Un singur nume iese în evidenţă, este numele tău, iar mânerul este poleit cu aur. Pune mâna pe el şi apasă cu toată puterea, convingerea şi entuziasmul. Votează pentru tine, şi vei descoperi că Dumnezeu a votat deja pentru tine cu mult timp în urmă.

Cu aceste două voturi, dragă prietene, poţi câştiga orice alegeri sau orice concurs la care vei participa vreodată. Această aritmetică eternă este atât de puternică şi de adevărată! Spune foarte clar că tu – plus Dumnezeu – egal destul."

Acceptă aceste lucruri ca pe ceva normal şi atunci ne vom întâlni – da, eu mă voi întâlni cu TINE – ÎN VÂRF!

Editori:
Dr. M.C. Popescu-Drânda
Dr. Cristian Cârstoiu

Director executiv: George Stanca
Redactor: Ana-Maria Murariu
Traducere: Nicoleta Dascălu

Prepress: AMALTEA TehnoPlus

Tehnoredactare: Tatiana Militaru
Coperta: Petronella Andrei

Producţie: Raluca Alexe
Distribuţie: Mihaela Stanca, Alexandru Radu

Web-Site: **www.amaltea.ro**
E-mail: info@amaltea.ro